中国财政绩效报告
——理论与实践（2018）

CHINA FINANCIAL PERFORMANCE REPORT
——THEORY AND PRACTICE (2018)

白景明 程北平 王泽彩 等著

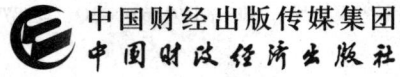

中国财经出版传媒集团
中国财政经济出版社

图书在版编目（CIP）数据

中国财政绩效报告：理论与实践.2018／白景明等著.—北京：中国财政经济出版社，2018.10

ISBN 978-7-5095-8565-8

Ⅰ.①中… Ⅱ.①刘… Ⅲ.①财政管理-研究报告-中国-2018 Ⅳ.①F812.2

中国版本图书馆CIP数据核字（2018）第224277号

责任编辑：王　丽　　　　　责任校对：杨瑞琦
封面设计：陈宇琰

中国财政经济出版社 出版

URL：http：//www.cfeph.cn
E-mail：cfeph@cfeph.cn

（版权所有　翻印必究）

社址：北京市海淀区阜成路甲28号　邮政编码：100142
营销中心电话：010-88191537　北京财经书店电话：64033436　84041336
北京财经印刷厂印刷　各地新华书店经销
787×1092毫米　16开　29.5印张　510 000字
2018年10月第1版　2018年10月北京第1次印刷
定价：89.00元
ISBN 978-7-5095-8565-8
（图书出现印装问题，本社负责调换）
本社质量投诉电话：010-88190744
打击盗版举报热线：010-88191661　QQ：2242791300

《中国财政绩效报告——理论与实践》(2018) 课题组

顾　问： 贾　康

组　长： 白景明

副组长： 程北平　王泽彩

成　员： 李　全　马晓玲　王　敏　韩晓明　王志刚
　　　　　程　瑜　梁　强　李　婕　石英华　费之光
　　　　　乔宝云　龙小燕　钟　玮　张　绘　郑丹萍
　　　　　王利彬　王政力　曾钰航　王子林　张　行
　　　　　马　佳　李佳璐　乔　达　张　岩　彭若洋
　　　　　张　驰　李全文　余贞利　吴宇伦　唐　仲
　　　　　李晋中　张依群　张文鑫　赵　敏　吴　昊
　　　　　邱红燕　王荣达　肖莉芹　刘亚丽　刘　恬

指　导： 刘尚希　郎福宽　王克冰　李方旺　宋文玉
　　　　　许留庆　王朝才　罗文光　傅志华　杨远根
　　　　　李海南　郑　涌　王海涛　刘文军　陈淑梅
　　　　　安晓宁　张东凤　张　程　张小炜　左　涛

协力支持： 中政智信（北京）经济咨询有限公司

序

全面实施预算绩效管理，不仅是解决公共资金利用效率、配置效率问题的一种方法，而且还是撬动公共部门责权利重构的有效途径，是实现钱与事、权与责、决策与执行、服务与需要有机融合的一种机制。全面实施预算绩效管理，不仅是财政部门的行动，还是公共部门职责行使方式的改革。从"敞口花钱"到"看菜吃饭"，从公共职责到公共活动、公共项目，都是在资金约束下进行的，公共部门的任务目标、活动方向和范围整体上是受公共预算约束的。在这个意义上，预算绩效管理是嵌入到整个公共部门的一种约束机制，是实现预算约束硬化的一种具体实现形式。这种约束是多层面的，不仅是财力约束，即资金的多与少，和各部门作为预算主体的责任约束，即花钱必问效，还是如何花钱的方式约束，即利益相关者参与。很显然，这既是建立"约束有力的预算制度"，建设现代财政制度的重大举措，也是提升国家治理能力，推进国家治理现代化的重要一步。通过全面实施预算绩效管理，提升公共部门管理、服务效率，避免与大众当前需要和未来期待脱节，从而防范化解因政府服务与群众需要可能脱节而导致的公共风险，使人民群众有更多的获得感和更好的体验感。

最近，中央发布了《关于全面实施预算绩效管理的意见》（中发［2018］34号），这无疑是预算绩效管理实施过程中具有里程碑意义的文件。这个文件的发布，表明预算绩效管理从部门推动上升到国家层面，从局部探索到全面实施，从事后评价到目标管理与评价相结合，从资金绩效拓展到政策绩效，从项目绩效覆盖到单位、部门整体绩效，并在管理机制上从"要我有绩效"转变为"我要有绩效"。然而，文件的发布只是全面实施预算绩效管理的万里长征第一步，还面临着不少的困难和挑战。这需要随着预算绩效管理的推进，不断深化其认识，不断创新拓展其理论，为解决实践中的问题提供理论指导。从当前预算绩效管理的实践来看，至少有下面几个问题需要深入研究，值得认真探讨。

首先，预算绩效的内涵究竟是什么。这是一个前提性的问题，涉及预算绩效管理的出发点和落脚点,也关系到绩效的确认和计量。传统理论有"3E"或"4E"的说法,受经济学观念和成本效益方法的影响很大,侧重于当前的资金所产生的结果,只是考虑现在与当下,与未来没有关联,只是考虑生产、提供公共服务成本、效率,与民众当前需要与未来期待的表达没有关联。这样的绩效定义和评价是以当前的支出结构或资金分配使用符合民众未来要求为假设条件的。然而,从历史实践来看,这样的假设并不成立,支出结构往往不反映未来的要求,资金分配使用往往在原有路径下不断偏离未来所要求的状态。可以说,当前流行的绩效概念,是指公共部门当下与过去相比的一种结果,如办事的成本是否降低了或效率是否提高了,而不是民众当前及未来所要求的某种状态的实现。真正的绩效,应当是指向未来的,民众参与其中的,是基于政府与民众共同对未来的分析判断而预期的某种结果。

要准确把握预算绩效的内涵,还须把"预算绩效"作为一个整体来认识,而且要把"预算"视为动词来理解,即从以资金为对象内容来编制、执行预算,转向以绩效为对象内容来编制、执行预算。这样,预算绩效的重心就从"资金"转移到"目标"上来了,预算模式也就从"过去——现在——未来"转变为逆向的"未来——现在——过去",即转变为未来导向的预算。这种预算模式与当前的预算模式有本质的区别,它更加注重对未来的分析与预测,并以此为基础来规划和设计可预期的绩效目标。从未来看现在,与从现在看未来,是完全不同的两种思维。前者是一种确定性思维,把未来看成是以现在为起点的一根延长线;而后者是一种不确定性思维,未来的状态是一种概率,甚至没有概率,通往未来的路也有多种可能性,可以有多种选择。未来是不确定的,是风险的世界。站在未来的立场上看,预算的目的就不是今天的成本效益,而是防范化解明天的公共风险,对冲公共风险。企业预算对冲的是市场风险,公共预算对冲的是公共风险。在这个意义上,预算是防范化解风险的工具,是从未来不确定性中找到确定性的工具。从项目预算、单位预算、部门预算到总预算的编制、执行,不是追求当下的某种结果,而是对冲未来世界的公共风险。预算的这种性质决定了预算绩效的基本内涵。

我国经济已由高速增长阶段转向高质量发展阶段,当前正面临"三大攻坚战",即防范化解重大风险、精准脱贫和污染防治。这是今后一个时期的重点任务,也是重大战略目标。具体讲,防范化解重大风险,重点是防控金融风险,这是化解经济金融领域的风险;精准脱贫,是化解社会领域的风险,如果有大量贫困人口存在,就意味着社会公平正义没有随着经济增长而改善;污染防治,是防范化解生态环境领域的风险，事关人的基本生存条件。这三大攻坚战，实际上是针对经济、社会、生态环境领域三大公共风险的攻坚战。

财政作为对冲公共风险的一种制度安排，其绩效管理自然也是同样的目标指向。当前经济社会发展阶段各种任务面临的挑战主要是风险挑战，预算绩效管理应为此而服务。因此，财政钱花得好不好，整体上就看三大风险攻坚战有没有取得进展，如果没有取得实质性进展，再怎么评价都谈不上有绩效。由此不难看出，预算绩效的本质内涵应指向未来公共风险，衡量绩效的最终标准是能否有效对冲公共风险，能否使公共风险收敛。如果能对冲公共风险，那么绩效就实现了。对冲公共风险的程度越大，缩小公共风险的程度越明显，预算绩效也就越高。通过财政资金的征集和使用，使得整个社会的公共风险能够最小化。公共视角的经济效益、社会效益和生态效益也就是经济领域、社会领域、环境领域公共风险收敛的结果，如果公共风险得不到有效的控制，任何效益都是空谈。当前多量纲的绩效评价和绩效目标，实质上反映出预算绩效管理的一种困境。若转向未来风险逻辑，这种困境则可化解。

当前人类社会最大的特点就是充满了不确定性，公共风险就是不确定性带来的可能代价。风险有概率和无概率之分，也有宏观与微观之分。宏观层面风险就是公共风险，政府首要职责是防范公共风险，如促进经济社会稳定发展，保障人民自由与权利等，都属于公共性的风险问题。政府职能的转变就是要搞好公共风险管理，如果追求效益而忽视风险管理，就会竹篮打水一场空。因此，预算绩效管理首先要解决的问题，就是重新定义其内涵。鉴于新时代预算管理制度改革的综合性、复杂性和艰巨性，要探索构建起符合新时代发展需要的预算绩效管理理论和方法，要从中国的实际情况出发，形成中国特色的预算绩效管理新内涵。应当从未来风险的视角阐释预算绩效内涵：对冲公共风险，即降低或减少风险，提升经济社会的确定性，就是提高预算绩效。

其次，以问题为导向，推动预算绩效管理全面实施。公共风险是一个抽象概念，在现实的实践中反映为各种具体问题。问题之所以成为问题，背后都是系于风险，否则，问题就是假问题或伪问题。以问题为导向，本质上是以风险为导向。全面实施绩效管理必须以具体问题为导向，根据不同领域、不同地方的问题，要创造性地实施预算绩效管理，避免"一刀切"。

以问题为导向，必须分清问题主次和轻重缓急，抓住当前重大问题，使预算绩效显现出来。从当前情况看，全面实施预算绩效管理应当优先解决如下问题：一是打破预算支出安排的基数依赖，优化支出结构。多年积累下来的支出结构刚性化导致资金配置难以优化，是导致资金沉淀闲置的重要原因。闲置就是浪费，更谈不上绩效。这些年在不断清理沉淀资金，规定过期收回，但新的资金沉淀仍没得到根本解决。二是实现资金使用整合，避免专项资金使用的碎片化。转移支付带有专用性，多是通过各部门层层下达资金指标，县乡政府无法统筹使用。这些年各专项资金大都实行绩效评价，审计也很严格，但碎片化使用导致资金使用的整体绩效不高，尤其是一些地方的"三农"资金，尝试着整合已经试点多年，仍收效甚微。三是对扶持产业转型升级的资金实行公平竞争审查。政府各经济部门都有各种扶持企业创新和产业转型升级的资金，从各自部门的任务目标来看，都具有合理性，但有可能妨碍市场公平竞争。市场效率来自于公平竞争。如果妨碍公平竞争，无论从局部看多么合理，绩效评价多么高，从整体来看则表明不但没绩效，而且是在制造风险。四是对用于民生保障和改善的社会性支出应从受益群体范围来分析，避免扩大分配差距和社会不公。这些年，政府用于民生保障和改善的支出力度不断加大，民生涉及不同群体，加大民生保障和改善力度，并不等于促进社会公平。在城乡分治没解决、社保制度还未能完全统一的情况下，有可能出现改善力度愈大，社会愈加不公平的现象。如城乡居民之间的养老、医疗、救助、救济以及农村扶贫等，稍不注意就可能导致原有差距扩大。从局部看，产生了明显的社会效益，但从整体看则可能是相反的。上述列举的四大问题，实际上都是公共风险在不同领域的反映。从现实来看，我们意识到了风险的存在，但我们的实际做法并未能有效对冲那些风险，在努力解决问题的同时还有意无意地在制造风险。这说明现有的预算绩效理论可能已经产生了某种误导。

由此可见，顺着现行体制下的资金链去实行追踪问效，用各种量纲的绩效指标去进行所谓的绩效评价，可能产生误导，给人幻觉，看似局部绩效会有所改善，但从整体来看则未必如此，甚至可能是在掩盖风险、制造风险。因此，要真正使预算绩效管理收到实效，必须以风险问题为导向，坚持"实质重于形式"的原则，注重宏观绩效和整体绩效。无论是事前的绩效目标分析，还是事后的绩效评价，都应超越会计学意义上的指标导向，从重大风险问题出发，落脚到未来重大风险问题的解决上来。

最后，在预算绩效管理机制上，要从"要我有绩效"向"我要有绩效"转变。"要我有绩效"主要是指财政部门和审计部门对支出部门绩效的评估与评价，以及上级对下级的要求和督查问责，这是来自外在的压力和约束。若这种外在压力和约束不能转化为内在动力和激励，而是被推着走，则全面实施预算绩效管理就会流于形式，甚至会陷入到会议多、文件多、督查多、问责多，而实质落实少的困局之中。中央对预算绩效管理的重视程度前所未有，不同层级出台的文件规范也越来越多，财政、审计部门的推动力度也越来越大，预算绩效管理取得了一定的成效。

然而，若预算绩效管理主要沿着"要我有绩效"的路径来推进，将会导致一系列问题难以解决：一是实施成本高。截至2017年末，我国"四本预算"支出年度规模已经超过30万亿元，项目数量巨大。如果其绩效主要靠外部专家来评价，则耗费的人力、物力将是一个很大的数字。绩效管理本身就要讲绩效，不惜代价搞绩效管理有违绩效初衷。二是严重的信息不对称。绩效评价中存在严重的信息不对称，外部专家无论具备什么专业技术特长，始终不如预算编制执行主体更加了解情况。一个单位、部门的钱该怎么分配、怎么用才最有效，只有预算编制执行主体才知道。而且，在外部评价过程中，总是存在有意隐瞒和歪曲重要信息的动机，从而进一步加大信息的不对称，使绩效评价的效果大打折扣。三是过程控制。在无内在动力的情况下，预算绩效管理将会陷入到事无巨细，什么都需要文件来做出规定，最终回到传统的过程控制上，而不是结果导向。绩效管理的高阶文件和法律应该是也只能是原则性、准则性的，要给预算编制执行主体一定的自由空间。放开过程，只问结果，这本身就是绩效管理题中应有之义。

不难想象，预算绩效管理机制若是不能尽快从"要我有绩效"转换到"我要有绩效"，那我们所做的一切都是新瓶装旧酒，越是努力，将越是背离绩效管理的初衷。因此，机制的转换是全面实施预算绩效管理的关键，是我们所有努力是否有效的前提。

中国财政科学研究院、中国财政学会作为智库和研究平台，这些年一直在致力于绩效问题的研究。《中国财政绩效报告——理论与实践（2018）》的出版，就是这方面努力的结果。该书从项目支出绩效、部门整体支出绩效到财政政策绩效，做了一些研究和探讨，其中的一些观点还有待实践的检验。在全面实施预算绩效管理之际，该书的出版也有响应之意，我们愿与业界同仁共同努力，推动我国预算绩效管理不断进步。

是为序。

刘尚希

2018年9月26日

前　言

预算是政府活动和宏观政策的集中反映，也是规范政府行为的有效手段。政府各项预算收支的合理性、效率和效益如何，在很大程度上反映了一个国家的治理水平。预算绩效正是世界通行的用于衡量政府绩效的主要指标。党的十八大以来，在以习近平同志为核心的党中央的坚强领导下，各地区、各部门认真贯彻落实党中央、国务院决策部署，财税体制改革加快推进，预算管理制度持续完善，财政资金使用效益不断提升。党的十九大报告提出"全面实施绩效管理"的要求，加强预算绩效管理，逐步形成资金拨付与资金使用效果挂钩的正向激励机制，提高财政资金使用效益。今后一段时期，按照"目标明确、权责对等、评价科学、约束有力"的原则，逐步实现绩效管理的全方位、全覆盖、全过程，要充分利用绩效评价成果推动改进预算编制和完善政策，提升财政自身绩效管理能力。争取到 2020 年，初步形成具有中国特色的财政绩效管理体系，使绩效管理成为硬化预算约束的"利器"。

根据《中共中央 国务院关于全面实施预算绩效管理的意见》（中发［2018］34 号，以下简称《意见》），将预算绩效管理从部门推动上升到国家层面，从局部探索到全面实施，从事后评价到目标管理与评价相结合，从资金绩效拓展到政策绩效，从项目绩效覆盖到单位、部门整体绩效。绩效是以结果为导向的一种管理理念，也是细化过程、注重结果的一种管理方法，让各个预算主体有更多的自主权、有更大的创新空间，同时承担更多的责任和义务，从"要我有绩效"，转变为"我要有绩效"，使预算绩效管理变成内生性的自我管理。

当前，各级财政部门要将绩效理念和方法深度融入预算编制、执行和监督各环节，实现预算和绩效管理一体化，强化事前绩效目标设置、事中绩效目标动态监控、事后开展绩效目标评价、评价结果公开和应用全过程预算绩效管理，构建一个"闭环形、穿透式"预算绩效管理框架体系。同时，预算绩效管理是一项长期的系统性工程。绩效管理专业性、技术性较强，制度体系建设是全面实施预算绩效管理的基础，有效发挥预算绩效管理的激励约束作用是关键。要分行业、分领域、分层次建立定量和定性相结合的共性绩效指标体系和标准体系，发挥预算绩效管理激励约束，进一步优化财政资源配置，保障绩效目标如期保质保量实现，加强各级政府和各部门、各单位对绩效目标的实现程度和预算执行进度，加强预算和绩效的监控力度，发现问题及时纠正，及时调整预算执行过程中的偏差，避免出现资金闲置沉淀和损失浪费，确保财政资金使用安全高效。

可以说，立足当前，面向未来，全面实施预算绩效管理是推进国家治理体系和治理能力现代化的内在要求，是深化财税体制改革、建立现代财政制度的重要内容，是优化财政资源配置、提升公共服务质量的关键举措。这也是组织撰写《中国财政绩效报告——理论与实践（2018）》的初衷，以期通过从理论基础到农业、教育、科技、水利、林业和体育等部门单位预算绩效评价体系设计和相关实证分析，系统性介绍和深入总结预算绩效的有关问题，预期能够满足读者的多样化需求。

《中国财政绩效报告——理论与实践（2018）》主要对我国财政支出绩效评价的相关理论、框架体系、操作模式等进行描述和分析。报告分为基础理论、制度变迁、实践探索、趋势展望四个部分，共11章。其中，第一部分基础理论包括第一章至第三章。第一章预算绩效管理内涵界定与概念辨析，有助于厘清绩效管理的内涵；第二章预算绩效管理的主要内容、特征与动因释义，充分阐述预算绩效管理是对财政资金使用进行"跟踪问效"的有效手段；第三章预算绩效管理理论基础探源，提供完备的理论支撑。此部分主要为建立全方位、全过程、全覆盖的管理体系提供智力支撑。第二部分制度变迁包括第四章至第七章。第四章中国财政绩效评价的政策演进，阐述了我国绩效评价的历程；第五章中国财政绩效评价的制度变迁，分析了我国财政绩效评价制度历经"形成、改进、强化、创新、多层次发展"几个阶段；第六章中国财政支出绩效评价的框架体系；第七章中国财政支出绩效评价的成效，主要从绩效评价经历的四个阶段进行分析。第三部分实践探索包括第八章至第十章。第八章世界银行贷款第二个职业教育项目绩效评价；第九章农业、科技、教育、水利等部门预算绩效评价指标体系；第十章财政支出政策绩效评价。第四部分趋势展望包括第十一章。第十一章中国财政绩效评价制度趋势展望，以实现预算和绩效管理一体化为目标，提高财政资源分配和使用效益，改变预算资金分配固有化格局，推动政府效能提升，加快实现国家治理体系和治理能力现代化。

《中国财政绩效报告——理论与实践（2018）》旨在落实《意见》的有关精

神,充分发挥《意见》的政策导向作用,真正使预算绩效管理收到实效,以问题为导向,坚持"实质重于形式"的原则,注重宏观绩效和整体绩效。无论是事前的绩效目标分析,还是事后的绩效评价,均应超越会计学意义上的指标导向,从重大问题出发,落脚到当前现实中重大问题的解决上来,切实做好预算绩效管理工作。

目　　录

第一篇　基础理论

第一章　预算绩效管理内涵界定与概念辨析 …………………………（ 3 ）

　　第一节　预算绩效管理内涵界定 ………………………………………（ 3 ）
　　第二节　预算绩效管理相关概念辨析 …………………………………（ 11 ）

第二章　预算绩效管理的主要内容、特征与动因释义 ………………（ 16 ）

　　第一节　预算绩效管理的主要内容 ……………………………………（ 16 ）
　　第二节　预算绩效管理的特征 …………………………………………（ 19 ）
　　第三节　预算绩效管理的动因释义 ……………………………………（ 20 ）

第三章　预算绩效管理理论基础探源 …………………………………（ 28 ）

　　第一节　委托代理理论 …………………………………………………（ 28 ）
　　第二节　新公共管理理论 ………………………………………………（ 33 ）
　　第三节　公共产品理论 …………………………………………………（ 35 ）
　　第四节　其他相关理论 …………………………………………………（ 42 ）

第二篇　制度变迁

第四章　中国财政绩效评价的政策演进 ………………………………（ 57 ）

　　第一节　计划经济时期的财政收支平衡考核阶段 ……………………（ 57 ）
　　第二节　改革开放初期的财政投资评审阶段 …………………………（ 58 ）

第三节　财政支出绩效评价试点阶段 …………………………………（58）
　　第四节　启动全面实施绩效管理阶段 …………………………………（60）

第五章　中国财政绩效评价的制度变迁 ……………………………………（61）
　　第一节　建章立制，健全工作规范 ……………………………………（61）
　　第二节　改进方法，完善指标体系 ……………………………………（62）
　　第三节　强化应用，坚持结果导向 ……………………………………（63）
　　第四节　创新方式，提升评价效能 ……………………………………（63）
　　第五节　多维评价，提高公信力 ………………………………………（64）

第六章　中国财政支出绩效评价的框架体系 ………………………………（67）
　　第一节　制度框架体系 …………………………………………………（67）
　　第二节　专项资金绩效评价 ……………………………………………（75）
　　第三节　转移支付绩效评价 ……………………………………………（78）
　　第四节　部门整体支出绩效评价 ………………………………………（83）
　　第五节　政策绩效评价 …………………………………………………（85）

第七章　中国财政支出绩效评价的成效 ……………………………………（88）
　　第一节　近年来预算绩效管理工作进展情况 …………………………（88）
　　第二节　中央部门财政支出绩效评价的探索 …………………………（91）
　　第三节　地方财政支出绩效评价的实践 ………………………………（104）
　　第四节　财政支出绩效评价结果分析 …………………………………（118）

第三篇　实践探索

第八章　世界银行贷款第二个职业教育项目绩效评价 ……………………（125）
　　第一节　世界银行"职教二"项目说明 ………………………………（126）
　　第二节　世界银行"职教二"项目绩效评价目的 ……………………（132）
　　第三节　世界银行"职教二"项目绩效分析 …………………………（146）
　　第四节　世界银行"职教二"项目评价事项 …………………………（170）
　　第五节　世界银行"职教二"项目绩效评价结论 ……………………（172）

第六节　世界银行"职教二"项目经验与启示 …………………………（174）
　　第七节　世界银行"职教二"项目改善建议 …………………………（176）

第九章　部门预算绩效评价指标体系 ……………………………………（179）

　　第一节　农业部部门预算绩效评价指标体系 …………………………（179）
　　第二节　科技部部门预算绩效评价指标体系 …………………………（207）
　　第三节　教育部部门预算绩效评价指标体系 …………………………（240）
　　第四节　水利部部门预算绩效评价指标体系 …………………………（277）
　　第五节　国家林业局部门预算绩效评价指标体系 ……………………（307）
　　第六节　国家体育总局部门预算绩效评价指标体系 …………………（340）

第十章　财政支出政策绩效评价指标体系 ………………………………（374）

　　第一节　中国财政支出政策绩效评价分析 ……………………………（375）
　　第二节　财政支出政策绩效评价指标体系构建 ………………………（380）
　　第三节　推进财政支出政策评价对策建议 ……………………………（406）

第四篇　趋势展望

第十一章　中国财政绩效评价制度趋势展望 ……………………………（417）

　　第一节　中国财政绩效预算的法制环境建设分析 ……………………（417）
　　第二节　中国财政绩效评价制度改革发展趋势展望 …………………（422）
　　第三节　健全完善中国财政绩效评价制度建议 ………………………（425）

参考文献 ………………………………………………………………………（447）

后记 ……………………………………………………………………………（452）

第一篇 基础理论

第一章
预算绩效管理内涵界定与概念辨析

预算绩效管理是具有中国特色的预算管理模式，其产生和发展并不是偶然的，有其必然性和合理性。它源于绩效预算，并被赋予了特定的内涵，是中国预算管理的创新与尝试，逐渐显示了其强大的生命力，有着重大的意义。

第一节　预算绩效管理内涵界定

预算绩效管理是管理学与财政学在相互碰撞中产生的新概念，既有别于预算管理，又区别于西方的绩效预算，并与其他概念有着交叉与联系。为此，要厘清预算绩效管理的内涵，首先要厘清以下几个相关的概念：

一、绩效与预算绩效

（一）绩效（Performance）

"绩效"一词最初来源于企业管理。"绩效"就是个人、组织、政府等通过努力和投入所形成的产出和结果，以及产出和结果的合理性、有效性。

绩效与传统的行政效率概念既有联系又有区别。它们都讲求以最少的行政消耗获得最大的行政效果。但是，行政效率多是针对具体的行政行为，侧重于行政内部关系，即命令的执行情况。绩效涉及的主体行为既有具体的行政行为，也有抽象的行政行为，更注重行政与社会、行政与公民的关系，即支出的外部效果。因此可以说，绩效是一个在内涵、测量机制等诸多方面都比行政效率更复杂、更综合的范畴，在整个政府改革进程中，是一个比行政效率更加重要的焦点问题，其本质上是政府的发展观和政绩观的具体体现。

关于绩效的概念，不同的学者给出了不同的定义。伯拉丁（Bernardin，1995）等认为"绩效应该定义为工作的结果，因为这些工作结果与组织的战略目标、顾客满意感及所投资金的关系最为密切。"卡恩（Kane，1996）指出绩效是"一个人留下的东西，而这种东西与目的相对独立存在。"[1] 墨菲（Murphy，1990）给绩效下的定义是"绩效是与一个人在其中工作的组织或组织单元的目标有关的一组行为。"[2] 坎贝尔（Campbell，1993）指出"绩效是行为，应该与结果区分开，因为结果会受系统因素的影响。"他认为绩效不是活动的结果，而是活动本身，是人们实际做的，与组织目标有关，并且是可以观察到的行动，而且这些行为完全能由个体自身控制[3]。Mwita（2000）也认为绩效应是一个综合的概念，应包含三个因素：行为、产出和结果[4]。奥斯本和盖布勒（Osborn and Gaebler，1992）认为，预算中的绩效是指将改变管理政策的方法运用到公共部门，以绩效的方法建立制度。

（二）预算绩效

"预算绩效"是由于预算实施所产生的效益、效率和效果，反映因预算安排和执行所达到的产出和结果。关于预算绩效的进一步阐述，1995 年学者芬维克提出了"3E"标准，以经济型（Economic）、效率性（Efficiency）和有效性（Effec-

---

[1] Bernardin H J, Kane J S, Ross S, Spina J D, Johnson D L. Performance Appraisal Design, Development, and Implementation [J]. Handbook of Human Resource Management, 1995: 462 – 493.

[2] Jensen M C, Murphy K J. Performance pay and top – management incentives [J]. Journal of political economy, 1990, 98 (2): 225 – 264.

[3] Campbell J P, McCloy R A, Oppler S H, et al. A theory of performance [C]. Schmitt N&Boman W C. (Eds.), Personnel selection in organizations, San Francisco: JosseyBass, 1993: 35 – 70.

[4] Mwita J I. Performance management model: a systems – based approach to public service quality [J]. International Journal of Public Sector Management, 2000, 13 (1): 19 – 37.

tiveness）的衡量标准取代了传统的绩效管理评价，通过这一标准来获取和使用资源以更好地实现绩效目标。经过了一段时期的完善与发展，目前国内外普遍采取绩效预算的"4E"衡量标准：（1）经济性（Economic），主要衡量政府部门投入成本的降低程度，要求各部门尽可能以最低的成本购买或提供特定的数量和质量的公共产品和服务；（2）效率性（Efficiency），反映政府部门的最终工作成果与工作过程中资源消耗之间的对比关系，要求在既定的投入水平下达到产出最大化，或在既定的产出水平下实现投入最小化，即支出是否合理、高效；（3）效益性（Effectiveness），通常是要求衡量政府所进行的工作或提供的服务在多大程度上达到了政府的目标并满足了公众的需求；（4）公平性（Equity），主要衡量全部政府服务对象是否都受到了平等的对待，对于弱势群体或其他特殊群体是否有更多的政策倾斜等。总体上，绩效预算更强调产出和结果，关注支出的成本和效益，注重公众满意度。四个方面相互融合，基本诠释了"预算绩效"的内涵，其内在联系如图1－1。

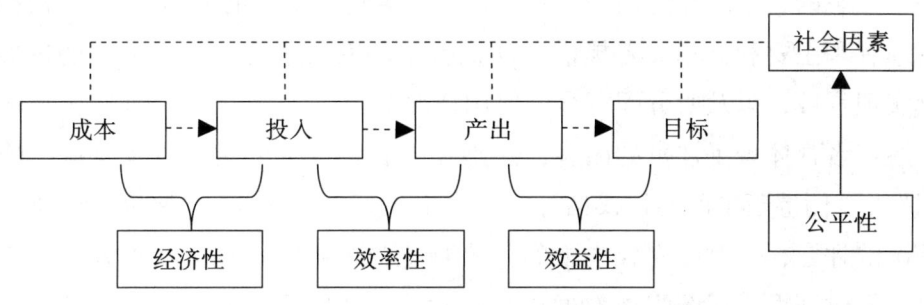

图1－1　预算绩效"4E"原则示意图

二、评价和绩效评价

（一）评价（Evaluation）

关于"评价"一词，现代汉语词典将其解释为：评定价值高低，溯其原意，应为衡量、评定其价值。宋王脉《燕翼诒谋录》卷五："今州郡寄居，有丁忧事故数年不申到者，亦有申部数年，而部中不曾改正榜示者，吏人公然评价，长威、郎官为小官时皆尝有之。"清黄六鸿《福惠全书杂课牛驴杂税》："牛驴牲畜，烟包布花酒曲等税，交易之所收也，例有牙行经纪，评价发货。"引申到管理学中，评价就是一个运用标准，是对事物的准确性、实效性、经济性以及满意度等方面进行评估的过程。

根据发展援助委员会的解释，评价是指系统和客观地评估一个正在实施的或已完成的项目、计划或政策，包括其设计、实施和结果，评价的目的是确定目标的相关性和相应的完成情况、效率、效果、影响和可持续性。评价同样也是确定一个活动、一项政策或一个计划的价值和意义的过程，是对计划进行的、正在进行的或已完成的活动进行尽可能系统和客观的评价。在某些情况下，评价的内容包括制定适当的标准，根据这些标准对绩效进行考核，评价已取得和预期的结果，以及确认相关的经验教训[①]。

在国外评价的理论与实践中，与评价相近的概念还有评估（Appraisal）和监测（Monitoring）等概念。评估是指在投资决策之前，对一项活动的目标相关性、可行性和潜在的可持续性进行的全面评定，对于开发机构、银行等组织来讲，其评估的目的在于帮助决策者确定对于该项活动以及相应资源的使用是否适当。监测是一个常态的、持续性的活动，它通过对有关特定指标的数据进行系统性收集，来为管理者和主要利益相关者提供活动执行中的有关信息，包括活动的进展状况和目标实现程度，以及所分配资金的使用情况等。

上述三者都体现了评价的内容，区别在于它们介入的时间点及发挥的作用不同。"评估"侧重于事前的评议估计，为未来决策提供帮助；"评价"侧重于活动执行情况的评定，是对已完成决策的评议判定，主要对为什么实现或没有实现目标和结果提供证据，试图强调对原因的论述。"和监测相比，评价是在不连续时间点上进行的，而且经常寻求来自技术专家的外部视角"（世界银行，2011）。"监测"是在一项政策、项目或计划随时（并随着时间的过去）与各自的目标和结果相关时提供信息，通过选择的指标提供有关变化方向、变化速度、变化程度的持续信息，以及确认未来预期的变化，侧重于对项目或活动执行情况进行及时监督，并将传统的监督扩展为明确关注结果和影响方面。在实际应用时，往往很少将这三者的概念加以区别。本书倾向于将评价归纳为三者概念的总和，即涵盖事前、事中、事后的评价，包括项目、政策、预算活动的产出、结果及可持续性、影响等内容。

---

① Development Assistance Committee of OECD：《Glossary of Key Terms in Evaluation and Results Bases Management》，12 – 14.

(二）绩效评价（Performance Evaluation）

"绩效评价"是指依照预先确定的标准和一定的评价程序，运用科学的评价方法，按照评价的内容和标准对评价对象的绩效情况进行考核和评价。根据世界银行的观点："绩效评价是对有关计划或政策执行情况的一项研究，侧重投入、活动和产出，通常用来评估执行者的绩效。"绩效评价一般具有几个共同特征：一是评价的依据具有合理性；二是评价的标准具有客观性；三是评价的方法具有科学性；四是评价的结果具有可比性。

关于财政支出绩效评价，英国学者大卫杜勒在其《800年以前的绩效审计》中作了深刻论述："为防止国家财政支出无限制增长，同时保证财政资金的合理使用，新兴资产阶级和广大民众迫切要求对财政资金使用的合理性和效果进行审查，从而推动了西方国家财政支出绩效评价工作的蓬勃开展。"更进一步探析，财政支出绩效评价不仅是对财政支出使用情况进行评价和监督，更重要的是以财政支出效果为最终目标，考核政府职能实现程度，即考核政府提供的公共产品和服务的数量与质量。从这个意义上讲，财政支出绩效评价是以财政部门为主体，政府其他职能部门共同配合而形成的管理公共产品和服务的一项制度。

三、绩效预算

绩效预算（Performance Budgeting）是一个西方舶来概念，有着鲜明的西方语汇背景与较长的实践历史。绩效预算概念的提出是公共财政理论与实践的重大进步，它改变了传统预算单纯的资金分配职能，将政府投入的财政资金与政府的工作内容和效率紧密联系起来，要求每一笔预算资金的拨付必须符合公众预期的政府作为。因此，绩效预算概念绝不仅是财政或是预算领域的概念，它体现的是政府职能的转变。正确理解绩效预算的含义是开启预算绩效管理研究的钥匙，由于西方学者对绩效预算尚未有一个完整而明确的定义，不同国家和地区学者对绩效预算概念的相关论述对于我们全面认识绩效预算，打好预算绩效管理的理论基础具有重大意义。

20世纪40年代末至50年代初，美国率先提出了绩效预算改革的理念。绩效预算的开创者胡佛委员会认为，绩效预算就是要重视产出，包括一般性质工作与重大工作的执行和服务的提供，而不是仅仅效仿过去的条目预算，单一着眼于投入①。进入20世纪90年代，为了适应绩效预算实践的需要，美国成立了指导美国绩效预算改革的全国绩效评价委员会（NPR）。NPR对绩效预算的定义是：绩效预算是使命驱动、结果定位的预算，强调组织改变，包括组织结构和决策进程的改变；组织预算权的下放；加强预算过程与政策制定过程的联系；管理者注重设立目标，加强公共部门的绩效评价，根据目标考核执行的业绩，并向公众公开；目的是实现某种公众所预期的社会结果和公共满意度的提高。美国总统预算管理办公室（OMB）提出，绩效预算是阐明拨款所要达到的目标，为实现目标而拟定的计划需要花费多少钱，以及用哪些量化的指标来衡量其在实施每项计划的过程中取得的成绩和完成工作的情况的一种预算②。

世界银行认为，绩效预算是以目标为导向、以项目成本为衡量、以业绩评估为核心的一种预算体制，具体来说就是把资源分配的增加与绩效的提高紧密结合的预算系统。经合组织（OECD）认为，绩效预算是把资金分配与可度量的结果连接起来的预算形式。澳大利亚政府认为，绩效预算是政府行政活动的资金支持体系的一种评价模式，具体分成五个部分：一是政府要办的事；二是配置预算资源；三是以结果为中心制定绩效目标；四是评价目标实现状况的标准；五是评价绩效的指标体系。

一些西方公共经济学学者也尝试对绩效预算进行定义。威洛比和梅葛尔将绩效预算定义为对政府机构的使命、目的和目标进行战略性规划，是一个采用可量化数据，提供项目结果信息的过程。Cothran认为，绩效预算是控制支出预算、利润分享及各种不同措施的预算制度。它对支出设置限额，采取由上而下的预算编制程序，给予部门管理者自主安排资金的权力，同时要求对预算执行结果负责。Lynch认为，绩效预算是公共管理者为开源而进行的一系列支出控制活动，这些活动从投入到产出，经过规划、评估、选择及绩效衡量的程序，以提高生产力及效率。Schick认为，广义上的绩效预算是表达特定政府机构用所得到的拨款做了什么事情或希望做的什么事等信息的预算。狭义上的绩效预算是将每一项资源的增加与产出的增长相联系的预算管理模式③。

---

① 胡佛委员会定义的投入，包括人员、劳务、用品和设备等实物的取得。
② 张志超：《美国政府绩效预算的理论与实践》，中国财政经济出版社2006年版。
③ Allen Schick："绩效现状：时机已经成熟但尚未付诸实践的理念综述"，《OECD预算编制学报》，2003年第1期。

对绩效预算概念的不同定义体现了不同国家及不同专家学者对绩效预算的不同理解。虽然在对概念的界定方面存在差异，但对绩效预算的核心理念已达成如下共识：绩效预算是一种以结果为导向的预算管理方式，符合新公共管理所倡导的理念，适应政府部门改革的需要。同时，在绩效预算中融入了市场经济的概念，将政府预算建立在可衡量的绩效基础上，以提高财政支出效率，改进公共服务质量。

四、预算绩效管理

本书所称的预算绩效管理，就是以"预算"为对象开展的绩效管理，它将绩效理念和管理方法融入预算过程中，使之与预算编制、预算执行、预算监督一起成为预算管理的有机组成部分，是一种以绩效目标为导向、以绩效监控为保障、以绩效评价为手段、以评价结果应用为关键的全过程预算管理模式[1]，其根本目的是改进预算管理，优化资源配置，控制节约成本，提高公共产品质量和公共服务水平。

财政部将其定义为：预算绩效管理是政府绩效管理的重要组成部分，它是在现有的预算编制、执行、监督中融入绩效理念，实现绩效管理和预算管理的有机结合。它强化政府预算为民服务的理念，强调预算支出的责任和效率，要求在预算编制、执行、监督的全过程中更加关注预算资金的产出和结果，要求政府部门不断改进服务水平和质量，花尽量少的资金办尽量多的实事，向社会公众提供更多、更好的公共产品和公共服务，使政府行为更加务实、高效[2]。

关于预算绩效管理的内涵，一般包括以下四方面的内容。

1. 预算绩效管理是一种先进的预算理念。它强调绩效的思想，强化支出责任和效率意识，树立产出和结果的导向，注重提高资金的使用效益，要求提高公共产品和服务的数量与质量。

2. 预算绩效管理是一种有效的技术工具。它是借鉴绩效管理的手段和方法，用于改进预算管理、完善预算管理的一种工具，主要侧重于技术方面的改进，而

---

[1] 基层财政干部培训教材编审委员会：《全过程预算绩效管理基本知识问答》，中国财政经济出版社2013年版。

[2] 财政部：《关于推进预算绩效管理的指导意见》（财预 [2011] 416号）。

忽略政治上的衡量和淡化体制上的改革，因而更多的是作为一种技术方法应用到现行预算管理中去。

3. 预算绩效管理是一种完善的全过程机制。它在结果导向基础上实现对预算过程的管理，将预算作为一个管理的闭环，贯穿于预算编制、预算执行、预算监督之中，实现全方位、全覆盖，侧重于机制上的控制与改善，每一个环节是下一个环节的续接，体现了全过程的特征。

4. 预算绩效管理是一种创新的预算管理模式。它在本质上仍是预算管理，服务服从于预算管理，是对现有预算管理模式的改革和完善，并不是与预算管理相割裂、相并行的一个单独体系，而是利用绩效管理理念、绩效管理方法等对现有的预算管理模式的创新与提升，从而形成一个有机融合、全面衔接的全新预算管理模式，以强调资金使用效益，增强预算支出效率，实现资源的优化配置，提高财政管理水平。

五、政府绩效管理

政府绩效管理，是指围绕政府绩效（Government Performance）开展的管理活动及其行为模式。政府绩效也称"政府业绩""公共组织绩效""公共生产力""国家生产力"等，就是政府通过资源配置而得到的有效输出，主要指政府及其部门履行自身职责的行为及其产出的结果和社会经济影响，是政府在行使其职能、实施其意志的过程中体现出的管理能力。它既包括政府"产出"的绩效，又包括政府"过程"的绩效。"产出"绩效表现为政府提供公共服务和进行社会管理活动的数量、质量等方面的结果；"过程"绩效表现为政府在行使职能过程中的行为及其运转效率。政府绩效还可以从经济绩效、社会绩效和政治绩效等方面来分析。其中：经济绩效表现在经济发展的数量和效益上；社会绩效是经济发展基础上的社会进步，包括居民生活水平和生活环境的普遍改善；政治绩效主要体现在制度安排和制度创新方面的改进。随着公共管理的演进和实践发展，政府绩效的内涵也经历了由"以效率为核心"向"结果导向""多元价值导向""以公共价值为基础"等内容的变迁，成为对公共管理领域效率、效益、效果，甚至是公平等一系列概念的综合与超越。

政府绩效管理主要是通过构建政府部门战略绩效管理模式，涵盖政府部门职能和战略规划的确定、绩效目标体系设计、绩效信息收集、绩效评价以及绩效改进等各方面内容，使政府部门的职能和战略与绩效管理相连接，以促进政府部门绩效的持续改进和提升。政府绩效管理工作部际联席会议对此定义为："政府绩效管理作为一种新型的行政管理模式，主要是指通过建立科学合理的政府绩效评估指标体系和评估机制，对政府及其工作人员履行职能、完成工作任务以及实现经济社会发展目标的过程、实绩和效果实行综合考核评价，并根据考评结果改进政府工作、降低行政成本、提高政府效能的一种管理理念和方式。"

第二节　预算绩效管理相关概念辨析[①]

预算绩效管理是在中国预算管理实践中产生并提出的一个全新概念，它既"脱胎"于绩效评价工作，又"根植"于国外绩效预算理念，还"庇荫"于政府绩效管理改革，并与财政监督、绩效审计有一定的"枝叶"交叉，需要进一步明确其相互关系。

一、预算绩效管理与绩效评价的关系

预算绩效管理与绩效评价有着密切的联系。我国的预算绩效管理就是在绩效评价试点工作的基础上发展起来，预算绩效管理的核心是绩效评价，绩效评价成为实施预算绩效管理的重要手段。绩效评价是政府和财政部门根据财政效率原则，借助相应的绩效评价指标，按照一定的程序和标准对公共支出的绩效做出客观、公正的评价。它主要是对预算执行情况和执行结果的评价，侧重的是事后评价。而根据 1995 年 OECD 的一份报告《转变中的治理：OECD 国家的公共管理改革》所述，"绩效管理是组织管理、绩效信息、评估、绩效监控、评价和绩效报告的整合。"

预算绩效管理与绩效评价又有所区别。总体而言，预算绩效管理的内涵范围更大，属于上位概念；而绩效评价的内涵相对较窄，是在预算绩效管理之下开展的一项工作，属于下位概念。绩效评价为预算绩效管理目标的实现提供保障，预

[①] 王海涛：《推进我国预算绩效管理的思考与研究》，中国财政经济出版社 2014 年版。

算绩效管理则为绩效评价的实施提供前提和归宿。具体来讲,绩效评价实际上是预算绩效管理的一个重要组成部分,它反映部门预算执行情况的效率和效果,体现为一种管理工具。正如美国学者米歇尔 J·勒贝斯所说,"绩效评价是绩效管理的一个中心环节,绩效评价的结果表明了组织选择的战略或者行动的结果是什么,它是一种管理手段。"预算绩效管理是一种由绩效评价手段支持的管理理念和管理机制相结合的综合体系,并在绩效评价的基础上利用绩效评价结果改善预算管理,改进预算分配决策,是一种全过程的绩效评价和预算管理系统。施潘根伯格(1992)认为,传统的绩效评价是一个相对独立的系统,通常与组织中的其他背景因素相脱离,如组织目标和战略、组织文化、管理者的承诺和支持等,而这些背景因素对于成功实施绩效评价有着非常重要的作用。正因为传统的绩效评价的局限性,才导致了绩效管理系统的改革。

大致而言,绩效评价和预算绩效管理是部分和整体、环节和流程、方法和目的、中心和全面的关系。绩效评价是支持预算绩效管理的工具和方法,属于预算绩效管理的重要一环。预算绩效管理以绩效评价为起点和基础,但并不仅限于单纯的绩效评价,而是以绩效评价为重点内容和中心环节,进而拓展到事前、事中、事后的管理过程,更强调系统和机制的作用。预算绩效管理与绩效评价的区别见表1-1。

表1-1　　　　　　　　　预算绩效管理与绩效评价

预算绩效管理	绩效评价
以绩效为目标的全过程预算绩效管理	预算绩效管理的重要环节和手段
侧重于信息反馈与预算管理的改进	侧重于支出绩效的判断和评价
伴随预算管理活动的全过程	只出现在特定的时期
事先的沟通与承诺	事后的考察与评价

资料来源:范柏乃:《政府绩效管理》,复旦大学出版社2003年版。

二、预算绩效管理与预算管理的关系

预算绩效管理是预算管理与绩效管理的有机融合,已经成为目前加强预算管理的重要内容,二者有着内在的紧密联系,并体现出一定的差异和不同。

一是预算绩效管理与预算管理在本质上是一致的。预算绩效管理强调预算支出的效率和责任，针对传统预算管理存在的"重分配、轻管理，重支出、轻绩效"问题，采用科学的体系和方法，突出强调绩效导向，目的是进一步改进预算管理水平，提高财政资金使用效益，其本身仍属于预算管理的范畴，而讲求绩效是预算管理的应有之义，其中优化资源配置、提高支出效益也是传统预算管理的重要职能。从这一点上看，两者的本质是相同的。

二是预算绩效管理依托于预算管理改革。实施预算绩效管理必须依赖一定的预算管理基础，近年来推进的部门预算等一系列预算改革，使得预算管理的科学性、规范性不断提高，为实施预算绩效管理提供了前提条件和坚实基础。同时，推进预算绩效管理，又可进一步促进预算管理改革的深化。二者互为依托，互相提供支撑。

三是预算绩效管理模式随着预算管理模式的发展而发展。预算管理模式是在综合考虑一国政治、经济、社会发展实际的基础上确定的，具有较强的时代特性，并伴随着社会经济的发展而不断进行调整和完善。预算绩效管理植根于预算管理模式之上，既要与其相适应，又要随着预算管理模式的发展而调整、完善。

三、预算绩效管理与政府绩效管理的关系

预算绩效管理是政府绩效管理的重要组成部分，二者相互联系。预算是政府履行职能的物质基础、体制保障、政策工具和监管手段，是政府的主要职能和施政理念的体现。现代预算制度是政府公共支出的核心，因此预算绩效既是衡量政府绩效的主要指标和重要内容，也是影响政府其他功能性绩效的关键因素，预算资金使用的高效、责任、透明，又是政府履职高效、责任、透明的前提。预算绩效管理服务于政府绩效管理，与政府施政方向是一致的，推行预算绩效管理有利于提高公共服务质量，进一步转变政府职能，有效提升政府绩效，二者的根本目的是相同的。

预算绩效管理与政府绩效管理又存在一定的区别，主要在于二者的侧重点不同。政府绩效是包括预算因素在内的多种因素综合作用的结果。一般来讲，政府绩效主要包括政府业绩维度、政府行政效率维度、政府效能维度、政府行政成本维度等四个维度，其中政府业绩和行政成本维度与预算绩效管理密切相关。但从整体角度来看，政府绩效管理往往更重视政府履职结果，其评价结果强调政府整体层面的绩效，预算投入及其管理只是其中一个重要的方面。预算绩效管理注重

支出的责任和效率，关注公共资源的科学合理配置，强调财政投入和产出的关系，主要目的是改进政府预算管理，提高公共支出效率和资金使用效益。

四、预算绩效管理与财政监督、绩效审计的关系

预算绩效管理与财政监督、绩效审计一样，都是加强预算管理、强化监督的重要手段，其目的是规范管理，强调效益，都属于广义的财政管理范畴。其中，绩效审计的概念最早出现于美国国会颁布的《政府审计准则》黄皮书中，并在美国、加拿大、瑞典等西方国家得到发展和完善。绩效审计在我国起步较晚，由审计署在其《2003～2007年审计工作发展规划》中较早明确提出绩效审计的要求。绩效审计和预算绩效管理一样，同属于政府绩效管理的组成部分，它是由独立的审计机构或人员，依据有关法规和标准，运用审计程序和方法，对政府及各隶属部门、事业单位等经济活动的经济性、效率性、效果性和资金使用效益进行的审计及评价，以促进政府科学管理、提高绩效的一种独立性的监督活动。

但是，上述三者之间也存在一些不同：一是定位不同。预算绩效管理是内部管理，属于预算管理内容，财政监督、绩效审计是外部管理，属于监督管理活动。二是时间切入点不同。预算绩效管理贯穿预算全过程，涵盖事前、事中和事后各环节，而财政监督和绩效审计工作更多侧重于事后。三是工作的着重点不同。预算绩效管理的出发点和关注点在于预算是否实现了预期的产出和结果、财政支出是否取得了应有的效益，侧重于绩效。财政监督、绩效审计虽然也关注绩效，但更多的是合法性、合规性检查，侧重于监督。

五、预算绩效管理与绩效预算的关系

预算绩效管理是借鉴绩效预算的理论，参考西方国家的经验与做法，结合我国国情，在财政预算管理中引入绩效理念，通过完善绩效评价手段和方法，建立绩效导向的管理机制，从而不断提高财政资金使用效益的一种预算管理模式。它与绩效预算既有联系，亦有区别，更有发展。

一是预算绩效管理与绩效预算在其理念和方法上有共通之处。比如，两者均以结果为导向，以提高财政支出效率、改进公共服务质量为最终目标。再如，两

者都要对预算进行考核和评价，明确预算支出绩效目标，然后依据一定的评价指标体系对其目标完成情况进行评价等。二是预算绩效管理与绩效预算在发展上有着交叉的联系。从产生及发展阶段来看，先有绩效预算概念的提出，并在西方国家的实践中得到了重新的认识和重视。反过来，绩效预算理论与实践的发展，则进一步加深了我们对预算绩效管理的理解，强化了有关绩效管理的理念，进而在此基础上提出建立一种基于绩效管理的全新预算管理模式。可以说，预算绩效管理在一定程度上源于绩效预算，同时又融入中国国情因素，丰富了相关内容，推进了我国预算管理的创新。三是预算绩效管理和绩效预算在具体管理上有着明显不同。如前定义所述，绩效预算是一个将资金分配与绩效紧密结合的预算系统，它侧重于预算编制环节，围绕产出来编制预算，强调预算编制的前瞻性、科学性和一定的灵活性，其实质是按照实现的产出和效果来分配预算、评价预算，是按照"办事的效果给钱"，即以绩效为基础来分配预算。预算绩效管理则是"先给钱、后看花钱的效果"，即在分配预算的基础上关注绩效、评价绩效，预算额度分配确定给部门后，由部门提出预期实现的绩效目标和指标，在预算完成后进行绩效评价，并作为下年预算安排的参考。这种模式主要是基于我国仍沿袭传统的"以收定支"、以投入控制为主的预算管理方式而确定的，加上政治体制、行政决策等因素的制约，预算资金安排目前还难以完全以结果导向作为决定性因素。但是我国的预算绩效管理又加入了全新的管理因子，即强调从预算编制、执行到监督全过程的绩效管理，做到了事前有目标、事中有监控、事后有评价，相对于绩效预算将重点放在预算编制环节上的做法有所拓展。

第二章
预算绩效管理的主要内容、特征与动因释义

预算绩效管理包含了对部门绩效、政策绩效和项目绩效的管理。在绩效管理的初级阶段,一般是以项目绩效评价作为突破口进行的,项目绩效评价工作现已成为深化财政支出管理改革的重要内容,以及对财政资金使用进行"跟踪问效"的有效手段。

第一节 预算绩效管理的主要内容[①]

预算绩效管理是一个由绩效目标管理、绩效运行跟踪监控管理、绩效评价实施管理、绩效评价结果反馈和应用管理共同组成的综合系统。推进预算绩效管理,要将绩效理念融入预算管理全过程,使之与预算编制、预算执行、预算监督一起成为预算管理的有机组成部分,逐步建立"预算编制有目标、预算执行有监控、预算完成有评价、评价结果有反馈、反馈结果有应用"的预算绩效管理机制。

---

① 程瑜:《中国预算绩效管理制度创新研究》,中国财政经济出版社2014年版。

一、绩效目标管理

（一）绩效目标设定

绩效目标是预算绩效管理的基础，是整个预算绩效管理系统的前提，包括绩效内容、绩效指标和绩效标准。预算单位在编制下一年度预算时，要根据国务院编制预算的总体要求和财政部门的具体部署、国民经济和社会发展规划、部门职能及事业发展规划，科学、合理地测算资金需求，编制预算绩效计划，报送绩效目标。报送的绩效目标应与部门目标高度相关，并且是具体的、可衡量的、一定时期内可实现的。预算绩效计划要详细说明为达到绩效目标拟采取的工作程序、方式方法、资金需求、信息资源等，并有明确的职责和分工。

（二）绩效目标审核

财政部门要依据国家相关政策、财政支出方向和重点部门职能及事业发展规划等对单位提出的绩效目标进行审核，包括绩效目标与部门职能的相关性、绩效目标的实现所采取措施的可行性、绩效指标设置的科学性、实现绩效目标所需资金的合理性等。绩效目标不符合要求的，财政部门应要求报送单位调整、修改，审核合格的，进入下一步预算编审流程。

（三）绩效目标批复

财政预算经各级人民代表大会审查批准后，财政部门应在单位预算批复中同时批复绩效目标。批复的绩效目标应当清晰、可量化，以便在预算执行过程中进行监控和预算完成后实施绩效评价时对照比较。

二、绩效运行跟踪监控管理

预算绩效运行跟踪监控管理是预算绩效管理的重要环节。各级财政部门和预算单位要建立绩效运行跟踪监控机制，定期采集绩效运行信息并汇总分析，对绩效目标运行情况进行跟踪管理和督促检查，纠偏扬长，促进绩效目标的顺利实现。跟踪监控中发现绩效运行目标与预期绩效目标发生偏离时，要及时采取措施予以纠正。

三、绩效评价实施管理

预算支出绩效评价是预算绩效管理的核心。预算执行结束后，要及时对预算资金的产出和结果进行绩效评价，重点评价产出和结果的经济性、效率性和效益性。实施绩效评价要编制绩效评价方案，拟定评价计划，选择评价工具，确定评价方法，设计评价指标。预算具体执行单位要对预算执行情况进行自我评价，提交预算绩效报告，要将实际取得的绩效与绩效目标进行对比，如未实现绩效目标，须说明理由。组织开展预算支出绩效评价工作的单位要提交绩效评价报告，认真分析研究评价结果所反映的问题，努力查找资金使用和管理中的薄弱环节，制定改进和提高工作的措施。财政部门对预算单位的绩效评价工作进行指导、监督和检查，并对其报送的绩效评价报告进行审核，提出进一步改进预算管理、提高预算支出绩效的意见和建议。

四、绩效评价结果反馈和应用

建立预算支出绩效评价结果反馈和应用制度，将绩效评价结果及时反馈给预算具体执行单位，要求其根据绩效评价结果，完善管理制度，改进管理措施，提高管理水平，降低支出成本，增强支出责任；将绩效评价结果作为安排以后年度预算的重要依据，优化资源配置；将绩效评价结果向同级人民政府报告，为政府决策提供参考，并作为实施行政问责的重要依据；逐步提高绩效评价结果的透明度，将绩效评价结果，尤其是一些社会关注度高、影响力大的民生项目和重点项目支出绩效情况依法向社会公开，接受社会监督。

第二节 预算绩效管理的特征

一、以绩效为核心,以"顾客"为对象

这一特点包括:(1)在绩效管理中,无论绩效目标的设定,还是对部门、项目的资金效果的评价都必须回答"在多大程度上增进了公共利益,获得的利益与拨款相比是否值得?"两个问题;(2)通过评价砍掉那些华而不实、无效率的部门和服务项目,避免政府及其部门"过度作为"或"好心办坏事"产生的浪费,将资金集中于基本服务项目;(3)设定绩效目标应当体现顾客要求,对公共支出评价必须有顾客参与等。

绩效管理引进"顾客"概念的意义:(1)明确了政府服务对象,使为民服务具体化为"为特定的受益人服务"。比如,评价政府的教育绩效应当包括学生和家长的满意程度;(2)确立了绩效目标的依据。在绩效管理中,效果是从受益人的观点确立的;(3)是财政资金由供给保障向"有效提供"转变的理论依据。

二、采用公共委托代理理论,体现购买论思想

在预算绩效管理中,政府拨款的目的是提供公共服务,而不是养机构、养人,实际上没有纯粹的养人经费,养人也是为了干事。在政府与部门的关系上,绩效管理采用公共委托代理理论,将部门、单位视为公共事务受托人,将预算(包括基本支出和项目支出)视为代理成本,将绩效评价视为财政作为政府的委托代理人的监督权利。

三、引进成本概念，对公共服务的效果进行量化管理

量化管理是绩效管理的基本特征。它要求将公共服务具体量化。例如，对教育效果的测定，通过在校生人数（入学率）、教育质量、成本等指标量化。一旦某一项公共服务实现了量化管理，我们就可以通过与过去年度、与其他地区的对比来评价投入产出效果。

四、绩效管理追求"有效供给"

这是绩效管理的重要特点。有效供给是指按绩效原则建立的一套支出与绩效相匹配的财政资金供给制度。它要求预算编制"该花的钱坚决满足"，而无绩效的支出一分钱也不给，改变过去纯粹的货币拨款上的"讨价还价"，把预算资金分配与政府各部门业绩考核结合起来，按绩效进行奖惩，形成良好的激励约束机制，提高预算资金分配的科学性、合理性。

第三节　预算绩效管理的动因释义

本节阐述了预算绩效管理的动因。首先，分析了政府效率的经济学含义，政府效率既包括制度效率与生产效率，也包括内部评价效率与外部评价效率。其次，本节提出，政府效率是政府的生命，也是评价政府的重要标准，政府效率能够通过促进政府提升责任感，解决当前市场化进程中出现的诸多问题，推进政府职能与行政模式转型等多方面来提高政府的执政能力。最后，本节指出了财政绩效管理是建立现代财政管理制度的重要组成部分。预算绩效管理是深入贯彻科学发展观的客观要求，是建设高效、责任、透明政府的重要内容，是财政科学化、精细化管理的出发点和落脚点，是财政改革发展到一定阶段的必然选择，也是建设现代财政的必然结果。

一、政府效率的经济学含义

经济学中的效率概念就是资源合理配置问题。资源配置的效率就是经济活动中的各种资源在各个不同的使用方面之间分出轻重缓急，决定生产的最佳种类和数量，并寻求一种最佳的分配方式，从而使社会福利达到最大化，使社会发展达到最佳状态。它分为两个层次：一是狭义上的效率概念，即资源运用效率或生产效率，指一个生产单位、一个区域或一个部门如何组织并运用这些供给有限的资源，使之发挥出最大的作用，从而用既定的生产要素生产出最大价值的产品。二是较高层次的效率，即资源配置效率或称经济制度的效率，指如何在不同生产单位、不同区域和不同行业之间分配有限的经济资源，即如何使每一种资源能够有效地配置于最适宜的使用方面和方向上。又可以引申为：如果经济能合理地运用资源和分配资源，若不能使某人的生活差一些就不可能让另一个人生活得好一些，那么这个经济就是有效率的，这种效率被称作帕累托效率。

王桂娟（2013）认为，政府效率包含两个层次：一是如何在公共部门配置资源，即较高层次的制度效率；二是如何以最小的成本提供最有效的公共产品，即生产效率。政府两个层次的"效率"是紧密联系、互相作用和补充的。公共产品的生产效率既是政府效率的微观基础，又是制度效率所依托的目标之一。有效政府体现着公共产品生产与供给之间的平衡。公共部门的制度效率是保证生产效率实现的必要前提，也贯穿于公共产品的生产过程之中，政府职能与管理水平决定了公共产品的结构与质量。对市场和公众来说，政府的基本职能是提供公共产品，评判政府效率的最具意义的着眼点也是公共产品提供的效率[①]。马国贤（2005）认为，政府效率包括行政效率与财政效率两种。行政效率，即政府组织的内部管理效率，用于政府的自我评价；财政效率，即政府服务的外部效率，用于社会评价[②]。

通过以上总结，本书认为政府效率具有以下三个特点：一是目标的多元化。私人部门的目标相对单一，实现利润最大化或实现股东权益、公司价值最大化。

[①] 王桂娟：《绩效预算的经济学分析——兼论财政职能与政府效率》，立信会计出版社2013年版。

[②] 马国贤：《政府绩效管理》，复旦大学出版社2005年版。

政府的效率则必须考虑到社会效益、发展战略、减贫、公平等多重目标的实现。只有在这个前提下，政府效率的提高才不会走向极端且才有意义。政府效率的确定，更为重要的是合理履行政府的职能，首先确定政府应该做什么，这涉及政府与市场的分工、财政职能、政府内部的分工。其次再谈如何有效地去做，即为实现所设计的目标和达到尽可能令人满意的结果而确定政府的行为方式和过程。最后是如何评价和衡量是否有"效率"。前两个方面主要是制度和行为层次，后一方面则是技术层次的问题。二是衡量的复杂性。在政府提供的公共产品中，许多是以公共服务的形式存在的，其投入和产出难以量化，且二者之间缺乏直接的联系。同时，政府提供公共产品的过程并不是通过市场交换实现的，无法形成公共产品的"市场价格"，再加上政府目标的多元化，因此不能以统一的货币尺度衡量政府的收入、成本及其他经济效率指标。这使得私人部门效率评价采用的计量方法不能简单地照搬到政府各部门，政府部门效率的衡量要复杂得多。三是实现的长期性。私人部门可以按当期利润和所有者权益评价其效率实现情况，包括生产、投资等活动，但政府的许多活动是以社会经济的长期发展为出发点的，许多项目具有投资周期长、见效慢、涉及范围广等特点，在短期内是很难评价其效率，如教育、植树造林等，而且政府以公共收入资源为依托，一旦确定了所投资的活动，往往要连续多年注入资金，这些因素都决定了政府效率实现的长期性[①]。

二、政府效率与政府执政能力

政府是提供公共服务的机构，这就决定了是否向人民提供服务、服务是否有效等问题是政府的根本问题。一个效率低的政府是无能的政府，必将会被高效率政府所取代。因此，政府效率是政府的生命，也是评价政府的重要标准。政府是社会分工的结果，也是效率的产物，同时效率也是政府追求的目标。效率可以通过以下三个方面来提高政府的执政能力：一是政府效率能够促进政府加强责任心，真正树立起"执政为民"与"理财"的观念。政府的外部效率讲求的是公共服务的有效提供。只有较高效率的政府，才能做到真正以民为本，才能摆脱一味重视经济增长，忽视公共服务提供的路径。政府的内部效率讲求的是行政管理的简洁

[①] 王桂娟：《绩效预算的经济学分析——兼论财政职能与政府效率》，立信会计出版社2013年版。

性。政府效率标准的实施，可以让各预算单位明确认识到"谁支出谁负责"的资金使用原则，工作重点从原来的要钱转为用钱，"理财"观念代替"要财"观念。二是政府效率是当前解决诸多难题的钥匙。在我国的市场化进程中，政府遇到了很多难题，比如贫富差距扩大、地区之间经济发展水平差异加大等。解决这些矛盾需要新的制度建设，并加强财政参与。但是，制度建设必须建立在公共支出有效率的基础之上。假如政府支出是低效率或者无效率的，那么相应的如解决地区间与居民间收入差异的财政拨款就达不到应有的政策目的。因此可以说，对政府效率的追求可以帮助解决政府面临的难题。三是政府效率能推进政府职能与行政模式转型，提供政府效能的积极作用。把政府效率作为评价政府的重要标准，将关系国计民生的项目与综合绩效好的项目优先考虑，可以提高政府的管理水平，营造公平、公正、廉洁、高效的行政服务氛围，促进社会和谐稳定，树立服务型政府的良好形象。

三、预算绩效管理于建立现代财政管理制度的重大意义[①]

（一）预算绩效管理是深入贯彻科学发展观的客观要求

科学发展观是我国经济社会发展的重要指导方针，是发展中国特色社会主义必须坚持和贯彻的重大战略思想。科学发展观的核心是以人为本，强调提高发展的质量和效益，强调全体人民共享发展成果。公共财政取之于民、用之于民，在贯彻落实科学发展观中具有重要地位和作用。贯彻落实科学发展观，要求财政部门始终把实现好、维护好、发展好最广大人民的根本利益作为工作的出发点和落脚点，在推进财政科学化精细化管理过程中更加突出绩效，在财政管理各环节中树立绩效意识、体现绩效要求。财政预算管理只有充分注重绩效，预算支出只有产生实实在在的社会经济效益，才能更好地发挥公共财政职能，改善民生，促进和谐社会建设。加强预算绩效管理的根本目的就是改进预算管理、优化财政资源配置、提高公共产品和公共服务的质量、提高财政资金使用效益，改变长期以来财政资金管理使用中存在的"重收入轻支出、重分配轻管理、重数量轻质量"问题，这同科学发展观强调以人为本的理念是完全一致的。通过加强预算绩效管理，

---

① 王泽彩：《绩效：政府预算的起点与终点》，立信会计出版社2016年版。

科学合理地配置公共资源，把有限的财政资金分配好、使用好、管理好，有利于更好地促进经济平稳较快发展和发展方式转变，有利于更好地保障和改善民生，做到发展为了人民、发展成果由人民共享。

党中央和国务院多次提出要完善预算制度，推进预算绩效管理。党的十五大提出科学发展观，十六届三中全会提出"建立预算绩效评价体系"，十七届二中全会提出"推行政府绩效管理和行政问责制度"，党的十八大提出了"提高政府公信力和执行力，推进政府绩效管理"的新精神，表明公共财政的科学发展观就是通过建立预算绩效评价体系，推行政府行政问责制度，提高政府运行效率，实现高效、科学配置公共资源，不断增加社会财富，提升全社会的公共福利水平。绩效是经济性、效益性和有效性的统一，公共财政预算只有充分注重绩效，才能产出良好的社会经济效果。通过对财政资金投入和产出数量的比较，衡量一项经济活动是否符合科学发展的经济性原则；通过对项目计划与实际效果的比较，衡量一项经济活动是否符合科学发展的效益性要求；通过对政府行为进行绩效问责，衡量一项经济活动是否符合科学发展的有效性原则。

（二）预算绩效管理是建设高效、责任、透明政府的重要内容

一是加强预算绩效管理是提高政府行政效能的重要措施。加强预算绩效管理有利于转变政府职能，提高管理效率。财政预算体现国家的经济社会发展政策，反映政府活动的范围和方向。加强预算绩效管理，围绕政府职能实现程度开展绩效评价，推进预算绩效信息公开，有利于为政府履行职能提供更加坚实的物质基础和体制保障，有利于增强各级政府部门尽职履责意识，有利于提升公共产品和服务的效率和质量，促进政府决策和各项工作任务的落实，进一步维护和提升政府形象。当前，面对全面建设和谐社会的新形势新任务，我国行政管理体制还存在一些问题，主要表现在：政府职能交叉，权责脱节，公共资源配置效率不高，公共产品和公共服务供给不足，考核体系不健全等。预算绩效管理强调政府提供公共服务的质量和成本，关注财政资金的使用效益，其内容实际上已超出了公共支出管理本身，涵盖了整个政府管理的范畴。加强预算绩效管理能极大地促进解决上述问题，提高政府工作效率。

二是加强预算绩效管理有利于增强政府的责任意识，提升公共服务的质量。在以结果为导向的绩效管理中，每年的财政支出要与取得的产出或成效挂钩，上一年的表现会影响下一年的预算安排。地方、部门和单位申请预算时必须依据其

职责，设定具体的绩效目标，准确计算达成目标所需的资金，力求避免浪费。"谁支出、谁负责"的基本原则，使预算资金的申请变得谨慎，增强了责任意识。同时，绩效管理强调把公众作为顾客，要求政府的一切活动都要从满足顾客需求出发，加强预算绩效管理，可以强化政府为公众服务的观念，强化对公共资源使用结果的关注，使政府行为变得更加务实、有效，有利于提高政府的决策、管理和服务水平。

三是加强预算绩效管理可以推进预算支出的透明度。预算绩效管理一方面强化了部门内部监督，增强了预算透明度，另一方面将政府部门的活动置于公众监督之下，强化了部门活动的社会监督，促进多部门提高行政和服务水平，提高了公众对政府的信任度。

（三）预算绩效管理是财政科学化、精细化管理的出发点和落脚点

财政科学化、精细化管理，就是以科学发展观为统领，积极探索和掌握财政工作规律，建立健全财政法律、法规和管理制度，切实提高财政管理水平和资金使用效益。经过十几年的探索和实践，我国在部门预算、国库集中收付、政府采购、非税收入管理等领域的改革已经取得长足进展，财政管理科学化、精细化水平不断提高。但是，预算编制时产出和效益目标不够明确，预算执行进度较慢、效率较低，预算执行结束后缺乏科学问效等，制约了财政管理科学化、精细化向纵深发展。主要表现在：预算编制比较粗放，与政府部门履行责任目标联系不紧；预算执行缺乏预期科学导向，存在一定的随意性和盲目性；项目资金监管松懈，资金使用效率不高；项目评价体系不完整，评价结果与预算安排脱节等。通过在预算管理各个环节融入绩效理念，设立政府支出绩效目标，用来考核衡量政府主管部门业绩，从制度上建立起政府主管部门财政支出责任约束机制，有利于抑制政府部门之间普遍存在的争资金、上项目的需求冲动；有利于建立正确的激励机制，打破政府部门支出利益格局，减少无效和低效支出；有利于实现预算编制、执行、监督、绩效评价的有机统一，建立完善的预算绩效管理机制，财政管理科学化精细化水平一定会得到高水平提升。

（四）预算绩效管理是财政改革发展到一定阶段的必然选择

强化预算绩效管理，既是一项需要坚持不懈、不断推进的长期任务，更是当

前财政改革发展到一定阶段的必然选择。

首先,预算绩效管理适应了财政收支规模不断扩大的要求。自1994年财税体制改革以来,特别是近些年来,在经济平稳较快发展的基础上,财政收支规模连续迈上新台阶。日益壮大的财政收支规模更需要不断加强预算绩效管理,提高财政资金使用效益,构建较为规范的公共支出管理体系。传统的预算管理模式侧重于抓资金支出的规范安全和财经纪律的执行,对资金使用的有效性关注不够。随着财政管理制度改革的不断深化,各级财政、财务部门在关注有多大蛋糕可分配、分配到什么地方的同时,开始逐步关注花钱的效果,资金的使用效益和效率。例如:财政资金的使用是否切实解决了民生问题;是否缓解了社会矛盾;是否促进了转型升级、科技创新;是否实现了教育公平;是否让社会公众满意;是否达到预期目标等。特别是从2011年开始,我国公共财政支出总规模首次突破10万亿元,如何更好地花好、用好纳税人的钱,客观上也对财政管理工作提出了新的更高的要求。通过加强预算绩效管理,探索和建立科学规范的预算绩效管理制度,也必将有力地推动公共财政体系更加全面完善。

其次,预算绩效管理是缓解财政收支矛盾的必要途径。我国经济、社会、文化发展的公共支出需求与其财政可用财力不足之间的矛盾是预算绩效管理改革的根本动因。伴随着城镇化的持续推进、服务型政府和公共财政的转型,公共产品和公共服务的需求不断增大,而民众对公共产品和公共服务的质量要求也日趋提高,这使得刚性支出规模迅速扩张。此外,欠发达地区还需要狠抓基础设施建设和经济建设,支出压力大。伴随着我国各地区普遍进入到一个经济增长相对平稳的阶段,各地财政均面临着可用财力增长缓慢的窘境。因为转移支付制度的不尽完善,一般均衡性转移支付的比例较小,各地专项转移支付配套压力较大,同时,各级财政还须共同应付各地各部门对转移支付资金的竞争。支出没法降,收入上不来,财政收支矛盾便成了东部沿海发达地区和中西部欠发达地区共同的问题。当政府预算发生收支矛盾,通常会导致两种财政行为:一是增税,二是举债。由于提高公众税收负担政府面临着社会压力和政治风险,常常以发行公债的方式弥补财政赤字。发行公债虽然可以在一定时间内缓解财政收不抵支的困难,但却容易使整个经济发展陷入不良循环之中。因此,为了缓解我国预算收支矛盾,防止过高的债务给政府带来财政风险,确保经济持续增长与各项社会事业协调发展,必须改变过去财政支出管理中那种"重收入轻支出、重分配轻管理、重使用轻绩效"的惯性思维。要通过财政预算支出绩效管理改革,形成以支出绩效为核心的部门预算支出管理制度,不断提高财政支出效率与效果,有效缓解预算收支矛盾,最大限度地发挥财政支出的积极效应，推动整个经济社会健康发展。

最后，预算绩效管理是财政资金分配科学性、公平性的重要举措。科学合理的财政资金分配对于优化政府职能、提高政府的行为效率具有重要意义。传统的财政支出分配弊端是缺乏科学合理的配置依据和标准，资金配置不规范、不透明；上下"博弈"、讨价还价；地区之间、部门之间、项目之间苦乐不均；资金短缺与资金浪费并存等。尤其是近年来，财政资金分配的领域和服务的对象明显增加，由过去主要面向部门和企业，扩展到面向全社会、面向千家万户，由主要涉及经济领域扩展到经济社会生活的方方面面。这就需要各级政府利用有限的财政资源提供更多更好的公共产品和服务，以满足各个方面、不同层级的需要。这对做好财政管理工作提出了新的、更高的要求。实现财政资金的公平且有效的分配，必须建立资金配置和项目立项的科学依据。加强绩效管理，就是将政府部门公共服务所需经费分解为可考核的绩效目标，结合上年绩效目标及绩效结果，编制合理的年度资金分配预算，从而实现财政资金分配的科学性和公平性。

第三章
预算绩效管理理论基础探源

预算绩效管理是借鉴国外绩效预算的理念发展起来的新型预算管理模式，其本身并没有相对独立的系统理论。本书提出构建预算绩效管理的理论基础，主要是从绩效预算的理论体系中探源，择其成熟定型的理论，融入预算绩效管理的内涵特点，提出内在的联结之处，吸收融汇并加以改造后，为其所用。

第一节 委托代理理论

委托代理理论（Principal – Agent Theory）是制度经济学契约理论的重要内容，是基于研究内部信息不对称和激励问题上发展起来的一项重要理论，其中心任务是在利益相冲突和信息不对称的环境下，委托人如何有效激励代理人。这一理论为预算绩效管理提供了较好的理论支点。

一、委托代理理论的内容

20世纪30年代兴起的委托代理理论是以委托—代理关系为研究对象，从信息不对称条件下契约的形成过程出发，探讨委托人如何以最小的成本去设计一种契约或机制，促使代理人努力工作，减少委托代理问题以最大限度增加委托人效用的理论。委托代理理论将公共委托代理关系从企业扩展到公共部门，认为公民是社会公共责任的委托人，强调政府作为提供公共产品的受托方，为社会公众提供满意的公共产品和公共服务。为了完成委托责任，政府必须设置部门，将具体公共事务委托部门管理。

二、委托代理理论的核心理念

委托代理理论主要是从信息不对称条件下契约的形成过程出发，探讨委托人如何以最小的成本去设计一种契约或机制，从而消除信息不对称问题，建立激励约束机制，减少代理人的引致需求，以最大限度增加委托人的效用。涉及的核心问题，可归纳为以下三个方面。

（一）解决信息不对称问题

在对称信息情况下，代理人的行为是可以被观察到的，委托人可以根据观测到的代理人行为对其实行奖惩。此时，可以实现帕累托最优风险分担和帕累托最优努力水平。

在所有权与经营权"两权"分离的情况下，由于委托代理双方的目标函数不同，相关信息在双方之间的分布及其获得是不对称、不均匀的，于是便产生了基于委托人与代理人之间的"信息不对称"（Information Asymmetric）情形。契约经济学认为，经济学中的一切问题都可以从信息不对称中找到本源。信息不对称主要产生于契约关系下的委托人和代理人之间，双方当事人都只掌握了一些对自己最为清楚的私人信息，而对另一方当事人的信息则不完全了解。由于双方对有关信息的了解是有差异的，掌握信息比较充分的代理人，往往处于比较有利的地位，而信息贫乏的委托人，则处于比较不利的地位。同时，代理人有其自身独立的经济利益，有可能利用信息不对称的存在来损害委托人的权益，实现自身利益最大化，这时如果委托人对其约束不力，就会产生一些利已损他的"违约"和"败德"行为。

一般情况下，信息不对称分为两类：一是事先的"逆向选择"（Adverse Selection）。代理人一方于事前有意隐瞒于己不利的信息，或制造、发送扭曲甚至是虚假的信息，使委托人不能预测其代理行为。此时，若委托人对下级代理人的选择监督不力，无法找到最好代理人来满足委托人的要求，将会导致一些能力低劣的人被委托选中而占据经营岗位的问题，实际上不是委托人选择代理人，而是代理人蒙蔽选择了委托人，造成"劣币驱逐良币"。二是事后的"道德风险"（Choral Hazard）。代理人在双方签订契约后，由于其行为的不可完全监督性，利用信息非对称优势"偷懒"或其他影响企业效率的机会主义行为。这时，若委托人不能把代理人的行为后果与其不能控制的不确定性因素区分开来，代理人可能会为增进自身利益而把自己行为后果的责任转嫁到委托人身上，致使委托人利益受损。

（二）建立激励与约束机制

在信息不对称情形下，由于代理人基于理性人的假定，有其自身的效用函数并且总是追求自己的利益，其效用函数往往与委托人的效用函数不尽一致。委托人不能观察到代理人的行为，只能观察到相关变量，这些变量由代理人的行动和其他外生的随机因素共同决定。因此，委托人需要通过对代理人进行适当激励或承担用以约束代理人越轨活动的监督费用来缩小与代理人的效用偏差，设计满足代理人参与约束和激励兼容的契约关系以最大化自己的期望效用，即建立有效的激励约束机制，将代理成本控制为最佳水平。

激励机制（Motivate Mechanism），也称激励制度（Motivation System），从管理学角度看，它是通过一套理性化的制度来反映激励主体与客体相互作用的方式。只要利益不一致、信息不对称的条件不能消除，代理人就有可能利用这一利于自己的条件进行"寻租"，导致"败德"行为，委托人加强对代理人的有效激励与约束就会使识别、监察、约束等方面的代理成本增加。同时，委托代理中因信息不对称、约束不到位也会出现激励不相容的现象，从而出现"逆向选择"，影响激励约束机制作用的有效发挥。

对于委托人来说，只有使代理人行动效用最大化，才能获得自身效用最大化的目标，这就必须对代理人的工作进行有效的激励：一方面，通过强调目标导向机制，建立"对结果负责"的制度安排，使代理人在实现了委托人的绩效目标后得到奖励，促使代理人在追求自身利益的同时实现委托人利益的最大化，有效实现"激励相容"；另一方面，加强对代理人的监督，建立惩罚性机制，消除代理人利用信息不对称问题来为自己谋求合约之外的权利租金的行为，为此，委托人可以通过实现信息透明，加强对代理人的有效监督，明确代理人没有完成绩效目标时应受到的相应惩罚，使代理人能够按照委托人的利益行事，不致采取违规"寻租"活动致使公共资源遭受损失。通过建立制度机制，委托人和代理人之间的关系问题可以从对代理人的激励与约束上得到较好解决。

（三）明确多层委托代理关系

相对于企业而言，公共事务领域更多地表现为多层委托代理关系。一般情况下，社会公众自身无法直接提供社会发展所需要的公共产品和服务，需要把资金（以税收的方式）委托给政府来经营，由政府以政府预算的形式，委托各职能部门来实现，由此形成多层多级、多类型的委托代理关系。根据委托代理理论，政府预算也可视为一种契约，是一种建立在公众、政府及政府内部间的契约关系。相应地，在财政资金分配过程中，就可以分解为多个委托代理关系。

一是"公众—议会—政府"间的委托代理关系。在政府预算过程中，公众通过纳税及承担政府公债等形式，成为财政资金的提供者，也是财政资金的所有者，所谓集公众之财。议会代表公众对预算享有最高决策权，是公众与政府之间施政的中介，政府作为具体的预算决策和执行机构，按照议会的决定负责财政资金的使用和分配，三者之间形成了第一层级的委托链条。其中，相对于公众和议会，政府拥有公共产品供给成本方面的充分信息，公众属于处于信息劣势的委托人，按照"经济人"假说，政府（代理人）的效用函数与公众委托人目标并不一致，因此必然会产生委托代理问题，即政府为了自身利益而损害公众的利益。

二是"财政部门—其他职能部门"间的委托代理关系。在预算分配过程中，财政部门拥有资金分配所有权，追求预算收支的平衡、财政状况的不断改善，处于委托人地位，但对于财政资金的具体使用及公共品的供给成本上处于信息劣势；而职能部门作为政府职能的具体执行机关，是财政资金使用的代理人，处于信息优势。由于二者委托代理关系的成立以及信息不对称的存在，在通常情况下，职能部门会基于自身部门利益而产生支出扩张冲动，在财政资金分配和使用中也会出现损害财政部门利益的行为。

三是部门内部上下级、决策者之间的委托代理关系。在部门预算的编制执行过程中，同样存在委托代理关系。高层部门领导通常将个人利益的取得建立在整个部门的长远发展之上；对中层官员来说，职位的晋升是其主要目标，职位晋升经常是与本机构预算扩张结合在一起的；对基层官员来说，现期的货币收入可能更有意义。

由此可见，上述不同利益追逐主体带来的多层委托代理问题，可能会严重扭曲预算分配的科学性和合理性，致使预算支出的绩效得不到较好保证。

三、委托代理理论在预算绩效管理中的运用

委托代理理论进一步丰富了绩效预算理论的理论基础。政府作为社会公共责任的受托人，在执行委托责任时，由于信息不完全、道德风险等问题，导致政府在代理过程中偏向于选择有损委托人的行为。特别是大量的信息不对称性使得委托人不能准确说明每种可能情况下应编制什么样的预算和应怎样执行预算。这不仅加大了委托人的监控成本，而且还在客观上给了代理人提供追求个人利益而损害公众利益的机会，从而发生内部人控制问题。所以，应该加强社会公众对财政绩效的监督。例如：强调绩效预算通过激励相容的制度安排来解决信息不对称问题，抑制代理人机会主义行为，体现公众（委托人）的利益；通过绩效评价来报告代理人实现委托人的绩效目标信息，对代理人的行为进行监督、奖惩，减少"败德"行为，保证支出活动最终实现委托人的绩效目标。

（一）强调"目标导向"的绩效预算应该体现公众的利益

绩效预算所强调的"目标导向"实际上体现了公众（委托人）的利益，同时通过"对结果负责"的制度安排，使官僚机构和个人（受托人）在实现了委托人的绩效目标时得到奖励，而在没有完成绩效目标时受到惩罚。这是一种"激励相容"的制度安排，能够促使受托人在追求自身利益的同时实现委托人利益的最大化。同时，绩效预算强调公共部门报告制度，采取预算部门向财政部门、政府向议会和公众层层报告的形式来解决信息不对称问题，实现信息透明，这是抑制代理人机会主义行为的一种有效途径。

（二）提高绩效预算有利于减少"败德"行为

解决委托代理问题，还有赖于一种对代理人有效的监督机制。预算支出绩效评价是绩效预算的核心，通过绩效评价获取代理人实现委托人的绩效目标信息，对代理人的行为进行监督，并通过建立在绩效信息基础上的奖惩机制，可以有效

地保证支出活动能够最终实现委托人的绩效目标。同时，预算支出绩效评价所得到的绩效信息，也是"激励相容"和"公共部门报告"制度的基础。

（三）委托代理理论体现购买论思想

在预算绩效管理中，政府拨款的目的是提供公共服务，而不是养机构、养人，实际上没有纯粹的养人经费，养人也是为了干事。在政府与部门的关系上，绩效管理采用公共委托代理理论，将部门、单位视为公共事务受托人，将预算（包括基本支出和项目支出）视为代理成本，将绩效评价视为财政作为政府的委托代理人的监督权利。

第二节 新公共管理理论[①]

新公共管理（New Public Management，NPM）理论以现代经济学和企业管理理论为基础，是对传统行政层级控制管理和官僚行为模式的反思与发展，代表了一种新的公共行政理论和管理模式。它主张在政府公共部门广泛采用私营部门成功的管理方法和竞争机制来提高行政管理效率、服务质量和水平，重视公共服务的产出，强调在解决公共问题、满足公共需要方面增加有效性和回应力，要求对政府实行更加灵活、富有成效的管理。新公共管理理论是近年来西方国家规模空前的行政改革的主体指导思想之一，推动了政府绩效改革，是预算绩效管理的机制支撑和理论基础。

一、新公共管理理论的内容

20世纪80年代以来出现的新公共管理理论提出将私营部门的管理理论、方法、技术运用到政府公共部门管理当中，提出以市场、顾客为导向来促进政府绩效的改进。新公共管理理论是在现代企业管理制度基础上进行的理论创新，该理

---

① 王泽彩：《政府预算的起点与终点》，立信会计出版社2016年版。

论为绩效预算理论的提出开创了新的视角以及新的方法论。新公共管理理论的核心是用企业理念来管理政府，并提出打造服务型政府、责任政府和效率政府，通过标杆管理法对不同部门的绩效进行评价。这些对绩效预算的发展产生了深远影响，如绩效预算民主化，绩效评价的可度量性，绩效预算以提高执政水平为目标、以结果为导向等。新公共管理理论的主要宗旨是实现公共部门的"企业化"管理，将公共部门视为以提供公共产品和服务（产出）为中心的"公司化"管理单位，以产出为导向，对政府机构实施管理控制，而不是依靠上层决策来实施控制。新公共管理理论着眼于对"公司化"管理单位确立明确计量绩效的量化标准，包括服务成本等，而不是将重点放在机构设置、公共产品和服务的数量等方面。

二、新公共管理理论的核心理念

新公共管理强调市场理念。新公共管理理论沿用了古典公共行政的管理主义思想，认为公共部门和私营部门不存在本质上的区别，同时强调市场机制的优越性，认为私营部门在管理方式和效率上更胜公共部门一筹。因而，新公共管理主张在传统的行政架构中引进市场机制，提倡用私营部门的管理方式来改造政府和其他公共组织，提倡政府减少对市场的干预、充分发挥非政府部门（包括第三方力量、志愿性组织、私营部门、社区、国际组织乃至个人）的作用，以及加强政府与这些部门之间的合作伙伴关系。新公共管理主张政府从众多的公共服务领域退出，目的是为了寻求更有效的方式来提供这些服务。

新公共管理强调分权化。新公共管理运动认为，分权是一个高绩效组织的主要特征之一，主张将权力和责任降低到最低一级政府部门来降低行政成本，提倡权力分散化。分权、授权的理念之所以在高绩效组织中受到高度重视，是因为雇员是高绩效组织中至关重要的核心。要达到高绩效，就要赋予雇员利用他们的技巧、创造力、适应变化的能力，以及不断学习以完成组织使命的能力。雇员有权根据其兴趣，结成联盟和工作关系，以达到组织的目标，完成组织的使命。

新公共管理强调公共性。政府集中履行公共管理职能，承担提供公共服务的责任，制定公共政策。西方"新公共管理运动"强调市场化导向，但并不意味着政府在改革中"甩包袱"，因为有些服务会出现"市场失灵"，必须由政府提供。所以，进一步完善政府的公共管理职能，就需要确立政府承担公共服务责任的理念，提高政府自身提供公共服务的能力和政府引导、管理其他组织提供公共服务的能力，为公共管理的社会化和公共服务的市场化提供制度安排，政府承担这些公共服务责任的资金最终还是要由社会公众负担。

三、新公共管理理论在预算绩效管理中的运用

绩效管理强调把社会公众看作顾客，要求政府的一切活动都要从满足公众的需求出发，因此，加强绩效预算，可以强化政府为公众服务的意识，强化政府对公共资金使用结果的关注，使政府机关人员追求办事效率，激发政府的活力，使政府行政变得更加务实、高效，从而提升公共服务的质量和水平。在预算绩效评价体系中引入"顾客"观念，顾客的满意度是评价政府绩效的一个重要指标。建立这样一种评价指标，能够推动完善支出绩效评价体系的建立，有利于提高政府的服务意识，加快服务型政府的建设，改变"政府本位"现象，进而改善政府形象。

第三节　公共产品理论

公共产品理论是一种关于研究公共事务的新政治经济学理论，它对于正确处理政府与市场的关系、构建现代财政体系具有重要意义，且推动了公共财政的发展与变革，是指导各国财政实践的重要核心理论。它从公共产品的供求角度给出了预算绩效管理的制度行为解释。

一、公共产品理论的内容

公共产品也称公共物品，最早是由意大利学者马尔科等在边际效用价值论的基础上提出来的（见其著作《公共财政学基本原理》）。其后，瑞典学派的维克塞尔提出的"近似一致"原则和林达尔提出的林达尔均衡模型，形成了公共产品理论的雏形及重要基础。萨谬尔森、布坎南等人则进一步发展和丰富了公共产品理论的内容。

(一) 林达尔均衡的提出

1919 年,林达尔提出了著名的公共产品均衡模型,即林达尔均衡,被看作是公共产品理论最早的成果之一。它是指个人对公共产品的供给水平以及它们之间的成本分配进行讨价还价,并实现讨价还价的均衡。按照林达尔的解释,公共产品价格并非取决于某些政治选择机制和强制税收,而是每个人都可根据自己的意愿确定价格,并按照这种价格购买公共产品总量。如果每一个社会成员都按照其所获得的公共产品或服务的边际效用大小来支付自己应当分担的公共产品或服务的资金费用,则公共产品或服务的供给就可达到最佳或最高效率配置,这种状态被称为林达尔均衡。其关键点在于,消费者按自己从公共产品消费中获得的边际效用水平真实表达自己对公共产品的需求,从而相应地承担公共产品的成本。

林达尔均衡是一个局部均衡模型,解决的是如何确定公共产品供应水平和如何运用价格系统为公共产品筹资两个问题,将支付能力原则和受益原则做了最好的结合。

(二) 公共产品内容的拓展

1954 年和 1955 年,萨缪尔森先后发表了《公共支出的纯理论》和《公共支出理论的图式探讨》,进一步论述了公共产品理论的核心问题,首次提出了公共产品的经典定义,描述了生产公共产品所需资源的最佳配置特征等。其中,他将公共产品定义为:每个人消费这种物品或劳务不会导致别人对该种产品或劳务的减少。1969 年,萨缪尔森又对林达尔均衡做了进一步的发展,指出由于公共产品中存在"搭便车"行为 (Free – Ride),导致事实上每个人都不愿意透露自己对公共产品的偏好和愿意支付的成本,从而林达尔均衡产生的公共产品供给均衡水平将会远低于最优水平。萨缪尔森认为,公共产品的供给均衡包括局部均衡和一般均衡。局部均衡模型揭示了公共产品的效率条件不能通过分散化的市场来满足,公共产品消费中的"搭便车"行为导致公共产品的个人需求偏好得不到准确表达;一般均衡状态下的公共产品的有效供给模型满足帕累托效率的公共产品和私人产品供给数量的条件,是所有消费者的公共产品对私人产品的边际替代率之和等于公共产品对私人产品的边际转换率,即 $MRS_A + MRS_B = MRT$。

1956 年,蒂鲍特 (C. M. Tiebout) 在题为《一个地方支出的纯理论》的论文中，考察了地区性公共产品与居住地选择之间的关系，首次将公共产品理论延伸到地方政府活动的新领域，并提出了著名的"用脚投票"的观点，对地方公共产品作了最为简练的概括，即一些公共产品只有居住在特定地区的人才能享用，因此个人可以通过迁居，来选择他消费的公共产品。1965 年，布坎南在"俱乐部的经济理论"中首次对非纯公共产品（准公共产品）进行了讨论，公共产品的概念得以拓宽，认为只要是集体或社会团体决定，为了某种原因通过集体组织提供物品或服务，便是公共产品。同年，贝冢（K. Kaizuka）最先引入了公共产品要素的概念。1973 年，桑得莫（A. Sandom）发表了《公共产品与消费技术》，着重从消费技术角度研究了混合产品（准公共产品）。

（三）对公共产品机制的研究

20 世纪 70 年代以后，对公共产品理论的研究主要集中在机制设计上，以保证公共产品的决策者能够有效提供公共产品。主要有两种思路：一种思路是将公共产品供给的决定诉诸政治程序，用公众投票方式解决，如布坎南及其"公共选择学派"，将公共产品理论研究的领域得以拓宽，研究非市场行为的选择决策，不再把公共产品选择问题看成是一个社会福利函数的最优化问题，而是将其还原为一个社会利益冲突问题，提出"理性人"假定，认为"人是自利的、理性的、追求效用最大化的人"，因而政府及其公务人员在提供公共产品时，会存在浪费和滥用资源的行为，违背公众意愿，需要通过集体行动和政治过程来决定公共产品的需求、供给和产量，即政府选择。虽然名为"公共选择"，但其实质仍是建立在个人理性和个人选择基础上的。另一种思路是，设计一种计划程序，诱导个人会基于自己的利益而真实显示其对公共产品的偏好即激励机制设计问题，如美国经济学家格罗夫斯等从赫尔维茨的"激励相容"不可能性定理出发，按纳什均衡原则建立了一个经济机制，引入市场竞争来消除"政府失灵"，解决"搭便车"问题，克拉克也提出了一种说真话机制即克拉克税，也叫克—格税。

二、公共产品理论的核心理念

公共产品理论的机制内容，可以较好地说明政府提供公共产品的行为及其内在联系，使人们得以从供求角度对公共产品进行研究完善，进一步揭示了公共产品理论的核心理念。

（一）公共产品的基本属性

根据公共产品理论，与私人产品相比，公共产品具有三个明显的特征：一是效用的不可分割性。私人产品可以被分割成许多可以买卖的单位，但公共产品是不可分割的，例如国防、外交、治安等服务。正如马斯格雷夫（Richard Abel Musgrave）所论述的"一种纯粹的公共物品在生产或供给的关联性上具有不可分特征，一旦它提供给社会的某些成员，在排斥其他成员对它的消费上就显示出不可能或无效性"。二是受益的非排他性。私人产品只能是占有人才可消费，"谁付款，谁受益"。但是，公共产品并不能排除任何人对它的消费，也不会减少其他人由此而获得的满足，对于公共产品的消费要从技术上加以排除几乎不可能或排除成本很高，因而使人们存在"搭便车"动机，从而出现休谟（David Hume）提出的"公地悲剧"，每个人都想不付出或少付出却享受公共产品。例如，减少污染带来的受益外部性。三是消费的非竞争性。在公共产品的提供上，不会因为消费者增多而引起边际成本的增加，一部分人对某一产品的消费不会影响其他人同时享用该公共产品，同时一些人从消费公共产品中受益，也不会和其他享受该公共产品的受益对象之间存在利益冲突。例如，不拥挤的桥梁、未饱和的互联网等。

从公共产品的基本属性看，非排他性和非竞争性的边界是很难清晰划定的，事实上具有完全非排他性和非竞争性的产品几乎是不存在的，公共产品的这两个属性都是相对的概念，并不是一成不变的，产品之间仅仅是排他性和竞争性的程度不同，这种程度呈连续性，无法作为公共产品和私人产品的固定"径渭"线，可将其归类为准公共产品①。具体如图3-1所示。

（二）公共产品的税收等价原则

从林达尔和萨缪尔森的公共产品均衡模型以及其他关于公共产品的确定机制中可以看出，公共产品与私人产品相同，同样体现了商品的市场属性和供求关系，也有其相应价值，边际效用价值论便赋予无形的公共产品以主观价值，从而使社

---

① 王桂娟：《绩效预算的经济学分析——兼论财政职能与政府效率》，立信会计出版社2013年版。

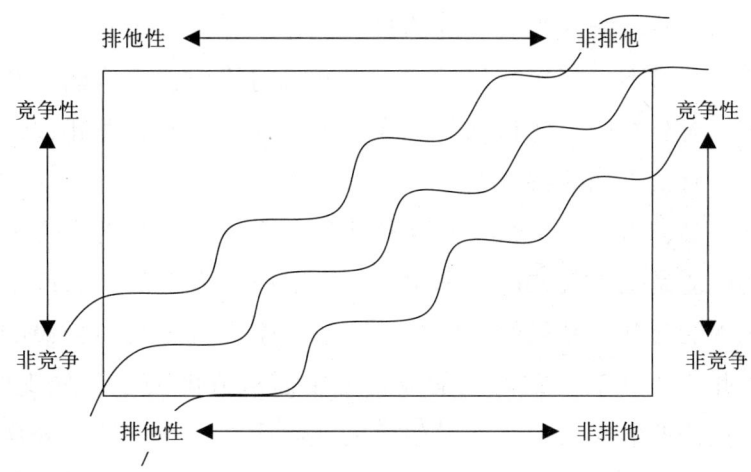

图 3-1 公共产品的非排他性和非竞争性

会能采用统一的货币尺度去衡量对比公共产品的供应费用与运用效用之间的关系。作为政府提供的公共产品和服务，它由社会成员私人消费和享受，政府由此而付出的费用也就必须由社会成员通过纳税来补偿。在这一过程中，遵循"效用—费用—税收"的程式，税收成为公共产品的"税收价格"，是人们享用公共产品和服务相应付出的代价，从而将公共产品供应的成本和收费有机地联结起来。这样，公共产品价格便以"税收标签"来定性，即税收是公民为了获得政府提供的公共产品而支付的价格，它和政府提供的公共产品一起，成为政府与公民之间税收契约的客体，揭示了税收的本质应该是价格，是公众为了获取公共产品而支付的一种交换税，政府将取得的税收安排使用出去以提供各种公共服务，正如私人部门使用"价格—质量"组合迎合顾客那样，公共部门使用"税收—服务"组合迎合公民的偏好，从而税收也就具有了公共产品"价格"的性质。正如有学者指出的那样，"税收主要是用以支付的公用事业费，一种有效的税收应该是要求公用事业使用人支付其使用的机会成本的税收。"这一论述较好地证明了税收本质上的"价格"属性。

（三）政府公共产品的特殊性

公共产品有效供给的一般均衡建立在相关假设前提的基础上：一是假定政府可以在赋税不造成资源损失的情况下，采用一次性总付税的形式来支付公共产品的供给成本；二是假定政府知道每个人愿意为公共产品支付的"价格"和其效用函数，拥有消费者的完全信息；三是假定每个人对公共产品的真实偏好都基于诚实的愿意来表达，政府能获得真实的信息。但在现实社会中，这些假设往往与实际情况相背离，政府不可能实行最优的一次性总付税，也不可能了解每个人的偏好，获得每个人对公共产品的价格集。事实上，与个人或企业相比，具体到政府供给公共产品，有其不同的特殊性。

一是公共产品的需求与供给具有委托代理关系属性。政府作为国家或社会的代理人，主要职能是提供公共产品和服务，以解决私人部门无法或不能有效通过市场配置而实现的公共产品供给，而公共产品的生产资金是由公民的缴税或缴费来提供的，因此，实际上公共产品的成本是由需求方即公众预先支付的，这样，政府就以受托责任的形式为公共产品生产的实际委托人——社会公众来提供公共产品。同时，为实现公共产品的供给，在政府内部又存在政府对其职能部门、上级机构对下级机构、各机构对机构工作人员之间的委托代理责任，形成多层次、纵横交错的关系。

二是公共产品的生产与垄断市场具有某种相似性。由于私人不愿意提供公共产品，政府就成为公共产品的唯一供给方，处于垄断市场的地位。但在公共产品的供给上，又不完全等同于垄断市场，政府作为一个整体并不直接面对公众即所谓需求方，而主要是由政府各个具体职能部门或机构，如教育局、社保中心等负责面向社会公众提供公共产品，社会公众为所需要的公共产品而支付的税收或费用，体现为政府整体的公共收入，并不与其获得的公共产品直接相对应，因为各个提供具体公共产品的政府职能部门或机构不是直接从社会公众手中取得相应的交易成本，他们面对的是政府预算拨款，而非公共产品"出售"的直接收入。这种公共产品的直接供给与需求相分离的做法，将会强化提供公共产品的政府职能部门或机构不断追求预算扩大化的动机，从而导致政府整体支出呈扩大趋势。

三是公共产品提供过程中会发生多种交易费用。按照约翰·罗杰斯·康芒斯（John Rogers Commons）的观点，交易是普遍存在的。政府供给公共产品既是政府与纳税人之间的交易活动，又是政府间的交易活动，交易费用不可避免地存在于公共产品供给的活动中。公共产品复杂的供求关系决定了公共产品供给过程中要发生多种特殊的交易费用，其中最主要的是信息成本和监督成本：信息成本包括政府作为供给者为了获取消费者对公共产品的需求而花费的成本，以及政府部门内部信息的产生和收集、协调运作和相互制约所增加信息成本；监督成本是为减少政府供给公共产品过程中可能发生的代理风险和道德风险而进行必要的监督所发生的成本，包括监督机构耗费的资源、执行部门遵守监督规则所产生的成本和因违反监督规则而带来的公共利益损失等①。

三、公共产品理论在预算绩效管理中的运用

公共产品理论对我国改革进程及公共财政的发展有很好的解释和借鉴作用。中国长期以来实行计划经济，没有买方市场，大量产品有公共产品的特征，效率低下，阻碍了经济发展。1992年提出建立社会主义市场经济体制以后，这一状况得到了改善。但是，对于"什么是政府应该管的""什么是应该由市场机制解决的"，以及"政府如何才能管好"等问题，依然是一个需要在实践中认真破解的课题。公共产品理论的引入，有助于界定政府行为边界，促进公共产品生产效率提升，加强预算绩效管理。

一是在资源配置方式上，利用公共产品理论有助于廓清政府与市场的界限，决定了哪些产品由市场提供最为有效。一般来讲，私人产品由市场来生产，公共产品由政府以"公共选择"等非市场决策行为来确定；介于二者之间的，按其配置效率高低决定提供方式，如部分准公共产品采用政府购买服务等方式。这属于第一层次的绩效问题，要求在公共产品资源配置上讲求绩效。

二是就公共产品提供本身来讲，按照税收等价原则，公共产品是政府收取的"税收价格"对于公共产品的费用支付，这就意味着社会公众作为"消费者"支付了相应的费用，政府就要按照公众"消费者"的需要提供适度、高效的公共产品，而不能违背购买者意愿强制推行适销不对路的产品。因此，在公共产品的提供上应均衡供求关系，注重公共产品的产出，讲求效果，确保和体现公众"消费者"效用最大化，以满足纳税人的需要，避免无效率的生产。这属于第二层次的绩效问题，强调公共产品提供的公民满意度导向。

三是政府预算作为体现政府职能的重要工具和核心制度，要将上述绩效理念和效率原则贯穿到预算管理中，加强对政府公共产品的成本—效益分析，实现对政府提供公共产品成本的约束和管理，提高政府公共产品的供给效率，做到对纳税人支付的等价费用负责，有效减少浪费损失等现象。这属于第三层次的绩效问题，关注的是公共产品的生产成本和使用效率，主要是预算管理所应体现的绩效。

---

① 王桂娟：《绩效预算的经济学分析——兼论财政职能与政府效率》，立信会计出版社2013年版。

第四节　其他相关理论

对预算绩效管理的相关要求还源于其他一些理论观点的支持，主要包括财政支出增长理论、官僚预算最大化模型、博弈论、"变化"理论、"花钱矩阵"理论、财政效率论等，这些理论主要是围绕为什么要提高支出效率、如何加强支出效益来展开的，因而与预算绩效管理有着密切的关系。

一、财政支出增长理论[①]

财政支出增长似乎是许多国家经济发展中的一般规律，面对支出不断增长的现实及趋势，实行预算绩效管理恰恰是最有效的破解之道。在诸多财政支出增长的论述中，主要的经典理论有以下三项。

一是政府活动扩张法则。该法则是由19世纪德国社会政策学派阿道夫·瓦格纳（Adolf Wagner）首先提出的，因而又称瓦格纳法则。这一法则的核心是：随着人均收入的提高，财政支出的相对规模（占GDP比重）也随之提高，主要是因为伴随着工业化进程的推进，社会和经济的发展增加了对政府活动的需求，从而导致公共支出的增长。

二是梯度渐进增长理论。该理论是由英国经济学家皮库克（Peacock）与威斯曼（Wiseman）提出的，也称"替代规模效应"理论和内外因素论。他们认为，导致公共支出增长的主要原因在于内在因素与外在因素。在正常条件下，经济社会发展，收入水平上升，以不变的税率所征得的税收也会上升，于是政府支出上升会与税收上升呈线性关系，这是内在因素作用的结果。因此，公共支出增长的内在原因可归结为：公众可容忍税收水平的提高。然而，一旦发生外部冲突（如战争）等外在因素，政府会被迫提高税率，而公众在危急时期也接受了提高的税率，这就是所谓的"替代效应"，即在危急时期，公共支出会替代私人支出，财政支出的比重增加，但在危急时期过去以后，公共支出并不会退回到先前的水平，

[①] 王海涛：《推进我国预算绩效管理的思考与研究》中国财政经济出版社2014年版。

因此公共支出增长的外在原因可归结为：社会经济发展突变使得税收水平提高。由此，每一次较大的经济和社会动荡，都会导致财政支出水平上一个新的台阶，这种由内外因素共同作用而导致财政支出上升的现象，体现了梯度渐进增长的规律。

三是经济发展阶段增长理论。该理论由美国经济学家马斯格雷夫和罗斯托（Rostow）提出，他们从经济发展阶段的角度对公共支出增长的原因进行解释，认为在经济发展的早期阶段，需要政府部门投资于基础设施，于是政府投资占总投资比重较大，公共部门支出较多；在经济发展的中期阶段，私人投资上升，政府投资相对下降，这时政府投资只是对私人投资的补充，导致公共部门支出下降；在经济发展的成熟阶段，要求政府提供高质量的社会服务，政府投资相对又上升，这时的公共支出将从基础设施投资转向不断增加的教育、保健与福利服务的支出，且这方面的支出增长将大大超过其他方面支出的增长，也会快于GDP的增长速度，导致财政支出规模膨胀。

从中国现阶段经济社会发展看，基本符合上述理论所描述的情形和条件。近年来财政收支规模不断扩大，在可以预见的未来，财政支出也必将呈现不断增长的趋势，财政支出的增长要求我们必须重视预算绩效管理，向支出要效益，以实现支出内生性增长代替外延性扩张。

二、官僚预算最大化模型

官僚是指负责执行通过政治制度做出的集体选择的代理人集团，或更明确地说，是指政府负责提供公共服务的部门。1971年，尼斯坎南（W. Niskanen）发表了《官僚机构与代议制政府》，提出了官僚预算最大化理论，认为官僚倾向于追求总预算规模最大化。他指出，在通常情况下，官僚机构中决定性的官僚是级别较高的官僚，他们掌握着一份独立的、与其地位相当的预算，官僚机构的环境由官僚机构与其赞助者之间的关系所支配，官僚以追求机构最大化为目标，机构规模越大，官僚们的权力越大。因此，官僚机构通常以两种方式扩大其预算规模：一是千方百计让政府相信他们确定的产出水平是必要的；二是利用低效率的生产技术来增加生产既定的产出量所必需的投入量。官僚行为从产出和投入两个方面迫使财政支出规模不断膨胀。尼斯坎南进而提出了官僚预算最大化的三个假设，即过度供给假设、无效率假设、公共部门增长假设，这三个假设直接影响到预算的结果。

1974年，米格和毕朗哥对尼斯坎南的模型进行了修改，进一步指出，官僚们最关心的是管理的自由裁量权而不是预算总量最大化，因此，只有自由裁量的预算才是官僚真正想最大化的预算，即收入超过最低成本的部分，但同时他们也承认，自由裁量的预算依赖于总预算。此后，尼斯坎南先后两次（1975年，1991年），对这一理论进行了修改与完善，认同官僚的效用可能是自由裁量的预算和产出（总预算）的函数。他为此特别强调："我先前关于官僚机构致力于最大化他们的预算的假设……应该被完全放弃，而接受他们致力于最大化自由裁量的预算的假设。"[①]

官僚预算最大化模型给我们的启示是：不管官僚预算最大化追求的是支出规模最大化，还是自由裁量的预算最大化，都需要通过改进预算管理来加强对预算的控制，防止预算最大化倾向，避免累积的无效支出，而预算绩效管理通过建立一系列的绩效评价、强化对结果的引导，可以较好实现对官僚预算的控制。

三、博弈论

博弈论是（Game Theory）一种关于决策和策略的理论，也是一种有效的经济分析方法，是用于分析社会经济活动中人们的经济行为、经济关系和活动效率的有力工具。1944年，冯·诺依曼和摩根斯特恩（Von Neuman and Morgenstern）合作出版了《博弈论与经济行为》，标志着"经济博弈论"正式创立。其后，纳什、泽尔腾和豪尔绍尼等对博弈论做了进一步的丰富和发展，使博弈论成为经济学理论中的一项重要内容。博弈主要可以分为合作博弈和非合作博弈；从行为的时间序列性来看，可将博弈进一步分为静态博弈、动态博弈两类；按照参与人对其他参与人的了解程度来划分，可将其分为完全信息博弈和不完全信息博弈。

博弈论强调个体理性，追求在给定的约束条件下的自身效用最大化。如果将博弈论引申到预算管理中，可以更好地解释财政部门与预算部门之间的关系，从而推动建立有效的激励约束机制，促成预算管理要实现的理想均衡结果。一般认为，财政部门与预算部门之间存在信息不对称，即财政部门不能直接观察到预算

[①] 马俊、周超、於莉："尼斯坎南模型：理论争论与经验研究"，《武汉大学学报（哲学社会科学版）》，2005年第5期。

部门的具体操作行为。同时,二者之间的利益取向并不必然一致,可能存在部门"寻租"行为,导致出现损害财政部门利益的情形,二者之间的关系表现为不完全信息的、非合作的博弈关系,需要加强监督制约以实现预算管理绩效最大化。

对于预算部门的寻租行为和财政部门的监督激励之间的关系可以用博弈来说明。在模型中,假设预算部门的寻租行为仅仅是源于和财政部门之间的信息不对称,制约预算部门行为的措施是将预算部门收益与预算部门创造的效益直接挂钩的奖励机制,以及监督和相应的惩罚(如削减预算)。财政部门和预算部门各自有两种策略可供选择:监督与不监督、寻租与不寻租。设 Y 为预算部门在合约期内应为财政部门创造的效益,$T(Y)$ 为预算部门按合约应获得的收益,它是 Y 的函数,应体现出财政部门对预算部门的激励;U 是财政部门监督成本,V 是财政部门对预算部门寻租行为的预算扣款,W 是预算部门寻租收益。假使 U、V、W 是固定数额,在财政部门的监督下,W 会被财政部门扣减,则财政部门和预算部门的博弈矩阵如表 3-1 所示。

表 3-1　　　　　　　　财政部门和预算部门的博弈矩阵

预算部门＼财政部门	监督	不监督
寻租	$T(Y)-V, Y-T(Y)-U+V+W$	$T(Y)+W, Y-T(Y)$
不寻租	$T(Y), Y-T(Y)-U$	$T(Y), Y-T(Y)$

在这个博弈矩阵中,$[T(Y)-V, Y-T(Y)-U+V+W]$ 说明在预算部门寻租、财政部门监督的情况下,预算部门、财政部门各自所得的收益。预算部门的寻租行为被财政部门发现,因此被没收了寻租操作所得的收益 W,并被处以 V 的扣款。$[T(Y)+W, Y-T(Y)]$ 说明在预算部门寻租、财政部门不监督的情况下,预算部门、财政部门各自所得的收益。由于预算部门的寻租行为因财政部门不监督而未被发现,获得了额外的收益。$[T(Y), Y-T(Y)-U]$ 说明在预算部门不寻租、财政部门监督的情况下,预算部门、财政部门各自所得的收益。此时,财政部门花费的监督成本 U 未获得任何回报。$[T(Y), Y-T(Y)]$ 说明在预算部门不寻租、财政部门不监督情况下,预算部门、财政部门各自所得的收益。

根据博弈理论,该博弈不存在纯策略纳什均衡,因为如果预算部门不寻租,由于 $Y-T(Y)>Y-T(Y)-U$,财政部门的最佳策略是不进行监督控制;当知道财政部门不进行监督,由于 $T(Y)+W>T(Y)$,预算部门的最佳策略是进行寻租;倘若预算部门选择了寻租操作,只要扣款数(加上没收的非法所得)大于监督成本,即 $Y-T(Y)<Y-T(Y)-U+V+W$,财政部门就会选择监督;在财政部门监督的情况下,由于 $T(Y)>T(Y)-V$,预算部门将选择不寻租……如此循环,没有一个策略组合构成纳什均衡。但是,若考虑财政部门和预算部门随机选择的不同策略的概率分布,则可为该博弈寻求一个混合策略纳什均衡。

假定财政部门分别以 β 和 $1-\beta$ 的概率选择监督与不监督,预算部门分别以 γ 和 $1-\gamma$ 的概率选择寻租与不寻租,则给定 β,预算部门选择寻租的期望好处与选择不寻租的期望好处分别是:

$\beta[T(Y)-V]+(1-\beta)[T(Y)+W]$ （公式3.1）

$\beta T(Y)+(1-\beta)T(Y)$ （公式3.2）

而给定 γ,财政部门选择监督的期望好处与选择不监督的期望好处分别是:

$\gamma[Y-T(Y)-U+V+W]+(1-\gamma)[Y-T(Y)-U\,Y-T(Y)]$ （公式3.3）

$\gamma[Y-T(Y)]+(1-\gamma)[Y-T(Y)]$ （公式3.4）

混合策略博弈中两博弈方决策的原则是:一方选择每种策略的概率一定恰好使对方无机可乘,即让对方无法通过有针对性地倾向某一策略而在博弈中占上风,所以,财政部门选择监督的概率,一定要使预算部门选择寻租的期望好处与选择不寻租的期望好处相等;同样地,预算部门选择寻租的概率,一定要使财政部门选择监督的期望好处与选择不监督的期望好处相等。通过令(公式3.1)=(公式3.2)和(公式3.3)=(公式3.4),分别可以求出:

$\beta^* = W/(V+W) = 1/(V/W+1)$

$\gamma^* = U/(V+W)$

因此,该博弈的混合策略纳什均衡是财政部门以 β^* 的概率监督,预算部门以 γ^* 的概率选择寻租操作。如果财政部门的监督概率 $\beta<\beta^*$,则预算部门的最优选择是进行寻租操作;如果 $\beta>\beta^*$,则预算部门的最优选择是不进行寻租操作;如果 $\beta=\beta^*$,则预算部门可随机选择寻租或不寻租。如果预算部门的寻租概率 $\gamma<\gamma^*$,则财政部门的最优选择是不进行监督;如果 $\gamma>\gamma^*$,则财政部门的最优选择是进行监督;如果 $\gamma=\gamma^*$,则财政部门可随机选择监督或不监督。在均衡时,预算部门选择寻租的概率 γ^* 与监督成本 U 成正比,与寻租发现后的惩罚轻重 V 及寻租收益 W 成反比。此外,财政部门监督的概率 β^* 与预算部门寻租后的罚款 V 成反比,与寻租收益 W 成正比,更进一步地,与 V 和 W 的比值成反比,V/W 越大,则 β^* 越小。

由上面分析得知,预算部门是否参与寻租行为,首先主要取决于寻租所获的收益和寻租后被发现的扣款 V。克服寻租的对策应该是消散租金,从完善制度的层面减少寻租空间,在财政支出领域进一步完善预算管理制度,确保支出的规范性;其次预算部门是否决定采取寻租行为,与其所面临的风险及其对待风险的态度相关,即寻租行为发生后将面临的受到监督的可能性和受处罚的轻重。从博弈模型中可知,加强监督和惩罚是防止和减少预算部门采取寻租行为的有效措施,有必要建立完善的责任机制。这些都是减少预算部门寻租的有效举措,有助于确保财政支出实现规范化、效率化。

四、"变化"理论

"变化"理论(Theory of Change)是发展评价学(Development Evaluation)的重要内容,是一种用来观察传统的基于执行和新的基于业绩的监测与评价系统(M&E)之间差异的方法。根据原世界银行专家 Jody Zall Kusek 和 Ray C. Rist(2004)的观点,"变化"理论主要反映干预措施(Intervention)如何达到期望结果的表现,是一个关于干预措施如何对一系列中间结果产生作用,并最终达到预期或能观测到的成果的明确理论。它是一项用于设计和评价变化动因的创新性工具,是使个人、团体或社区产生变化的驱动力,被喻为实现长期目标蓝图的"积木"。

(一)"变化"理论模型

"变化"理论主要对政策干预活动、效果和背景三者之间的关系进行系统性、累积性的研究,它包括一套关于政策"如何"和"为何"能产生预期结果的明确理论,用以指导评价活动。一个典型的"变化"理论模型包括五个主要部分,分别是:投入、活动、产出、结果、影响。其中,关注的重点是"情况是否已经得到改善",并试图找出所发生的变化以及变化产生的原因。变化是结果及影响的综合反映,可以大致认同为效果,一般包括两类:一是现状的改变情况,如国民受教育的比例、健康状态、水质污染改善情况、道路质量的变化等;二是行为的改变幅度,如常用犯罪率下降幅度来衡量司法部门的工作效果,用接受辅导的患者的病情改善状况来衡量医疗部门的治愈效果等。"变化"理论模型如图 3-2 所示。

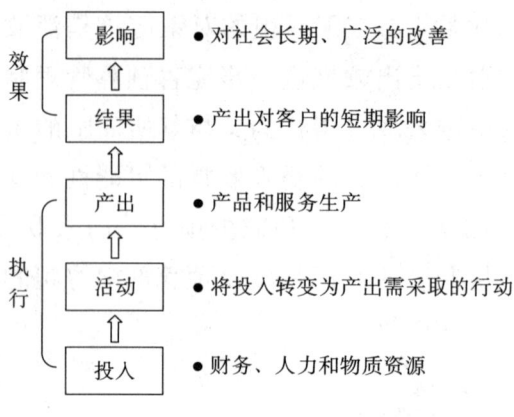

图 3-2 "变化"理论模型图

构建一个"变化"理论模型，需要对几个方面内容做出明确规定，包括：政策要解决的问题和政策出台的背景，系统描述项目或计划的投入，将要使用的政策、支持投入的活动内容，项目或计划的产出，预算，预期结果及影响；对可能影响结果实现的活动和条件的说明；对项目的原因和达到结果情况的假设前提进行定义；其他关键假设，即基于政策和环境的内容与文献述评，以及需要监测的评价；特别需要的相关事件或条件（说明干预是否达到预期结果的影响）。

（二）"变化"理论的核心理念

"变化"理论的主要价值在于清楚地展示变化的理念，即项目或计划为什么可能成功（在达到目标方面），揭示了项目和变化之间的关系，说明投入将如何带来产出、结果和影响，以及其相互关系与"影响路径"，从而打开了"黑匣子"，以显示一项干预措施如何达到预定目标，实现投入、活动、产出到效果的转换，将预期效果与投入活动、过程和理论假设联系起来。例如，一定的资源投入能够使组织机构从事活动以实现特定目的，这些资源投入、活动、产出和预期结果具有内在的相关性。同时，用于观测变化的基线假设必须明确界定，这些假设的最主要关键是基于主导的政治、政策环境以及文献述评等。"变化"理论的"黑匣子"如图 3-3 所示。

"变化"理论的背后是逻辑模型、变化框架或因果链，它们描述了"变化"理论的不同主题，其基本核心应表示原因形成的过程，说明对变化的影响，并定义关键假设，是一种有助于理解项目或计划与其预期成效之间关联的有效方法。

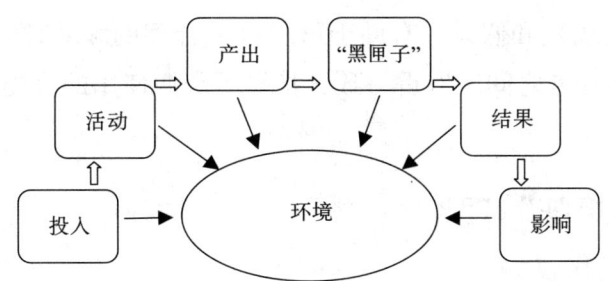

图 3 – 3　"变化"理论的"黑匣子"示意图

变化产生于理论模型框架之内，但界定其框架边界也很重要，因为边界决定了项目运行的环境，这些环境（政治、宏观经济、政策等）影响到系统的所有部分，其关系如图 3 – 4 所示。

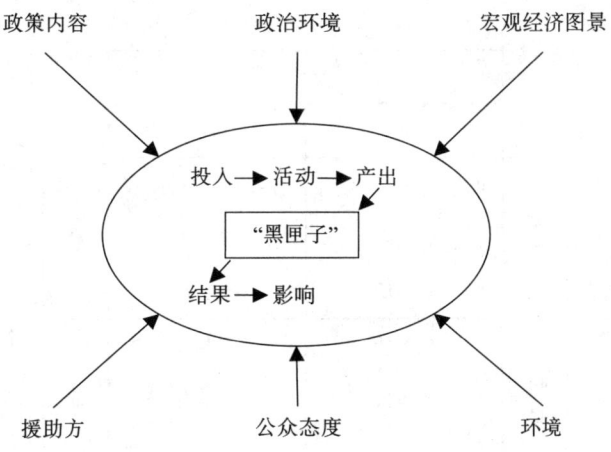

图 3 – 4　"变化"理论的边界及对系统的影响

（三）"变化"理论在预算绩效管理中的运用

一个对于项目、计划、政策等清楚表达的"变化"理论，有助于评价者和利益相关方进行合作，来构建"共同理解的"长期目标的图景，以发现如何实现目标的路径，寻求采取何种措施来促进发展，促进项目成功的可持续性，并用来报告评价结果。"变化"理论呈现了一个崭新的视角，对于预算绩效管理提供了可借鉴的理论价值：一是有利于对项目进行足够的理解，帮助构建基于"通用语言"下相关利益方共同理解项目及预期；二是可以发现项目成功的关键因素，有助于区分"我们做了什么"和"结果—成效"间的关系，明确采取不同的干预措施用于决定进程、改进和完善项目执行，促进计划和管理的改善；三是提供了绩效评价的基础（基线）和假设，有助于形成科学合理的绩效评价结果，保证了不同环境下各类复杂任务之间能取得一致，指导了资源使用的优先顺序和资源分配。

五、"花钱矩阵"理论

"花钱矩阵"理论是由美国著名经济学家弗里德曼提出来的（见图3-5），它是关于预算绩效管理最直接、最形象的表述，其主要内容概括为四句话：花自己的钱办自己的事，既讲节约，又讲效果；花自己的钱，办别人的事，只讲节约，不讲效果；花别人的钱，办自己的事，只讲效果，不讲节约；花别人的钱办别人的事，既不讲效果，又不讲节约。

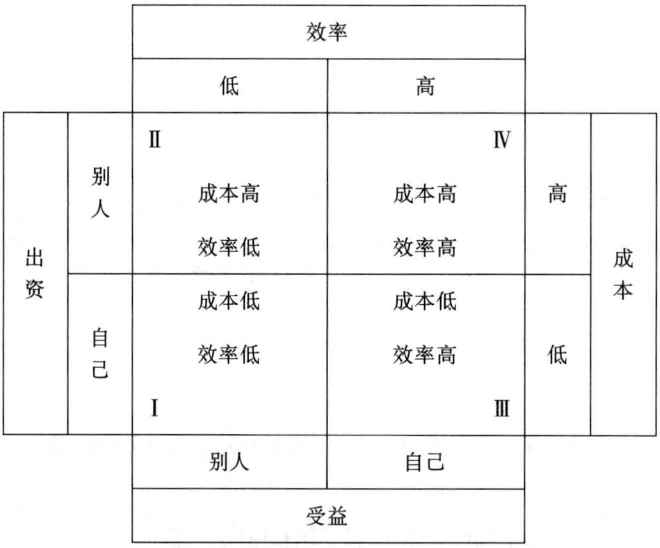

出资		效率		成本
		低	高	
	别人	II 成本高 效率低	IV 成本高 效率高	高
	自己	I 成本低 效率低	III 成本低 效率高	低
		别人	自己	
		受益		

图3-5 "花钱矩阵"示意图

从上图中可以看出：在区域 I 是用自己的钱办别人的事，表现为低成本、低效率，由于钱由己出，自然要"精打细算"，有追求成本节约的动力，但同时由于是办别人的事，很难了解别人的真实需求，难以达到应有的效果，属于次优选择；在区域 II 是用别人的钱办别人的事，表现为高成本、低效率，属于最差的选择，如果缺少必要的监督与制约，必然带来绩效的损失，一般公共产品的生产属于这种情况，即用纳税人的钱为纳税人提供公共服务；在区域 III 是用自己的钱办自己的事，表现为低成本、高效率，属于最优选择，私人产品的消费基本上属于此类情况，在这一区域花钱与办事的主体是一致的，因而不需要额外增加监督成本即可实现高绩效；在区域Ⅳ是花别人的钱办自己的事，表现为高成本、高效率，由于办事的钱并非出于自己身上，因而可以为达到目的而不择手段地花钱，造成资金浪费，虽然能够达到较好的效果，但成本代价较大，亦非最优选择。

在公共支出活动中，社会公众是公共财政资金的所有者却不是实际"花钱"者，而是以纳税的形式将财政资金委托给政府部门来提供公共产品和服务，对政府部门而言，是典型的"花别人的钱、办别人的事"，为避免出现"花钱矩阵"中的最差选择，必须要加强对政府部门的监督约束，并建立有效的激励机制，通过制度设计，促使社会公众（委托人）和政府部门（代理人）的利益一致，完成"花钱矩阵"的转化，做到花钱与办事的主体责任相对应，进而实现成本低、效率高的最优选择。"花钱矩阵"理论为预算绩效管理提供了较好的思路和基本管理要素：首先，不论花谁的钱，办谁的事，要先明确目标，即解决要办什么事、实现什么样的效果，这是效果层面的因素，强调以办事为主；其次，在目标确定后，要解决花多少钱、怎样花钱的问题，即预算安排与资源配置，这是节约层面的因素，强调以花钱为主；最后，要有相应的管理机制和手段来确保上述效果与节约的统一、花钱与办事的平衡，这主要通过绩效评价来判断、监督是否实现了低成本与高效率的组合，通过评价结果应用来激励和改进绩效等，从而确保绩效目标如期实现，保证资金使用效率和效益。

六、财政效率论

财政效率论是对政府财政收支行为及其表现的进一步要求，重点是强调财政支出的有效性。新中国财政制度建立以来，一直注重财政效率，"多、快、好、省"即是对财政效率论的典型特征要求。近年来，财政效率观念的树立及其内容的拓展，对于开展预算绩效管理也颇具重要的指导意义。

（一）财政效率的提出

所谓效率，就是有效地使用社会资源以满足人类的愿望和需要。引申到经济领域，主要是指在给定投入和技术的条件下，经济资源没有浪费，或对经济资源做了能带来最大可能性的满足程度的利用。哈林顿·埃默森较早诠释了"效率"

这一概念，他在 1912 年发表的《十二个效率原则》中提出了关于效率的 12 条原则，包括明确的目的，合理调配人、财、物，定额和工作进度，条件标准化，工作方法标准化等。从 X——无效率到"帕金森定律"，再到现代制度经济学关于制度变迁角度对效率的研究等，都指向了政府提供公共产品的效率问题，即"确保消费者（选民）偏好的资源配置和分配"达到帕累托最优，由此可知，财政效率是公共财政建设的重要内容，是政府本质的回归。中国于 1949 年后曾提出过追求效率的目标；1957 年 1 月 6 日《人民日报》发表了《充分考虑经济效果》的社论，这是国内关于效率问题的较早提法；1981 年在《政府工作报告》中又提出了"经济效益"的概念。这些表述虽然各异，但基本上体现了效率的内在要求。

财政效率作为一个特殊的效率范畴，是效率在财政领域的体现，追求财政效率的最根本目的是实现财政的职能，解决好公共服务的公平与效率的最优化。从政府与市场的角度看，市场是配置资源的有效机制，市场强调效率，政府注重公平，凡是能由市场有效解决的社会服务与产品，在这一层面已经由市场提供了高效率的私人产品。政府主要解决市场机制不能提供的公共产品，侧重于社会公平正义的保障层面，但政府追求的公平从本质上看也是一种效率，因为公平创造了和谐的经济社会发展环境，没有公平的环境，效率将受到损失，从这个意义上讲，公平是一种社会效率，而这正是财政公平职能的体现。进一步地，从经济学角度看，政府拥有的公共资源也是稀缺的、有限的，政府活动及其投入同样必须讲求效率，注重产出及其结果，这也是财政效率的着力点，是确保财政分配职能达到社会福利最大化的有效管理手段。

（二）财政效率的核心理念

财政是政府经济行为的体现，政府的全部政策活动主要通过财政收支来实现，以达到对资源配置的目的，因此，从实质上看，财政效率直接反映政府配置资源的效率，间接反映政府行政运行的效率。为此，可将财政效率分为三个层次：一是财政配置效率，属于较高层次的制度效率。在公众意愿和预算约束下，把有限的公共资源投入到效率最高的部门，配置到最能实现公共利益最大化的领域和项目，实现公共资源配置的帕累托效率状态，促进资源配置的合比例性，从而使公众的利益最大化。二是预算使用效率，即生产效率。它是指运用有效的技术和方法，提高公共部门、公共领域预算资金的使用效益，用较少的资金或同样多的资金（最小的成本）提供更多、更好的公共产品和服务，实现预算资金在具体使用过程中的有效运作，它也符合经济学中厂商的生产原则。三是预算管理效率，归于行政运行的效率。通过加强预算管理，实现在预算编制、执行和监督各环节的有效运转，从而降低政府预算管理的行政成本和资源耗费，以此来提高管理的有效性。

（三）财政效率论在预算绩效管理中的运用

随着我国民主法制建设的推进和公共财政体制的确立，社会公众对政府活动和政府预算行为越来越关注，对公共产品和服务的质量要求越来越高，不仅关注政府在公共产品和服务上花费了多少钱，更关心这些支出是否有效率，花钱效果如何。同时，由于公共财政资金浪费现象严重，"财政收入越增加，收支矛盾越突出"的"财政悖论"也要求寻找提高财政效率的路径。这些都要求进一步树立财政效率意识，增强公共资源配置与政府绩效之间的联系，提高公共资源分配层面的效率，促进财政管理部门和资金使用部门由更多关注预算的投入或资金规模，转向更加关注财政投入所带来的实际结果，建立科学、合理的预算绩效管理体系，强化政府及其有关部门的财政责任，提高财政资金的使用效率和效益，促进政府治理水平和理财能力的提高。

第二篇 制度变迁

第四章
中国财政绩效评价的政策演进

第一节 计划经济时期的财政收支平衡考核阶段

中华人民共和国成立后，财政支出着重于发展工农业生产和教育科技事业。财政预算内支出项目主要有支援工农业生产、科技三项费用、企业流动资金、文教卫生、抚恤救济、行政管理费以及其他支出。由于我国实行的是高度集中的计划经济体制，财政收支不讲效益现象普遍，很少采用客观和可行的方法来考核财政收支的绩效，从而无法达到约束并规范财政收支行为的目的。

据统计，1950~1976年，基本建设拨款支出占财政支出的比重一直高达40%左右，其中最高年份达45.9%，即使在三年调整时期，这一比重也高达30%以上。如此大规模的投资，不但超过了国家财力、物力的承受范围，造成了项目建设工期拉长、项目不配套、损失浪费严重等问题，而且使投资效益大大降低。

此阶段，财政评价工作呈现出以下特点：（1）财政收支是否平衡是财政工作评价的重点。理论界仅仅以财政的收支平衡为研究方向，对财政支出的效益性并未讨论或较少涉及。（2）公众自身的参与意识不强，对财政活动绩效并不关心。由于政府并未引导公众积极参与对财政活动的监督，致使公众的参与意识度很低，影响了支出绩效评价工作在国内的推动。

第二节 改革开放初期的财政投资评审阶段

20世纪80年代改革开放以来，社会和经济结构发生了深刻的变化，我国逐渐从"自产国家"转向"税收国家"，国家财政收入的方式发生了根本性的变化。财政收入不再是政府的"私有资金"，而是来源于广大纳税人的"公共资金"。国家财政收入的方式发生变化，必然导致国家和社会的关系发生变化。这种变化对于原有的治理模式构成了挑战，因此我国开始了探索新的治理模式的改革征程。在新治理模式的探索中，就包括了对部分公共资金的绩效问题的关注。此时，我国有关部门开始对国有建设项目的投资效益问题进行评价，总结出了一套适合投资建设项目的评价方法及评价指标，这是我国财政支出绩效评价的雏形。此外，地方财政部门建立了投资评审中心，主要对政府投资的基建项目进行评价，评价内容包括工程造价与压减工程预算，以期降低财政支出，但这还不是真正意义上的财政支出绩效评价。

第三节 财政支出绩效评价试点阶段

2000年以后，随着财政支出规模的不断增长，财政支出的效益问题受到了越来越多的关注，一些西方国家的绩效管理理念也逐步引入我国，部分地区开始了绩效评价试点探索。我国开启了一场意义深远的部门预算改革，以回应社会经济变迁对国家治理构成的挑战。这次改革针对支出制度与国库集中收付、政府采购、收支两条线、财政收支科目等配套改革齐头并进。部门预算改革逐步把所有财政收支纳入预算管理范围，规范了预算编制程序。但是，部门预算改革只是解决了规范预算编制的程序和基本方法问题，并没有解决部门预算绩效执行的过程和结果问题，其直接后果就是预算执行和年初预算会发生偏离，项目变动或者经费无法按进度支出的情况经常出现。因而，在对财政资金的规范性、安全性进行构建后，我国政府对财政支出管理的重点转移到了财政支出的绩效上。财政部曾经多次强调要积极推进绩效考评等工作，逐渐建立以结果为导向的财政资金使用新模式。

进入 21 世纪，为了切实提高政府财政资金的使用效率，我国开始对财政支出进行绩效评价试点。2003 年，党的十六届三中全会明确提出要对预算绩效进行评价，这为我国新一轮预算改革指明了方向。财政部一些司局开始组织部分中央部门对一些重大项目进行绩效评价试点工作。我国湖南、湖北、河北、广东、福建等地纷纷开展财政支出绩效管理的试点改革，取得了良好的效果。从 2004 年起，全国人大财经委连续多年在年度预算审查报告中提出加强财政支出绩效评价的意见。

2006 年，财政部印发了《关于完善和推进地方部门预算改革的意见》（财预〔2011〕406 号），从绩效评价对象选择、程序设计、指标体系设计、结果运用等方面入手，对各地开展绩效评价工作提出要求，对绩效评价试点工作做了进一步规范。

2008 年，党的十七届二中全会通过了《关于行政管理体制改革的意见》，要求推行政府绩效管理和行政问责制度，建立科学合理的政府绩效评估指标体系和评估机制，健全对行政权力的监督制度。这为政府完善绩效评估体系，创建政府公共管理新模式指明了方向。胡锦涛总书记在中央政治局第十八次集体学习时指出，要把改革开放和社会主义现代化建设不断推向前进，就必须深化财税体制改革，完善公共财政体系，提高财政管理绩效。温家宝总理在国务院第二次廉政工作会议上强调，要推进行政问责制度和绩效管理制度。党的十一届全国人大四次会议在关于预算审查结果的报告中也提出，要加强预算支出绩效考核。

之后，绩效关口进一步"前移"。2010 年全国财政工作会议上要求完善预算绩效管理制度，逐步建立健全绩效目标设定、绩效跟踪、绩效评价及结果运用有机结合的预算管理机制，实现全过程预算绩效管理。

2011 年 4 月，财政部下发《财政支出绩效评价管理暂行办法》（财预〔2011〕285 号）；同年 8 月，《绩效评价工作考核暂行办法》（财预〔2011〕433 号）出台；2012 年 9 月，下发《关于印发〈预算绩效管理工作规划（2012—2015 年）〉的通知》（财预〔2012〕396 号）。这些规定的颁布，标志着我国财政支出绩效已经进入了推广阶段。

2012 年，党的十八大报告提出"创新行政管理方式，提高政府公信力和执行力，推进政府绩效管理"，把绩效管理作为转变政府职能、创新行政管理方式的重要改革举措。2013 年，党的十八届三中全会进一步提出"透明预算、提高效率、建立现代财政制度"，为实施预算绩效管理指明了方向。

2014年6月,中共中央政治局审议通过的《深化财税体制改革总体方案》明确提出"推进科学理财和预算绩效管理"。9月,2014年修订的《中华人民共和国预算法》(以下简称新《预算法》)正式颁布,明确要求"讲求绩效是各级预算应当遵循的原则",确定了财政支出绩效评价的具体要求。10月,国务院印发《国务院关于深化预算管理制度改革的决定》(国发〔2014〕45号),全面部署了深化预算管理制度改革的七项工作,明确要求"健全预算绩效管理机制",贯穿于其中的精神是增强财政政策弹性和预算支出的可调节性,逐步解决多年以来困扰中国的预算分配肢解、固化等痼疾,提高财政资金的使用效率和效果。

第四节 启动全面实施绩效管理阶段

党的十九大进一步提出"建立全面规范透明、标准科学、约束有力的预算制度,全面实施绩效管理"。全面实施绩效管理是习近平新时代中国特色社会主义思想在财政领域的根本要求,是建立现代财政制度的主要标志,也是实现国家治理现代化的重要基础,对建设人民满意的服务型政府、推动经济社会高质量发展意义重大。特别是在我国经济增长进入新常态,财政收入中低速增长与支出刚性矛盾短期内难以改变的新形势下,迫切需要各级财政部门和主管部门通过加强绩效管理挖掘潜力,优化存量财政支出结构,真正让有限的财政资金的效益最大化。全面实施绩效管理要求,把绩效理念和管理方法贯穿于预算编制执行监督的全过程,实现绩效管理与预算管理的深度融合。

第五章
中国财政绩效评价的制度变迁

自我国 2003 年提出建立绩效预算评价体系以来，财政部先后选择了"国土资源大调查专项""污水处理国债专项"和"农业科技跨越计划"等中央部门预算专项进行绩效评价试点，先后颁布了《财政支出绩效评价管理暂行办法》《预算绩效评价共性指标体系框架》《中央对地方专项转移支付绩效目标管理暂行办法》等一系列制度办法。十几年来，绩效评价不断向前推进，到目前已经形成了比较完善的管理模式和操作程序。各地各部门以项目支出绩效评价作为财政支出绩效评价的出发点，根据国家有关文件精神和财政部统一要求，稳步推进预算绩效管理工作，强化预算绩效管理理念，绩效评价范围逐步扩大，提高了财政资金使用效益。我国政府财政绩效评价在制度上主要历经了"形成—改进—强化—创新—多层次发展"这几个阶段的演进变化。

第一节 建章立制，健全工作规范

从 2003 年中央部门开展绩效评价工作的前期探索起，财政部出台了一系列政策文件，绩效评价指标管理体系初具雏形，重点项目评价试点稳步推进。2005 年印发《中央部门预算支出绩效考评管理办法（试行）》（财预〔2005〕86 号），2009 年印发《关于进一步推进中央部门预算项目支出绩效评价试点工作的通知》

（财预〔2009〕390号），规范中央部门绩效评价工作的开展；2009年印发《财政支出绩效评价管理暂行办法》（财预〔2009〕76号），指导地方财政部门的绩效评价工作。针对各地区、各部门在工作实践中出现的口径不统一、程序不规范、指标不合理等问题，财政部将上述办法进行了合并，出台了全国统一的《财政支出绩效评价管理暂行办法》（财预〔2011〕285号），标志着以绩效评价为主要内容的预算绩效管理工作在全国展开，并对树立绩效理念、增强部门责任意识、提高财政资金使用效益起到了积极作用。截至目前，财政部门在预算绩效管理方面积极探索，已初步构建了预算绩效管理体系基本框架。在中央层面，形成了以项目支出为主的一般公共预算绩效管理体系，并不断延伸和拓展。绩效目标管理已经覆盖所有中央部门的本级项目，中央对地方专项转移支付以及部分中央政府性基金和中央国有资本经营预算项目。同时，绩效目标执行监控范围逐步扩大，2018年已覆盖至中央部门所有项目，并在中央部门对上年所有本级项目开展绩效自评的基础上，扩展至中央对地方所有专项转移支付资金，将中央本级一级项目和专项转移支付的绩效目标随同预算批复和下达，使绩效与预算具有同等约束。各地各部门都以中央财政支出绩效管理的相关文件为指导，结合自身实际，不断加大制度建设力度，夯实绩效评价工作开展的基础，建立了覆盖综合性制度、专项管理办法、业务操作规范等不同层级的制度规范，对绩效管理的工作原则、基本评价方法、指标体系、组织管理、实施范围和步骤以及结果运用等方面内容做出了比较详尽的规定。

第二节　改进方法，完善指标体系

财政支出绩效评价指标体系是反映财政支出绩效总体现象的特定概念和具体数值，是衡量、监测和评价财政支出经济性、效率性和有效性，揭示财政支出存在问题的重要量化手段。在指标设计上，2013年财政部发布了预算绩效评价共性指标体系框架，各地各部门都普遍采用共性与个性相结合、定性与定量相结合的设计思路，有效促进了评价质量的提升。特别是在财政支出评价工作中，各地各部门都在指标框架设定、评价维度、指标分解等方面不断探索和推进。例如：四川省项目支出绩效评价共性指标体系主要由项目决策、项目管理、项目完成、项目效果4个一级指标，28个二级指标，以及47个三级指标组成；广东省按照定量指标和定性指标，分别设计了经济建设支出、支农支出、教育支出、科技支出、文化体育支出、卫生支出、社会保障支出、政府采购支出、政府运转支出等大类的定量指标，以及支出项目预定目标规划、执行情况、项目单位公务员（在岗职工）素质、支出项目的基础管理水平、发展创新能力与战略、服务硬环境与服务满意度、综合社会贡献等定性指标，对每一类指标都设计有详细的细化指标和指标解释，且所设计的指标体系是动态的、可扩充的，选用的指标既可从每类指标和备选指标库中选取，也可以根据评价对象的特性设置，从而保证评价结果的科学性和真实性。

第三节 强化应用，坚持结果导向

以绩效评价结果的应用为落脚点，各地各部门都建立了绩效报告和问题反馈整改机制。绩效评价结果与预算资金安排有机结合的激励约束机制的建立，在一定程度上解决了预算分配和绩效评价相脱离的问题。例如：2014年，财政部下达了教育部直属高校"促进高校内涵式发展经费"34亿元，将其列入基本支出，由学校自主统筹使用，核定的依据标准为教育部学位中心最新发布的全国学科评估结果，即分学科排名前3%（含）的学科800万元/个、前4%~10%（含）的学科500万元/个、前11%~20%的学科300万元/个。对于无学科进入上述排名范围内的行业特色高校，每校分300万元、500万元两档安排经费给予补助。此外，中央部门自编制2016年预算起，实行中期财政规划管理，推行三年滚动预算，逐步扩大编制绩效目标的范围，单位（部门）整体支出、项目支出绩效目标由年度逐渐拓展至中长期。2017年，中央本级项目全面开展目标审核，审核结果与项目入库挂钩，绩效在财政资金配置发挥的中长期导向作用日益凸显。

第四节 创新方式，提升评价效能

财政绩效评价本身是一个不断拓展的理论领域，在不同时期，财政绩效评价对象、环境、主体等都处于一个动态变化的过程中，这客观上要求我国财政绩效评价要做到不断创新，通过不断创新评价方法、流程等内容，实现绩效评价效果的不断提升。按照党的十六届三中全会的要求，财政部从2003年开始加强绩效评价工作，探索提高财政资金使用效益的新途径，2004年组织召开了绩效预算国际研讨会。2009年，财政部成立了专门负责预算绩效管理工作的机构，在预算司设置预算绩效管理处，负责预算支出绩效评价，绩效管理业务政策规章的起草、制定及经验的总结、探索、创新，指导全国的预算绩效管理工作。2011年7月，财政部出台了《关于推进预算绩效管理的指导意见》（财预〔2011〕416号），以此为标志，预算绩效管理工作进入了"全过程"预算绩效管理的崭新阶段，相应的预算评价也从事后评价向事前和事中、事后的全过程转变。同时，财政部推进绩效管理工作全覆盖，进一步扩大绩效目标管理范围和绩效执行监控试点，积极开展项目支出和部门整体支出绩效评价；组织中央部门对本部门所有一级和二级项目开展绩效自评，选取国家测绘地理信息局和国家气象局试点开展部门整体支出绩效评价；完善重点绩效评价常态机制并强化结果应用。2017年，财政部选择确定了35个民生政策和重大专项支出开展重点绩效评价，对政府主导的10多个门类物资储备财政支持政策、国家新型产业创业投资引导基金存量资金、经建领域的财政扶持政策等开展绩效评估，将重点绩效评价发现的问题作为预算安排和完善政策的重要依据。

我国在财政支出绩效评价方面的不断创新，克服了多年来财政绩效评价都没有太大的变化、形式单一、与经济社会发展规律脱节等问题。以经济建设支出为切入点，有针对性地选取评估对象，采取重点抽评与第三方评估相结合的方式开展绩效评价，推动提升中央财政支出绩效。在地方层面，一些省份结合自身实际，积极探索预算绩效管理新模式。财政绩效评价方面不断创新，不同领域出现的各种新的绩效评价方法被大胆引入到财政绩效评价中去，实现了财政绩效评价效果的持续提高。

第五节　多维评价，提高公信力

2014年以前，我国财政支出绩效评价的主体是政府，政府充当了"裁判员"与"运动员"的双重角色，这导致很多时候绩效评价流于形式，绩效评价作用得不到充分的发挥。新《预算法》要求各级预算遵循"讲求绩效"原则，并对绩效目标管理、绩效评价、绩效结果应用等做出明确规定。面对预算公开、透明的要求，财政部门有责任对"财政支出绩效如何"做出积极回应。为此，财政部稳步推进绩效信息向人大报送及公开，组织向全国人大常委会及其有关部门报送重点项目及专项转移支付的绩效目标、重点绩效评价报告、项目绩效自评结果，并主动向社会公开。随着财政绩效评价的发展，我国逐渐建立起多层次的财政绩效评价体系，改变了目前财政绩效评价主体单一的现状。多层次的财政绩效评价体系将中介机构、各级人大、社会民众等吸纳到绩效评价主体中去，实现绩效评价的层次化，不同的评价主体可以更加全面地评价财政支出绩效水平，确保评价结果的效度和信度，为财政支出的优化调整提供依据。

在当前的制度安排下，越来越多的地方将绩效管理作为财政工作重点，加快全过程预算绩效管理改革步伐，在政策或项目事前评估、第三方绩效评价、绩效评价结果应用等方面，积累了一些成功经验。随着评价结果的深度应用，中央和地方预算管理规范化、科学化水平不断提高：一是强化了预算绩效意识。"花钱必问效，无效必问责"的意识不断增强。例如，在预算编制环节，随项目报送绩效指标，广泛推行项目支出绩效自评，财政和审计部门开展抽查，把绩效评价结果作为政府部门考评的重要组成部分。绩效管理也带来了资金分配和管理方式的改变，部门和资金使用单位逐步把预算管理重点从要求加大财政投入转到提高财政资金使用绩效上来。二是促进了政府职能转变。通过实施绩效管理，财政部门更加重视对预算绩效的审查、监督和评价，也调动了各部门把花钱和办事紧密结合的积极性、主动性，促使拿出更多时间和精力加强政策规划和精准编制预算，对政策实施结果跟踪问效，推动优化财政资源配置，提高资金使用效益，努力实现少花钱、多办事、办好事。三是提高了决策科学化、民主化水平。通过高校、科研机构、第三方评估机构以及民众参与，为预算绩效管理提供了强大的智力支持，推动政府决策更加科学、民主、透明。

近年来财政部颁布的有关预算绩效管理的主要文件见表 5-1。

表 5-1 近年来财政部颁布的有关预算绩效管理的主要文件

	文件名称	文 号	发布时间
1	财政部关于中央经济建设部门预算绩效考评管理办法	财建 [2004] 354 号	2004-10-18
2	财政部关于开展中央政府投资项目预算绩效评价工作的指导意见	财建 [2004] 729 号	2004-12-23

续表

	文件名称	文　号	发布时间
3	中央部门预算支出绩效考评管理办法（试行）	财预〔2005〕86号	2005-5-25
4	中央级教科文部门项目绩效考评管理办法	财教〔2005〕149号	2005-9-9
5	缓解县乡财政困难工作绩效评价暂行办法	财预〔2005〕459号	2005-9-17
6	国际金融组织贷款项目绩效评价管理暂行办法	财际〔2008〕48号	2008-4-21
7	金融类国有及国有控股企业绩效评价暂行办法	财金〔2009〕3号	2009-1-13
8	财政支出绩效评价管理暂行办法	财预〔2009〕76号	2009-6-22
9	财政部关于进一步推进中央部门预算项目支出绩效评价试点工作的通知	财预〔2009〕390号	2009-10-26
10	财政支出绩效评价管理暂行办法	财预〔2011〕285号	2011-4-2
11	关于推进预算绩效管理的指导意见	财预〔2011〕416号	2011-7-5
12	预算绩效管理工作规划（2012-2015）	财预〔2012〕396号	2012-9-21
13	预算绩效评价共性指标体系框架	财预〔2013〕53号	2013-4-21
14	地方财政管理绩效综合评价方案	财预〔2014〕45号	2014-3-21
15	关于加强和改进中央部门项目支出预算管理的通知	财预〔2015〕82号	2015-5-18
16	中央部门预算绩效目标管理办法	财预〔2015〕88号	2015-5-21
17	关于加快推进中央本级项目支出定额标准体系建设的通知	财预〔2015〕132号	2015-7-20
18	中央对地方专项转移支付绩效目标管理暂行办法	财预〔2015〕163号	2015-9-29
19	关于开展2016年度中央部门预算和项目支出绩效目标执行监控试点工作的通知	财办预〔2016〕85号	2016-7-22
20	关于开展中央部门项目支出绩效自评工作的通知	财办预〔2016〕123号	2016-10-31
21	财政管理绩效考核与激励暂行办法	财预〔2016〕177号	2016-11-24
22	关于进一步完善中央部门项目支出预算管理的通知	财预〔2017〕96号	2017-6-21
23	财政部关于印发财政管理工作绩效考核与激励办法的通知	财预〔2018〕4号	2018-1-8
24	中共中央 国务院关于全面实施预算绩效管理的意见	中发〔2018〕34号	2018-9-1

第六章
中国财政支出绩效评价的框架体系

第一节　制度框架体系

2011年，财政部在《财政支出绩效评价管理暂行办法》（财预〔2011〕285号）中将财政支出绩效评价定义为：财政部门和预算部门（单位）根据设定的绩效目标，运用科学合理的评价方法、指标体系和评价标准，对财政支出的产出和效果进行客观、公正的评价。这以法律形式确定了财政支出绩效评价的评价主体、评价客体、评价方法、评价程序等内容。2011年，财政部在《关于推进预算绩效管理的指导意见》（财预〔2011〕416号）中提出，预算绩效管理是一个综合系统，主要包括绩效目标的设立与评审、绩效运行的监控、绩效结果的评价及评价结果的反馈等内容。2012年，财政部在《关于印发〈预算绩效管理工作规划（2012～2015年）〉的通知》（财预〔2012〕396号）中提出"在强化财政部门、预算部门绩效评价主体功能的同时，探索引入第三方评价"。财政部门负责对本级预算部门和下级财政部门的财政支出绩效进行评价或者再评价，预算部门负责组织本部门支出的绩效评价工作，并且负责对下级单位的支出绩效进行评价或者再评价。第三方评价可以接受财政部门或者预算部门的委托，全部或者部分参与部门支出、项目支出和财政综合支出的绩效评价工作。2013年，财政部印发《预算绩效评价共性指标体系》（财预［2013］53号），提出了项目支出绩效评价的共性指标体系框架，分为共性指标和个性指标，以及三个层次的指标。一级指标包括投入、过程、产出、效果等四项；二级指标包括项目立项、资金落实、业务管理、财务管理、项目产出、项目效益等六项；三级指标包括立项规范性等20项。其中，三级指标中的经济效益、社会效益、生态效益、可持续影响等可视为个性指标，需要针对项目的特点做进一步分解。这套指标体系具备较强的权威性和规范性，成为当前我国财政支出绩效评价的通用指标体系。2014年，随着新《预算法》的颁布和实施，改进预算管理制度、推进预算绩效管理、开展财政支出绩效评价越来越受到各级部门的重视。国务院印发的《关于深化预算管理制度改革的决定》（国发［2014］45号），为我国各级财政部门开展财政支出绩效评价工作提供了政策指导；财政部印发的《预算绩效评价共性指标体系框架》（财预［2013］53号）和《中央部门预算绩效目标管理办法》（财预［2015］88号），对部门整体支出绩效评价共性指标体系框架和预算绩效评价分类思路做出总体部署；交通运输部印发的《整体支出绩效评价管理办法（试行）》（交办财审［2015］134号），更是为部属行政事业单位开展整体支出绩效评价工作提供了具体可行的实施办法。

财政部《财政支出绩效评价管理暂行办法》（财预［2011］285号）（以下简称《暂行办法》）将财政支出绩效评价的对象分为两类：部门预算支出和上级政府对下级政府的转移支付支出。前者包括基本支出、项目支出和部门整体支出，后者包括一般性转移支付和专项转移支付。无论是部门预算支出还是转移支付支出，《暂行办法》均将项目支出作为绩效评价的重点对象，尤其是一定金额以上、具有重要影响的重点项目。这种制度规定说明我国财政支出绩效评价尚处于从易入难的阶段。但与《财预［2009］76号文》相比，《暂行办法》中增加了部门整体支出作为评价对象之一，这说明目前财政支出绩效评价工作在向前推进。

财政支出绩效评价是通过财政部门和其他部门的配合来提高其提供公共产品和公共服务的职能，评价内容一般包括经济性、效益性、效果性、公平性四个维度，简称为"4E"。财政支出绩效评价体系包括法律制度体系、组织支撑体系、方法体系和指标体系等，是政府绩效管理的重要组成部分。财政支出绩效评价贯穿于财政支出预算安排和使用的全过程，既包括对财政资金投入的预算决策是否合理恰当、支出使用过程是否合理合规、投入产出是否有效率的评价，也包括对支出使用结果的有效性进行综合评价。

一、财政支出绩效评价的类型

财政支出绩效评价的对象分为两类：部门预算支出和上级政府对下级政府的转移支付支出。前者包括基本支出、项目支出和部门整体支出，后者包括一般性转移支付和专项转移支付，从而可以将财政支出绩效评价分为基本支出绩效评价、项目支出绩效评价和部门整体支出绩效评价、转移支付绩效评价。

1. 基本支出绩效评价。基本支出是部门支出的主要组成部分，是行政事业单位为保障机构正常运转，完成日常工作任务而编制的年度基本支出计划，包括人员经费和日常公用经费两部分。基本支出绩效评价的内容应该包括对基本支出整个流程的绩效评价，但是考虑到基本支出是保障机构正常运转的刚性支出这一特殊性，基本支出绩效评价的重点应该放在预算编制的绩效管理上。目前我国基本支出预算编制的主要方法是定员定额法，是指以部门或单位的人员编制和支出标准为依据来测算该部门或单位基本支出（人员经费和公用经费）的管理方法，所以基本支出绩效评价的重点就是对人员编制和公用经费支出标准的评价。在基本支出预算编制阶段，一定要保证人员编制的准确性和公用经费支出标准的合理性。各相关部门要按照科学、规范的程序逐步建立和完善定额标准体系，在编制基本支出预算时要结合本部门的实际情况编制部门基本支出预算，从而做好基本支出绩效评价。

2. 项目支出绩效评价。项目支出是部门支出的另一重要组成部分，是行政事业单位为完成其特定的工作任务或事业发展目标，在基本支出以外编制的年度项目支出计划。由于项目支出每年都有可能发生较大的变化，而且不同的项目支出会带来不同的绩效，如果能够合理安排项目支出，将有利于优化财政资金结构，大大提高财政资金的使用效益，所以项目支出绩效评价应该侧重于项目支出预算编制的绩效管理、项目支出绩效管理程序设计和绩效评价结果的反馈与应用的管理。在项目支出的预算编制阶段，应该重点对项目进行科学性、可行性论证，在财政资金分配初期就避免低效率的项目占用财政资金，从整体上提高财政资金的使用效益；在项目实施过程中和项目结束后，都要对项目支出进行绩效评价的反馈，在项目实施过程中对项目进行绩效评价是对项目的一种监督，在项目结束后对项目进行评价是对项目的一种综合评价；对项目绩效进行评价之后，还要注重对评价结果的运用。

3. 部门整体支出绩效评价。部门整体支出是包括基本支出和项目支出的部门全部支出。部门整体支出的绩效评价包括对部门整体支出编制的绩效管理、部门整体支出执行的绩效管理、部门整体支出绩效评价管理、部门整体支出绩效评价结果反馈和应用管理以及部门整体支出监督的绩效管理。部门整体支出绩效评价应该重点强调对部门整体支出的综合绩效评价。部门应该根据财政部相关规定，结合自身情况构建更加完善的绩效评价指标体系，探索更有效的综合绩效评价方法，强化对部门预算整体支出的跟踪和监督，逐渐提高部门整体财政支出的绩效水平，以提高部门提供的公共产品和公共服务的质量和效果。

4. 转移支付绩效评价。转移支付作为财政支出的一种，有必要纳入绩效评价，从而优化转移支付管理模式，提高转移支付资金使用水平，进而推动社会和谐发展。转移支付绩效评价应该包括评价主体、评价指标体系、评价标准、评价程序、评价结果等因素，其中评价指标体系和评价标准是其核心因素。转移支付绩效评价就是按照当前转移支付的规模和结构，构建科学、客观、全面的评价指标体系，对评价标准进行总体规划设计，按照规范的评价程序，对转移支付的绩效进行评估的制度。

就财政支出绩效评价主体而言，主要分为财政部门评价、项目单位自评价及第三方评价、监督部门评价。

1. 财政部门评价。既然要开展绩效评价，就需要分清楚相关评价因素。绩效评价包括评价主体和评价客体，简单地说，评价主体是指由谁来评价，评价客体是指评价谁。如果深入了解的话，财政支出绩效评价主体又可以细分为财政支出绩效评价主体和财政支出绩效评价实施主体，乍一看这两者区别不大，但是仔细分析的话，前者是指对绩效评价对象进行评价、打分的机构，而绩效评价工作实施主体则是具体实施绩效评价，负责收集资料、整理资料以及分析资料的机构。下文中，绩效评价主体也是具体指由谁来评价的主体。由于评价的主体不同，导致了评价的类型也随之不同。

财政部门作为政府部门的一部分，自然承担政府的职责。我们平时所指的绩效评价，作为政府部门来说可以叫作政府绩效评价，而具体到财政部门来说，则叫作财政绩效评价。政府部门绩效评价和财政部门所做的绩效评价有联系也有区别。政府部门绩效评价可以指政府任一个部门，每一个部门都可以对其部门内的支出、人事、职能执行情况进行评价，运用的方式也可以很多。财政部门组织的绩效评价，主要是对财政支出评价。二者侧重点不同，主要还是由于财政职责和其他部门职责不同。首先，财政部门和其他政府部门都属于政府部门组织的评价，而财政是政府的职能之一，国家财政由各级地方财政组成，各地方财政对其辖区内的资源进行分配，包括对社会组织、居民和政府间，地方政府和企事业单位间。其次，地方财政不仅要为本辖区内经济发展筹集资金，而且还要为中央财政筹集资金，是地方政府经济事业发展的依靠，更是提高人民群众物质文化生活的重要支撑。经济基础决定上层建筑，财政部门的特殊性决定了其在地方政府中的重要地位，而财政部门通过财政支出来进行资源配置，于是合理安排财政支出就是重中之重。因此，可以将财政绩效评价理解为政府绩效评价的一部分，政府通过合理安排预算来达成预设的绩效目标，而合理安排预算的职能就在于财政部门。

2. 项目单位自评价及第三方评价。财政支出绩效评价，说到底是评价财政资金使用过程及效果。在财政支出过程中，最重要的客体之一就是实际使用财政资金的部门把资金使用单位作为财政资金绩效评价的被评价单位。但是任何事情都有两面性，被评价单位是否可以作为评价主体呢？答案是肯定的。实际工作中，本单位对于自己单位财政资金的使用具有非常重要的话语权，这就决定了对于财政支出绩效评价而言，本单位有着先天的优势。我们把各个单位对于本单位财政支出的绩效评价叫作自评价。单位自评价的好处是各单位都非常了解自己资金的使用情况、使用过程及使用结果，可以说省去了很多基础性调查资料，对于结果可以直接给出很明确的答复。但是，自评价由于涉及自身单位在资金使用过程中的规范性及实施情况，很难保证自评价的客观性，因此这也是在平时工作中自评价不是主要评价方式的原因。作为资金使用单位，其对于一项资金的使用有绝对话语权。无论是财政部门还是审计部门，亦或是人大监督部门，在绩效评价过程中都离不开资金使用单位的支持。另外，由于预算部门本身的自评价缺乏公正性，我们在实际工作中还会引入第三方评价：一方面，第三方评价可以提高绩效评价的公正性，因为第三方是完全独立于资金拨付以及使用单位的，所以会相对公正。另一方面，一般来说，第三方机构具有更多专业人士，专业力量强于政府部门。政府部门受限于其工作人数限制，绩效评价不一定做得非常细致。因此，第三方评价是不错的选择。

3. 监督部门评价。财政支出绩效评价的对象是使用财政资金的各级部门，主要对财政支出的过程、效果进行客观评价。因此，无论从职责上，还是对财政资金使用的了解程度上，财政部门对于财政资金使用有着不可推卸的责任与优势。其次，审计部门同样也有优势。审计部门对政府各部门及国有企业进行监督，同时也对各个部门财政资金使用情况进行监督，但是审计更加侧重于结果，也就是财政资金使用完成后的效果，也可以理解为项目完成后的评价，即事后评价。这点与财政部门组织绩效评价不太一样。财政部门组织的绩效评价包括事前评价、事中评价与事后评价，对这三种评价，财政部门都非常重视，可以说贯穿于整个资金使用过程，而审计部门侧重于事后评价。不论侧重点是什么，这两者对于财政支出绩效评价都有着职能优势并且互补。除此之外，人大对于所有部门都具有监督职能。拿财政部门来说，每年财政预算、决算都要在人大会议上通过才行，其他部门也是如此。因此各地人民代表大会以及常务委员会等同样对于财政资金及使用有着监督职能，因此也可以作为财政资金支出绩效评价的主体。纵观国外，无论是美国还是英国以及其他发达国家，都会有相应的权力机构参与到绩效评价中来。

二、中国财政支出绩效评价的制度框架

目前，我国财政支出绩效评价的制度建设的基本框架是：以财政部《财政支出绩效评价管理暂行办法》（财预〔2011〕285号）为核心，各省市和各预算部门结合实际分别制定具体的管理办法和实施细则。但是，由于各省市财政支出绩效评价工作的推进速度不一致，导致各地制度建设的步伐也不一致。根据笔者对财政部和各省市财政部门公开的制度资料的梳理可见，自2011年4月以来，按照财政部《财政支出绩效评价管理暂行办法》（财预〔2011〕285号）制定或修订了本省市财政支出绩效评价制度的有北京、天津、重庆、上海、广西、新疆；浙江、福建、河南、广东、海南、四川、贵州等省份制定的财政支出绩效评价制度仍以《财政支出绩效评价管理暂行办法》（财预〔2009〕76号）为依据，尚未根据新修订的制度进行调整；其他省市的财政支出绩效评价制度则为2009年之前制定或未公开。

自2009年财政部印发了《财政支出绩效评价管理暂行办法》（财预〔2009〕76号）以来，中央和地方各级政府财政支出的绩效评价工作有了统一的规范和依据，我国财政支出绩效评价改革进入了快速发展阶段，各地财政部门结合自身实际，进行了许多有益的探索与实践（见表6-1）。

表 6-1 近期部分省市财政支出绩效评价的实施情况

省市	主要内容
北京	2011年，北京市财政局对5项大额专项资金、2个专项转移支付项目、73个部门预算项目及2个部门开展了财政绩效评价工作，涉及资金195.28亿元；选择市科委、市卫生局、市医管局3个部门作为试点单位，开展全过程预算绩效管理试点工作；邀请人大和政协代表参与绩效评价工作
天津	天津市积极探索"借智借力"开展绩效评价的有效途径，目前已构建专家和中介机构信息平台，对专业性较强或复杂程度高的基建项目，聘请专家或中介机构介入评价过程
浙江	2009年起，浙江省相继出台《中介机构参与绩效评价工作暂行办法》《财政支出绩效评价专家管理暂行办法》《中介机构参与绩效评价工作规程（试行）》等一系列配套制度，指导第三方规范开展绩效评价工作。截至2010年，全省共开展项目评价9728个，涉及项目资金1594.7亿元，其中财政资金950.5亿元
四川	2010年，四川省级财政支出绩效评价按照"扩面、提质、增效"的总体要求，将评价对象从主要为单一项目转变为大类项目，评价主体从财政厅绩效办扩展到所有参与财政资金分配、管理、使用、监督、审计的部门和单位，评价结果从预算项目支出发展到各预算部门

资料来源：根据财政部网站公布的文件和报告资料整理。

从2009年以来地方财政支出绩效评价的实践可以看出，地方财政支出绩效评价工作在中央和地方两级制度框架的规范下进入了快速发展轨道，而且在绩效评价的主体、对象、方法和结果应用等方面，地方的探索实践在一定程度上已经对制度框架有所超越，对这些实践的总结归纳势必对进一步的制度建设发挥推动作用，这预示着实践与制度建设将进入螺旋上升的轨道。

第一，财政支出绩效评价的目的与主体。在现行制度框架中，财政支出绩效评价的目的还仅停留在财政部门和预算主管部门进行财政资金管理和资金分配上，但在北京市的实践中，立法机构已经开始参与到评价过程中。2011年，北京市财政局对33个2012年度市级预算项目进行了事前评估，评价过程邀请16名人大代表和22名政协委员全程参与，从预算监督和民主监督的角度，对项目实施的可行性、风险性、项目支持方式等提出评估意见。在北京市的实践中，虽然人大代表和政协委员的参与并未对绩效评价发挥主导作用，但在一定程度上改变了目前财政支出绩效评价仅仅是政府部门自身管理工具的本质，主体的变化将会影响财政支出绩效评价的目的。

第二，财政支出绩效评价的对象。在现有制度框架下，财政支出绩效评价的对象以项目评价为主,这与地方财政支出绩效评价的改革实践也是相符的。然而,随着项目评价逐步成熟,浙江、四川等省份开始探索对部门整体支出进行绩效评价。浙江省财政厅组织和指导省卫生厅对疾病预防控制中心和卫生监督所实施整体支出绩效评价试点;台州市及部分县也选择了一些单位进行整体评价试点,取得了一定的效果,为单位整体评价积累了一定的经验。2009年,四川省选择了收支相对单一的两个基层单位进行单位支出绩效评价试点。2010年,四川省全面启动部门预算绩效评价试点,在纳入省政府绩效管理的部门中,选择建设厅、商务厅、旅游局、中医局、畜牧局五个部门进行部门预算绩效评价,重点对预算编制质量、预算执行进度、项目资金分配、重点项目绩效等四大类指标进行评价,探索项目支出绩效评价向部门预算绩效评价过渡的思路办法。

第三,财政支出绩效评价的方法。在现有制度框架下,财政支出绩效评价主要是对支出结果的事后评价,制度并未明确事前和事中评价在财政支出绩效评价中的位置。从地方实践来看,将现有制度框架下的绩效目标确定等环节进行拓展,强调全过程的财政支出绩效评价已经开始在多个省份展开,如北京市自2011年开始推进全过程预算绩效管理改革:财政局选择一些涉及民生、政策性强、资金量大的重点项目,通过委托第三方评价的方式,对项目实施的必要性、可行性、绩效目标、项目内容、资金规模等事项进行事前评估,并提出项目的评估建议,作为项目预算安排的重要依据,同时选择一些社会关注的重点项目,开展不定期的绩效跟踪和检查,指导预算部门做好日常跟踪和半年跟踪工作,提出绩效整改建议并督促预算部门落实。广东省在预算编制中嵌入绩效目标管理的环节,增强了部门(单位)财政支出预算编制、执行的绩效观念和责任意识,减少了部门(单位)盲目借款的现象,初步确立了对预算的绩效约束。2008~2009年,广东省财政厅分别审核了下一年度省级部门预算414、495个项目的绩效目标,核定下达符合绩效目标申报要求的项目238、127个,共核减了100多亿元的申请金额。

第四,财政支出绩效评价的结果及其应用。现行制度框架下对财政支出绩效评价的结果主要是用于预算管理、预算资金分配挂钩、评价结果公开等方面。地方政府在财政支出绩效改革的实践中探索出许多评价结果的具体应用手段,如广东省自2008年开始探索建立财政专项资金的竞争性分配和全过程绩效管理机制,以申报项目的预期绩效目标及其指标为主要评审因素来配置有限的财政资金,以提高资金使用绩效。截至2009年年底,广东省财政已组织了75亿元产业转移扶持资金的竞争性分配和绩效督查;省级共有12个部门单位、28个项目试行了竞争性分配改革,涉及省级财政资金共107亿元;实际完成竞争性分配的有22个项目，涉及省级财政资金近 100 亿元。2010 年，广东省的竞争性分配改革试点范围进一步扩展至 25 个项目。

第二节 专项资金绩效评价

财政专项资金一般也称之为项目资金，是通过政府特定扶持某一项目而设立的资金，具有专款专用的特点，我国学术界一般将其确定为以发展某项特定事业为目的而确立的。这种资金都会要求单独核算，专款专用，不能挪作他用。根据财政专项资金的用途，结合财政部 2007 年 1 月 1 日起执行的《政府收支分类科目》，可以将财政专项资金分为用于科教文卫、医疗卫生、社会保障和就业、环境保护、城乡社区事务、农林水事务、专项转移支付等的资金；根据收入来源，可以分为中央预算安排的专项、地方预算安排的专项、按规定征收的专项、其他收入来源的专项等；根据资金的投向，可以分为涉农专项支出、社会保障专项、民生专项、教科文卫专项、基础设施投资专项等。财政专项资金具备政策性强、专款专用、财政性质等特征。财政专项资金是为了支持国家的特定政策，具有明确的用途和确定的受益对象，一般要求单独核算、专账管理，并纳入财政预算管理。财政专项资金的覆盖面较广，涉及国计民生的方方面面，主要有以下四个特点：一是财政性，来源于本级或上级单位的财政资金；二是特定性，财政专项资金的一个显著特征是其用途和目标对象明确、唯一；三是政策性，专项资金对应特定项目、资金管理规定或办法，并且要求专户存储、专账核算；四是广泛性，财政专项资金覆盖面较广，各级财政都设有专项资金，且各地政府也会根据当地的实际情况设立新的或取消不再需要的专项资金，如社保资金、教育资金、科技资金、扶贫资金、环保资金等。本书根据财政专项资金的特点，以预算资金中的项目支出为研究对象，从性质、特点等角度对其进行深入研究和分析。

财政专项资金绩效评价是指基于结果导向和公众满意度导向，运用科学的方法、规范的流程、相对统一的指标及标准，对财政专项资金支出的经济性、效率性、效果性和公平性进行综合性测量与分析的活动。财政专项资金具有典型的"中国特色"，是"为扶持、发展某项特定事业而专门设立的资金"，是"贯彻落实国家特定时期、特定政策的一种特殊财政手段"。在基本预算支出以外，财政专项资金要求专款专用及单独核算。按照财政部公布的材料，目前国家层面的专项资金有 285 项，资金主管者涉及几乎所有的党政部门，其中又以发改、经贸、教育、科技、宣传部门为主。逻辑上，绩效评价的直接目的是为了提升绩效。与基本预算支出相比，针对财政专项资金进行的绩效评价具有现实可行性，因为相对于部门一般支出，其评价结果较易与下年度预算挂钩。评价针对三个层面：一是宏观层面上，专项资金立项决策的科学性、民主性及管理办法可行性；二是中观层面上，主管部门对资金监管的有效性；三是微观层面上，资金用款单位使用资金的合规性。

目前由财政部门组织实施的专项资金绩效评价一般包括评价组织及前期准备、项目单位自评、组织方或委托第三方对自评材料审核、现场核查、提交评价报告、报告反馈与结果应用（绩效改善）等环节。自 2011 年财政部颁布《财政支出绩效评价管理暂行办法》以来，由财政部门主导的财政支出绩效评价对于优化财政资源配置、推动政府职能转变、深化财政体制改革起到重要作用。短短几年时间内，各地相继出台了具有地方特色的评价实施方案，开展评价的试点工作。以广东省为例，自 2008 年开始，约三分之一省级财政支出展开了自评审核、重点评价或第三方评价等。2013 年，省财政厅在全国率先委托第三方开展了"十件民生实事"专项资金绩效评价，涉及 26 个省级主管部门、108 项财政专项、478.73 亿元省级财政资金。2014 年，广东省人大再开先河，针对战略性新兴产业发展 LED 及新能源汽车专项资金，经政府采购招标，整体委托华南理工大学政府绩效评价中心开展绩效评价，将资金主管及监管的发改、科技、财政部门纳入评价对象，引起社会广泛关注。

在通用模型的框架（见图 6-1）下，针对财政专项资金使用者，使用绩效评价指标进一步延伸至三级指标，可建立专项资金使用绩效的评价指标体系，三级指标包括论证申报、目标设置、资金支出、财务合规性、机构制度、实施程序、预算执行、完成进度及质量、社会经济效益和社会满意度。针对财政专项资金的监督与管理，绩效评价指标体系采用 10 项三级指标，包括审批报送、目标设置、资金拨付、监管合规性、机构制度、监管措施、预算执行、完成进度及质量、社会经济效益、社会满意度等。

从财政专项资金绩效评价的内容及性质来看，可以设置为四级指标体系。评价体系涵盖项目的前期工作、实施过程、项目绩效三个环节，采取百分制的打分方式，并且对每一个环节设置相应的权重一般将前期工作权重设置为 20%，反映项目确立的科学性和规范性、绩效目标的完整性和科学性以及项目保障运行机制；将实施过程权重设置为 30%，反映项目管理和资金管理的规范性和项目监管的执

第六章　中国财政支出绩效评价的框架体系

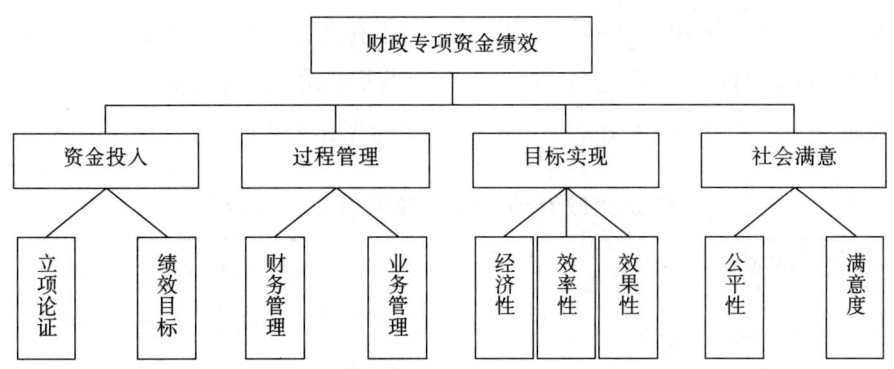

图 6-1　财政专项资金绩效评价通用模型

行情况；将项目绩效的权重设置为 50%，反映项目绩效目标的完成情况以及由此所产生的直接或间接经济效益、社会效益、生态效益、可持续发展情况、公众满意度等。财政专项资金绩效评价指标体系的设置情况见表 6-2。

表 6-2　财政专项资金绩效评价的指标体系

一级指标		二级指标	三级指标	四级指标
名称	权重（%）	名称	名称	名称
前期工作	20	前期研究	论证决策	申报合规性
				程序合规性
		目标设置	目标完整性	目标设置完整性
			目标科学性	目标设置合理性
		保障机制	组织机构	组织机构健全性
			制度措施	项目管理制度
				项目财务管理制度
实施过程	30	资金管理	资金到位	资金到位率
			资金支付	资金支付率
			财务合规性	财务合规性
		项目管理	实施程序	实施规范性
			项目监管	项目监管执行情况
项目绩效	50	经济性	预算控制	投资成本控制
		效率性	项目进度及质量	项目进度及质量
		效果性	社会经济效益	社会经济效益
			可持续发展	可持续发展
		公平性	公共属性	群众满意度

77

另外,针对不同的财政专项支出项目,应该在指标体系中加入该项目的特殊指标,作为三级指标经济社会效益、可持续发展等的个性指标。对于常见的科教文卫等专项资金,可以加入如表6-3中可供参考的指标。

表6-3　　　　　　　特定财政专项资金绩效评价个性指标

专项资金类型	应用评价指标体系中加入的指标
财政基建专项资金	项目按期竣工率、项目建成后资金利税率、产值拉动率等
财政支农专项资金	农业增加值增长率、农民收入增长率、技术普及率、技术素质提高程度、农民生活质量提高度、工程成果共享率等
财政教育专项资金	受教育程度、学校师生比、学生素质和能力提高程度、教育成果数量指标、人力资源利用效率指标、物力资源利用指标、教育财力利用指标、教育投入产出比等
财政科技专项资金	科技投入产出率、科技投入成功率、科技人员比率、科研队伍素质提高程度等
财政卫生专项资金	就诊率、治愈率、医疗设施的先进程度、医疗水平提高程度、人均寿命等
财政社保专项资金	享受失业保险、养老保险等人员的生活稳定性、社会稳定性等

第三节　转移支付绩效评价

财政转移支付实质上是一种以各级政府之间存在的财力差异为基础,以实现各地公共服务水平均等化为主旨的财政平衡制度。我国现行的中央对地方的财政转移支付由一般性转移支付、专项转移支付、返还性转移支付三部分组成。

转移支付绩效评价是指通过定量定性对比分析的方式,对转移支付制度载体、转移支付过程、转移支付实现的政策目标等进行的客观、公正、准确的综合评价。财政转移支付绩效评估工作不仅涉及项目过程审核和投资与回报的评价,而且包括各种宏观因素的评价，如社会环境对资金使用的影响，以及资金使用者的行为对行业、社会及整个经济运行的影响等。

针对中央对地方政府的转移支付的制度依据绩效评价来讲，应当包括资金分配的基础标准、分配规则、分配规模等个各方面的合理性与有效性。就中央对地方政府的转移支付的过程绩效评价而言，主要是指中央对地方政府的资金分配的及时性、资金分配具体操作行为的合规性，体现中央对地方政府资金分配的效率评价与行为规制遵从度评价。针对中央对地方政府的转移支付的结果绩效评价来看，应当包括居民实际享受到的公共服务的均等化程度、财政能力的平衡程度、财政努力度的影响程度、对经济发展和社会公平的影响程度等政策目标评价。

一、财政转移支付绩效评估的指标体系框架

财政转移支付绩效评估指标体系标准是指以一定的有效样本为基础测算出来的标准样本数据，用来衡量和评价财政支出的绩效水平。财政转移支付绩效评估指标体系标准是准确衡量绩效的尺度，评价标准的正确选择对财政转移支付绩效评估结果具有较大影响。评价标准的制定既是财政转移支付绩效评估体系建立的主要环节，也是财政转移支付绩效评估具体工作所面临的一个重要工作步骤。对财政转移支付绩效评估的指标体系框架作如下构想。

（一）财政转移支付的规模绩效

从理论上研究财政转移支付绩效和提高总体财政支出绩效水平的途径，应当以财政转移支付规模绩效指标作为最直接、最密切的财政转移支付绩效评价的出发点。要了解财政转移支付的规模绩效状况，必须先解决财政转移支付规模衡量指标的问题，即选择什么样的指标来衡量财政支出规模的大小。

（二）财政转移支付配置绩效

财政转移支付配置绩效是指在财政支出领域内的资金的分配绩效，从财政绩效的角度看，主要就是指财政支出结构是否合理。为能反映配置的客观及有效程度，并结合"支持科技、教育、农业支出法定增长，保证社会保障支出"的要

求，可以将教育支出水平、科技支出水平、支农支出水平等作为财政转移支付支出结构评估指标。

（三）财政转移支付使用绩效

财政转移支付使用绩效是指在财政转移支付资金使用阶段，为提供特定的产品和劳务而使用的财政资源与财政支出实现效果的对比。评估财政转移支付使用绩效，理论上应该是评价每一笔资金的使用绩效，或至少也应该评价某一大类资金的使用绩效。

（四）财政转移支付管理绩效

财政支出应该存在一个系统的管理链，即预算安排—预算执行—结果评价，其中正在实施的部门预算、投资评审、国库集中支付和政府采购等项改革，是财政支出改革的主要内容，是建立和完善财政支出框架的重要措施。

（五）财政转移支付的满意度

财政转移支付的主要目标是实现公平，使社会福利最大化。财政转移支付的利益相关者主要有各级财政组织、社会公众、企业和公务员等。加强与利益相关者之间的交流和沟通，建立灵活迅速的需求和回应系统，提高利益相关者的参与程度，政府就会获得大量反馈信息，更好地利用自己掌握的资源改善公共产品和服务，更好地服务于社会。所以，利益相关者的满意程度、需求回应率、对财政的信任度等成为财政支出的评价指标。

以上只是通过对财政转移支付绩效目标的界定来设计财政转移支付绩效评估的通用指标体系，这种通用指标体系的设计有普遍适用性，但没有落实到某一方面具体的评价内容，评价指标不是很具体。为了实现财政转移支付绩效评估指标体系的良性发展，必须保证评价内容及指标体系的开放性。在具体的绩效评价操作过程中，评价主体可以根据评价目标，结合层次、地域的特点，或者根据数据的可获取性，对评价指标进行相应的调整。

转移支付绩效评价体系见图6-2，主要考虑实现模式选择和实施方案设计，通过以上两个方面，共同考核与评价均衡性转移支付是否实现基本公共服务均等化目标。在本书中，实施模式指设计均衡性转移支付绩效评价体系的理论导向：一方面是确定绩效评价的实施主体，包括政府或居民对均衡性转移支付实施绩效评价；另一方面是确定绩效评价的实施阶段，包括事前或事后对均衡性转移支付实施绩效评价。实施方案指构建均衡性转移支付绩效评价体系的实践步骤，包括内容手段、判断标准、组织实施和结果应用。

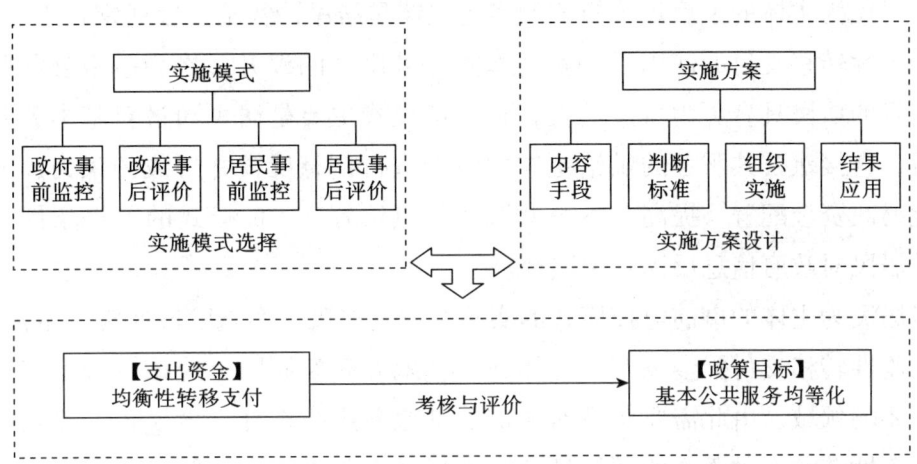

图 6-2　转移支付绩效评价体系

二、绩效评价实施模式选择

根据均衡性转移支付绩效评价工作实施主体和阶段的差异，将均衡性转移支付绩效评价分为四种不同的实施模式：以政府为主体的事后评价模式（A）、以政府为主体的事前监控模式（B）、以居民为主体的事后评价模式（C）、以居民为主体的事前监控模式（D）。

以政府为主体的事后评价模式的实施主体是政府，实施阶段通常在事后进行，即政府以均衡性转移支付的基本公共服务均等化目标为准绳，利用相关统计资料和采取合适的方法，对地方政府已经使用的均衡性转移支付资金专门进行考核和评价。该评价模式可以检查各地方政府在均衡性转移支付资金使用方面，是否按照资金使用规定认真执行，是否存在资金使用的浪费和挪用，以及是否实现基本公共服务水平的提升，属于均衡性转移支付绩效评价最基本的模式。

以政府为主体的事前监控模式的实施主体是政府，实施阶段通常在事前进行，即政府将对均衡性转移支付资金的去向和使用行为的合法性、合理性和合规性进行事前审核，从而保证均衡性转移支付资金纳入预定轨道的支出管理活动。该监控模式主要是将均衡性转移支付纳入财政预算，在预算环节事前了解地方政府如何使用该项资金，具有较强的约束和预防的性质，同时为事后绩效评价提供更为明确的依据。B模式通常要与A模式配合实施，其前提条件是具有较为完善的预算管理制度。

以居民为主体的事后评价模式的实施主体是居民，实施阶段通常在事后进行。对于均衡性转移支付的使用是否实现基本公共服务的提升，作为基本公共服务最终消费者的居民具有更为直接的发言权。该模式主要是居民通过对基本公共服务的评价，直接对公共服务的供给主体即政府进行信息反馈并形成约束力，迫使政府优化财政资金配置，提高基本公共服务的供给效率。C模式的前提条件是具有通畅的居民对政府信息反馈约束路径。

以居民为主体的事前监控模式的实施主体是居民，实施阶段通常在事前进行。由于均衡性转移支付资金没有指定用途，各地方政府原则上应该将资金安排在居民最需要的领域，由此需要居民对所需公共服务进行选择。该模式主要是将居民纳入均衡性转移支付资金的预算环节，由居民事前为均衡性转移支付资金指明方向，从而对政府配置均衡性转移支付资金形成约束，提高资金的配置效率，同时也作为事后评价的依据。C模式通常需要与D模式配合实施，其前提条件是居民能够作为预算的参与者，并且能将信息直接反馈给政府并形成约束。

上述四种实施模式具有明显的层次型，并可以通过组合形成均衡性转移支付绩效评价实施模式，其层级关系大致可以表示为A→AB→ABC→ABCD，随着层级的提高，所需的外在约束条件不断增强。A模式条件较弱，只需政府构建一套指标和方法体系，便可以对均衡性转移支付进行绩效考核，对地方政府使用均衡性转移支付资金形成约束，其弱点是缺乏事前资金使用规划，从而会导致事后绩效考核，目标存在片面性；AB模式可以解决A模式存在的问题，但其条件是具有完善的预算管理制度，同时以政府为主体进行绩效考核，也未能全面反映公共服务的需求和供给质量好坏；ABC模式则可以避免信息不对称问题，从居民角度更为真实地了解公共服务供给的质量，但其条件是具有居民对政府的信息反馈和约束机制，同时该模式的AB要素可以逐渐弱化；ABCD模式在ABC模式的基础上增加了居民对公共服务需求的信息反映，随之其条件也要增加居民能够作为预算参与者，同时该模式的AB要素可以逐渐弱化。

第四节 部门整体支出绩效评价

部门整体支出绩效评价是指财政部门根据预算单位设定的部门绩效指标，运用科学、合理的绩效评价标准和方法，对预算单位在一定时期内所支出的所有财政预算资金（包括基本支出绩效评价、项目支出绩效评价和部门整体支出绩效评价）所带来的产出和效果（包括整体支出的绩效目标完成情况、部门履职情况、预算管理水平等）进行客观、公正的评判的一项系统性工作。其中，项目支出绩效评价是近年各部门开展工作的重点，已形成了较完善的评价流程及全面的共性评价指标体系。通过开展部门整体支出绩效评价，可以准确地找到财政资金使用部门在提供公共服务方面存在的短板和不足，促进其不断改进和创新管理方式，进而提高公共服务水平。同时，与传统的项目绩效评价相比，部门整体支出绩效评价更关注单位全部财政资金的总量安排的合理性和使用的效益性，具体体现为：资金结构与单位核心职能的匹配关系，资金总量与单位绩效目标实现的保障水平，资金使用与单位提供公共服务水平的支持程度等。因此，部门整体支出绩效评价具有评价覆盖面更广、评价层次更深、评价难度更高、评价结果更实用等特点。随着新《预算法》的颁布，预算绩效管理成为新一轮预算管理改革的支撑性工作，部门整体支出绩效评价必将成为今后几年预算绩效管理领域关注的重点。

根据对部门整体支出绩效评价工作开展过程中重点与难点的分析，结合相关文件中对部门整体支出绩效评价流程的规定，初步确定部门整体支出绩效评价工作流程，应包括前期准备、评价实施、评价结果形成3个阶段，如图6-3所示。

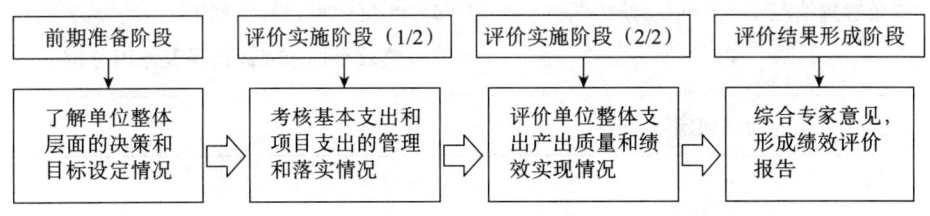

图6-3 部门整体支出绩效评价主要工作流程

财政部关于印发《财政支出绩效评价管理暂行办法》的通知（财预[2011]285号）指出，部门预算支出绩效评价包括基本支出绩效评价、项目支出绩效评价和部门整体支出绩效评价（见表 6-4）。为了推进部门整体支出绩效评价工作，财政部在其 2013 年印发的《预算绩效评价共性指标体系框架》（财预 [2013] 53 号）中，对部门整体支出绩效评价共性指标体系框架做出具体规定。2015 年，在财政部出台的《中央部门预算绩效目标管理办法》（财预 [2015] 88 号）中，将预算绩效目标分为基本支出绩效目标、项目支出绩效目标和部门（单位整体支出）绩效目标，与预算绩效评价的分类呼应，也再次明确了财政部关于预算绩效评价分类的思路。

表 6-4　　　　　　　　部门整体支出绩效评价报告内容

主体内容	详细内容说明
1. 部门基本情况	（1）明确部门职能 （2）简述部门现状 （3）梳理部门产出
2. 单位绩效目标设置及决策情况	（1）绩效目标和指标设定情况 （2）部门决策情况
3. 单位预算安排及资金管理情况	（1）部门年度预算编制情况 （2）部门年度预算执行情况 （3）部门资金管理情况
4. 单位业务组织管理情况	（1）业务管理制度建设情况 （2）业务管理制度建设情况 （3）重大项目管理情况
5. 单位绩效管理情况	（1）年度产出指标完成情况 （2）年度效果目标实现情况 （3）绩效目标未完成情况及原因分析
6. 主要经验、存在的问题和建议	

随着近年公共财政支出规模的不断加大，社会各界对财政资金使用效果的关注度也越来越高。党的十八大和十八届三中、四中全会以及新《预算法》、《国务院关于深化预算管理制度改革的决定》等会议和文件，均对加强预算绩效管理提出明确的要求。在此形势下，各地各部门认真贯彻落实党中央、国务院关于加强

预算绩效管理的决策部署，积极推进预算绩效管理，开展部门整体支出绩效评价试点。截至2015年，共有19个省（自治区、直辖市）开展了部门整体支出绩效评价试点。2006年12月，北京市财政局印发《北京市市级部门预算支出绩效考评管理暂行办法》（京财绩效［2006］3018号），并选择了市残联、市投促局进行试点。随着绩效管理工作的逐步推进，2013年，北京市财政局又选择市水务局、市卫生局、市医管局等3家市一级部门进行试点。2013年12月，海南省财政厅制定《部门整体支出绩效评价方案》，对部门整体支出绩效评价内容、方法进行了详细阐述，并要求海南省各级财政部门依据该方案制定年度具体评价实施方案。2014~2015年，北京市财政局要求所有纳入全面预算绩效管理的单位进行部门整体支出绩效自评。除北京外，各地方及中央部门也积极推进部门整体支出绩效评价试点，如2014年7月，湖南省株洲市财政局选取30个部门进行较大范围的部门整体支出绩效评价试点工作。2014年，水利部选取了两家部属三级预算单位开展单位整体支出绩效评价试点工作，2015年，该项试点工作扩展至9家三级预算单位。总体看来，部门整体支出绩效评价已逐渐成为各地方各部门下一步预算绩效管理领域关注的重点。

第五节　政策绩效评价

财政支出政策是财政政策的组成部分，是实现财政政策目标的重要手段。财政支出政策是指通过政府预算支出的增减及财政赤字的增减影响总需求。财政支出政策运用的方式多种多样，包括财政直接支出政策和间接支出政策，如政府拨款、政府采购等属于财政直接支出政策范畴，财政担保、财政资助等属于财政间接支出政策范畴。

财政支出政策绩效评价是指在财政部门组织下，依据设定的绩效评价操作规程，运用科学、合理的绩效评价方法，设置选择合适的评价指标，按照科学的评价标准和原则，由独立的公共政策评价机构或专家组通过考察财政支出政策全周期的各个阶段、各个环节，对各项财政支出政策的经济性、效率性、有效性、可持续性及其价值进行的综合性考核评价。其目的是通过对财政支出政策绩效的综合考评，提高财政支出政策设计的科学性、政策实施的有效性以及执行效果与政策目标的耦合度，促进财政政策优化，实现政府政策目标。中国财政支出政策绩效评价的总体思路和基本原则指出，中国财政支出政策绩效评价框架体系应包含指标体系、方法体系、标准体系、组织体系和制度体系五大子体系，如图6-4所示。

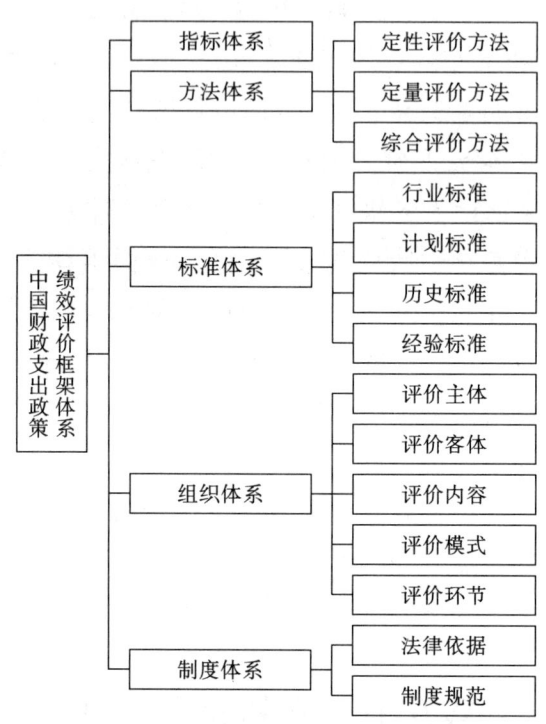

图 6-4　中国财政支出政策绩效评价框架

财政支出政策绩效评价的指标体系是指能够较好地体现财政支出政策共性的一套科学合理、层次分明、使用可行的绩效评价指标集。财政支出政策绩效评价的方法体系是指用来进行财政支出政策绩效评价的模型和方法。财政支出政策绩效评价的标准体系是指在应用指标体系对财政政策进行绩效评价时衡量政策绩效大小的标准值。财政支出政策绩效评价的组织体系是指财政支出政策绩效评价工作的组织和运行方式，包括确定评价主体、评价客体、评价内容、评价模式、评价环节、评价结果如何应用等。财政支出政策绩效评价的制度体系是指规范财政支出政策评价工作的各项法律和规章制度。

在进行财政支出政策绩效评价时，通常可以遵循如下程序：一是明确评价主、客体，针对评价客体制订实施的评价计划，包括评价的规章制度、目标和质量控制等内容；二是对评价对象的具体评价，主要包括根据评价对象的分类和确定，构建指标体系，再确定评价原则和定量方法，并进行评价信息的处理，获取评价结果；三是通过各种渠道广泛收集、整理各种分类标准数据，逐步建立绩效评价的标准数据库，再根据评价指标的综合得分获取评价的结果；四是评价结果的应用，主要是探讨财政支出政策绩效评价的应用途径，逐步建立评价结果的应用机制。

从财政支出政策的实施周期看，财政支出政策绩效评价包括三个阶段、三个层面的绩效评价：一是针对财政支出政策方案进行的绩效评价，即事前绩效评价；二是对财政支出政策实施全过程的绩效评价，即事中绩效评价；三是对财政支出政策效果进行的绩效评价，即事后绩效评价。

第七章
中国财政支出绩效评价的成效

2003年党的十六届三中全会提出"建立预算绩效评价体系"要求后，就开始制定规章制度，对中央部门预算支出进行绩效评价试点。2011年6月政府绩效管理试点工作启动后，《关于开展政府绩效管理试点工作的意见》（监发〔2011〕6号）进一步明确，财政部为政府绩效管理工作部际联席会议9个成员单位之一和14个试点单位之一，负责"牵头组织预算资金绩效管理工作"。截至2016年年末，按照政府绩效管理试点任务分工和工作要求，财政部积极组织地方各级财政部门和中央各部门全面开展预算绩效管理工作试点，在组织机构建设、规章制度建立、管理机制创新等方面取得了积极进展。从支出绩效评价的实践看，中国的绩效评价经历了项目支出绩效评价、部门整体支出绩效评价、政府绩效评价以及支出政策绩效评价四个阶段。

第一节 近年来预算绩效管理工作进展情况[①]

党的十八大以来，按照党中央、国务院有关部署和《预算法》的规定，财政部深入推进预算绩效管理改革，大力推动各项管理制度和改革措施扎实落地，取

---

① 财政部预算司：《中央部门预算编制指南（2019年）》，中国财政经济出版社2018年版。

得了较大进展。2016年以来，中央财政已经初步构建起以项目支出为主的一般公共预算绩效管理体系，部分地方财政也结合自身实际加快预算绩效管理改革步伐，对优化财政资源配置、节约公共支出成本、提高资金使用效益发挥了积极作用。

一、做实绩效目标，实现绩效目标管理全覆盖

绩效目标是全过程预算绩效管理的基础。2016年，财政部组织对中央部门2024个一级项目和93项中央对地方转移支付的绩效目标逐一进行审核并修改完善。同时，将中央部门一级项目的绩效目标及具体指标随同资金一并批复。2017年，进一步规范绩效目标设置，扩大绩效目标覆盖范围，确立绩效目标与预算同步申报、同步审核、同步批复机制。目前，绩效目标管理已经覆盖所有中央部门的本级项目、中央对地方专项转移支付，以及大部分中央政府性基金和国有资本经营预算项目，初步建立了比较全面规范的绩效指标体系，为今后开展绩效监控和绩效评价奠定了良好基础。

二、绩效监控全面试点，及时纠正执行偏差

绩效监控是全过程预算绩效管理的必要环节，起到承上启下的作用，是保障绩效目标实现的机制性安排。2016年，财政部选取水利部、银监会、审计署、中组部等15个中央部门开展绩效目标执行监控试点，2017年进一步扩大到所有中央部门。各部门对照年初绩效目标，跟踪查找项目执行中资金使用和业务管理的薄弱环节，及时弥补管理中的"漏洞"，纠正绩效目标执行中的偏差。从试点结果看，银监会等部门根据绩效监控结果及时调整预算，改进管理，加快了预算执行进度，提高了财政资金使用效益。

三、绩效自评全面实施，落实部门主体责任

绩效自评是全过程预算绩效管理的重要一环。自2017年开始，组织所有中央部门对上年度本级项目预算执行情况和绩效目标实现情况全面开展绩效自评，

2018年进一步将绩效自评范围扩大到中央对地方专项转移支付。各地方、各部门和资金使用单位对照年初批复的绩效目标，对绩效指标实现程度进行量化打分，并对未完成原因进行逐条分析，研究提出解决措施。开展绩效自评是资金使用单位对预算执行和绩效目标完成情况的信息反馈，相当于对国家战略目标和政策落实情况进行"自我体检"，有利于强化部门的绩效主体责任，促使预算资金使用结果从"报账单"向"成绩单"转变。

四、抓好重点绩效评价，提升绩效评价质量

绩效评价是预算绩效管理的重要手段。2016年以来，财政部建立重点绩效评价常态机制，每年选择党中央和国务院重视、社会关注度高、资金规模大、政策持续时间长的重点民生政策和重大专项支出，由财政部预算评审中心、驻各地财政监察专员办事处组织第三方机构开展绩效评价。截至目前已经组织对100多个重点项目和政策开展了绩效评价，涵盖教育、科技、文化、经济建设、环境保护、农林水、社会保障等领域。同时，及时将绩效评价结果反馈有关部门和单位，督促其对发现的问题进行整改，部分绩效评价结果已应用于预算安排和政策调整。

五、做好绩效信息公开，主动接受社会监督

推动预算绩效信息公开，有助于及时回应社会关切，更好满足人民群众的知情权、参与权和监督权。2016年以来，逐步建立绩效信息随同预决算向全国人大报告制度，加大向社会公开力度。绩效目标方面，2017年中央预算草案中，首次将高层次人才计划、大气水土壤污染防治等10个重点项目绩效目标提交全国人大常委会审议，2018年增加到36个重点项目绩效目标，审议通过后的绩效目标随同有关部门预算向社会公开。同时，将所有中央对地方专项转移支付整体绩效目标作为参阅材料提交全国人大财经委。绩效评价报告方面，2015年中央决算报告中，首次将财政部为主体开展的教育部师范生免费教育政策、中央财政草原生态保护补助奖励政策等5个重点项目和政策绩效评价报告提交全国人大常委会参阅。2016年提交10个重点项目和政策绩效评价报告，2017年进一步增加到15个。同时，积极组织和推动中央部门随同部门决算公开重点项目绩效评价报告。绩效自

评结果方面，2016年度中央部门决算草案中，首次选取99个中央部门的11个一级项目绩效自评结果提交全国人大常委会审议，其中绝大部分项目绩效自评结果随同有关部门决算向社会公开。2017年度提交全国人大常委会审议绩效自评结果增加的项目到182个。

尽管当前我国预算绩效管理取得了一定成效，但一些中央部门和地方"重投入、轻管理，重支出、轻绩效"的意识尚未根本改变，缺乏政府花钱必须讲求绩效的行动自觉，预算绩效管理工作仍然存在广度和深度不足，结果应用机制不健全等问题。按照党的十九大关于全面实施绩效管理的决策部署，下一步，要紧紧围绕提高财政资源配置效率和使用效益，加快构建"全方位、全过程、全覆盖"的预算绩效管理体系，建立"注重结果导向、强调成本效益、硬化责任约束"的预算管理新机制，实现预算和绩效管理一体化，加快建立现代财政制度，持续推动政府效能和公共服务质量水平提升，促进国家治理体系和治理能力现代化。

第二节 中央部门财政支出绩效评价的探索[①]

一、农业部的财政绩效评价情况

近年来，农业部按照财政部的统一部署，不断强化预算绩效管理理念，完善项目绩效评价制度，扩大纳入绩效目标管理的项目范围，进一步探索以绩效目标为先导、绩效监控和评价为手段、绩效提升为目标的预算绩效管理机制，稳步推进预算绩效管理工作。农业部的财政绩效评价工作主要从以下五个方面开展。

（一）做好项目绩效评价试点，强化项目绩效运行监控

农业部按照财政部的统一部署和要求，积极稳妥开展绩效评价工作，通过对

[①] 财政部预算评审中心、世界银行："中国财政支出政策绩效评价框架体系研究"。课题组执行组长：王泽彩；成员：韩晓明、石英华、程瑜、王敏、王志刚、李全、梁强、钟玮、于贞利、费之光。2017年10月结题。

项目基础信息资料和各项目实施单位绩效报告进行汇总分析，开展现场考察和综合评价，顺利完成部门预算绩效管理工作考核评估并组织完成试点项目绩效评价。

同时，农业部注重加强了预算执行管理，每月监控分析预算执行进度，掌握相关项目的执行情况，及时对项目实施单位开展督促指导，确保绩效目标如期实现。

（二）扩大项目绩效目标管理范围，开展单位整体支出绩效评价试点

在编制部门预算时，农业部不断扩大纳入绩效目标管理和开展绩效评价试点项目范围，为进一步深化全过程预算绩效管理打好基础。2015年农业部纳入绩效目标管理的财政项目资金占部门项目支出总额的66.88%，除科学技术类项目和基建项目等特殊项目外的所有项目全部编制绩效目标。2016~2018年财政项目支出规划全部填报绩效目标，严格执行财政部"未按要求设定绩效目标的项目支出，不得纳入项目管理，也不得申请部门预算资金"的要求。此外，农业部经过认真分析准备，选择草原监理中心开展单位整体支出绩效评价试点，对整体支出绩效评价进行探索和尝试，为下一步开展部门整体支出绩效评价积累经验。

（三）加强制度建设，完善顶层设计

为进一步规范部门预算项目绩效评价工作，根据财政部印发的《财政支出绩效评价管理暂行办法》（财预［2011］285号）、《中央部门财政支出绩效评价工作规程（试行）》（财办预［2011］47号）及国家有关财务规章制度，农业部将2012年印发《农业财政项目绩效评价规范》和《农业部财政项目绩效评价工作规程（试行）》（农办财［2012］7号）合并为《农业部部门预算项目绩效评价规范》（农办财［2014］96号），并对有关内容进行了修订，进一步强化了绩效评价的独立性和客观性，调整改进了工作机制。

（四）完善强农惠农富农政策，落实延伸绩效管理

农业部近年来持续开展了强农惠农富农政策落实延伸绩效管理，组织完成了农机购置补贴项目、菜篮子产品生产扶持项目和基层农技推广项目的延伸绩效管理评估考核。为减少对地方的频繁检查，农业部创新检查方式，2014年采取抽样

检查的方式进行，提高了检查效率，取得了较好的效果，得到了地方的认可。考评后形成了专题考评报告，并将考评结果与预算分配挂钩，确保了项目的落实。

（五）配合财政部开展预算个性指标体系建设

预算绩效指标体系是预算绩效管理工作的基础，当前财政部已从项目支出、部门整体、财政预算三个层面出台了统一的绩效评价共性指标体系（财预［2013］53号），但个性指标体系建设相对滞后。按照《关于请协助开展绩效指标体系建设工作的函》（财预便［2015］295号），财政部拟把预算绩效个性指标体系建设作为今后一段时期的重点工作，并于2015年成立课题组，将"农、林、水"行业绩效指标体系作为个性指标体系建设的第一批内容。农业部积极配合课题组做好调研工作，认真总结往年开展绩效评价过程中设计评价指标的主要做法、经验及建议，收集提供相关资料，并提出对预算绩效评价指标的需求和建议。课题组将《农业部预算绩效指标体系建设》反馈至农业部。在编制2016～2018年支出规划和2016年预算过程中，农业部参考课题组提供的绩效指标体系，按照《中央部门预算绩效目标管理办法》（财预［2015］88号）要求，对下属部门、单位上报的绩效目标进行了严格审核，为进一步提高绩效管理水平积累了经验。

近年农业部绩效管理工作取得较大进展。一是绩效评价项目数量、金额和社会影响力显著提高。农业部绩效试点项目范围从以往支持方向较为单一、管理模式相对简单的项目，扩大到内容多、涉及面广、资金规模大、管理程序和情况复杂的整合打捆项目。2014年、2015年农业部纳入绩效评价试点的项目金额分别为11.5亿元、21.8亿元，分别较上年增长79.4%和89.6%，评价范围不断扩大，评价资金规模增加显著。二是绩效评价制度设计进一步完善。通过修订《农业部部门预算项目绩效评价规范》，农业部绩效评价工作由主要依托业务主管部门开展，变为由财务司组织开展，委托第三方组织具体实施，使绩效评价的过程和结果更加客观公正。2015年项目的绩效评价将按照新修订的制度执行，农业部也将进一步探索工作流程、明确部门分工，不断完善顶层制度设计。三是绩效管理工作持续突破创新。农业部不断开拓预算绩效管理工作新局面，2013年倍增纳入绩效评价试点项目金额（为2012年的8倍），2014年启动重点项目绩效评价，2015年申报单位整体支出绩效评价，实现了每年的绩效管理工作都有新的重大突破。

二、教育部的财政绩效评价情况

教育部以项目支出绩效评价作为财政支出政策绩效评价的出发点，根据国家有关文件精神和财政部统一要求，稳步推进预算绩效管理工作，强化预算绩效管理理念，绩效评价范围逐步扩大，提高了财政资金使用效益。一是部内统一部署，明确目标，完善部门工作机制，细化职责体系，实现了部门联动、上下贯通的工作机制。二是加强对部属各单位有关预算绩效管理的培训，宣传预算绩效管理理念，增强预算绩效管理意识，为建立"预算编制有目标、预算执行有监控、预算完成有评价、评价结果有反馈、反馈结果有应用"的预算绩效管理机制，实现全过程绩效控制和管理营造了良好的氛围。三是积极开展推动中央高校走内涵式发展道路工作，进一步完善了中央高校预算拨款制度，强化激励引导作用。下面是教育部开展的主要工作。

（一）研究探索教育领域绩效评价方式

首先是积极研究制定规范的有针对性的预算绩效管理考评方法，坚持科学的评价原则，采用多种科学的考评方法，逐步建立操作性强的预算绩效评价指标体系，探索约束性强的绩效评价结果应用方式，进一步推进预算管理绩效评价试点工作顺利进行。

（二）加强宣传和培训，不断强化绩效管理理念

多次组织各单位培训和学习，使绩效考评的观念逐步为大家所接受，绩效考评的影响不断扩大，各高校对绩效考评的理解进一步加深，绩效理念、绩效管理的认识不断提高，对绩效考评工作从原先的不认同，逐步走向理解和支持。

（三）建立了绩效评价结果的应用制度

建立卓越绩效、资助工作绩效、预算执行绩效和综合财务能力建设绩效四类，每年奖励金额近 10 亿元，对于推动加强财务管理，提高经费使用效益发挥了很好

的作用。

(四) 建立了以内涵发展为主的绩效拨款制度

现行中央高校财政拨款体系在一定程度上缓解了高校教育经费紧张的问题，但也存在一些亟待改进和完善的地方。比如：生均综合定额拨款主要是根据学生数量的多少，没有体现培养质量的差异；项目经费支持方向交叉重复，绩效奖励指标体系单一等。为贯彻落实党的十八大提出的"推动高等教育内涵式发展"的要求，2013年教育部与财政部教科文司共同就《关于促进内涵式发展的中央高校预算拨款制度改革》问题进行了研究。该研究没有仅仅停留在理论层面，而是将研究成果落到了实处。2014年财政部下达了教育部直属高校"促进高校内涵式发展经费"34亿元，列入基本支出，由学校自主统筹使用。核定的依据：根据教育部学位中心最新发布的全国学科评估结果，按照分学科排名前3%（含）的学科800万元/个、前4%~10%（含）的学科500万元/个、前11%~20%的学科300万元/个的标准核定。对于无学科进入上述排名范围内的行业特色高校，每校分300万元、500万元两档安排经费给予补助。这笔经费体现了学校绩效发展情况，目的就是发挥财政资金配置的导向作用，引导高校从注重规模向注重质量转变，优化资源配置，提高资金使用效益。

(五) 切实开展试点项目绩效评价工作

教育部还将项目绩效评价工作落到实处，大力推动试点项目评价。2013年安排了四个绩效评价项目：教育培训专项计划、高雅艺术进校园、高层次创造性人才计划和中央高校改善办学条件专项，共安排工作资金739600万元，2014年再度对这四个项目进行了评价。

一是组织具体实施单位对试点项目开展绩效自评工作。2014年教育部向各相关业务司局印发了《关于报送2014年预算绩效管理情况的函》，向各高校印发了《关于报送2014年预算绩效评价工作的通知》（教财司函[2014]815号），制定了自评工作规范和实施要点，要求各试点项目实施单位全面总结项目开展情况、取得的成效、存在的问题、下一步工作思路以及相关工作建议等，并在此基础上积极开展绩效自评工作，撰写项目支出绩效报告报送教育部。各单位高度重视，成立了绩效工作小组，认真对试点项目开展总结和自评工作。相关业务司局均根据要求按时将教育培训专项计划、高雅艺术进校园、高层次人才计划项目等3个项目工作总结和绩效报告报送教育部。75所直属高校均按照通知要求开展了改善办学条件专项的绩效自评工作,并按时将工作总结和绩效报告上报教育部。

二是组织对试点项目具体实施单位的现场绩效评价工作。为推进绩效评价理念,探求有益经验,根据实施单位的具体情况以及绩效报告,按照重要性、谨慎性等原则,2014年对中央高校改善办学条件专项选取了6所高校进行现场绩效评价,分别为北京交通大学、中央财经大学、复旦大学、上海外国语大学、华中科技大学、中南财经政法大学。现场绩效评价工作由教育部财务司进行总体部署,委托教育部经费监管事务中心组织现场绩效评价工作,邀请高校财务管理经验丰富的总会计师、高校财务领域资深专家、会计师事务所项目专家和审计人员等组成现场绩效评价工作组。教育部财务司召开绩效评价部署及培训会后,评价工作组分赴各高校开展绩效评价工作。

在绩效自评和现场再评的过程中,绩效管理意识逐步增强,项目单位表现出了"花好每一分钱"的责任意识,注重目标管理、过程监控、各项内部控制制度建设、考核评价、评价结果运用,主动进行项目改革和设计,节约成本、提高效益,充分体现了全过程预算绩效管理的理念,为今后预算绩效管理工作的开展积累了宝贵经验,奠定了良好的基础。

三、海关总署的财政绩效评价情况

海关总署推行预算绩效改革的起点是以《党政机关厉行节约反对浪费条例》和《深化财税体制改革方案》为契机,根据总署党组关于"全面实施预算绩效管理"的明确要求和财政部印发的《预算绩效管理工作规划(2012~2015年)》,从预算绩效改革纳入国家财政体制改革的高度来理解、推行预算支出的绩效管理,以深化海关财务管理改革、实现海关预算管理转型升级为突破口来推行改革,旨在优化海关资源配置,强化预算执行监督,明确支出责任,提高资金使用效益。最终在以往工作积累的基础上积极推行预算支出绩效改革。

(一)海关总署财政绩效评价改革的思路和基本原则

海关总署推行预算绩效改革的指导方针是以党的十八大、十八届三中全会精神为指导,按照国家财政改革的总体要求,在海关预算管理发展客观规律的基础上全面推进海关预算绩效管理改革,构建与海关事业发展相适应的预算绩效管理新机制,实现海关预算管理转型升级,有力保障海关事业科学持续发展。

推行绩效管理改革的目标是希望通过实施绩效目标管理、开展绩效评价、评价结果应用等海关预算绩效管理改革与预算编报、预算审核分配、预算执行监督等海关现行预算管理工作高度融合,形成以绩效目标管理为导向的事前预算分配机制,以"信息化、智能化"为依托的事中预算执行监控机制,以绩效评价、评价结果应用为核心的事后预算监督机制"三位一体"的科学、高效、简便的海关预算绩效管理机制,实现"预算编制有目标、预算执行有监控、预算完成有评价、评价结果有反馈、反馈结果有应用",建立事前预算分配与事后绩效评价结果高度关联的管理回路,全面提升海关预算管理水平。

改革的基本原则分别是统一组织、分级负责;重点突破、全面推进;科学规范,客观公正;简便易行,智能高效。海关总署负责全国海关预算绩效管理改革总体规划和顶层设计,统一组织、指导和推动预算绩效管理改革工作。各直属海关负责制定本关区预算绩效管理改革方案并组织实施。各级海关单位财务部门和项目主管部门按工作职责分别开展工作,各司其职,各尽其责。改革过程中以项目预算绩效管理为突破重点,先行先试,以点带面,积累经验,积极扩大预算绩效改革覆盖面,推动改革横向到边、纵向到底,实现以项目预算绩效管理推动单位整体预算绩效管理,通过建立科学的预算绩效目标体系、客观的绩效评价指标体系和标准体系、规范的海关预算绩效管理工作流程,实现评价结果客观公正。最终,充分利用现代信息化管理技术,实现数据信息自动采集、统计分析智能可视,确保预算绩效管理的操作程序和评价方法简便易行。

各级海关单位成立了以分管财务的领导为组长的改革工作小组,财务部门牵头,业务部门积极参与、密切配合、各负其责,保障了开展预算绩效管理工作所必需的人员、经费;科技部门大力支持预算绩效管理改革工作,技术保障和服务及时到位,"花钱必问效,无效必问责"的理念深入人心。同时,加大培训力度,提高预算绩效管理人员的业务素质,按照"先易后难、重点突出、协同一致、全面推进"的原则,有计划、有步骤地推进改革。

(二)海关总署预算绩效管理的总体框架

在顶层设计方面,海关总署将预算绩效管理工作进行了总体规划,并将此项改革作为全国海关系统优化管理的重要环节，明确了海关总署统一组织推进，全国海关分级负责，强调上下联动，整体推进。在实施步骤上，以项目预算绩效管理为突破重点，先行先试，以点带面，逐步拓展到单位整体支出绩效、财务管理绩效，实现横向到边、纵向到底。预算管理在总署领导层面的高度重视为预算绩效改革工作的推进提供了重要的保障。

在制度建设方面，海关总署从2011年以来先后制定并落实了《海关财务绩效评价办法》《海关财务管理绩效评价实施细则》《海关预算支出绩效评价细则》《海关项目预算绩效管理规则》，建立健全了符合海关工作实际的绩效管理制度体系。为了科学合理地实施绩效评价工作，又制定了《海关财务管理绩效评价指标和评价标准》《海关项目支出绩效评价指标体系》《海关项目支出绩效目标评审标准》《试点项目预算绩效目标编报模板和绩效指标》，以这些规范性文件具体推动预算绩效管理工作的具体执行，并逐步形成了事前、事中、事后相结合的全过程绩效评价机制，形成了预算分配与预算监督相结合的闭环管理，促进预算管理从"橄榄型"（核算管理）向"哑铃型"（预算分配和监督）转变。

（三）海关总署预算绩效管理的基本方法

在具体实施方面，海关总署围绕提高预算分配科学化水平，完善以绩效目标管理为导向的事前预算分配机制，按照"谁申请资金，谁编制目标"的原则，加强绩效目标编报；组织开展目标评审，依据评审结果安排年度预算，做到"无目标、无预算"；逐步建立以绩效目标评审结果为核心的项目预算遴选入库机制，建立健全海关项目库，充实预算项目储备。为了提高资金使用的合规性和有效性，海关总署建立了以信息化、智能化为依托的事中预算执行监控机制。通过海关国库集中支付信息系统对资金支付实时监控；加大预算执行通报力度，并逐步向绩效目标完成情况通报拓展；建立海关绩效管理信息系统，整合海关现有财务、绩效及相关业务信息数据，挖掘分析，形成有效的评价指标和绩效信息，动态呈现全国各海关单位预算执行、财务管理及产出绩效状况。此外还围绕强化主体责任，完善以预算绩效评价和结果应用为核心的事后预算监督机制。重点抓好项目支出绩效评价，探索单位整体支出绩效评价，全面衡量海关单位投入产出绩效；以绩效评价结果的应用为落脚点，建立绩效报告和问题反馈整改机制，实现绩效评价结果与预算资金安排有机结合；针对无效、低效资金建立绩效问责机制。

(四) 海关总署实施财政绩效评价的做法

1. 以绩效目标管理为导向的事前预算分配机制。健全绩效目标编报标准体系，使绩效目标与部门预算编报同步。对纳入绩效目标编制范围的项目，按照普遍适用和个性特点相结合的原则，制定分类编报标准。绩效目标内容应涵盖工作任务、支出结构、可量化的绩效指标和标准值，确保绩效目标具体、明确、可比。在预算绩效管理框架内，按照"谁申请资金，谁编制目标"的原则，实现绩效目标与预算编制同步布置、同步上报。对纳入绩效管理的项目，做到"无目标、无预算"。制定绩效目标评审标准，使绩效目标审批与预算审批相衔接。制定海关预算绩效目标分类评审标准，采用科学合理的方法确定指标权重和分值，为开展预算绩效目标评审提供科学、合理的依据。在编报部门预算时，财务部门对绩效目标填报的合理性、可行性进行评审，并将绩效目标的评审结果作为预算分配的重要依据，审核后的绩效目标随部门预算一并批复，并作为预算执行监控和开展绩效评价的依据。建立健全海关项目库，实现预算绩效管理与部门预算滚动规划管理改革相融合。逐步建立以绩效目标评审结果为核心的项目预算遴选入库评审机制，建立健全海关项目库，充实预算项目储备，提高预算安排的计划性和前瞻性。将预算绩效管理融入部门预算滚动规划管理改革之中，将预算绩效作为部门预算滚动规划调整的重要依据，提升海关部门预算的科学性与可持续性。

2. 以信息化、智能化为依托的事中预算执行监控机制。健全预算资金支付动态监控体系。优化海关资金动态监控系统，实现海关资金支付全过程实时监控，结合资金支付电子化改革，做到时间和内容上的"痕迹化"管理，对发现的违规支付问题及时处理，防范资金支付风险、强化预算执行监控，逐步建立覆盖所有海关单位、银行账户、预算资金类别的预算资金支付动态监控体系。加大预算执行通报力度。完善预算执行通报制度，不断扩大预算执行通报内容和范围，加强预算执行分析的深度和广度，实现通报内容从预算支出进度向绩效目标完成进度的转变，提高预算执行工作效率。结合简政放权和海关财务信息系统整合改革，按照简便、高效、统一的原则优化业务流程，实现数据共享、信息互通、管理互认，切实减轻财务人员工作量，提高工作效率。建立"大数据"管理平台，开发预算绩效管理信息系统，采集财务信息系统和业务统计系统的数据，对数据进行挖掘和分析，力争做到"数据自动采集、指标智能分析、风险可视预警"，动态呈现各海关单位预算管理状况。建立预算执行调整和纠偏机制，对客观条件发生重大变化的预算，根据政策变化及实际情况，及时调整修正绩效目标，实现与部门预算调整同步。项目主管部门要定期对项目的绩效目标进展情况进行工作跟踪，对于运行中发现绩效目标发生较大偏离或无法实现的，要及时给予纠偏和调整。

3. 以预算绩效评价和应用为核心的事后预算监督机制。完善绩效评价制度体系和评价指标体系。一是按照财政部推进预算绩效管理改革的最新要求，对已印发的《海关预算支出绩效评价实施细则（试行）》进行修订。各直属海关财务部门要结合关区实际，制定相应的绩效评价制度和操作规程。二是健全各类项目预算绩效评价指标体系。总署财务司与项目主管司局（单位）共同研究制定各类项目预算的绩效评价指标体系。各直属海关要结合实际，制定本关区自管项目预算评价指标体系。三是探索建立海关单位整体支出的绩效评价指标体系。根据财政部印发的《部门整体支出绩效评价共性指标体系框架》，围绕海关职能重点从目标设定、预算配置、预算执行、预算管理、职责履行、履职效益等方面入手，在总结前期开展单位财务管理绩效评价经验的基础上，探索建立单位整体支出绩效评价指标体系，全面衡量海关单位投入产出绩效。加大绩效评价结果应用力度。以绩效评价结果的应用为落脚点，建立绩效报告和问题反馈整改机制，建立绩效评价结果与预算资金安排有机结合的激励约束机制，解决预算分配和绩效评价"两张皮"的问题。积极推进预算绩效公开。建立绩效信息公开机制，逐年扩大绩效目标、绩效评价报告、评价结果、整改反馈等绩效管理信息的公开范围，探索与海关预、决算信息公开相结合，最大程度发挥预算绩效管理的作用。实施绩效问责，明确监督责任与主体责任，按照"谁花钱谁负责"的原则，对绩效目标完成发生较大偏离、评价结果较差、违反财经法律法规、工作弄虚作假等问题将提请有关部门予以责任追究。各海关单位财务部门是预算执行的监督责任主体，要充分发挥预算执行监督管理职能，进一步提升预算执行质量。各海关单位资金使用部门是预算支出的责任主体，要对资金使用的效益、效率和效果负责。充分利用海关专家队伍建设的现有资源，建立海关绩效评价专家库，培养一批素质高、作风好、业务精的预算绩效管理专业人才。同时不断借助外力，引入社会中介机构，逐步建立适合海关预算绩效管理需要的中介库，建立公平、公正、公开的绩效评价机制。

（五）海关总署实施财政支出绩效评价的成效

从执行效果来看，在落实中央八项规定的基础上将"三公"经费控制在合理的范围内,其中仅2014年人均"三公"经费支出就环比下降了27%;在重点改革事项和重大任务支出方面则实现了高效保障,比如有效保障了上海自贸区监管创新、区域通关一体化、关检合作"三个一"、特殊监管区域整合优化和通关无纸化等海关重大改革。同时,保障了大规模打击走私专项斗争和联合行动以及缉私情报等重大任务支出;严格执行经批复的部门预算,加强重大专项支出执行管理,近年全国海关财政拨款预算执行率均在90%以上。

从制度建设来看,海关总署全面实施预算绩效管理改革,强化内部控制和监督检查,规范资金支付行为,建立海关财务内控节点指标体系,梳理海关财务55个管理事项和67个业务流程,确定401个内控节点,实施风险分级管理,提高内控信息化程度,有效防范风险。

四、水利部的财政绩效评价情况

根据财政部相关制度规定,财政支出绩效评价包括基本支出绩效评价、项目支出绩效评价和部门整体支出绩效评价,其中项目支出绩效评价是近年来中央部门开展绩效管理工作的重点,已形成了较完善的评价流程及全面的共性指标体系。水利部单位整体支出绩效评价也尚处于起步阶段,围绕单位整体支出绩效评价工作,近年来主要开展了以下工作。

(一)强化组织领导

根据水利部2012年召开的水利预算绩效管理工作会议精神,2012年10月正式成立了水利部预算管理领导小组,将研究协调解决绩效管理中的重大问题作为领导小组的一项重要职能。领导小组由分管财务工作的领导担任组长,相关业务司局主要负责人为成员。机构的建立为单位整体支出绩效管理工作提供了组织保障。

(二)建立健全制度体系

2014年,水利部财务司制定了《水利预算绩效管理制度体系建设工作方案》,对水利预算绩效管理制度建设工作做出系统性安排。该方案报经批示同意后,作为水利预算绩效管理制度体系建设的依据性文件。由部财务司牵头，部机关相关业务司局、部直属相关单位参与，形成了《关于推进水利预算绩效管理的意见》《水利部部门预算绩效管理暂行办法》，其中明确规定了单位整体支出绩效评价的范围、各部门分工和工作程序，研究制定了《水利部部门整体支出绩效评价指标体系框架》《水利部单位整体支出绩效评价指标体系框架》等共性评价指标体系。水利部整体支出预算绩效管理制度体系初步建立。

（三）扩大评价范围

2014年，水利部选择了部属黄委三门峡库区水文水资源局和淮委水环境监测中心开展单位整体支出绩效评价试点工作。经过试点，为水利部开展单位整体支出绩效指标体系建设工作、单位整体支出绩效评价思路等积累了有益的经验。2015年，水利部继续扩大单位整体支出绩效评价试点范围，共选择了黄河流域水环境监测中心、长江委水文局、荆江水文水资源勘测局等9家单位，预算级次拓展到三级和四级预算单位。2016年，以上9家单位整体支出涉及金额26136.53万元。

（四）合理确定绩效目标

为强化单位整体支出绩效管理，水利部财务主管部门组织被评价单位结合单位职责、预算项目支出的具体情况等，在预算编制"一上""二上"环节，科学制定并完善单位整体支出绩效目标和指标。在绩效目标和指标确定时，既考虑共性指标，又结合具体单位的实际情况，指导基层单位设置个性指标，如选择了各流域水环境监测中心作为整体支出绩效评价试点，普遍将"水环境质量监测""地下水水质监测"等作为共性目标。同时，海河水利委员会海河流域水环境监测中心结合海河流域化学污染较重的特点，将"VOC和水中油水质在线监测与室内监测比对实验，VOC和水中油浓度监测数据远程传输等工作完成率"作为绩效指标。在部门预算"一上""二上"环节，水利部组织中介机构，对所有试点单位整体支出绩效目标进行逐项审核并出具审核意见，不断提高绩效目标编制质量。

（五）强化评价过程管理

一是按照"过程管理与效果管理并重"的原则，开展中期监控。2015年9月，对7个新增整体支出试点单位整体支出绩效情况进行监控。通过试点单位自查并上报中期绩效报告，中介机构对重点单位进行现场复核等方式，及时跟踪各单位绩效管理工作进展，及早发现问题，并正式向各单位反馈绩效监控结果，督促相关单位组织整改落实，确保年度绩效目标按期实现。二是周密组织，扎实开展年度整体支出绩效评价。在年度整体支出方面，重点抓住以下四个环节。

1. 制定评分标准。为确保绩效评价工作科学公正，在年度单位整体支出绩效评价工作开展前，针对每个试点单位的特点分别制定绩效评价指标体系及评分说明，从"目标设定""预算执行""预算管理""资产管理""职责履行""履职效益"等方面设定评价指标，明确评分标准，以此作为对各试点单位绩效评价的依据，保障单位整体支出绩效评价工作的规范性、科学性及可操作性。

2. 组织中介机构现场复核。在单位自评价的基础上，组织第三方中介机构开展现场复核，通过比较法、数据核对法等方式，将各单位自评价报告、佐证材料与批复的绩效目标进行比对，分析单位整体绩效实现情况，对单位自评价的程序规范性、结论公正性、依据充分性等进行再评价，对绩效评价工作过程中存在的问题进行收集整理，形成现场复核报告。

3. 组织专家组抽查。对单位自评和专家评分相差较大的单位，成立专家组开展现场抽查。专家组由业务专家、财务专家和绩效管理专家组成，听取项目单位汇报和中介机构复核情况汇报，就存在的疑问进行现场质询并查阅相关佐证材料，出具专家复核意见。同时，专家组还对基层单位绩效评价工作面临的问题进行讨论和答疑，听取了基层单位对完善绩效评价工作的相关建议，作为进一步改进水利绩效管理的重要参考。

4. 注重评价反馈应用。收到财政部反馈的审核意见后，及时将评价结果在水利部内网公开，并且将财政部审核意见层层分解，以正式文件向相关单位反馈，要求改进管理并上报整改措施，推动单位整体支出绩效管理水平提升。

第三节 地方财政支出绩效评价的实践

财政支出绩效评价工作在增强绩效理念、强化支出管理、加强专项资金整合、提高财政资金使用绩效等方面都发挥了积极作用。各地在财政支出绩效评价方面进展不一，这里我们选取比较有代表性的北京市、上海市、浙江省、广东省，展示其在政策绩效评价上的不懈探索与努力及其取得的宝贵经验。

一、北京构筑"五位一体"的财政支出绩效评价体系[①]

从2004年开始，北京市财政局教科文处以市级单位财政支出项目为突破口，探索预算绩效评价工作，通过对项目支出的后评价以改进支出的效率效益。2006年，北京市财政局成立了绩效评价处和考评中心，分别负责绩效评价的制度建设和实务操作。2010年，绩效评价处划归预算处，工作重点由过去的项目支出逐渐转向大额专项资金的绩效评价。2015年12月，绩效评价处与绩效考评中心重新进行了职能整合，对以往支出项目的评价方法进行了"颠覆性"的改进，并以此为契机，开展了市级财政支出政策绩效评价的试点工作。自2006年开展绩效评价工作以来，北京市财政局累计评价项目和部门整体支出1747个，累计评价金额达1155.64亿元，绩效评价目标逐步从"增量扩面"向"提质增效"转变，评价观念逐步从"事后评价"向"事前评估"转化，评价重点逐步从"项目评价"向"综合性评价"转移，指标体系逐步从"业务、财务指标"向"决策、管理、绩效指标"转型，实现了预算部门全过程绩效管理。

近年来，北京市财政绩效评价的主要特点是全面构建"纵向—横向—重点—内生动力—外部合力"的"五位一体"的绩效评价网格化管理体系。

一是构筑纵向，即构建"参与式预算评估"与"第三方绩效评价"相衔接的预算绩效评价体系。首先，全力推进参与式预算评估。探索政府资金使用科学、民主决策的新方式，邀请人大代表、政协委员和绩效管理专家作为"纳税人代

[①] 中国财政学会绩效管理研究专业委员会姚红萍：中国预算绩效管理论坛（2017）上的发言稿。

表"分别从预算监督、民主监督和专业角度提出预算资金使用建议,对项目的必要性、可行性、绩效目标、预算和资金风险进行评估,将"绩效"由事后评价引入事前申报环节,为预算决策提供科学参考依据。2013年,又对评估内容进行了新的探索,从项目的相关性、预期绩效的可实现性、实施方案的有效性、预期绩效的可持续性和资金投入的可行性及风险五个方面评估,做到与事中绩效监控和事后绩效评价有效衔接,形成全过程预算绩效管理的闭环机制。四年来,评估项目累计119个,评估金额累计138.23亿元,评估核减金额累计27.61亿元,约占评估金额的五分之一。其次,不断深化第三方绩效评价。在绩效评价探索阶段引入了"第三方评价"方式,委托社会中介机构参与绩效评价工作,采用抽样调查、现场勘察等方法,加强对反映"绩效"资料的收集和核实,扩展对资金使用利益相关者的访谈和满意度调查,综合认定资金的评价得分及绩效等级。为了确保工作质量,制定了《参与北京市财政支出绩效评价中介机构工作规范》和《参与北京市财政支出绩效评价中介机构考核办法》,加大培训和考核力度,实行考试制度,合格方可参与工作,从根本上扭转绩效评价"审计"倾向,采取"公开竞争机制选择中介机构、民主评价打分淘汰中介机构"的方式,避免在使用中介机构时的自由裁量。

二是建立横向,即构建"财政组织评价"与"部门自行评价"相结合的预算绩效管理全覆盖体系。第一个层次,财政绩效评价分为项目支出绩效评价、部门整体支出绩效评价和财政再评价。其中,项目支出评价包括一般项目评价和大额专项资金评价。2013年,北京市财政局对3个预算部门、11项大额专项和17个部门预算项目实施绩效评价,对16个部门评价项目开展再评价,评价金额达376.61亿元。第二个层次,北京市财政局印发了《北京市市级预算部门自行组织绩效评价工作规范》,明晰预算部门在自行组织评价中的责任,明确评价方式方法,规范评价内容和工作流程。2013年,82个预算单位对所属125个项目实施了绩效评价,评价金额为7.8亿元。第三个层次,为了规范预算部门组织绩效评价工作,提高预算部门组织绩效评价质量,财政部门组织再评价,包括对预算部门组织绩效评价质量的评价和对被评价项目的再次绩效评价。

三是突出重点,即突出"大额专项资金评价"与"部门整体支出评价"相扣的绩效综合评价方向。首先,实现大额专项资金评价全覆盖。2012年和2013年,分别对上一年度北京市所有大额专项资金开展绩效评价。大额专项资金一般具有资金规模大、管理层级多、实施周期长、覆盖面广、支持方式多样、项目内容复杂等特点,每一项大额专项资金都是由若干个项目组合起来的项目集合。其次,试点推进部门整体支出综合性评价。北京市财政局在评价对象上逐步由项目支出绩效评价拓展到涵盖项目支出和基本支出的部门支出综合性评价，形成了以部门决策、部门管理、部门绩效为主体的四级评价指标体系。

四是形成内部，即形成"目标—分层次指标—评价—结果应用"四点联动的绩效评价管理模式。首先，以审核绩效目标为前提。从2011年开始，北京市财政局试点开展绩效目标的填报和审核，选取市卫生局等3个部门进行试点，2012年选取市教委等9家部门扩大试点规模，2013年选取市财政局等30个部门纳入试点范围。市财政局依据部门预算支出方向和重点、部门职能及事业发展规划等，对申报的绩效目标进行形式性审核。符合相关要求的，可进入下一步预算编审流程；不符合相关要求的，财政部门要求其调整、修改。其次，以建立分层次、分类别评价指标体系为核心，形成了涵盖3个层次，11个类别的绩效评价指标体系，分别是项目评价指标体系和部门综合性评价指标体系，再评价指标体系，大额专项资金评价指标体系，科技类、商业类、环保类、社保类等11个类别资金的评价指标体系。为了改革顺利推进，北京市先后制定《北京市财政支出绩效评价管理暂行办法》《北京市财政支出绩效评价实施细则》《北京市市级预算部门自行组织绩效评价工作规范》，试行了《北京市财政支出再评价工作规范》《北京市市级预算部门整体支出绩效评价工作规范》和《北京市市级大额专项资金绩效评价工作规范》，以较为完备的制度体系确保绩效评价的顺利实施。最后，以强化结果应用为目的。每年向市人大和市政府专题报告全年绩效评价情况，将绩效评价结果在全市预算部门范围内公开。下达整改通知，要求被评价单位按照报告要求认真进行限期整改落实，并将整改情况作为监督的重要内容。将绩效评价报告印制简版，作为人代会咨询材料。对于绩效评价级别"一般"及以下的项目单位，在市政府绩效考核中扣分，并适当核减下年预算。

五是建立外部，即建立"人大代表政协委员"与"评价管理专家"双管齐下的预算绩效监督机制。首先，建立人大代表、政协委员参与机制。人大代表、政协委员参与事前绩效评估，有力地推进社会主义民主进程。在评价过程中，人大代表和政协委员参与项目资料查阅、现场调研和专题质询，对部门申报的项目预算的预期绩效有了更深层次的认识、分析和判断，在评估报告中，人大代表和政协委员的意见单独列示，以区别于其他参与事前评估的专家。其次，建立绩效评价管理专家"全过程"参与机制。专家意见的深度和客观性直接影响着绩效评价和评估结论的科学合理程度。建立"北京市绩效管理专家库"，制定了《绩效管理专家全程参与绩效评价评估工作规范》，对专家库实施动态和分类分级管理。

北京市除了构建"五位一体"的绩效评价网格化管理体系之外,还将评价范围由以往的项目评价逐步向财政支出政策拓展。

基于对公共政策基本要素的理解,北京市财政局与第三方机构及评价专家共同梳理了政策绩效评价的重点关注内容。评价工作组综合专家、财政部门意见,结合政策评价自身特点,构建出了包括政策相关性、政策效率性、政策效益性、政策公平性以及政策效果可持续性在内的"五性维度"绩效评价框架,覆盖了政策决策与执行的全过程。具体从以下三个层面进行指标体系构建:一是在政策层面,重点评价政策主体所制定目标的明确合理程度,执行后目标产出的达标程度、效益的显著程度;二是在政策与政策分解任务对接层面,重点评价对政策的任务分解和落实情况;三是在政策分解任务层面,重点评价政策主体运用政策手段进行过程管控的有效程度、政策主体分配资源的公平程度、政策对象享受利益的均衡程度,以及为保障政策效果的持续性,政策主体资源投入的可实现程度。在具体指标设计上,以"五性维度"为一级指标,包括需求充分性、目标明确性等12项二级指标和若干项三级指标(见表7-1)。

表7-1　　　　　　　　　政策绩效评价指标体系共性框架

一级指标	二级指标	三级指标
政策相关性 (权重分值15分)	目标明确性	政策目标与国家发展战略相关程度
		政策目标与北京市级政策相关程度
		政策目标与主管部门职责相关程度
	需求充分性	政策目标的现实需求性
		政策目标的现实可行性
	政策分解任务系统性	政策分解任务与政策的目标相关性
		政策分解任务实施条件的充分性
政策效率性 (权重分值30分)	规划落实科学性	政策规划落实的科学性
		政策分解任务实施计划落实的科学性
	过程控制有效性	实施进度的可控性
		实施质量的可控性
		实施过程的合法合规性
		资金使用的合法合规性
	目标达成性	资金的落实及执行程度
		产出的及时程度
		产出的达标程度

续表

一级指标	二级指标	三级指标
政策效益性 （权重分值30分）	政策执行效果 （根据政策特点设定个性化指标）	—
	服务对象满意度	—
政策公平性 （权重分值10分）	政策资金分配公平性	政策分解任务之间资金分配的公平合理性
		区域之间资金分配的公平合理性
	政策效益普惠性	政策效益的公共性
		政策效益的无差异性
		政策效益的非排他性
政策效果可持续性 （权重分值15分）	可持续条件	内部保障条件的可持续性
	可持续环境	外部环境的可持续性

对于少数只能定性的指标，指标设计时采用层层分解的办法，直至分解到是非判断层面，即让专家直接回答"是"或"否"，最大限度地降低了主观性的影响。例如，对于三级定性指标"政策分解任务实施计划落实的科学性"，将其分解为"工程分解任务的制度保障程度""工程分解任务的组织保障程度""工程分解任务的资金保障程度"三项四级指标。对于工程分解任务的组织保障程度，评分标准包括"工程分解任务开展是否明确区县层面主管部门主要职责""工程分解任务开展区县部门与具体项目对接是否达到100%"二项内容，每项各占1/2权重，分项评分后加总得到该指标总分。若结果为"是"，权重得分为100%，若结果为"否"，权重得分为0。

财政支出政策的绩效评价结果每年会在北京市预算部门范围内公开，并且已经成为预算决策的重要依据，取得良好的实践效果。未来，北京市将在提高"政策评价的客观性、平衡全面性"与"时效性"方面进一步深入探索，在实践中不断完善绩效评价制度，力争做到先立、先转、先推广。

二、上海市全面推进预算绩效管理改革[①]

近年来，上海市通过不断完善预算绩效管理制度体系和工作机制，着力推进

[①] 中国财政学会绩效管理研究专业委员会：2016年世界银行资助的"财政支出政策绩效评价指标体系"研究课题组调研报告。

项目预算绩效目标管理，强化对绩效评价结果的应用，切实加快预算绩效管理信息化建设，有序推进全过程的预算绩效管理，取得了阶段性成效。总结其经验，可以归纳为下面六个方面。

一是加强制度建设，预算绩效管理基础保障进一步夯实。近年来，上海市财政陆续出台了财政支出绩效评价实施意见、评价机构管理办法、评审专家管理办法、评价结果应用办法、推进预算部门绩效管理办法、预算绩效管理工作三年规划、预算绩效管理实施办法等近20项配套制度，指导全市各有关部门和单位开展预算绩效管理工作，预算绩效管理制度体系基本建立，制度保障逐年加强，管理基础不断夯实。

二是建立联合工作机制，实现市与区县联动，预算绩效管理合力推进进一步体现。2012年初，上海市财政建立了关于预算绩效管理工作向市人大财经预算工委、市政协经济委员会和市监察局的报告和沟通机制，邀请市政协经济委员会部分专家委员，参与部分项目"绩效评价方案"的评审和"绩效评价报告"的审议，合力推进本市预算绩效管理工作。2013年，上海市财政局成立预算绩效管理工作领导小组，进一步明确了领导小组各成员单位参与预算绩效管理的职责和要求，强调绩效管理与预算管理的有机结合，绩效管理合力机制进一步完善。同时，上海市还建立了与区县的联动机制，选择市与区县的共性项目开展绩效评价，实现市与区县预算绩效管理工作的联动，并加强市对区县预算绩效管理工作的指导，推进区县实施全过程预算绩效管理，还建立和完善绩效评价资源库，实现市与区县在项目绩效目标、评价指标框架、评审专家、中介机构等评价资源和信息的共享。

三是编报绩效目标，预算绩效管理理念进一步转变。绩效目标是预算绩效管理的基础和源头，通过编报绩效目标，使预算部门在编制项目预算时能树立绩效理念，从而逐步改变"争项目、争资金、轻管理、轻绩效"的现状。2011~2014年，上海市编报绩效目标的项目近6700个，涉及资金800多亿元。2014年，市级财政编报绩效目标的项目300多个，项目资金占全部项目支出预算总量的41%，同时选择了8个项目开展绩效预算编制试点，基本形成以成本效益分析为基础的项目绩效预算管理初步方案，为预算部门科学编制项目预算提供路径和方法。

四是开展重点评价，专项资金的绩效状况进一步改善。近年来，上海市积极开展对重点项目的绩效跟踪和绩效评价，进一步落实预算部门和单位的绩效管理主体责任，树立预算绩效理念，强化支出责任，提高财政资金使用绩效。2011~2014年，全市开展绩效跟踪监控的项目近1800个，涉及资金400多亿元，绩效评价的项目达1600多个，涉及资金近900亿元。近年来对重点专项资金项目开展绩效评价情况显示，上海市重大财政专项资金总体绩效情况较好，主要反映在大部分项目的决策依据比较充分，政策的支撑性较强；资金使用的合法性、合规性、合理性进一步提高；项目管理规范化得到进一步重视；项目管理制度建设得到进一步加强；项目产出完成度总体较高；社会满意度逐步提升。

五是实施结果应用，评价发现的问题得到及时改进。绩效评价结果应用是预算绩效管理的落脚点。上海市财政局通过制定绩效评价结果应用相关办法，建立绩效评价结果应用机制，实施项目绩效评价结果应用，着力改进项目资金的绩效问题。第一，将评价结果反馈预算部门，对评价项目存在的绩效问题逐一提出改进建议，对预算部门落实整改措施的情况进行动态跟踪。2011~2013年，市财政部门对实施重点项目绩效评价中发现的绩效问题，提出了200多条改进预算管理的建议，近90%的改进意见得到落实。第二，实施评价结果信息公开，2012年起，市财政局将重点项目绩效评价结果通过上海财政网公开，主动接受社会各界的监督。2014年又扩大了评价结果信息公开的内容，从原来的7个方面增加到10个方面（增加了存在问题、整改措施、整改情况等三方面）。各区县财政绩效评价结果应用有序推进，信息公开范围逐步扩大。第三，为促进预算绩效管理的制度化和长效化，2014年市财政局加强预算绩效管理工作的考核，并将考核结果在良好以上（80分以上）的部门和单位，抄送各预算部门和区县政府。第四，将预算主管部门开展绩效评价工作的情况和项目绩效评价结果提供给市年度（绩效）考核工作领导小组办公室，作为对区县和部门领导班子的考核内容之一。

六是培育评价机构，加快信息化建设，绩效评价的质量和预算绩效管理效率均得到进一步提升。绩效评价队伍建设是保障绩效评价质量的重要基础。近年来，上海市在培育绩效评价机构方面做了不少探索，并取得较好效果。第一，通过多种形式举办绩效评价业务培训，开展评价政策辅导，提高评价人员的业务水平；第二，通过完善采购方式选择第三方机构参与绩效评价，引导其加强自身能力建设，提高其参与绩效评价的质量；第三，推进第三方机构库建设，分批公示了160多家绩效评价第三方机构名单，不断规范对绩效评价机构的资格管理和在库服务。与此同时，自2011年起，依托财政预算管理平台，上海市财政局研究开发了预算绩效管理信息系统，为"编制绩效目标""实施绩效跟踪""开展绩效评价"提供技术支撑，进一步增强了预算绩效管理具体工作的落实效果，初步实现预算绩效管理与预算管理信息系统的衔接和信息共享，强化了绩效管理与预算管理的有机融合。

三、上海市闵行区初步形成完备的公共支出政策绩效评价体系[①]

凡是公共政策几乎都会涉及财政支出政策，这两者在某种程度上有交叉，本质上是一致的，都是对公共资金的使用效果进行全面的评估，但是公共政策涉及的范围更广。作为全国预算绩效管理的先行者，上海闵行区财政在项目绩效和部门绩效评估的基础上，改进绩效评估理念，在2012年就制定了公共政策评估办法，超越了现有的财政支出政策局限性。通过调研，发现其成功经验具有以下四个方面。

一是组织保障有力。由区委、区政府分管领导担任组长，区人大常委会、区政协分管领导担任副组长，区委办公室、区委研究室、区人大办公室、区政府办公室、区政协办公室、区发改委、区监察局、区财政局、区审计局、区政府研究室等部门主要领导任领导小组成员。领导小组主要负责统筹部署全区公共政策的评估工作，甄选评估对象、确定评估时序、审查评估报告、监督评估工作。领导小组下设办公室（以下简称"评估办"），办公室设在区政府研究室，成员单位由区委研究室、区政府研究室、区发改委、区财政局和区审计局组成。评估办主要负责领导小组日常工作和具体协调事宜，制订年度评估计划，提出评估对象和评估时序建议，组织开展政策评估工作。这种机构设置方式已经超出了单纯的财政部门主导的政策评估改革，避免了财政主导不易推动的尴尬局面，可以统筹协调发挥协同效应，不失为一条积极稳妥的改革路径。

二是建立区公共政策评估专家库。从市相关职能部门、区人大常委会相关工作委员会、区政协专门委员会、区相关职能部门、高校和科研院所、社会组织中邀请一批具有丰富理论和实践经验的专家，建立区公共政策评估专家库。根据公共政策评估需要从专家库中选择部分专家，对政策评估方案、评估指标体系、评估方法和评估报告进行评审。

三是科学的公共政策评估程序。首先是重大公共政策评估。经过区公共政策评估领导小组甄选评估对象启动评估，部门提交政策制定或政策执行报告，评估办委托社会第三方开展专业评估，评估办出具综合评估报告，运用综合评估报告，

[①] 中国财政学会绩效管理研究专业委员会：2016年世界银行资助的"财政支出政策绩效评价指标体系"研究课题组调研报告。

征询区人大，区政协意见，上报区委和区政府决策这7个环节，需要在3个月内完成。其次是一般公共政策评估。除区公共政策评估领导小组甄选的重大公共政策外，以区委、区政府及其办公室名义发布或转发的一般公共政策（不包括转发的上级政策），由各相关职能部门向评估办提交政策制定报告或执行报告。评估办组织专家对报告进行评审，并将评审意见反馈职能部门，作为调整、修正、废止现行政策或制定新一轮政策的依据。一般公共政策的评估在45天内完成。

四是建立了完整的评估指标、报告制度。首先是指标体系科学。公共政策评估指标体系包含但不限于政策制定（包括政策依据、政策调研、政策目标、政策内容等）、政策实施（包括政策宣传、政策落实、政策监督、政策投入等）、政策效果（包括政策产出、政策效益、政策满意度、政策知晓率等）等指标。尤其值得关注的是闵行区政策评估指标中还就政府权力规范性进行了指标设计，和以前财政部门主导的政策评估相比，这些公共政策评估指标更加全面、科学和合理，对于政府权力运行、部门利益分割、责任追究等都有了明确规定，极大地提高了评估制度的威慑力。同时，建立了前、中、后全过程评估报告制度。综合评估报告要准确客观地反映政策制定和执行中存在的问题，并对政策的调整、修正和未来政策制定提出科学有效的建议。

四、浙江省财政支出绩效评价成效显著

早在2003年，浙江省就开始探索财政支出绩效评价工作。2005年3月财政厅撤销统计评价处，同年4月成立了绩效评价处。按照"先易后难、由点及面、稳步推进"的原则，从建章立制、组建机构、实施评价、加强培训等方面着手，以项目评价为突破口，由部分试点到全面铺开，不断稳步推进全省财政支出绩效评价工作。截至2008年底，省内绩效评价制度框架基本确立，机构队伍初步落实，评价范围不断扩大，评价工作规范有序，取得了一定的成效。总结其经验，可以分为以下八个方面：

一是构建绩效管理制度框架。2005年10月，省政府办公厅下发了《关于认真做好财政支出绩效评价工作的通知》（浙政办发［2005］91号），并随文下发了《浙江省财政支出绩效评价办法（试行）》，为全省财政支出绩效评价工作确立了基本制度依据。为使绩效评价工作更具有操作性，财政厅又先后制订出台了《浙江省财政支出绩效评价实施意见》《浙江省中介机构参与绩效评价工作暂行办

法》《浙江省财政支出绩效评价专家管理暂行办法》《浙江省财政支出绩效评价工作考核办法（试行）》和《关于印发浙江省中介机构参与绩效评价工作规程（试行）的通知》等一系列配套制度，对绩效评价工作程序、评价指标和标准、组织方式与评价方法等作了明确规定。2008年，针对评价结果应用，制订了《关于加强财政支出绩效评价结果应用的意见》。2012年，省政府出台《关于全面推进预算绩效管理的意见》，明确了建立"预算编制有目标、预算执行有监控、预算完成有评价、评价结果有应用"的预算绩效管理运行机制的总体目标和各项工作要求，为面上推动工作奠定了制度基础。在操作层面，浙江省财政厅针对预算绩效管理的各个环节，分别出台了相应的具体管理制度。例如，通过《省级预算绩效目标管理暂行办法》完善绩效目标管理；通过《浙江省财政支出绩效评价实施意见》，对评价内容与方法、操作规范、指标体系、报告格式等作了具体细化；通过《中介机构参与绩效评价操作规程》，规范第三方参与绩效评价行为。在责任考核层面，出台《省级部门财政管理绩效综合评价办法》，并从2012年度起将省政府直属单位的预算绩效管理工作纳入省政府目标责任制一类目标考核内容；出台《浙江省预算绩效管理工作目标责任制考核办法》，指导推进各市县预算绩效管理工作。

二是大力加强机构队伍建设。继财政厅成立绩效评价处后，各级财政部门就机构、人员和职能等方面认真加以落实。截至2007年底，各市、县（市）财政部门均已设立绩效评价管理机构。部分市县还不断创新绩效评价机制，绍兴市专门建立了绩效评价中心，负责具体评价实施工作；湖州市成立了市绩效评价工作领导小组并下设办公室，由市政府秘书长任组长，年终对各主管部门的绩效评价工作开展情况进行考核；天台县成立了绩效评价委员会，由局长任主任，并将财政支出绩效评价工作纳入县委、县政府对各部门年度工作目标量化考核内容。目前，全省已有近400名财政干部从事或参与绩效评价工作。

三是将绩效目标管理嵌入预算编制。浙江省从2007年在部门预算中引入绩效目标管理，从2012年起要求省级所有项目必须申报预算绩效目标，将绩效目标管理与部门预算"二上二下"相结合，强化绩效目标考核，切实增强预算绩效约束。按照"绩效可比、具体细化、合理可行"的原则，初步设置了不同类别项目的绩效目标填列框架，明确了相应类别项目的绩效指标，并嵌入部门预算编制系统，实现相关数据信息的整合运用，提高绩效目标管理的可操作性，也增强了同类项目绩效水平的可比性。充分利用预算审核中心力量，加强预算资金与绩效目标的匹配性审核，为绩效决策提供了重要依据。"十二五"期间，全省绩效目标管理涉及财政资金 6333.52 亿元。

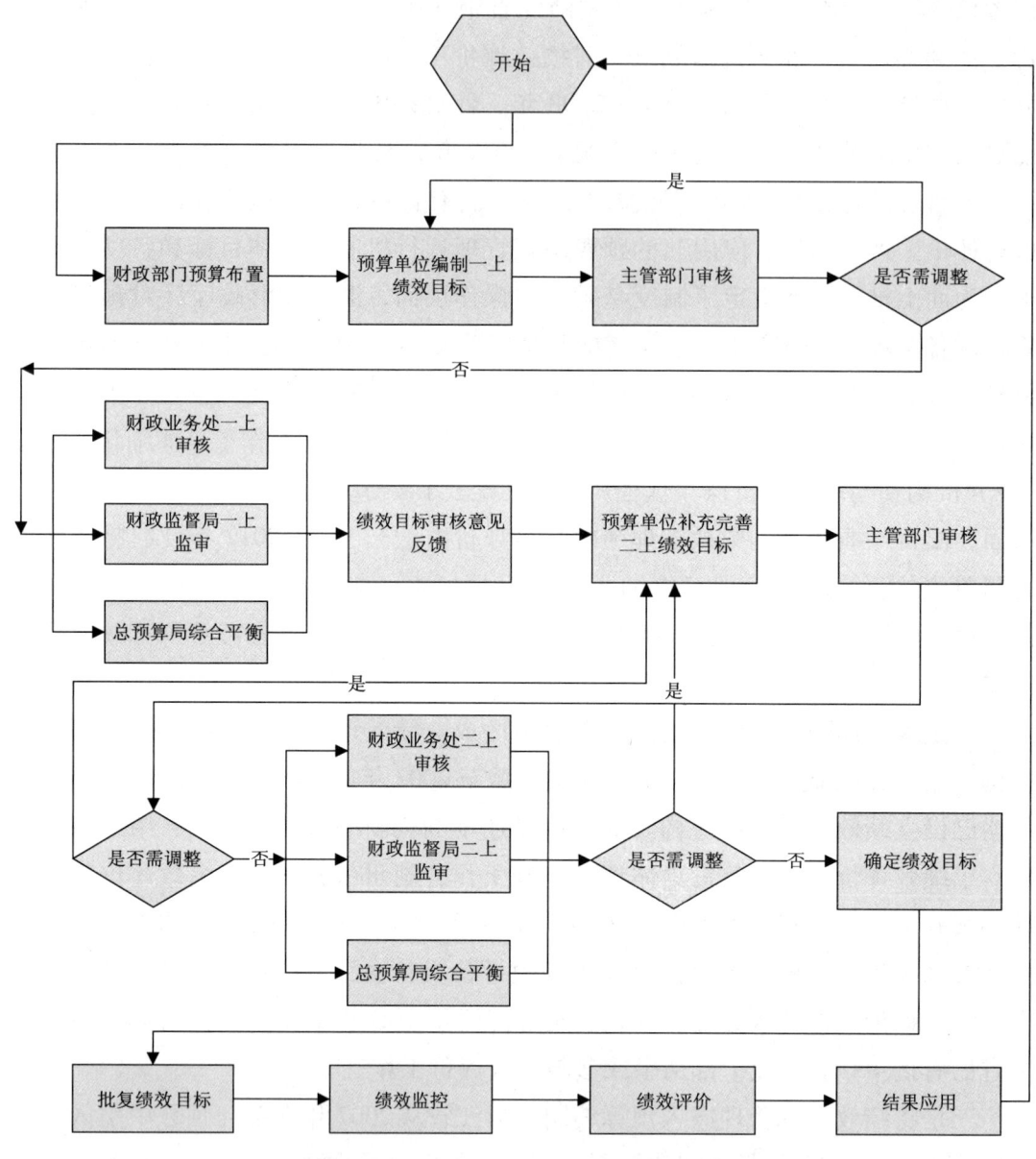

图 7-1 预算绩效目标管理流程

资料来源：浙江省财政厅提供的调研资料。

四是点面结合，稳步展开绩效评价。浙江省绩效评价工作首先从项目支出着手。在评价对象选择上，紧紧围绕财政管理的重点领域、项目支出的重点部门以及社会关注度高、影响力大特别是事关民生方面的支出项目。在评价组织上，采取"项目单位自评、主管部门和财政部门评价"相结合方式，依托人大、政协及有关专家和中介机构的力量,做好具体评价工作。近年来,评价实施范围不断扩大,评价项目不断增加,已涉及教育、科技、卫生、农业、社保、环保、水利、民政、城市建设等领域的支出项目。

五是通过开展评价业务培训提高评价工作队伍专业素质。为提高相关部门绩效评价工作业务操作能力,财政厅多次举办业务培训班。2006年、2007年,连续两年对省级、市县财政部门和中介机构参与评价人员进行了较为系统的绩效评价业务培训,组织编印了《浙江省财政支出绩效评价业务指南》培训教材。各地财政部门也组织开展了相应的业务培训,部分省级部门也结合财政管理各项改革要求,组织所属单位进行了绩效评价业务培训,牢固树立绩效理念。

六是深入开展调查研究,政策评价指标完善。2005～2008年,浙江省财政厅先后完成了《财政支出绩效评价指标体系研究》《财政支出绩效评价研究》《财政支出绩效评价结果应用研究》《浙江省农村公共卫生服务项目绩效评价思路探讨》四个课题。各地也组织开展了调研活动,着重对分行业评价指标体系、评价标准、组织方式、评价结果应用等进行专题调研,对每一个专题都有系统的调查问卷设计,政策指标设计包括相关性(政策必要性、政策科学性)、效率性(政策执行效率、政策管理效率)、有效性(政策效果、满意度)方面。

七是搭建绩效评价信息平台。第一,建立全省参与绩效评价中介机构库。2006～2008年,经审核将符合条件的281家中介机构纳入库中,供各地、各部门评价时选择委托;第二,建立绩效评价专家库。2006年建立了省级绩效评价专家库,大部分市县也初步建立了绩效评价专家库,目前全省已有1200余名各类专家被纳入专家库;第三,建立绩效评价指标库。编印了《浙江省财政支出绩效评价参考指标》一书,将9大类68个项目的具体评价指标纳入指标库,供各地、各部门绩效评价时参考;第四是建立信息共享平台。在省财政厅网站开辟"财政支出绩效评价"专题,把绩效评价有关政策、制度和办法及各地、各部门绩效评价开展情况与相关信息及时公告,促进各地绩效评价工作交流与借鉴。

八是注重绩效评价的结果应用。预算绩效管理结果的应用是推动预算绩效管理的落脚点和生命线,是推动预算绩效管理工作深入开展的关键。浙江省在推进预算绩效管理改革的过程中,强调结果导向,注重绩效评价的结果应用,推动重点绩效评价由"重结果"到"用结果"的转变,在全省范围内推动建立反馈整改机制,结果报告机制,结果通报机制,以及预算安排机制和绩效问责机制的实施。每年要求省级各部门选择项目实施绩效自评,财政部门抽取一定比例的自评项目实施抽查,促进部门自评工作质量的不断提高。着力推进绩效自评程序和结果在部门内部的公开，逐步提高绩效评价结果的透明度。对重大项目实施重点评价，通过绩效分析查找项目实施中存在的问题，进而对提升资金使用绩效提出相应的建议。近年来，浙江省每年选择多个省级部门试行预算绩效运行监控工作，及时发现和纠正项目绩效偏差。2014年，在对省级部门单位物业管理支出进行绩效跟踪和系统分析的基础上，探索省级物业支出管理的标准化，提出了相应的物业费标准建议，促进项目预算的合理编制。2015年，选择了22个省级部门的27个项目实施绩效监控试点。

五、财政支出绩效评价的"广东模式"[①]

广东从2004年绩效预算试点开始，经过多年的摸索，到目前已经形成了比较完善的管理模式和操作程序，现在已涵盖项目绩效评价、部门整体绩效评价、财政一般性转移支付资金绩效评价；涵盖事前、事中、事后三个阶段，建立全过程的预算绩效管理闭环系统。广东省财政预算绩效管理的创新在于建立"财政预算全过程绩效管理"，即将绩效管理引入到预算编制、执行及监督等环节，初步构建了"事前绩效审核，事中绩效督查，事后绩效评价和问责"的预算绩效管理框架，增强了预算部门单位的绩效观念和责任意识，提高了财政资金使用效益，取得良好的效果。广东是全国最早开始进行预算绩效管理探索的省份，广东财政预算绩效管理是在中国本土研究和发展起来的预算管理方式，体现了广东人敢为人先、解放思想、务实求真、讲求实效的特点。总结其经验，可以归纳为下面七个方面。

一是领导高度重视，管理理念先进。作为一项要触及多数人既得利益的创新性改革，如果没有主要领导的支持，改革很难推行下去，这就决定了财政绩效管理一定是一个"首长工程"。再者，广东一直是我国改革开放的前沿，很多管理理念比较先进，包括预算绩效管理的理念。主要体现为：通过制度创新打破传统财政分配方式下的各种弊端；通过强化财政绩效管理，让预算单位恢复成为财政资金使用责任的主体，使其成为自我约束、自我激励的责任人；通过管理制度创新，建立起有效的让资金使用主体实现"负责任的结果导致利益增进，不负责任

[①] 刘小聪：在中国财政学会绩效管理研究专业委员会举办的"中国预算绩效管理论坛（2016）"上的发言稿。

的结果必然带来利益扣减"的绩效管理制度"围堰"。

二是财政部门超前的改革创新意识。财政绩效管理的推行主动是财政部门的自我改革过程，财政部门主动放弃了资金分配上的"自由裁量权"，将这种权利交给专家，并且严格按照流程规则办事。权利的主动放弃，对财政部门本身是一种挑战，没有一定勇气和胆识是很难做到的。广东财政部门的领导以自我改革的精神，摒弃了过去依靠个人喜好、凭关系分配财政资金的方式，以不破不立的精神推动财政绩效管理改革不断前行，以"舍小我"的勇气换来了财政资金分配的程序正义和规则化、科学化、制度化的分配方式。

三是财政科研部门的理论指导和精细化的过程管理。在广东财政绩效管理改革与推进的过程中，广东财政科研所充分发挥了"导航仪"的作用，参与了绩效管理的整套流程和具体实施方案的设计，同时也发挥了"避雷针"的作用，在开展绩效评价具体工作时，财政科研机构作为第三方，设计专家评价方式、确定专家名单，从而在各职能部门与财政部门之间架起了"防火墙"，提高了过程控制的科学性，有效地规避了改革风险。在策略上，财政部门不好说的话，可以由财政科研所来说，如对个别单位的批评意见等，大力协助财政部门加强评价结果的运用，减少风险和阻力，最大限度地保障此项改革能够顺利推进。

四是多部门联合推进，形成了两个"统一战线"。财政绩效管理改革是一项系统工程，是分配方式的改革，涉及部门单位的重大和直接利益调整，财政部门孤军奋战是无法推开这项改革的。在广东省绩效管理的实际操作过程中，建立了两条统一战线。一是由财政部门与科研所和专家组成的统一战线，强调和体现了绩效预算的科学性，使绩效预算的推行处于"有理"的地位。二是与相关行政职能部门、人大、审计等形成统一战线，形成财政监督、纪检监察、绩效审计、人大监督、社会舆论监督、社会民众监督一体化，使绩效预算的推行处于"有利"的地位。同时，发挥专家的专业优势，使评审结果更具有权威性，让绩效预算的推行处于"有节"的位置。

五是讲究策略，稳步扎实推进。首先，在财政绩效评价方案及流程设计上强调稳妥推进，以时间换空间，稳步推进，步步为营，不冒进，不迟疑。其次，因地制宜发挥理论的指导作用，紧紧抓住绩效管理是"以企业精神再造政府"这个核心内涵，不机械地强调评价指标，把握"从理念—思想—理论体系—方法"的逻辑层次，在方法论上强调"在实践中边干—边摸索—边总结—形成理论体系"，走出一条有特色的绩效管理道路。最后，强调规范和程序正义，注重公开、透明和公正，减少了制度创新的阻力。

六是预算绩效评价结果决定下年度预算。2016年底，广州市财政局将绩效目标评审等次为"中""低""差"的项目退回预算部门，修改完善后方可进入下一步预算编审流程。广州市财政局通过预算绩效管理系统对2016年预算金额在500万元以上的763个财政支出项目开展绩效运行监控，涉及财政资金947亿元、部门62个，汇总分析项目绩效运行情况，预警无法完成绩效目标的项目，要求各部门认真分析问题，对确实无法完成既定绩效目标的要及时向财政部门申请调整预算，为提高预算执行质量提供依据。因此，广州市财政局在编制2017年预算时，对2016年10月前支出进度低于80%、50%的经常性项目（含专项资金），分别按当年预算额的90%、60%审核安排下年度预算。这些举措大大提升了部门对绩效管理工作的重视程度，有力地促进了财政支出政策的绩效评价工作。

七是部门自评和第三方评价进行有机结合。广州市财政《关于2015年度市本级财政支出绩效情况的报告》显示，广州各部门绩效自评与第三方评价结果相差悬殊——32个部门的70个项目中，有八成项目部门自评为"优"，第三方机构评价的这一比例仅为一成，仅两成项目部门自评结果与第三方评价结果一致。针对这一突出问题，广州市财政不回避矛盾，主动作为，从2016年开始，改变以往由各部门自评做法，部门自评后聘请第三方机构开展绩效自评复核，比对两者的一致性，提高绩效自评的规范性和公信力。

第四节 财政支出绩效评价结果分析

一、绩效理念逐步被各级各地政府部门接受

绩效理念是新公共管理运动的一个重要理念，绩效管理涉及预算管理的各个流程，绩效管理能力决定了预算管理的质量。绩效分为绩和效，前者即产出，后者即效果或结果。绩效目标是预算预期实现的公共价值体现，包括产出和结果两部分，简单说就是花钱干什么，发挥什么作用，做成的"事"是我们关注的"产出目标"，包括"产出数量目标、产出质量目标、产出时效目标"，这是对产出属性的进一步界定和细化，便于后续跟踪评价。效果目标针对产出后的作用意义和

影响，一般包括"经济效益、社会效益、生态效益、利益相关者满意度"等。以前的部门预算编制缺乏绩效目标申报，部门在申报的时候往往不知道干什么事情，只知道要争盘子，把预算做大，这显然不符合政府绩效管理的要求。

中央对预算绩效管理的重视在不断增加，当前要推进现代财政制度建设，新《预算法》对财政绩效提出了明确要求。地方各级部门对于绩效理念的认识程度随着实践和学习在不断深化，对于绩效的认同度在不断增加，部门对于绩效的认识随着预算绩效管理的推进在不断加深，从原来的不理解、抵触到逐步接受、合作、积极配合并主动开展绩效评价。绩效理念纵向传递是从中央逐步传达到省、市、县、乡各级政府部门，除了政策落地的时滞以及信息传递损失原因外，平均来讲政府层级越低其业务能力相对较弱。绩效理念的横向传递是从财政部门传导非财政业务部门，一开始非财政部门对于绩效工作有抵触情绪是难免的，毕竟人们对一项新生事物的认识是渐进的，而且这一改革带来的工作量增加了不少，作为业务部门，除了做好本级还要指导下属单位的绩效管理，这些都在无形中增加了不少管理成本，因此部门一开始不配合、不主动的现象的确不少，但是经过了财政部门的大力宣传和业务辅导，引入第三方等一系列工作，慢慢地让部门意识到绩效工作是为部门施政着想的一项有益的改革，而且财政部门逐步地把相关的管理成本考虑在内，降低部门的推进障碍，部门逐步和财政一起开展绩效工作。地方政府逐步认识到，没有绩效的预算不是好预算，没有绩效目标的政府活动难以取得预期成效，没有绩效指标就难以对绩效目标做出评价，没有绩效指标评价的绩效管理是不完整的绩效管理，绩效评价结果不能得到很好的运用则会削弱绩效管理工作。理念的统一是行动步调一致地前提，尽管不同地区的绩效管理能力有差异，但至少从理念上全国各个地区对于绩效都有了一定的共识，这为下一步绩效工作的顺利开展奠定了坚实基础。

二、建立了完善的组织保障并初步形成了一套符合国情的预算绩效管理制度

2012年，财政部正式成立了预算绩效管理工作领导小组，健全预算绩效管理的领导体制。不少中央部门和地方省市成立了工作领导小组，强化对预算绩效管理的组织领导。全国36个省级（自治区、直辖市、计划单列市）财政厅（局）中已有19个，设立了专门的预算绩效管理机构，其他未设立专门机构的也主要在

预算处明确了预算绩效管理职能。许多市、县预算绩效管理机构也不断完善，为预算绩效管理工作的开展提供了组织保障。

制度是影响行为人的一套准则、规范，要保证预算管理绩效工作能够取得长效，建立符合国情的预算绩效管理制度是一项非常基础的工作。中国的预算绩效管理制度建设从中央到地方已经取得了一定的成效。首先，中央层面已经形成一套完备的管理制度。财政部一直把顶层制度设计作为预算绩效管理重点工作来抓，继《中央部门预算支出绩效评价管理办法》《财政支出绩效评价管理暂行办法》之后，2011年印发了《关于推进预算绩效管理的指导意见》（财预［2011］416号），明确了预算绩效管理的指导思想、基本原则、基本内容等；2012年又出台了《预算绩效管理工作规划（2012～2015年）》（财预［2012］396号）和两个评价方案，确定了今后一段时期预算绩效管理的总体目标、基本任务和重点工作等。2014年出台了《地方财政管理绩效综合评价方案》的通知，在总的规划和管理办法之下，2011年以来，财政部其他业务司局也制定了约13项专门的管理办法，2003～2016年共计出台文件达到35份之多。其次，地方政府在预算绩效管理制度建设上取得了显著的进展，地方财政部门的预算绩效管理制度不断健全。宏观层面看，2011年吉林、贵州、广西等19个省以省政府或政府办公厅名义出台了指导意见，2012年又有河北、浙江、甘肃等8个地方以省政府或政府办公厅名义印发了指导意见或工作规划，如河北省的《河北省预算绩效管理工作规划（2013～2015）》、浙江省的《2013～2017年预算绩效管理工作规划》等，对全省今后一个时期预算绩效管理进行统一部署。管理层面上，不少地区，如江苏、云南等制定了涵盖绩效目标管理，绩效评价实施，评价结果应用，第三方评价等方面的管理办法，规范预算绩效管理工作开展；操作层面上，不少地区进一步细化了管理流程、操作程序、实施细则等，提高实际业务的操作性。初步统计，2012年，36个省级财政厅（局）新制订了102项制度办法，预算绩效管理规章制度渐成体系。毫无疑问，这些文件的出台，将为未来预算绩效管理提供有利的制度保障。

三、绩效评价报告逐步纳入向人大报告内容并接受社会各界监督的范围，推动了预算民主进程

预算绩效管理是以支出结果为导向的预算管理模式，绩效评价是预算绩效管理的核心，对支出结果做出客观公正的评价，才能为预算绩效管理开展提供客观

依据，同时这些评价报告不仅要向本级政府汇报，更重要的是要向当地人大进行报告并接受社会各界监督，这符合预算民主的基本要求。以上海闵行区为例，2009年在进行绩效评价中主动邀请人大介入，将评价报告保送给预算工委，正式报告于2013年开始向人大主任会议通报。此外，闵行绩效评价是全面公开透明的，进入闵行区财政局信息公开栏目中，绩效评价信息作为独立一项就放在网上，包括前评价、过程评价、后评价的各项材料都清晰地放在网上接受各界监督。这种方式充分体现了预算绩效管理的民主、透明，增进了公众对政府预算活动的了解，对政府花钱办事的认可度在增加，促进了社会的和谐稳定。北京市建立了人大代表参与预算绩效评价机制，人大代表参与项目资料查阅、现场调研和专题质询，对部门申报的项目预算绩效有了更深认识、分析和判断，在评价报告中，人大代表的意见单独列示。广州市连续10年就财政支出绩效评价报告向人大进行专题汇报，接受人大和社会各方监督。

四、新常态下绩效评价对财政支出的科学决策作用显著

当前中国经济已经进入新常态，一个最主要的标志就是经济增速从以往的中高速转变为中低速增长，这不可避免带来财政收入增速的下降，但是财政支出的刚性压力不减，这就需要对财政支出结构进行改革。要改进财政支出结构，就是要遵循政府和市场的边界，坚守财政的公共属性，减少对一般性竞争领域介入，重点保障民生。要减少一般性支出，取消无效和低效支出，修正不可持续的支出，尤其是在过去高收入增长时期承诺的不切实际的支出项目。这里面就需要绩效评价发挥相当大的作用，什么是无效和低效支出，什么是不可持续，这就涉及财政支出的绩效评价，通过对支出设定合理的绩效目标、绩效指标和评价指标，确立科学的评价标准，按照制度要求通过科学规范的评价程序给出相应的评价结果，从而可以按照绩效得分进行预算优选序的排列，就意味着绩效评价对财政支出的科学决策具有十分重要的价值。

第三篇 实践探索

학술자료 · 요약문

第八章
世界银行贷款第二个职业教育项目绩效评价[①]

世界银行是世界上主要的政府间金融机构之一。截至2014年，我国从世界银行获得的教育贷款项目共有22个。其中，职业教育发展方面有2个主要项目，从1984年"世界银行贷款职业教育项目"开始筹备，到2002年"世界银行贷款第二个职业教育发展项目"（以下简称"职教二"项目）关闭，共计18年时间。这两个项目的实施对我国职业教育发展与改革起到了巨大的推动作用，取得了显著的效益。

本次"世界银行贷款第二个职业教育发展项目绩效评价"项目，选择第二期职业教育世行贷款项目进行绩效评价，负责本次评价工作具体实施的项目评价小组由教育部全国外资贷款事务中心组织与财政部财政科学研究所两单位人员组成。评价小组前期通过教育部、财政部、世界银行及互联网等多方渠道收集查阅资料，对项目情况进行了深入了解。在此基础之上，评价项目评价小组按照财政部《国际金融组织贷款项目绩效评价操作指南》（以下简称《指南》）的要求，对"职教二"项目的相关性、效率、效果、可持续性以及综合绩效进行了客观、科学、公正的评价。在《指南》的基础上，建立了国际金融组织教育项目的评价指标体系，形成了绩效评价框架，制定了绩效评价工作实施方案、座谈会问卷、面访问题清单等文件。评价小组通过案卷研究、互联网检索、座谈会、面访、实地调研等

[①] 财政部、世界银行："世界银行贷款第二个职业教育项目绩效评价报告。"贷款编号：CR. 2898 – CHA/LN. 4063 – CHA。评价小组组长：王泽彩；副组长：张绘、龙小燕；成员：唐仲、吴宇伦、邱红燕、李佳璐；顾问：左涛、胡备。2015年9月结题。

多种方式搜集了大量资料和评价证据,前后共举办了多次座谈、面访,分别在北京市、山东省、广东省、江苏省、辽宁省等地调研,最终形成本项目绩效评价报告。

第一节 世界银行"职教二"项目说明

一、项目实施背景和条件

1990年以来,中国的经济持续高速增长,经济体制的市场化促使了经济结构向着高附加值的方向转变,高新技术部门发展迅猛、服务行业发展迅速、第三产业同步发展。经济的改革与发展对就业工人的综合能力要求越来越高,根据当时世界银行对上海、北京、江苏、辽宁、天津五省市工业部门人才构成的调查,在产业工人中,高级工只占3%,中级工占26%。这说明生产第一线技术工人严重短缺,这对"蓝领的摇篮"——职业技术教育的发展提出了新的要求。

职业教育体系在整个教育体系中拥有重要地位,当时职业教育以中等职业教育为主,大约有一半的高中生选择在职业学校中就读。自1980至"职教二"项目实施前期,职业教育的学生规模和比例增长迅速,从1980年至1994年职业高中的在校生由45万人增长至406万人(三类职业学校在校生规模与学校数量见表8-1)。当时,国家分配工作的情况正逐步发生改变,自主就业的潮流渐渐兴起。职业教育就业率稳步上升,学生自主就业的情况越来越多,在沿海城市尤为明显。1994年职业教育的毕业生就业占全国申请就业人数的17%。同时,国家也大力支持职业教育,1987年我国针对职业教育的改革获得推广,其目的就是用实用职业技能武装几乎半数的中学毕业生。

表8-1 1980~1994年我国三类中等职业学校在校生与学校情况

	中专		技校		职业中学	
	在校生数(万人)	学校数(所)	在校生数(万人)	学校数(所)	在校生数(万人)	学校数(所)
1980	76.1	2052	67.9	3305	45.4	3314
1985	100.9	2529	74.2	3548	229.5	8070

续表

	中专		技校		职业中学	
	在校生数（万人）	学校数（所）	在校生数（万人）	学校数（所）	在校生数（万人）	学校数（所）
1986	114.6	2741	89.2	3765	256.0	8187
1987	122.3	2854	103.1	3952	267.6	8381
1988	136.8	2957	116.1	3996	279.4	8954
1989	149.3	2940	125.8	4102	282.3	9173
1990	156.7	2956	133.2	4184	295.0	9164
1991	161.6	2977	142.2	4184	315.6	9572
1992	174.3	2984	155.6	4392	342.8	9860
1993	209.8	3046	171.7	4477	362.6	9985
1994	241.4	3093	187.1	4430	405.6	10217

尽管中国职教系统的外部效益较好，但职教系统内部的效益却远远不尽如人意。这表现在以下六个方面。

1. 职业教育教师与管理人员的教育理念落后。由于当时职业教育教师与管理人员大多来自普教系统，对职业教育的理解与认识不够，仍采用普教的理念与思路进行职业教育办学。这在一定程度上影响了职业教育办学的效益与成果。

2. 教学模式不合理。技术更新的加快与信息技术的迅速发展，使得社会对高质量技术人才的需求增多。然而职业学校的教学偏重于理论知识，实践课程课时较少，使得职业教育的教育方法和教学内容均落后于技术的发展，妨碍了职教效率的提高。这些都使得职业教育培养的人才难以满足转型社会的需要。

3. 教师队伍数量不足，质量不高。由于当时我国高层次高水平的职业院校较少，广大职业学校的师资力量的培养得不到满足，这导致了职业学校的教师来源主要为：现有的职业学校毕业生留校任教、没有受过职业教育和师范教育的理工类大学毕业生和没有受过师范教育的企业专业技术人员。这一发展的直接结果是大部分专业教师要么达不到应有的学历，没有经受过教育专业训练，理论水平不足，要么专业技术水平较差，实践技能不过关。整个职教系统教师既缺乏专业理论的培训，又缺乏系统的实践技能的训练。这样的师资结构自然容易使得学生理论基础知识与专业实践技能缺乏，导致学校教学质量难以保证。

4. 职业学校现有的实验实习设备已远远不能满足需要。大部分的职业学校的实验实习设备数量不多、技术落后、更新缓慢，远远跟不上企业技术发展水平的需要和对高素质技术人才培养的需求。少量的先进设备也由于师资等因素而开工不足，这就影响了培养高素质中等技术人员和中级技术工人的数量和规模，也影响了高素质的高等技术人员的培养。

5. 校企合作有待加强。由于职业教育是面向社会经济发展来培养专业技术人才的，社会经济的每一次重大变化都要反映到职业教育培养的目标变化和学校的改革上面来，这是职业教育适应社会发展的本质所决定的。再者职业教育所培养的人才能够适应用人单位的要求，同时也能够满足用人单位利用职业教育对本单位员工进行在职培训的需要。这些都要求职业学校进一步加强与企业的合作，同时保持与原计划体制下办学单位的联系。所有这一切都要求学校要建立"学校管理委员会"和"学校咨询委员会"以加强与企业界的联系。同时建立以学校为基地、以市场为中心的劳务市场信息系统，为学校发展、学生就业和适应社会经济发展服务。

6. 教育经费不足。大部分职业院校的经费来自财政拨款。由于政府对职业教育的投入一般低于高等教育，政府财政支持有限、企业和社会的资金注入不够，使得职业学校教育经费不足，同时，教育也缺乏银行贷款和其他金融方式融资。有限的教育经费使得职业教育的发展跟不上经济的发展，从而使得职业教育培养的人才不足以满足社会经济发展的需求。

为借鉴国外职业教育发展经验，改善职业学校学习实验装备和师资水平，我国在总结世界银行第一个职业技术教育发展项目的基础上，于"九五"期间再次利用世界银行贷款实施"职教二"项目。"职教二"项目要首先推动中国的中等职业教育的发展，提升这些中等职业教育学校的层次和办学效益，从而带动整个中等职业教育和中国职业教育的发展和改革。

二、项目目标

"职教二"项目的目标是利用世行贷款增加技术工人的数量、提高技术工人的质量、加快职业教育与培训系统的效率。通过对北京、江苏、山东、广东和辽宁等5个省（市）中的80所省（市）重点中等职业学校，特别是这些学校中适应当地经济发展的一、两个专业的支持，使之改革办学思路和教学方法、拓展教学大纲、提高实习实验装备水平、改善办学条件、提高师资质量和管理水平、扩大办学规模，使项目覆盖的地区建成一批集职前和在职培训为一体的"职业教育中心"，以适应当地经济发展和劳动力市场的需求。项目的重点在于改变现有教学体制，以更加灵活敏锐地适应不断变化着的劳动力市场的需求，强调的重点是改革。面向劳动力市场的需要，通过改革促进职业教育的整体发展。

三、项目内容

世界银行贷款职业教育改革项目（中方习惯称第二个职业教育发展项目）是世界银行在"世界银行贷款职业教育项目（中方习惯称第一个职业教育发展项目）"的经验基础上再次与中国政府合作的职业教育发展项目。

"职教二"项目贷款资金总额为3000万美元，其中软贷款2000万美元，硬贷款1000万美元，国内配套资金3.38亿美元[①]。项目主要资助山东、辽宁、江苏、广东和北京5省市的80所基础较好的省（市）重点中等职业教育学校[②]。项目资金的使用以集中资金、重点投入、保证效益、不搞平均主义为原则，集中装配项目省（市）的重点中等专业技术学校和职业中学的1~2个重点专业，并根据项目学校所在地区的经济发展特点，重点支持机械加工、电器安装与维修、电子、化工、印刷、计算机技术、食品加工、服装、建筑、轻工、交通运输、旅游服务等专业。项目的主要内容（具体资金运用见表8-2）包括以下五点。

1. 装备项目学校实习试验设备和图书馆，以提高项目学校的硬件设施，提高学生技能训练水平。

2. 加强对项目学校校长和骨干教师的培训、交流，学习国外先进的职教理论和管理方式，结合自身专业设置、教材建设的设计，进行改革探索，提高项目学校管理水平和一线教学骨干教师的素质，促进职业学校教师队伍建设。

3. 聘请国外专家，借鉴国外学校管理、专业和课程设置、教学改革等职业教育和劳动力市场建设等方面的经验。

4. 加强各项目省市的技术援助活动，包括组建项目专家班、国家级培训班和研

---

① 配套资金主要用于项目学校的实验室及实习车间、购买配套设备和零配件、支付运保费、进口环节增值税及关税等。

② 原项目省天津于1998年5月4日退出该项目，1998年7月6日北京市教委向教育部申请替补。经1999年1月评估，1999年2月25日修改项目协定后成为项目省，1999年6月22日生效开始执行。

讨班。为使有关咨询工作更符合我国国情和实际，"职教二"项目建立了中方项目专家组，在项目执行、教育教学改革、总结经验、推广成果等方面起到重要作用。

5. 加强各项目学校的可持续发展。要求项目学校在项目完成之后，组织制定后 5 年的发展计划，即项目不仅要满足学校当前发展的需要，还要在未来的一个时期内为项目学校的继续发展提供帮助，保证项目学校和职业教育事业走可持续的发展道路。

表 8-2　　　　　　　　　　"职教二"项目贷款资金用途

金额（万美元）	所占比例（%）	用途
2118.8	70.62	装备项目学校实习试验设备与图书馆
709.2	23.16	不可预见费用[①]
82.9	2.8	学校校长与教师培训
75.6	2.52	职业教育领域专家咨询活动
13.5	0.45	技术援助活动

该项目于 1996 年 12 月 12 日开始生效（北京部分为 1999 年 6 月 22 日），2002 年 12 月 31 日关闭（具体项目时间安排见表 8-3）。

表 8-3　　　　　　　　　　"职教二"项目时间表

日期	事项
1995 年 9 月	项目预评估
1996 年 1 月	项目正式评估
1996 年 4 月	项目谈判
1996 年 7 月	世界银行董事会批准
1996 年 9 月	协议签订
1996 年 12 月	项目实施
2002 年 12 月	项目关闭

四、项目执行情况

各省（市）的项目学校在世界银行和教育部贷款办的管理下，从中央到地方都成立了相应的管理机构，专职专人进行"职教二"项目的管理和指导工作，从而保证了"职教二"项目的顺利实施。

---

① 此费用为世界银行惯例确定的不可预见费用。

1. 项目配套资金方面，配套资金计划为 312572000 元人民币，实际完成 417087441.07 元人民币，完成计划的 133.44%。

2. 技术援助方面：（1）国内人员培训计划为 1865 人，实际完成 3548 人，完成计划的 190.24%；（2）国外人员培训计划为 147 人，实际完成 164 人，国外校长培训 75 人，完成计划的 111.56%；（3）专家咨询计划 64 人周，实际执行 24 人周，剩余的 40 人周专家咨询活动改为计算机专业教师培训（20 人）；（4）计算机技术等专业教师培训 82 人，国外考察 7 人；（5）国外考察 2002 年 9 月 16～29 日 7 人团组赴新西兰考察，取得预期效果。这些培训和考察，对促进职业教育的国家交流和合作，学习借鉴国外先进的经验发挥了很好的作用。

3. 世行贷款设备采购方面，设备采购计划为 25002090 美元，实际完成 26703530.26 美元，设备的到货率和装备率均为 100%。

4. 教育教学改革和观念引进方面，各项目学校初步形成了与市场经济相适应的教育教学思想、观念、模式和方法。各项目学校在吸收新加坡的"教学工厂"的教学理念的基础上，结合本校实际情况独创了许多具有本校特色的职业教育新理念，在"双师型"教师的培养、两个委员会的建设、双元制的实行、CBE、BTEC、"宽基础、活模块"的课程改革等方面走出了一条独具特色的发展道路。

总之，通过"职教二"项目，提高了广大项目学校的办学质量和办学效益，实现了"职教二"项目所要达到的目标，并为项目学校的进一步可持续发展提供了基础。

五、绩效评价的目的

1. 对项目的相关性、效率、效果、可持续性和公平性以及综合绩效进行客观科学公正的评价。

2. 总结"职教二"项目的经验教训，推广项目成果，为未来外资贷款项目以及相关内资项目融资等提供借鉴和参考，实现项目的可持续发展。

3. 开发符合中国国情和国际标准的适用于教育领域绩效评价项目的指标体系，服务绩效预算。

4. 通过绩效评价工作的具体实践，对《指南》的操作性、适用性等进行检验，总结经验和教训，为推动财政工作科学化和精细化管理提供政策建议，为进一步完善《指南》提出意见和建议。

第二节　世界银行"职教二"项目绩效评价目的

一、总体思路

(一) 绩效评价实施阶段划分

"职教二"项目绩效评价阶段划分以及各阶段任务安排如图8-1所示。

(二) 绩效评价实施过程说明

第一，查阅项目的相关文件。评价小组查阅了项目评估文件、中方项目竣工报告、项目实施期内世界银行与中国的合作战略报告等相关项目文件，充分了解、熟悉了项目背景、项目目标、项目活动、项目内容等信息，这为继续的绩效评价工作奠定了基础。

第二，设计绩效评价框架。评价小组依据《指南》的要求，从相关性、效率、效果、可持续性、公平性5个准则出发，在26个关键问题的基础上，结合项目本身的特点和评价的目的，设计开发出了具体的评价指标，完成了项目绩效评价框架。

第三，制定绩效评价实施方案。在完成绩效评价框架的基础上，评价小组结合指标评价所需证据及其来源的特点，制定了相应的证据收集方案，根据内容分别确定了各级项目办访谈提纲、学校调查问卷等证据收集工具，同时对参与评价的人员分工、时间进度等也做了详细的安排，以确保绩效评价顺利实施。

二、评价体系及评分标准

根据《指南》要求，本次绩效评价从相关性、效率、效果、可持续性和公平性等5个方面对世界银行贷款职业技术教育项目进行系统、全面的评价。同时，

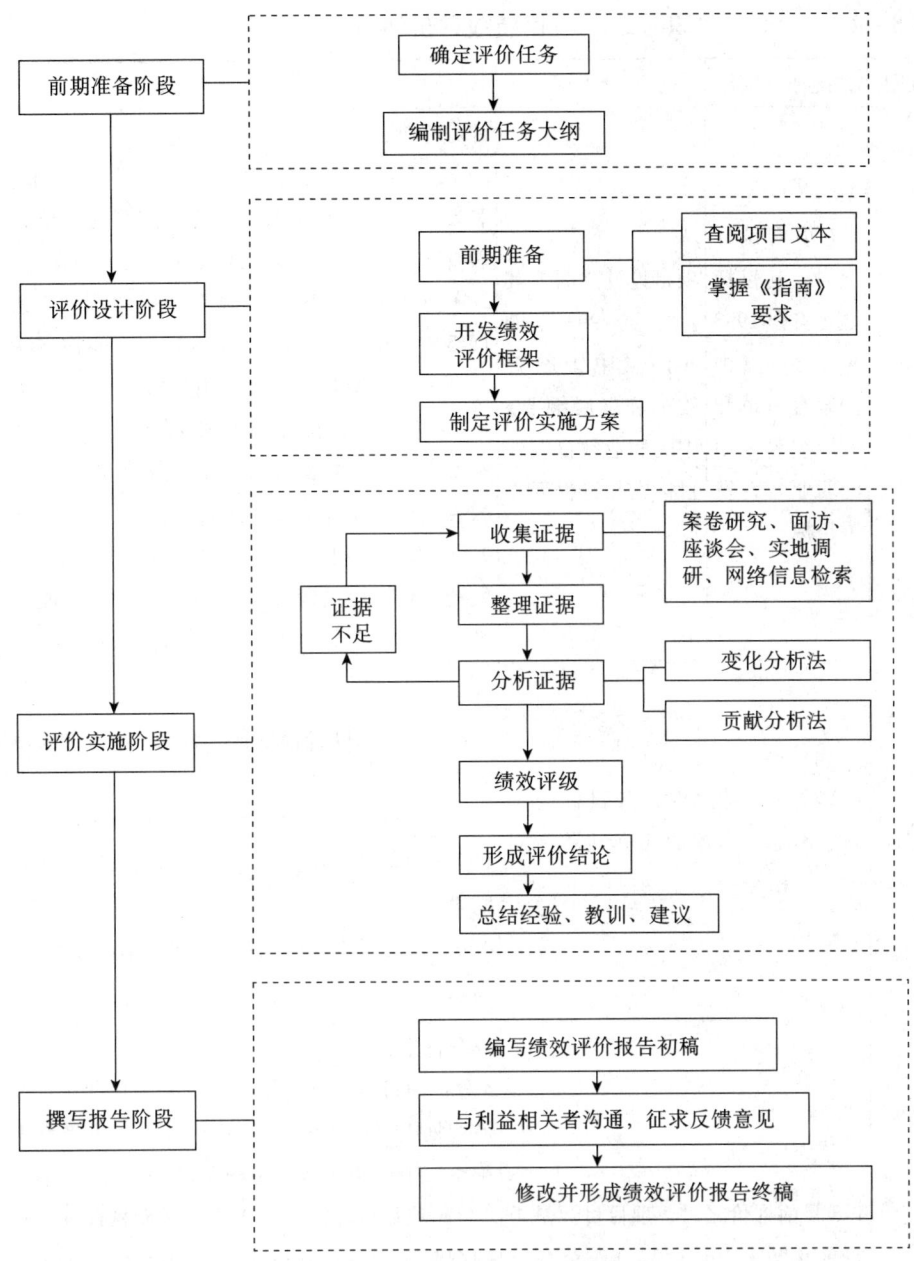

图 8-1 "职教二"项目绩效评价总体思路

在 26 个关键问题的基础上,结合项目的特点和评价的目的,设计了 33 个具体的评价指标。其中,效率部分 12 个指标,效果部分 8 个指标,可持续性部分为 7 个指标,公平性部分为 6 个指标。表 8-4 是评价框架的指标以及评分标准。

表8-4 "职教二"项目绩效评价体系及评分标准

评价准则	关键评价问题	评价指标	评价依据
1. 相关性	1.1 项目设计之时，其目标是否符合1993年颁布的《中国教育改革和发展纲要》中的职业教育发展目标	项目设计之时，其目标与1993年颁布的《中国教育改革和发展纲要》中的职业教育发展目标的相符程度	评分标准： 3分：项目非常符合1993年颁布的《中国教育改革和发展纲要》中的职业教育发展目标，能在《中国教育改革和发展纲要》中找到相关的内容 2分：项目符合1993年颁布的《中国教育改革和发展纲要》中的职业教育发展目标，能在《中国教育改革和发展纲要》中找到相关的内容 1分：项目部分符合1993年颁布的《中国教育改革和发展纲要》中的职业教育发展目标，能在《中国教育改革和发展纲要》中找到相关的内容 0分：项目不符合1993年颁布的《中国教育改革和发展纲要》中的职业教育发展目标，不能在《中国教育改革和发展纲要》中找到相关的内容
	1.2 项目设计之时，其目标与本省、本地、本校的实际问题和需求是否相符		评分标准： 3分：项目高度符合本省、本地、本校的实际问题和需求 2分：项目符合本省、本地、本校的实际问题和需求 1分：项目部分符合本省、本地、本校的实际问题和需求 0分：项目不符合本省、本地、本校的实际问题和需求
	1.3 目前评价之时，项目目标是否符合《国家中长期教育改革和发展规划纲要（2010~2020）》和《国家教育事业发展第十二个五年规划》中职业教育的发展目标		评分标准： 3分：项目目标高度符合《国家中长期教育改革和发展规划纲要（2010~2020）》和《国家教育事业发展第十二个五年规划》中职业教育的发展目标 2分：项目目标符合《国家中长期教育改革和发展规划纲要（2010~2020）》和《国家教育事业发展第十二个五年规划》中职业教育的发展目标 1分：项目目标部分符合《国家中长期教育改革和发展规划纲要（2010~2020）》和《国家教育事业发展第十二个五年规划》中职业教育的发展目标 0分：项目目标不符合《国家中长期教育改革和发展规划纲要（2010~2020）》和《国家教育事业发展第十二个五年规划》中职业教育的发展目标

续表

评价准则	关键评价问题	评价指标	评价依据
1. 相关性	1.4 目前评价之时，项目目标与本校的实际问题和需求是否相符		评分标准： 3分：项目目标高度符合本校的实际问题和需求 2分：项目目标符合本校的实际问题和需求 1分：项目目标部分符合本校的实际问题和需求 0分：项目目标不符合本校的实际问题和需求
	1.5 目前评价之时，项目目标是否符合学校所在省、市的职业教育规划		评分标准： 3分：项目目标高度符合学校所在省、市的职业教育规划 2分：项目目标符合学校所在省、市的职业教育规划 1分：项目目标部分符合学校所在省、市的职业教育规划 0分：项目目标不符合学校所在省、市的职业教育规划
2. 效率	2.1 项目实施的及时性	2.1.1 世行贷款是否及时、足额到位	评分标准： 3分：世行贷款非常及时、世行贷款足额 2分：世行贷款及时、世行贷款基本足额 1分：世行贷款延后、世行贷款不足
		2.1.2 配套资金是否及时、足额到位	评分标准： 3分：配套资金非常及时、配套资金足额 2分：配套资金及时、配套资金基本足额 1分：配套资金延后、配套资金不足
		2.1.3 项目实际实施周期与计划实施周期是否相符	评分标准： 3分：项目实际实施周期与计划实施周期高度相符 2分：项目实际实施周期与计划实施周期进度超前 1分：项目实际实施周期与计划实施周期进度延后 0分：项目实际实施周期与计划实施周期停顿 0分：项目实际实施周期与计划实施周期逾期 0分：项目实际实施周期与计划实施周期存在其他问题
		2.1.4 项目完工验收是否合格	评分标准： 3分：项目完工验收合格 2分：项目完工验收基本合格 0分：项目完工验收不合格

续表

评价准则	关键评价问题	评价指标		评价依据
2. 效率	2.2 项目投入	项目资金使用与预算是否一致		评分标准： 3分：项目资金使用与预算高度一致 2分：项目资金使用与预算一致 1分：项目资金使用与预算部分一致 0分：项目资金使用与预算不一致
	2.3 项目产出	2.3.1 实训基地建设与改造	2.3.1.1 新建、改造实训基地面积	评分标准： 3分：项目的新建、改造实训基地面积超额完成目标 2分：项目的新建、改造实训基地面积完成情况与目标完全一致 1分：项目的新建、改造实训基地面积基本完成目标 0分：项目的新建、改造实训基地面积没有完成目标
			2.3.1.2 新增实训设备	评分标准： 3分：项目的新增实训设备超额完成目标 2分：项目的新增实训设备完成情况与目标完全一致 1分：项目的新增实训设备基本完成目标 0分：项目的新增实训设备没有完成目标
		2.3.2 人员培训	2.3.2.1 行政管理人员培训	评分标准： 3分：项目的行政管理人员培训超额完成目标 2分：项目的行政管理人员培训完成情况与目标完全一致 1分：项目的行政管理人员培训基本完成目标 0分：项目的行政管理人员培训没有完成目标
			2.3.2.2 教师脱产学历培训	评分标准： 3分：项目的教师脱产学历培训超额完成目标 2分：项目的教师脱产学历培训完成情况与目标完全一致 1分：项目的教师脱产学历培训基本完成目标 0分：项目的没有完成目标
			2.3.2.3 教师在职学历培训	评分标准： 3分：项目的教师脱产学历培训超额完成目标 2分：项目的教师脱产学历培训完成情况与目标完全一致 1分：项目的教师脱产学历培训基本完成目标 0分：项目的教师脱产学历培训没有完成目标

续表

评价准则	关键评价问题	评价指标	评价依据
3. 效果	3.1 实习实训环境改善效果	项目的实施是否使职业技术师范院校（系）的实习实训环境得到改善	3.1.1 项目采购的设备与学校需要的匹配性	评分标准： 3 分：项目采购的设备与学校需要的匹配性非常好 2 分：项目采购的设备与学校需要的匹配性好 1 分：项目采购的设备与学校需要的匹配性一般 0 分：项目采购的设备与学校需要的匹配性较差
		3.1.2 实训基地达到安全和环保标准比例	评分标准： 3 分：实训基地达到安全和环保标准比例非常好 2 分：实训基地达到安全和环保标准比例好 1 分：实训基地达到安全和环保标准比例一般 0 分：实训基地达到安全和环保标准比例较差
		3.1.3 实训基地覆盖专业增加数	评分标准： 3 分：实训基地覆盖专业增加数非常好 2 分：实训基地覆盖专业增加数好 1 分：实训基地覆盖专业增加数一般 0 分：实训基地覆盖专业增加数较差
		3.1.4 实训项目内容更新比例	评分标准： 3 分：实训项目内容更新比例非常好 2 分：实训项目内容更新比例好 1 分：实训项目内容更新比例一般 0 分：实训项目内容更新比例较差
		3.1.5 每周开放总时增加数	评分标准： 3 分：每周开放总时增加数非常好 2 分：每周开放总时增加数好 1 分：每周开放总时增加数一般 0 分：每周开放总时增加数较差
		3.1.6 年接受实训人时增加数	评分标准： 3 分：学校年接受实训人时增加数非常好 2 分：学校年接受实训人时增加数好 1 分：学校年接受实训人时增加数一般 0 分：学校年接受实训人时增加数较差
		3.1.7 利用贷款设施接待校外实习实训人数	评分标准： 3 分：利用贷款设施接待校外实习实训人数非常好 2 分：利用贷款设施接待校外实习实训人数好 1 分：利用贷款设施接待校外实习实训人数一般 0 分：利用贷款设施接待校外实习实训人数较差

续表

评价准则	关键评价问题	评价指标	评价依据
3. 效果	3.2 人员培训效果	项目提供的培训与学校需求的匹配性	评分标准： 3分：项目提供的培训与学校需求的匹配性非常好 2分：项目提供的培训与学校需求的匹配性好 1分：项目提供的培训与学校需求的匹配性一般 0分：项目提供的培训与学校需求的匹配性较差
	3.3 项目是否实现了提高教学质量、改善教学效果的目标		评分标准： 3分：项目对提高教学质量、改善教学效果非常好 2分：项目对提高教学质量、改善教学效果好 1分：项目对提高教学质量、改善教学效果一般 0分：项目对提高教学质量、改善教学效果较差
	3.4 项目是否实现了提高学生动手能力的目标		评分标准： 3分：项目对学生动手能力提高非常好 2分：项目对学生动手能力提高好 1分：项目对学生动手能力提高一般 0分：项目对学生动手能力提高较差
	3.5 项目是否实现了培养学生创新能力的目标		评分标准： 3分：项目对培养学生创新能力非常好 2分：项目对培养学生创新能力好 1分：项目对培养学生创新能力一般 0分：项目对培养学生创新能力较差
	3.6 项目是否实现了提高教师业务和教学能力的目标		评分标准： 3分：项目对提高教师业务和教学能力非常好 2分：项目对提高教师业务和教学能力好 1分：项目对提高教师业务和教学能力一般 0分：项目对提高教师业务和教学能力较差
	3.7 项目是否实现了课程和教材经常更新的目标		评分标准： 3分：项目对课程和教材经常更新的目标实现的非常好 2分：项目对课程和教材经常更新的目标实现的好 1分：项目对课程和教材经常更新的目标实现的一般 0分：项目对课程和教材经常更新的目标实现的较差

续表

评价准则	关键评价问题	评价指标		评价依据
3. 效果	3.8 项目是否实现了实训基地管理体制改革的目标			评分标准： 3分：项目对实训基地管理体制改革的目标实现的非常好 2分：项目对实训基地管理体制改革的目标实现的好 1分：项目对实训基地管理体制改革的目标实现的一般 0分：项目对实训基地管理体制改革的目标实现的较差
	3.9 项目是否实现了校企合作活动的目标			评分标准： 3分：项目对校企合作活动的目标实现的非常好 2分：项目对校企合作活动的目标实现的好 1分：项目对校企合作活动的目标实现的一般 0分：项目对校企合作活动的目标实现的较差
	3.10 项目的实际受益群体数量是否达到预计的目标受益群体数量			评分标准： 3分：项目的实际受益群体数量非常好的达到预计的目标受益群体数量 2分：项目的实际受益群体数量好的达到预计的目标受益群体数量 1分：项目的实际受益群体数量一般的达到预计的目标受益群体数量 0分：项目的实际受益群体数量较差的达到预计的目标受益群体数量
4. 可持续性	4.1 项目单位的管理或机构设置、人员和经费是否满足项目持续运行的需要	4.1.1 项目实训管理机构和人员能否满足其继续运行的需要？	项目实训管理机构和人员满足运行情况	评分标准： 3分：人员数量充足、稳定，机构运行正常 2分：人员和机构有基本的运行保障 1分：人员不足、机构不稳定 0分：项目实训管理机构和人员均无保障
			人员工作能力	评分标准： 3分：人员工作能力很强 2分：人员工作能力较强 1分：人员工作能力一般 0分：人员工作能力较差

续表

评价准则	关键评价问题	评价指标	评价依据
4. 可持续性	4.1 项目单位的管理或机构设置、人员和经费是否满足项目持续运行的需要	4.1.2 项目结束后，实训基地经费能否满足其继续运行的需要	评分标准： 3分：项目结束后，实训基地经费充足，能满足其继续运行的需要 2分：项目结束后，实训基地经费基本有保障，基本能满足其继续运行的需要 1分：项目结束后，实训基地经费不足，不能满足其继续运行的需要 0分：项目结束后，实训基地无经费
	4.2 项目的产出能否得到持续地提供、维护和利用	4.2.1 项目结束后，实训基地仪器维护是否可持续	评分标准： 3分：项目结束后，实训基地仪器维护是高度可持续的 2分：项目结束后，实训基地仪器维护是可持续的 1分：项目结束后，实训基地仪器维护是部分可持续的 0分：项目结束后，实训基地仪器维护是不可持续的
		4.2.2 项目结束后，学校实训设备、家具更新和补充是否可持续	评分标准： 3分：项目结束后，学校实训设备、家具更新和补充是高度可持续的 2分：项目结束后，学校实训设备、家具更新和补充是可持续的 1分：项目结束后，学校实训设备、家具更新和补充是部分可持续的 0分：项目结束后，学校实训设备、家具更新和补充是不可持续的
		4.2.3 项目结束后学校图书的更新和补充是否可持续	评分标准： 3分：项目结束后学校图书的更新和补充是高度可持续的 2分：项目结束后学校图书的更新和补充是可持续的 1分：项目结束后学校图书的更新和补充是部分可持续的 0分：项目结束后学校图书的更新和补充是不可持续的

续表

评价准则	关键评价问题	评价指标	评价依据
4. 可持续性	4.2 项目的产出能否得到持续地提供、维护和利用	4.2.4 项目结束后学校教师和管理人员培训是否可持续	评分标准： 3分：项目结束后学校教师和管理人员培训是高度可持续的 2分：项目结束后学校教师和管理人员培训是可持续的 1分：项目结束后学校教师和管理人员培训是部分可持续的 0分：项目结束后学校教师和管理人员培训是不可持续的
		4.2.5 项目结束后学校本身的发展是否可持续	评分标准： 3分：项目结束后学校本身的发展是高度可持续的 2分：项目结束后学校本身的发展是可持续的 1分：项目结束后学校本身的发展是部分可持续的 0分：项目结束后学校本身的发展是不可持续的
	4.3 与项目立项时相比，国家及所在省份相关职教政策是否具备可持续性		评分标准： 3分：与项目立项时相比，国家及所在省份相关职教政策是高度可持续的 2分：与项目立项时相比，国家及所在省份相关职教政策是可持续的 1分：与项目立项时相比，国家及所在省份相关职教政策是部分可持续的 0分：与项目立项时相比，国家及所在省份相关职教政策是不可持续的
	4.4 其他单位是否来贵校参观、学习、交流		评分标准： 3分：有其他单位来贵校参观、学习、交流 0分：没有其他单位来贵校参观、学习、交流
	4.5 该项目对当地职业教育产生了什么影响		评分标准： 3分：该项目对当地职业教育产生积极的影响 0分：该项目对当地职业教育产生负面的影响

续表

评价准则	关键评价问题	评价指标	评价依据
5. 公平性	5.1 项目资源分配公平性	5.1.1 项目学校在申报项目时和其他学校是否是公平竞争的关系	评分标准： 0分：项目学校在申报项目时和其他学校是不公平竞争的关系 2分：项目学校在申报项目时和其他学校是较为公平竞争的关系 3分：项目学校在申报项目时和其他学校是很公平竞争的关系
		5.1.2 项目资金的分配是否在各学校之间公平分配	评分标准： 0分：项目资金的在各学校之间分配是不公平的 2分：项目资金的在各学校之间分配是较为公平的 3分：项目资金的在各学校之间分配是很公平的
	5.2 项目机会公平性	5.2.1 项目培训校长的选取是否公平	评分标准： 0分：项目培训校长的选取是不公平的 2分：项目培训校长的选取是较为公平的 3分：项目培训校长的选取是很公平的
		5.2.2 项目培训教师的选取是否公平	评分标准： 0分：项目培训教师的选取是不公平的 2分：项目培训教师的选取是较为公平的 3分：项目培训教师的选取是很公平的
	5.3 项目实施过程公平性	5.3.1 校长在培训过程中，在使用教学设备时是否受到公平对待	评分标准： 0分：校长在培训过程中，在使用教学设备时受到不公平的对待 2分：校长在培训过程中，在使用教学设备时受到较为公平的对待 3分：校长在培训过程中，在使用教学设备时受到很公平的对待
		5.3.2 教师在培训过程中，在使用教学设备时是否受到公平对待	评分标准： 0分：教师在培训过程中，在使用教学设备时受到不公平的对待 2分：教师在培训过程中，在使用教学设备时受到较为公平的对待 3分：教师在培训过程中，在使用教学设备时受到很公平的对待

三、绩效打分与评级

(一) 绩效打分规则

针对绩效评价的打分,评价小组设计了以下步骤:第一,评估小组从对项目的重要性出发,对绩效评价框架中的评价准则、关键问题(一级指标)、评价指标(二级指标)分别赋予了相应的权重;第二,确定了每一个评价指标(二级指标)的评分标准,在实际操作中,评价小组针对每一个评价指标的具体特点分别采取了"3、2、1、0"、"3、2、0"和"3、0"三个不同的分值类型;第三,根据前述方法,并依据所掌握的证据对每一个指标进行打分;第四,在得到所有评价指标(二级指标)的分数后,评价小组根据每个评价指标的权重,得到对应关键问题的得分,在此基础上,依据关键问题所占权重,计算出对应评价准则的分数。第五,对5个评价准则的得分进行加权计算,得到项目绩效评价的总分。

需要指出的是,《指南》已经对5个评价准则的权重进行了规定,即相关性、效率、效果、可持续性和公平性的权重分别为10%、30%、25%、20%和15%。此外,关键问题和评价指标则是评价小组根据项目特点与实际情况自行确定的。具体而言,每一个关键问题的权重可根据《指南》和项目特点而确定,每个关键问题所对应评价指标则的权重则根据目的具体特点来确定。

(二) 绩效打分表说明

表8-5为"职教二"项目绩效打分表。

表8-5　　　　　　　　"职教二"项目绩效打分表

准则	准则权重	权重下准则总分	分数段	比重段
相关性	10%	0.3	[0.27, 0.30]	[90%, 100%]
			[0.18, 0.27)	[60%, 90%)
			[0.09, 0.18)	[30%, 60%)
			[0, 0.09)	[0%, 30%)

续表

准则	准则权重	权重下准则总分	分数段	比重段
效率	30%	0.9	[0.81, 0.90]	[90%, 100%]
			[0.54, 0.81)	[60%, 90%)
			[0.27, 0.54)	[30%, 60%)
			[0, 0.27)	[0%, 30%)
效果	25%	0.75	[0.675, 0.75]	[90%, 100%]
			[0.45, 0.675)	[60%, 90%)
			[0.225, 0.45)	[30%, 60%)
			[0, 0.225)	[0%, 30%)
可持续性	20%	0.6	[0.54, 0.6]	[90%, 100%]
			[0.36, 0.54)	[60%, 90%)
			[0.18, 0.36)	[30%, 60%)
			[0, 0.18)	[0%, 30%)
公平性	15%	0.45	[0.405, 0.45]	[90%, 100%]
			[0.27, 0.405)	[60%, 90%)
			[0.135, 0.27)	[30%, 60%)
			[0, 0.135)	[0%, 30%)
综合绩效	100%	3	[2.7, 3]	[90%, 100%]
			[2.25, 2.7)	[60%, 90%)
			[1.5, 2.25)	[30%, 60%)
			[0, 1.5)	[0%, 30%)

注：表中的（）、[ ]均为数学区间的表示符号。前者不可取端点值，后者可取端点值。

四、证据收集

1. 项目文本分析。将与研究相关的项目文本和实施方案、文件及报告进行整理分析，并在此基础上，对这些与项目相关的文件及报告进行深入文本分析和研究、比较和分析。相关的文件和报告包括与项目实施相关的文件，经费及预算数据，设备采购相关数据信息，学校和部门相关信息，项目设计、执行、发展战略或援助战略文件，比如世界银行国别援助战略文件等。

2. 项目问卷调研分析。课题组在2015年7~9月组织了项目学校的问卷调研，通过调查问卷的方式对48所项目学校的评价结果进行了统计分析，依据1993年颁布的《中国教育改革和发展纲要》中的职业教育发展目标对项目实施情况进行有针对性的描述统计评价研究。调研中获得数据的学校是按照学校分布的地区来划分的，不同省份都力争能够获得一定的样本量，以便于使调研抽样更具有代表性。

3. 实地访谈。综合考虑项目省（自治区、直辖市）的分布特点、项目省（自治区、直辖市）内参与项目的学校类型，评价小组分别选取了江苏省、山东省、辽宁省、广东省和北京市。通过实地调研，评价小组了解了项目实施后职业技术院校的变化和项目影响等具体情况，收集了大量翔实的一手资料。按照预先设计的访谈提纲对调查对象进行访谈。通常是首先访谈学校校长，然后是参与职教二项目的老师以及学校教学管理主要负责教师，组织部分教师参与小组讨论，最后单独采访学生，组织部分学生小组讨论，并对学生在课堂的学习状况进行观察。一般研究者到达访谈学校会待上一整天的时间，除了选择单独访谈并记录外还会对教学仪器设备、实习实训基地进行现场勘查，并且在现场和其他调研对象进行攀谈或观察。研究者还对当年职教二项目的现存仪器设备进行了运行测试。

4. 座谈会。评价小组先后在江苏省、山东省、辽宁省、广东省和北京市召开了项目座谈会，参加座谈会的人员都是能为项目的绩效评价提供信息的相关人员。江苏省、山东省、辽宁省、广东省和北京市座谈会与会人员包括各省教育厅项目办人员、各职业教育学院项目负责人、各项目学校接受培训人员等与项目实施相关的单位。通过听取职教二项目申请、设立、投入、运行和职业教育发展研究相关领域的专家和管理者座谈，进一步分析项目运行中存在的现实问题和改善建议。

5. 政府组织文件分析。"职教二"项目的实施受到各个地区各级政府部门特别是教育部门、财政部门一些政策的影响，因此中央和地方各级部门出台的与项目所在领域或内容相关的文件和政策等，比如教育部、财政部文件等也是评价小组在前期准备阶段的重点研究、分析、比较的重要内容。

6. 媒体和研究信息分析。通过网络收集职业教育发展相关的媒体报道，当前职业教育研究领域的现有研究通过关键词搜索发现职业教育发展面临的现实问题，特别是针对"职教二"项目中关于设备建设和教师及管理人才的培养方面的内容，进行从问题出发到具体改革建议的梳理，以便于针对"职教二"项目的实施和职业教育发展之间的联系提出更有针对性的政策建议。

7. 调研补充信息分析（电话、邮件）。项目绩效评价小组利用邮件、电话等对参与项目的职业技术学校、大学里的职业技术师范系、职业技术培训中心等进行了调查。调查内容涉及职业技术学校的升级、还贷以及当地相关政府部门政策支持力度等情况，为项目的绩效评价提供了丰富有效的信息，同时对缺失的信息又通过电话进行了补充访谈。在现场调研环节完成后，研究者还多次与被调研者通过电话核实，并且补充一些信息，通过录音核实记录后也把信息的一些摘要对被访者进行了反馈以核实访谈信息的准确性。

五、评价实施过程

评价小组根据《指南》和绩效评价大纲，积极收集、整理、分析项目相关的文件、报告，同时根据评估方案，深入实地开展调研，举行相关利益群体座谈会，进行项目单位关键人物面访，收集了大量一手证据。然后对通过案卷研究、互联网检索、实地调研、座谈和面访得到的资料信息进行整理，去伪存真，得到了真实可信的证据。在项目评价过程中，评级小组采用了变化分析和贡献分析的方法，将整理后的证据与指标进行对照评价。在此基础上，根据制定的评级指标体系，以科学、严谨、客观、公正的原则，给各指标打分，计算出项目最终的绩效得分，进一步得出项目的总体评价结论。同时，对职业技术教育项目在设计、实施、监测等方面的经验与教训进行详细总结，提出了有针对性的建议。

六、评价的局限性

第一，项目1995年开始执行，2002年项目关闭，2015年进行绩效评价，时间跨度太大，给实地调研、案卷研究等造成了一定的不便，也削弱了评价的意义。

第二，项目实施以来，我国的职教发展迅速，部分项目学校出现了合并或者撤销的情况，这都为评价资料的收集带来了不便。同时，由于机构和人员的变动，个别指标在评价中较难取得，只能选择次优方案。

第三，由于项目周期长，距绩效评价时间已久，期间与项目相关的机构（如各级项目办和职业技术院校）的人员都发生了很大变化，一些项目主管人员调离岗位。这些因素增加了项目评价时收集资料的难度。同时，一些有关项目执行过程的资料保存欠佳，项目评价案卷资料偏少，依据不足，也都影响了实际评价的开展。

第三节 世界银行"职教二"项目绩效分析

在实施评价的过程中，参考项目绩效评价准则和框架体系，评价小组进一步细化了评价指标并对指标的权重有相对科学的划分,然后制定对应的评分标准,根据评分标准为指标打分,得出5个准则的总分和项目绩效评价总分,最后根据得分确定准则和项目绩效的等级。采取此种评价方法的核心是确定指标体系与打分标准,因为打分标准是确定各个指标得分的依据。在"绩效分析"部分所提及的"评价准则"均指评价小组制定的评分标准。世行职业技术教育项目的指标体系和评分准则主要在第二部分中有所详述。

一、项目相关性分析

项目相关性评价考察项目目标与国家政策法规、援助机构战略和现实问题的相关性,从前相关和后相关两个方面进行考察分析。相关性原则有5个关键问题,根据收集到的资料,这5个问题都能得到肯定的回答,然后依据评级规则,得到中国职业技术教育项目相关性准则的等级。

项目目标是使用世界银行贷款装备一批职业技术师范院校(系)和职业技术教育中心,以促进我国职业技术教育发展,提高整个职业技术教育系统的培养能力和培养质量,提高办学效益,解决好职业教育为经济和社会发展服务的问题。在此基础上,根据相关文件要求,评价小组进行了一系列的相关性分析。总体数据收集情况见表8-6。

表8-6 "职教二"项目相关性分析数据收集情况

	项目设计之时,其目标是否符合1993年颁布的《中国教育改革和发展纲要》中的职业教育发展目标	项目设计之时,其目标与本省、本地、本校的实际问题和需求是否相符	目前评价之时,项目目标是否符合《国家中长期教育改革和发展规划纲要(2010—2020)》和《国家教育事业发展第十二个五年规划》中职业教育的发展目标	目前评价之时,项目目标与本校的实际问题和需求是否相符	目前评价之时,项目目标是否符合学校所在省、市的职业教育规划
有效值	48	48	48	48	48

1. 在项目设计之时，其目标是否符合 1993 年颁布的《中国教育改革和发展纲要》中的职业教育发展目标。1993 年 3 月，中共中央、国务院发布的《中国教育改革和发展纲要》（以下简称《纲要》），是指导 20 世纪 90 年代乃至 21 世纪初我国教育改革和发展的纲领性文件，在共和国教育发展史上特别是改革开放以来的教育改革发展进程中，占有重要的历史地位，产生了现实而又深远的影响和作用。

《纲要》对教育体制改革做出全面的谋划和部署，明确提出："初步建立起与社会主义市场经济体制和政治体制、科技体制改革相适应的教育新体制"的目标，并分别对办学体制、基础教育管理体制和高等教育管理体制等各个领域的改革思路和目标进行了明确的规定。在《纲要》中明确规定了"到 20 世纪末，中心城市的行业和每个县，都应当办好一、两所示范性骨干学校或培训中心，同大量形式多样的短期培训相结合，形成职业技术教育的网络"的发展要求。因此，我们得出，项目设计时项目目标与当前中国职业教育的发展政策以及世行援助战略是高度相符的结论。

评价小组以调查问卷的方式对 48 所项目学校的评价结果进行了统计分析，评价结果为项目比较符合 1993 年颁布的《中国教育改革和发展纲要》中的职业教育发展目标，能在文本中找到《纲要》的相关的内容。具体比重分布情况见表 8-7。

表 8-7 "职教二"项目设计之时，其目标是否符合 1993 年颁布的《中国教育改革和发展纲要》中职业教育发展目标

		频率	比率（%）	有效值比率（%）	累计比率（%）
有效值	非常符合	18	37.5	37.5	37.5
	符合	30	62.5	62.5	100.0
	总计	48	100.0	100.0	

2. 项目设计之时，其目标与本省、本地、本校的实际问题和需求是否相符。对该项指标，我们通过调查问卷的整理得出结论，项目设计时项目目标与本省、本地、本校的实际问题和需求相符度见表 8-8。

从项目院校的反馈看，在设计之时，项目的目标与当时我国职业教育领域的政策或世行援助我们的战略目标是比较符合高度相关的。由于受到当时我国经济发展水平的限制以及对技术性人才的需求，世界银行的援助贷款的确对我国职教发展起到了巨大的推动作用。

表 8-8　　"职教二"项目设计之时，其目标与本省、本地、
本校的实际问题和需求是否相符

		频率	比率（%）	有效值比率（%）	累计比率（%）
有效值	高度相符	12	25.0	25.0	25.0
	相符	35	72.9	72.9	97.9
	部分相符	1	2.1	2.1	100.0
	总计	48	100.0	100.0	

评价小组以调查问卷的方式对 48 所项目学校的评价结果进行了统计分析，得出高度相关和相关学校数量为 47，占比达到 97.9%，评价结果为项目能够很好地符合本省、本地、本校的实际问题和需求。

3. 目前评价之时，项目目标是否符合《国家中长期教育改革和发展规划纲要（2010—2020 年）》和《国家教育事业发展第十二个五年规划》中职业教育的发展目标。这部分属于项目的后相关部分，主要根据两个文件内容进行最终评价。如果项目评价之时各项内容均能在相关的政策、法律、战略文本中得到肯定的回答，那么表示评价之时的目标与两个文件的目标相一致。

项目评价时，项目目标与当前中国职业教育的发展政策以及世行援助战略高度相关。2010 年我国发布了《国家中长期教育改革和发展规划纲要（2010—2020 年）》，其中在第六章"职业教育"中，详细规定未来 20 年我国职业教育发展的战略目标、发展重点、发展方向。同时，为配合国家"十二五"规划纲要，提出了《国家教育事业发展第十二个五年规划》，提出了"职业教育和普通教育协调发展，职业学校专业实训基地达标率达到 80%，现代职业教育体系基本形成"等要求。根据问卷调查结果统计我们得出在实施项目评价时，项目目标与当前中国职业教育的发展政策以及世行援助战略高度相关的结论。

评价小组以调查问卷的方式对 48 所项目学校的评价结果进行了统计分析，得出评价结果为项目实施基本符合《国家中长期教育改革和发展规划纲要（2010—2020 年）》和《国家教育事业发展第十二个五年规划》中职业教育的发展目标。评价结果显示，随着中国经济环境和教育环境的发展与变迁，项目目标仍然能够与《国家中长期教育改革和发展规划纲要（2010—2020 年）》和《国家教育事业发展第十二个五年规划》中职业教育的发展目标保持一致。

4. 目前评价之时，项目目标与本校的实际问题和需求是否相符。表 8-9 显示出当前项目目标与本校的实际问题和需求相符程度的统计结论。

表8-9 目前评价之时,"职教二"项目目标与本校的实际问题和需求是否相符

		频率	比率(%)	有效值比率(%)	累计比率(%)
有效值	高度相符	9	18.8	18.8	18.8
	相符	37	77.1	77.1	95.8
	部分相符	2	4.2	4.2	100.0
	总计	48	100.0	100.0	

从统计结果中,我们可知,当前我国职业教育领域项目目标与本校的实际问题和需求相符程度较高。近几年随着我国经济水平的快速发展、经济总量的不断增长以及对教育领域的持续投入,使得各项目学校有了新需求,所以反馈结果中高度相关的比重有所降低,但是从总体水平来看,仍表现为相关度高。

评价结果为项目很好地符合了当前17省职业教育领域面临的问题以及职业教育的发展需求,能在世界银行对中国的文本中找到相关的内容。

5. 目前评价之时,项目目标是否符合学校所在省市的职业教育规划。由于在世行教育贷款发放之时是按照统一的衡量标准,对各省市学校进行考核,当时学校制定贷款使用目标时必然会更大程度上依赖于世行的要求,而相对较少考虑学校所在省市的实际需求。但是,随着学校的进一步发展以及各省的发展变化,培养适合社会的人才对学校来讲尤为重要,因此制定此项考核标准进行事后评价。具体问卷调查结果见表8-10。

表8-10 目前评价之时,"职教二"项目目标是否符合学校所在省、市的职业教育规划

		频率	比率(%)	有效值比率(%)	累计比率(%)
有效值	高度符合	8	16.7	16.7	16.7
	符合	39	81.3	81.3	97.9
	部分符合	1	2.1	2.1	100.0
	总计	48	100.0	100.0	

根据表内数据结果显示,虽然在接受世行贷款时各校对本省市情况考虑较为缺乏,但最终通过学校的目标调整和与社会接轨等努力,48所院校中有47所符合甚至高度符合所在省市的职业教育规划,目标完成情况良好。

二、项目效率分析

依据项目评价指标体系要求，项目效率评价部分共有 3 个关键问题。在此基础上，评价小组结合项目实际情况，开发出了 13 个具体指标。评价小组采用案卷研究、座谈会等方式，整理、分析此部分的材料，最后根据评级规则，得到项目效率准则的等级。问卷回收过程中存在考核学校对问卷问题了解不够充分、项目事后评价时间间隔较久等硬性问题，因此对某些问题的结果反映并不能保证十分精确，而存在一定误差。作为评价的参考指标，仍需要在后续工作中对某些问题的真实情况进行补充。

（一）项目实施的及时性

1. 世行贷款是否及时、足额到位。此项内容的考核分为两个部分分析，第一部分显示贷款到位的及时性，第二部分反映贷款到位是否足额。具体数据核实情况见表 8–11。

表 8–11　　　　"职教二"项目世行贷款及时、足额情况

	世行贷款是否及时	世行贷款是否足额到位
有效值	47	7

根据表格整体数据统计可发现，第一部分及时性的考核 48 份问卷中存在 1 份数据缺失，统计结果存在部分误差，但仍具有一定的可信度，可采纳取样结果。根据结果显示，非常及时到位的学校为 19 所，及时到位的为 28 所，总体情况为资金到位及时，评价结果显示良好；对于第二部分资金足额到位情况的考核，各接收问卷学校对问题理解存在误区，因此造成最终结果回收有效答案较少，对此部分问题的统计结果误差范围超过承受，故选择放弃将此部分评价纳入考核。

2. 配套资金是否及时、足额到位。与此部分第一个问题相似，对于配套资金的考核仍分为两个部分，第一部分显示贷款到位的及时性，第二部分反映贷款到位是否足额。具体数据核实情况见表 8–12、表 8–13。

表 8-12　　　　　　　　"职教二"项目配套资金是否及时

		频率	比率（%）	有效值比率（%）	累计比率（%）
有效值	非常及时	14	29.2	35.0	35.0
	及时	26	54.2	65.0	100.0
	总计	40	83.3	100.0	

表 8-13　　　　　　　　"职教二"项目配套资金是否足额

		频率	比率（%）	有效值比率（%）	累计比率（%）
有效值	基本足额	5	10.4	71.4	71.4
	不足	2	4.2	28.6	100.0
	总计	7	14.6	100.0	

根据表格整体数据统计可发现，第一部分及时性的考核 48 份问卷中存在 8 份数据缺失，统计结果存在部分误差，但考虑整体评价需求，可采纳取样结果作为参照。根据结果显示，非常及时到位的学校为 14 所，及时到位的为 26 所，总体情况为资金到位及时，评价结果显示良好。对于第二部分资金足额到位情况的考核，由于各接收问卷学校对问题理解存在误区，最终只有 7 份有效问卷，造成最终结果回收有效答案较少，对此部分问题的统计结果误差范围超过承受，选择放弃将此部分评价纳入考核。

3. 项目实际实施周期与计划实施周期是否相符。评价小组以调查问卷的方式对 48 所项目学校的评价结果进行了统计分析，其中有效回收结果为 43 份，根据现有数据显示评价结果为高度相符学校达 35 所，超前进度学校为 7 所，只有 1 所学校存在进度延后情况，具体延后原因仍有待进一步调查分析，项目实际和预期实施周期的相符程度很高。问卷结果见表 8-14 所示。

表 8-14　"职教二"项目实际实施周期与计划实施周期是否相符

		频率	比率（%）	有效值比率（%）	累计比率（%）
有效值	高度相符	35	72.9	81.4	81.4
	进度超前	7	14.6	16.3	97.7
	进度延后	1	2.1	2.3	100.0
	总计	43	89.6	100.0	

4. 项目完工验收是否合格。根据 48 份问卷的分析结果，我们认为项目完工验收基本合格。其中，完全合格的学校达 44 所，占比达 90% 以上，效果良好；基

本合格学校为 4 所，在项目完成过程中存在某些问题，但不影响总体项目的开展。问卷结果见表 8-15 所示。

表 8-15　　　　　　　　"职教二"项目完工验收是否合格

		频率	比率（%）	有效值比率（%）	累计比率（%）
有效值	合格	44	91.7	91.7	91.7
	基本合格	4	8.3	8.3	100.0
	总计	48	100.0	100.0	

（二）项目资金使用效率

1. 项目资金使用与预算是否一致。评价小组以调查问卷的方式对 48 所项目学校的评价结果进行了统计分析，除一份问卷结果缺失外，评价结果为效率比较高，所有 47 所院校均认为项目资金使用与提交世行的项目预算相一致。具体评价结果分布见表 8-16。

表 8-16　　　　　　　　"职教二"项目资金使用与预算是否一致

		频率	比率（%）	有效值比率（%）	累计比率（%）
有效值	高度一致	19	39.6	40.4	40.4
	一致	28	58.3	59.6	100.0
	总计	47	97.9	100.0	

2. 项目资金使用是否合理。通过审阅审计部门的资金审计报告以及各项目学校的完工报告，评价小组发现，项目资金基本不存在挪用、挤占的情况，各项目学校均能够按照相关的规则使用项目资金。根据评价准则，项目资金使用合法合规性的评价等级为效率非常高。

（三）项目产出

评价小组以调查问卷的方式对 48 所项目学校的评价结果进行统计分析，得出评价结果为本项目较好地实现了改善职业技术师范院校（系）设施设备方面的产出。

1. 实训基地建设与改造情况。2002 年《国务院关于大力推进职业教育改革与发展的决定》颁布以来，我国职业教育发生了显著变化，发展的进程逐步加快。加强实训基地建设是办好高等职业教育的关键所在，实训教学是培养学生创造能力、开发能力、独立分析和解决问题的能力，全面提高高职学生素质的重要教学环节。学生通过实训，受到良好的技能训练，掌握当前一线所需要具备的关键技术和职业技能，畅通就业通道，更好地适应社会的需要。

根据问卷问题分布，可将此部分考察内容分为两部分进行统计，第一部分是对新建、改造实训基地面积情况的考察，第二部分是对新增实训设备情况的考察。排除对缺失数据偏差的影响后，可认为实训基地建设与改造情况良好，基本符合世行最终目标。具体相关问题的完全情况统计见表 8 – 17、表 8 – 18。

表 8 – 17　　　　　"职教二"项目新建、改造实训基地面积

		频率	比率（%）	有效值比率（%）	累计比率（%）
有效值	超额完成目标	10	20.8	23.8	23.8
	完成情况与目标完全一致	30	62.5	71.4	95.2
	基本完成目标	2	4.2	4.8	100.0
	总计	42	87.5	100.0	

表 8 – 18　　　　　"职教二"项目新增实训设备

		频率	比率（%）	有效值比率（%）	累计比率（%）
有效值	超额完成目标	10	20.8	22.7	22.7
	完成情况与目标完全一致	30	62.5	68.2	90.9
	基本完成目标	4	8.3	9.1	100.0
	总计	44	91.7	100.0	

2. 人员培训情况。对于此项问题的分析是按照学校不同部门分工进行问题的处理，从行政人员、教师脱产和教师在职三个维度分析培训情况，这样做的好处在于有效区分教学工作和教学管理工作的培训效果，更加细致地对项目产出情况进行了划分。

整体问卷结果显示在受调查的 48 所院校中，均存在不同程度的统计数据缺失，因此从样本分析的情况来看，分析结果是存在误差的。考虑到世行贷款发放

至今已经历较长的间隔期间,很多数据不存在修复可能,因此一定程度的缺失是被允许的。具体的统计结果见表8-19。

表 8-19　　"职教二"项目人员培训目标完成情况

		频率	比率（%）	有效值比率（%）	累计比率（%）
	行政管理人员培训				
有效值	超额完成目标	5	10.4	12.2	12.2
	完成情况与目标完全一致	29	60.4	70.7	82.9
	基本完成目标	6	12.5	14.6	97.6
	没有完成目标	1	2.1	2.4	100.0
	总计	41	85.4	100.0	
	教师脱产学历培训				
		频率	比率（%）	有效值比率（%）	累计比率（%）
有效值	超额完成目标	10	20.8	25.6	25.6
	完成情况与目标完全一致	22	45.8	56.4	82.1
	基本完成目标	6	12.5	15.4	97.4
	没有完成目标	1	2.1	2.6	100.0
	总计	39	81.3	100.0	
	教师在职学历培训				
		频率	比率（%）	有效值比率（%）	累计比率（%）
有效值	超额完成目标	14	29.2	34.1	34.1
	完成情况与目标完全一致	22	45.8	53.7	87.8
	基本完成目标	4	8.3	9.8	97.6
	没有完成目标	1	2.1	2.4	100.0
	总计	41	85.4	100.0	

3. 学生数与专任教师比例以及学生数与教职工人数比例。通过对此项内容的考察,可以较为全面地反映出一个学校教师力量能否满足学生的学习需要。学生与专任教师的比例主要表现出专业课方面教师资源的充分度,通过对48所学校问卷统计结果显示,在有效回收的37份问卷中,有10所学校超额完成目标,22所学校完成目标情况与确定目标完全一致,5所学校基本完成目标,总体完成情况良好,达到了专任教师与学生数目的匹配。学生数与教职工人数比例一方面可以体现学校的办学规模,另一方面也从一定程度上反映出了学校的师资力量。有效

回收的37份问卷中,有8所学校超额完成目标,25所学校完成目标情况与确定目标完全一致,4所学校基本完成目标,总体完成情况良好,达到了教职工人数与学生数目的匹配目标。

4. 重点建设课程累计门数。此项指标主要对应学校赴海外学习归来对于课程设置方面的创新和认知,重点考察学校的学习成果。根据有效回收的35份问卷调查结果来看,学校对重点建设课程目标的完成情况良好,全部完成和超额完成任务的学校比重达88.6%,对于学校课程设置的推动力十分显著。具体数据统计情况见表8-20。

表8-20　　　"职教二"项目重点建设课程累计门数

		频率	比率(%)	有效值比率(%)	累计比率(%)
有效值	超额完成目标	10	20.8	28.6	28.6
	完成情况与目标完全一致	21	43.8	60.0	88.6
	基本完成目标	4	8.3	11.4	100.0
	总计	35	72.9	100.0	

5. 更新和开发教材累计套数。与产出评价问题的第四小问题相对应,课程设置与教材的更新和开发在某种程度上需要相互匹配,才能有效和全面地完成教学任务。根据统计数据结果,最终基本完成目标评级及以上评级占比达97.1%,教材的更新和开发情况良好。此外,未按照规定完成目标的学校也是由于外部不可抗力影响最终导致任务完成失败,说明此项指标完成情况较好。具体评级数据见表8-21。

表8-21　　　"职教二"项目更新和开发教材累计套数

		频率	比率(%)	有效值比率(%)	累计比率(%)
有效值	超额完成目标	13	27.1	37.1	37.1
	完成情况与目标完全一致	17	35.4	48.6	85.7
	基本完成目标	4	8.3	11.4	97.1
	没有完成目标	1	2.1	2.9	100.0
	总计	35	72.9	100.0	

6. 改革考试方法的课程比例。此项指标继续对学校赴海外学习成果和改革成果进行考察。在48所院校中,共有35所学校递交了相关统计结果。其中除一所学校为完成目标外,其余34所学校均基本完成设定目标。在34所基本完成目标

的院校中，有 10 所学校超额完成指标，19 所学校完成目标情况与预期完全一致，评价结果良好。具体数据分布见表 8-22。

表 8-22 "职教二"项目改革考试方法的课程比例

		频率	比率（%）	有效值比率（%）	累计比率（%）
有效值	超额完成目标	10	20.8	28.6	28.6
	完成情况与目标完全一致	19	39.6	54.3	82.9
	基本完成目标	5	10.4	14.3	97.1
	没有完成目标	1	2.1	2.9	100.0
	总计	35	72.9	100.0	

三、项目效果分析

评价的第三部分效果分析主要着眼于世行贷款最终实现的对受益学校的教学环境、师资力量、硬件及软件改善情况等内容进行分析，通过对各组成部分单项分析，最终汇总形成总体情况评价。接受调查的 48 所学校总体项目完成效果较好，排除未顺利回收问卷结果的影响，可发现世行贷款项目此项评价结果符合预期。

1. 实习实训环境改善效果。我们对 48 所项目学校进行调查统计，在调查问卷中，我们设计了项目采购的设备与学校需要的匹配性、实训基地达到安全和环保标准比例、实训基地覆盖专业增加数、实训项目内容更新比例、每周开发总时增加数、年接受实训人时增加数以及利用贷款设施接待校外实习实训人数等 7 个与该关键问题有关的调查指标，通过加权平均得出调查结果。总体调查问卷回收结果见表 8-23。

表 8-23 "职教二"项目实习实训环境改善效果问卷回收情况

	项目采购的设备与学校需要的匹配性	实训基地达到安全和环保标准比例（%）	实训基地覆盖专业增加数（个）	实训项目内容更新比例（%）	每周开放总时增加数（小时）	年接受实训人时增加数（人时）	利用贷款设施接待校外实习实训人数（人）
有效值	47	47	46	46	46	46	46

从上述 7 项基本问题的统计结果进行分析，调查小组得出结论：实习实训环境改善效果良好，在有效问卷的分析结果中，完成情况评级在好及非常好段位的学校总数占统计总数均在 80% 以上，个别问题的实现情况达 95%，数据结果情况良好。具体 7 项问题的统计分析结果见表 8-24。

表 8-24　"职教二"项目实习实训环境改善效果具体问题统计情况

		频率	比率（%）	有效值比率（%）	累计比率（%）
	实训基地覆盖专业增加数				
有效值	非常好	9	18.8	19.6	19.6
	好	30	62.5	65.2	84.8
	一般	7	14.6	15.2	100.0
	总计	46	95.8	100.0	
	实训项目内容更新比例				
有效值	非常好	14	29.2	30.4	30.4
	好	28	58.3	60.9	91.3
	一般	4	8.3	8.7	100.0
	总计	46	95.8	100.0	
	每周开放总时增加数				
有效值	非常好	14	29.2	30.4	30.4
	好	30	62.5	65.2	95.7
	一般	2	4.2	4.3	100.0
	总计	46	95.8	100.0	
	年接受实训人时增加数				
有效值	非常好	17	35.4	37.0	37.0
	好	27	56.3	58.7	95.7
	一般	2	4.2	4.3	100.0
	总计	46	95.8	100.0	
	利用贷款设施接待校外实习实训人数				
有效值	非常好	13	27.1	28.3	28.3
	好	24	50.0	52.2	80.4
	一般	8	16.7	17.4	97.8
	较差	1	2.1	2.2	100.0
	总计	46	95.8	100.0	

2. 人员培训效果。该项指标考查世行贷款项目人员培训情况,具体用项目提供培训与学校需求的匹配性来衡量。通过对回收的 45 份有效问卷结果进行分析,认为项目培训效果好及非常好的学校为 39 所,占有效统计结果的 86.7%,因此人员培训效果良好。具体统计结果见表 8-25。

表 8-25　"职教二"项目提供的培训与学校需求的匹配性

		频率	比率(%)	有效值比率(%)	累计比率(%)
有效值	非常好	10	20.8	22.2	22.2
	好	29	60.4	64.4	86.7
	一般	6	12.5	13.3	100.0
	总计	45	93.8	100.0	

3. 项目是否实现了提高教学质量、改善教学效果的目标。根据统计结果调查小组得出的结论:项目能够很好地实现提高教学质量、改善教学效果的目标。在有效回收的 48 份问卷中,有 17 所学校认为目标完成得非常好,30 所学校认为目标完成得较好,总体满意度达 97.9%,目标实现情况很好。

4. 项目是否实现了提高学生动手能力和培养学生创新能力的目标。评价小组以调查问卷的方式对 48 所项目学校的评价结果进行了统计分析,评价结果为项目实现预期目标的情况相对满意。根据统计数据显示,学生动手能力和学生创新能力在世行贷款项目的实施过程中均得到了较好的提升,学生受益很大。具体统计结果分布情况见表 8-26、表 8-27。

表 8-26　"职教二"项目是否实现了提高学生动手能力的目标

		频率	比率(%)	有效值比率(%)	累计比率(%)
有效值	非常好	20	41.7	41.7	41.7
	好	27	56.3	56.3	97.9
	一般	1	2.1	2.1	100.0
	总计	48	100.0	100.0	

表 8-27　"职教二"项目是否实现了培养学生创新能力的目标

		频率	比率(%)	有效值比率(%)	累计比率(%)
有效值	非常好	13	27.1	27.1	27.1
	好	30	62.5	62.5	89.6
	一般	5	10.4	10.4	100.0
	总计	48	100.0	100.0	

5. 项目是否实现了提高教师业务和教学能力的目标。根据统计结果显示，48所受调查院校中有22所学校认为项目非常好地实现了提高教师业务和教学能力的目标，23所学校认为项目对目标实现情况较好，二者总体占受统计学校比重的90%以上，目标实现情况良好。具体分析结果如表8-28所示。

表8-28　"职教二"项目是否实现了提高教师业务和教学能力的目标

		频率	比率（%）	有效值比率（%）	累计比率（%）
有效值	非常好	22	45.8	45.8	45.8
	好	23	47.9	47.9	93.8
	一般	3	6.3	6.3	100.0
	总计	48	100.0	100.0	

6. 项目是否实现了课程和教材经常更新的目标。根据统计结果显示，48所受调查院校中有一所学校数据缺失，其余47所学校中，有11所学校认为项目非常好地实现了课程和教材经常更新的目标，30所学校认为项目对目标实现情况较好，二者总体占受统计学校比重为87.2%，目标实现情况基本良好。具体分析结果如表8-29所示。

表8-29　"职教二"项目是否实现了课程和教材经常更新的目标

		频率	比率（%）	有效值比率（%）	累计比率（%）
有效值	非常好	11	22.9	23.4	23.4
	好	30	62.5	63.8	87.2
	一般	6	12.5	12.8	100.0
	总计	47	97.9	100.0	

7. 项目是否实现了实训基地管理体制改革的目标。根据统计结果显示，48所受调查院校中有一所学校数据缺失，其余47所学校中，有12所学校认为项目非常好地实现了实训基地管理体制改革的目标，26所学校认为项目对目标实现情况较好，二者总体占受统计学校的比重为80.9%，目标实现情况基本在允许范围内。具体分析结果如表8-30所示。

表 8-30　"职教二"项目是否实现了实训基地管理体制改革的目标

		频率	比率（%）	有效值比率（%）	累计比率（%）
有效值	非常好	12	25.0	25.5	25.5
	好	26	54.2	55.3	80.9
	一般	9	18.8	19.1	100.0
	总计	47	97.9	100.0	

8. 项目是否实现了校企合作活动的目标。根据统计结果显示，48 所受调查院校中有一所学校数据缺失，其余 47 所学校中，有 12 所学校认为项目非常好地实现了校企合作活动的目标，25 所学校认为项目对目标实现情况较好，二者总体占受统计学校的比重为 78.7%，校方对此项目标满意程度相对较低。在今后学校的各项工作推进中仍需重视校企合作的实现，努力将学校学习成果应用于真正的实践活动中，提高学校的教学能力和实践能力，保障学生学以致用，同时增强学校学生的整体社会竞争力。

9. 项目的实际受益群体数量是否达到预计的目标受益群体数量。根据统计结果显示，48 所受调查院校中有一所学校数据缺失，其余 47 所学校中，有 10 所学校认为项目非常好地实现了项目的实际受益群体数量达到预计的目标受益群体数量，31 所学校认为项目对目标实现情况较好，二者总体占受统计学校的比重为 87.2%，目标实现情况在允许范围内表现良好。具体分析结果如表 8-31 所示。

表 8-31　"职教二"项目的实际受益群体数量是否达到预计的目标受益群体数量

		频率	比率（%）	有效值比率（%）	累计比率（%）
有效值	非常好	10	20.8	21.3	21.3
	好	31	64.6	66.0	87.2
	一般	6	12.5	12.8	100.0
	总计	47	97.9	100.0	

四、项目可持续性分析

要研究项目的可持续发展，应从项目的整个生命周期着手，项目生命周期的各个阶段犹如串联起来的一组电路，任何一个环节出现问题就无持续可言。影响项目可持续性的关键因素有许多，涉及项目的各个方面。对项目可持续性的影响因素主要包括项目的经济效益、项目的资源利用情况、项目的可改造性、项目的环境状况、项目的科技进步情况、项目的可维护性等方面。当然，项目的可持续性还要受到管理、组织的影响，同时项目所在国的政策、政治状况等都会对项目的可持续性产生影响。调查小组主要挑选了其中比较重要的五个方面进行评价。

1. 项目的管理和运行机构的设置、人力资源、经费是否满足项目持续运行的需要。该指标是项目可持续性原则的一个指标，用以衡量项目的后续运行是否能够得到足够的资金、人力支持。我们对48组调查问卷进行统计分析，得出表8-32项目的管理和运行机构的可持续性结论。

表8-32　　"职教二"项目的管理和运行机构的可持续性结论

	项目实训管理机构和人员能否满足其继续运行的需要				
		频率	比率（%）	有效值比率（%）	累计比率（%）
有效值	人员数量充足、稳定，机构运行正常	22	45.8	46.8	46.8
	人员和机构有基本的运行保障	23	47.9	48.9	95.7
	人员不足、机构不稳定	2	4.2	4.3	100.0
	总计	47	97.9	100.0	
	项目结束后，实训基地经费能否满足其继续运行的需要				
		频率	比率（%）	有效值比率（%）	累计比率（%）
有效值	经费充足	19	39.6	41.3	41.3
	经费基本有保障	25		54.3	95.7
	经费不足	2	4.2	4.3	100.0
	总计	46	95.8	100.0	

从统计结果中我们可以得出，项目的管理和运行机构的设置、人力资源能够得到足够支持的比重为46.8%；项目的管理和运行机构的设置、人力资源可持续的比重为48.9%。对于两所项目学校的管理和运行机构的设置、人力资源只能得到部分可持续，我们进行跟踪调查，发现项目学校在项目关闭后为了节约人员经费等固定支出，将项目办（校级项目办）归并到学校其他管理部门。同样，在项目结束后，经费充足情况也表现良好，经费充足学校占比为41.3%，经费基本得到保障占比为54.3%，仅有两所学校出现经费不足状况。

2. 项目的产出能否得到持续地提供、维护和利用。该评价指标主要是衡量项目学校在项目结束后，能否在校舍维修、学校图书的更新和补充、学校实验设备、家具更新和补充、学校教师和管理人员培训等方面继续进行投入，以使项目发挥更深远的影响，我们统计结果以表8-33"项目产出的可持续性结论"展示。

表8-33　　　　"职教二"项目产出的可持续性结论

		频率	比率（%）	有效值比率（%）	累计比率（%）
	项目结束后，实训基地仪器维护是否可持续				
有效值	高度可持续	8	16.7	17.0	17.0
	可持续	30	62.5	63.8	80.9
	部分可持续	8	16.7	17.0	97.9
	不可持续	1	2.1	2.1	100.0
	总计	47	97.9	100.0	
	项目结束后，学校实训设备、家具更新和补充是否可持续				
有效值	高度可持续	10	20.8	21.3	21.3
	可持续	30	62.5	63.8	85.1
	部分可持续	6	12.5	12.8	97.9
	不可持续	1	2.1	2.1	100.0
	总计	47	97.9	100.0	
	项目结束后学校图书的更新和补充是否可持续				
有效值	高度可持续	9	18.8	20.0	20.0
	可持续	31	64.6	68.9	88.9
	部分可持续	4	8.3	8.9	97.8
	不可持续	1	2.1	2.2	100.0
	总计	45	93.8	100.0	
	项目结束后学校教师和管理人员培训是否可持续				
有效值	高度可持续	7	14.6	15.9	15.9
	可持续	33	68.8	75.0	90.9
	部分可持续	3	6.3	6.8	97.7
	不可持续	1	2.1	2.3	100.0
	总计	44	91.7	100.0	

续表

项目结束后学校本身的发展是否可持续

		频率	比率（%）	有效值比率（%）	累计比率（%）
有效值	高度可持续	14	29.2	30.4	30.4
	可持续	28	58.3	60.9	91.3
	部分可持续	3	6.3	6.5	97.8
	不可持续	1	2.1	2.2	100.0
	总计	46	95.8	100.0	

从统计结果中我们可以得出，项目的产出能得到充足持续的提供、维护和利用的比重为总体较高，同样项目的产出能得到持续的提供、维护和利用的比重也达到了良好状态。对于指标只能部分可持续的项目学校，我们追踪调查，发现其出现该情况的主要原因是校址搬迁和学校合并。对于该指标完全不可持续的项目学校，我们调查得知，该项目以计算机、电子设备教学为重点，对技术更新的敏感度高，由于从项目设计到政府统一采购时间太长，设备到达时有2/3早已过期，使得项目产出不可持续。

评价小组以调查问卷的方式对48所项目学校的评价结果进行了统计分析，单项统计结果和持续性占比表现良好，综合评价结果为项目的产出能够得到较好的持续提供、维护和利用。

3. 与项目立项时相比，国家及所在省份相关职教政策是否具备可持续性。我们从统计结果中分析得出由于该项目在立项之初得到了中央政府主管部门的关注，在后续的政策支持中，无论是国家职业教育政策还是省职业教育政策，都保持了高度的可持续性，正是由于政策的可持续性才带来了我国职业教育在项目基础上的新发展。从数据方面来讲，统计结果有效的44所院校中，有9所学校认为相关职教政策具有高度可持续性，33所学校认为相关政策具有可持续性，认可度达95%以上。具体统计结果如表8-34所示。

表8-34 与"职教二"项目立项时相比，国家及所在省份相关职教政策是否具备可持续性

		频率	比率（%）	有效值比率（%）	累计比率（%）
有效值	高度可持续	9	18.8	20.5	20.5
	可持续	33	68.8	75.0	95.5
	部分可持续	2	4.2	4.5	100.0
	总计	44	91.7	100.0	

4. 其他单位是否来贵校参观、学习、交流。通过了解一个学校与其他学校的互动交流情况，可以侧面反映出学校的教学能力和可持续发展前景。一个学校能够经常与其他学校交流教学成果，必然处在一个不断学习和进步的过程中，其发展也必然更加长久。具体统计结果如表8-35所示。

表8-35　　　　其他单位是否来贵校参观、学习、交流

		频率	比率（%）	有效值比率（%）	累计比率（%）
有效值	是	41	85.4	89.1	89.1
	否	5	10.4	10.9	100.0
	总计	46	95.8	100.0	

评价小组以调查问卷的方式对48所项目学校的评价结果进行了统计分析，最终有效回收问卷为46份，其中能够与其他学校进行良好沟通交流的学校占比为89.1%，收效良好。据了解，其他未能及时交流的学校一般由于学校地区较为偏僻及交通问题等受到阻碍。

5. 该项目对当地职业教育是否有积极/消极影响。根据调查问卷回收结果显示，48所受调查院校中，除1所学校统计结果缺失外，其他47所学校均认为该项目对当地职业教育产生了积极的影响。不论对学校的发展，还是社会人才的输送，"职教二"项目提供的资金和人才培养均在当时引发了一系列的职业教育改革和发展浪潮，这是项目十分积极的方面。目前在项目实施进程中还未发现项目产生的消极影响，因此可说项目开展是较为成功的，同时也较好地展现出项目的可持续性。在后续跟进阶段，即使项目资金已全部到位，培训已结束，但是通过此项目达到的社会和职业教育影响还是持续性的。

五、项目公平性分析

对项目公平性的考察，主要涉及三个大的方面，分别为资源分配公平性考察、人才交流机会公平性考察，以及项目实施过程中的公平性考察。通过对三个方面内容进行综合评价，评价小组在48份问卷中分别对应不同部分做出评价，最终得出结论为项目具有较强的公平性。虽然外界不可抗力造成的统计数据的部分缺失造成了部分评价结果的误差，但在允许范围内评价结果仍具有很强的参考性。

(一) 项目资源分配的公平性

对于项目资源分配公平性的考察，评价小组主要从项目学校和其他院校之间竞争的公平性、项目资金分配的公平性和项目资金分配依据三个方面入手，对资源分配的公平性做出评价。通过单项内容的表现最终进行加权累加平均，认为本项目资源分配较为公平。

1. 学校在申报项目时和其他学校是否是公平竞争的关系。根据47份调查问卷统计结果显示，所有学校都对项目的公平性做出了肯定，其中66%的学校认为项目学校与其他学校之间的竞争十分公平，其余学校认为较为公平，因此可得出肯定结论。统计结果如表8-36所示。

表8-36　"职教二"项目学校在申报项目时和其他学校是否是公平竞争的关系

		频率	比率（%）	有效值比率（%）	累计比率（%）
有效值	较为公平	16	33.3	34.0	34.0
	很公平	31	64.6	66.0	100.0
	总计	47	97.9	100.0	

2. 项目资金的分配是否在各学校之间公平分配。根据46份调查问卷统计结果显示，所有学校都对项目资金分配的公平性做出了肯定，其中60.9%的学校认为项目学校与其他学校之间的竞争十分公平，其余学校认为较为公平，因此可得出肯定结论。统计结果如表8-37所示。

表8-37　"职教二"项目资金的分配是否在各学校之间公平分配

		频率	比率（%）	有效值比率（%）	累计比率（%）
有效值	较为公平	18	37.5	39.1	39.1
	很公平	28	58.3	60.9	100.0
	总计	46	95.8	100.0	

3. 主要分配依据和差异在哪些方面。根据各校的实际情况，调查问卷结果显示各学校的差异主要体现在专业需要、学校办学基础和规模三个方面。对于办学基础薄弱的学校来说，需要的前期投入和中期投入均较大，随着学校的不断完善

发展，学校办学规模达到一定程度就会出现发展瓶颈，要求投入的增加。同时，有些职业教育本身对基础设施和教师的投入就较高，这也是造成资金分配差异的一个重要方面。当然，也不排除地理位置、学校内部就业和发展情况等内容的影响，在此不做赘述。

（二）项目机会的公平性

项目机会的公平性主要是指对于培训人员的选择是否公平，包括校长和老师等参训人员的筛选依据是否公平透明等内容。通过对回收问卷结果的分析，有效问卷均认为参训校长和老师人员的选择具有公平性，对项目筛选过程予以肯定。

（三）项目实施过程的公平性

项目实施过程的公平性主要是指对于培训人员使用教学设备过程中是否受到公平对待，包括校长和老师等参训人员使用教学设备的难易度和频率等内容。通过对回收问卷结果的分析，有效问卷均认为参训校长和教师人员使用教学设备过程中受到了公平对待，对项目设备使用过程的公平性予以肯定。具体分析结果见表 8-38。

表 8-38　"职教二"项目实施过程的公平性分析

		校长在培训过程中，在使用教学设备时是否受到公平对待			
		频率	比率（%）	有效值比率（%）	累计比率（%）
有效值	较为公平	12	25.0	27.3	27.3
	很公平	32	66.7	72.7	100.0
	总计	44	91.7	100.0	
		教师在培训过程中，在使用教学设备时是否受到公平对待			
		频率	比率（%）	有效值比率（%）	累计比率（%）
有效值	较为公平	11	22.9	25.0	25.0
	很公平	33	68.8	75.0	100.0
	总计	44	91.7	100.0	

六、项目典型案例分析

2015年6月3日,世行贷款"职业技术院校"项目绩效评价课题第三次调研会议在江苏农牧科技职业学院召开。教育部外资贷款事务中心左涛处长、胡备老师,财科所课题组成员张绘副研究员、吴宇伦,江苏省教育厅贷款中心张玉龙副主任,南京信息职业技术学院王钧铭院长等参加了会议。会议针对世行贷款"职业技术院校"项目绩效评价中涉及的各项问题进行了深入说明。

(一)南京信息职业技术学院概况

1953年成立南京无线电工业学校,是苏联援建项目的附属项目,为工业和信息化部电子类企业培养人才,后学校解散。1978年,在工业和信息化部领导的主导下复校,1981年开始招生。2002年,学校升格为南京信息职业技术学院,2010年被评为国家骨干高职院校。

建校初,学院共设置有无线电技术、计算机一体化、印制电路板、计算机应用4个专业,1997年由于通信技术的起步,又增设通信设备制造专业。学院遵循学历教育、科技服务、社会培训三位一体的办学格局,建立了12个科技服务平台和8个社会培训平台。学院以职业发展能力为核心,面向学生的职业生涯为育人理念,将课程分为职业素质课程、个性拓展课程、岗位能力课程、专业知识课程4类。

(二)"职教二"项目为学校带来的机遇

学院在办学模式的选择设置上充分借鉴吸取了新加坡南洋理工学院(注:现为南洋理工大学)的办学模式。相关骨干教师在新加坡培训三个月回国后,项目资金开始运作,使学院有了质的变化。1998年时,学院与新加坡南洋理工学院的整体差距大概在20年左右,但是截至调研年份,学校整体差距缩短到了10年以内,并且在网络与通信工程方面和光伏技术质量认证方面几乎是不存在差距的。

作为"职教二"项目的委派学习成员,南京无线电工业学校的王钧明院长对

"职教二"项目给学校带来的成果进行了陈述,主要分为以下四个部分:

第一,世行"职教二"项目对学校发展来说是雪中送炭。1997年,学院负债200万元,年底无法发放教师职工工资,基本处于将要瘫痪的状态,世行"职教二"项目给予学校生存发展的机会,改善了教学条件。

第二,通过世行"职教二"项目的相关培训,逐步形成了教学工厂模式,即教师与企业合作,课程和实践相结合,让学生边做边学,掌握好知识和技术。这样,使生产、研发、教学融为一体,提高了学校的办学质量。

第三,南洋理工学院在教师收入方面采取的是教师定级收入(基础工资)+花红(年终奖)的模式,而至今学院仍采取的是基础工资加课时费的模式,这样不能保证教师每节课的上课质量,即成为计时工资、计件工资。所以下一步,学校计划改革讲师制度,教师只拿定级工资,但教师基本待遇会提高,让教师没有后顾之忧。

第四,世行"职教二"项目开拓了学校领导及骨干教师的眼界,加强了学校人员的创新意识。当今世界职业教育创新多,产业转移快,整体上我国和国际水平还存在较大差距,因此相关项目的开展能够增强学校的竞争力,通过对发达地区经验的借鉴,走出适合我国职业教育发展的创新之路。

(三)学校校企合作机制的建立

通过对南洋理工大学先进办学理念和经验的学习,南京信息职业技术学院在校企合作方面形成了一整套创新机制:

第一,形成以学院和上游企业为主体(Upstream Firm),以公共技术服务平台为核心(Platform),以下游企业群为导向(Downstream Firm)的 UPD 模式(见图 8 – 2),即学院与上游制造企业合作,培养相关学生,学生到下游企业群工作。

第二,形成依托学校和企业合作项目或共建的实体,由专业教师与企业工程师组成的专业团队。团队成员以合作项目或共建实体的效益为纽带,共同承担项目任务或实体业务,同时参与相关专业的教学建设和教学实施,形成紧密型的双师结构群体,并随着项目的深入或实体的壮大,获得可持续的发展(见图 8 – 3)。

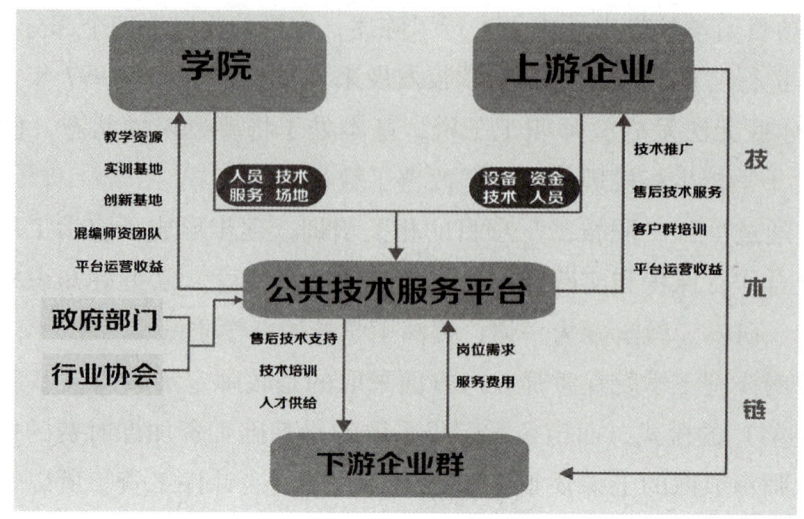

图 8-2 UPD 模式

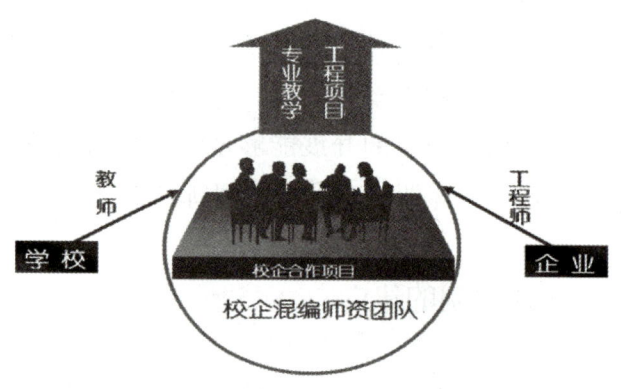

图 8-3 师结构群体

第四节 世界银行"职教二"项目评价事项

一、对项目周期内一些背景情况的说明

(一)项目周期内汇率变动的影响

本次评价的项目所涉及的资金数额较大,实施周期较长。由于项目投资资金

想,培养了大批适应新技术水平的教师和学生,同时先进的设备和教学仪器帮助各项目学校打下了坚实的物质基础。项目完成效果较好,效果显著。

四、可持续性准则

项目管理和运行机构的设置、人力资源和经费满足项目持续运行的需要。项目完工后,项目的产出能得到持续的提供、维护和利用。由于政策制度上有保障,项目还贷部分主要由财政负责,还款的持续性高。项目的可持续性良好,基本符合预期。

五、公平性

项目资源、项目资金、项目机会和项目实施过程公平。项目的主要差异是因为对于办学基础薄弱的学校来说,需要的前期投入和中期投入均较大,随着学校的不断完善发展,学校办学规模达到一定程度后就会出现发展瓶颈,要求投入的增加,而有些职业教育本身对基础设施和教师的投入就较高,这也是造成资金分配差异的一个重要方面,但这些不构成影响项目公平性的因素,项目公平性显著,基本符合预期。

表8-39　　　　　　　　　　"职教二"项目绩效评价结论

评价准则	样本数(个)	高度符合样本	绩效等级
相关性	48	>45	相关
效率	48	>40	效率高
效果	48	>45	满意
可持续性	48	>45	可持续
公平性	48	>45	公平
综合绩效	48	>45	成功

第六节 世界银行"职教二"项目经验与启示

一、项目经验

1. 各级项目执行与管理机构是项目顺利实施的组织保障。"职教二"项目实施以来,教育部、项目省和项目学校分别成立了负责贷款执行与管理工作的组织机构,并有专人负责项目的执行工作,同时制定了系统的项目执行、项目管理、土建工程、设备采购、技术援助和财务支付等管理办法,从而确保了项目的顺利实施。中央设立了由教育部副主任领导的国家级项目指导委员会;各项目省都成立了由副省长领导的贷款工作领导小组,各项目省的省教委成立了贷款办公室;各项目院校设立了项目执行办公室,负责本单位项目的具体工作。

2. 发挥贷款和配套资金的合力作用是项目成功的财务支撑。项目院校利用贷款和配套资金新建、扩建了教学设施,购置了大量实习、实验仪器设备,开展了各种培训、考察、交流活动。项目院校统筹利用贷款和配套资金,优化资源配置,充分发挥合力作用,提高了学校的办学条件,改善了教学环境,提高了管理人员的管理能力,锻炼了学员的动手能力。

3. 发挥项目咨询专家组的作用,为项目顺利实施提供智力支持。为保证项目顺利实施,并应世行的要求,教育部组建了咨询专家组。专家组的职责就是为教育部、项目省教委和世界银行提供咨询意见和建议,并监督项目的执行。专家组成员都是我国职业教育方面的行家,对世行的有关政策、项目执行程序与管理办法也都比较熟悉。项目咨询专家组自成立以来开展了多项工作,多次深入学校进行调查研究和现场咨询,为教育部、项目省市、项目学校和世界银行就项目执行与管理提供咨询意见,同时也为项目学校的发展提供了大量建议和意见。

4. 发挥贷款作用,提高办学质量和办学效益离不开科学管理。世行项目管理严格、程序复杂,相关的管理目标都有严格的指标体系和年度统计,严格的管理体现在项目各级目标的实施上。通过该项目,使各院校认识到"贷款的执行知识为项目院校的发展提供了一定的客观条件,如何充分发挥贷款的作用、提高办学质量和办学效益还离不开科学管理"。通过执行期的年度进展检查、中期检查、完工检查，使项目院校的全面工作逐年进步，接近或达到了项目目标，不少目标甚至远远超过预定数值。这种目标管理和科学管理的方法已被项目院校接受，一些院校还在日常的管理工作中坚持下来，对学校的发展影响深远。

5. 建立多层次、多形式、多专业的办学格局。贷款的执行促进了职业教育体系的改革，不少项目院校形成了多层次、多形式、多专业的办学格局。多层次办学的主要形式是：职业高中和挂靠单位联合办中专，中专学校和挂靠单位联合办大专，有条件的中专试办高等职业教育等。多形式办学主要有：职前教育和在职教育兼办，全脱产、半脱产、业余教育兼办。多专业办学主要是指以某一贷款专业为主，根据社会需要派生出相关专业，如以机械专业为主导，兼办汽车维修专业、机电一体化专业和模具制造专业等。这种办学格局使职业学校可以结合自身条件去主动满足社会对人才的需求，打破了以往职业学校单一的办学模式，有利于独立的职业教育体系的形成。

二、项目启示

1. 要坚持面向市场来推动职业教育的发展。"职教二"项目对于项目学校最大的启示就是要坚持面向市场来发展职业教育，职业教育的目的就是为社会和企业培养一线的技术人员。因此，在学校的管理上，要坚持两个委员会的建设，并使之参与到学校专业发展和学校的改革中去，密切与社会和企业界的联系，更好地服务于社会的需要和更好地服务于学校的发展。在专业设置上，要坚持以市场为导向来设置专业设置和培训项目，要根据产业结构调整和劳动力市场变化，及时改造现有专业，拓宽专业面向。在人才培养上，要坚持培养和培训并举，实行学历教育和职业培训结合；要适应终身学习的要求，把职业学校办成开放的、灵活的教育和培训中心，积极开展全日制与部分时间制相结合、职前教育和职后教育相结合，实行灵活的学习方式，推行学分制等弹性学习制度。在实习基地的建设上，要坚持加强校内校外基地建设，切实加强实践教学环节；要提高学生的实际动手能力，把教学活动和丰富多彩的社会实践、社区服务、技术开发和推广等紧密结合起来，充分利用行业企业的生产技术设备。在毕业生的就业问题上，要坚持劳动力市场信息的建设和毕业生的跟踪调查，抓职业学校生源基地和就业基地建设，注重产前产中产后衔接。为适应生源变化，职业学校要及时把办学向下向上延伸，建立稳固的"原材料"和"产品销售"基地。

2. "双师型"队伍建设是教学改革重点。教师队伍的素质与质量是保证职业学校顺利发展的关键因素,是办好职业学校的基础和前提。要坚持专兼结合的师资队伍建设方针,确保教师走在技术变革的前列,同时进一步优化各项目学校的师资队伍结构、年龄结构和职称结构,以适应职业学校面向社会发展的需要。但是由于职业学校在和普通学校对教师队伍的竞争上还不占优势,高水平和高素质的教师队伍建设一方面要坚持从高等院校中吸引高水平的教师,另一方面要坚持自身院校的教师队伍的建设和培养,提高他们的能力和素质,同时吸收企业的离退休技术人员和在岗的技术人员来学校当兼职教师,以弥补教师队伍的不足。这就需要立足学校内部建设一支相对稳定的高水平的师资队伍,同时又要吸引行业企业的工程技术人员到职业学校兼职。

第七节 世界银行"职教二"项目改善建议

本贷款项目执行期已经结束,但项目目标尚未完全达到,个别学校还有一定差距,多数学校也存在持续发展的问题。根据完工检查中发现的问题,结合各校发展规划,提出以下建议,以使后续工作有较为明确的目标。

一、贷款设备的维修、改造和更新

随着科学技术的进步,教学仪器、设备的先进性只是相对的,因而各项目院校对现有的仪器和设备要采取积极维修、逐步改造的措施,以延长其使用寿命,扩大其功能,同时也要适当更新、添加一些更先进的仪器、设备,以跟上科学发展的步伐。

二、教师队伍的建设

通过近几年贷款项目的实施,目前多数贷款学校已经认识到软件建设的重要性。职业教育实施改革的困难可能更多地取决于教师的质量。因此,建议今后地方政府和学校领导在为管理人员提供考察和交流机会的同时，也要充分注意到为教师提供考察和交流机会，以便使他们更多地学习国外和他人的先进教学经验和理论，不断更新知识，提高计算机应用能力和外语水平，加强实际操作能力的培养。

三、职业教育理论体系建设

要注意充分发挥职业教育研究部门的带头作用，尤其要充分发挥本项目接受德国赠款的三个职教研究所的作用，在职业师范院校中开展职业教育的理论研究工作。首先，在职业师范院校内应当为学生开设职业教育理论课程。其次，职业师范院校要进行职业教育理论的研究，在普通高校、成人学校、职工大学中也要搞职业教育、也办职业师范的情况下，专门的职业师范院校更应该把职业教育理论的研究放在重要的地位来抓，以便在职业师范院内起骨干带头作用。最后，职业师范院校本身也应该进行职业教育体制方面（如招收"三校"生入学的试验）和教学实施过程（如"双元制"、CBE 的试验）的改革。地方政府应注意总结职业学校教育改革的试验，帮助他们把取得的经验提高到职业教育理论的高度，再加以推广。

四、办学规模的扩大

办学规模受到教学设施、设备条件，教师数量、水平等一系列客观条件的制约，因而在多层次办学中切不可盲目追求在校生的数量，更要注意较高层次在校生人数的增加不宜太快。师生比仅在某一范围内是最佳值，否则就不一定合理，片面追求过高（或过低）的比值，其结果可能影响教学质量（或办学效益），各学校可在实行中逐步摸索其规律。

五、注重两个执教项目之间的交流

项目之间的交流包括项目执行总体情况的交流、职业教育教学实施过程改革的交流、职业教育实行科学管理与目标管理的交流和职业教育师资培训的交流等。

六、其他项目建议

为使项目院校更加注重软件建设，建议职教贷款项目将人员培训列入项目考核指标内。

本项目虽然已完工，但巩固、发展项目建设成果与效益将是一个长期任务。建议围绕发挥项目持续效益，进一步改进并完善项目管理办法，组织协调和交流，这一工作希望项目院校主管部门给予支持。

各项目省、直辖市、部委要努力做好还本付息工作，以维护国际声誉。

第九章
部门预算绩效评价指标体系

部门预算绩效评价可以以包括基本支出和项目支出在内的部门预算支出为对象实施部门预算绩效评价，也可以以项目支出为对象实施项目支出预算绩效评价。绩效评价项目应以行政事业类项目或其他类项目为主，包括重大项目和一般性项目，其中重大项目是指资金数额较大、社会影响较广、具有明显社会效益的本部门或者跨部门的项目。

第一节 农业部部门预算绩效评价指标体系[①]

一、农业部部门职能概况

农业部是主管农业与农村经济发展的国务院组成部门。从预算单位构成看，农业部部门预算包括部本级预算和部属预算单位预算。从人员构成看，农业部系

[①] 财政部预算司："预算绩效指标体系建设"项目子报告"预算绩效指标体系建设——农业"。课题组组长：王泽彩；成员：韩晓明、程瑜。报告完成日期：2015年12月。

统总人数为 161033 人（含 3 个部属科学院及 2 个中央直属垦区），其中在职人员 86846 人，离退休人员 74187 人。农业行业的项目、部门整体、财政综合绩效指标体系，应依据农业部的部门职能并结合发展规划进行设计。农业部的主要职责如下。

1. 拟定种植业、畜牧业、渔业、农业机械化、乡镇企业、农垦等农业各产业（以下简称农业）和农村经济发展政策、发展战略、中长期发展规划并指导实施，参与涉农的财税、价格、金融保险、进出口等政策制定，组织起草农业和农村经济的法律法规草案，推进农业依法行政。负责农村改革试验区相关工作。

2. 承担完善农村经营管理体制的责任。提出深化农村经济体制改革和稳定完善农村基本经营制度的政策建议，指导农村土地承包、耕地使用权流转和承包纠纷仲裁管理。指导、监督减轻农民负担和农民筹资筹劳管理工作，指导农村集体资产和财务管理。拟订农村产业化经营的发展规划与政策并组织实施，指导、扶持农业社会化服务体系、农村合作经济组织、农民合作社和农产品行业协会的建设与发展。

3. 指导粮食等主要农产品生产，组织落实促进粮食等主要农产品生产发展的相关政策措施，引导农业产业结构调整和产品品质的改善。会同有关部门指导农业标准化、规模化生产。负责提出农业固定资产投资规模和方向、国家财政性资金安排的意见，按国务院规定权限审批、核准国家规划内和年度计划规模内固定资产项目。编报部门预算并组织执行，提出扶持农业农村发展的财政政策和项目建议，经批准后与财政部共同制定实施方案并指导实施。拟订农业开发规划并监督实施，配合财政部组织实施农业综合开发项目。

4. 促进农业产前、产中、产后一体化发展，组织拟订促进农产品加工业发展政策、规划并组织实施。提出农业产业保护政策建议，指导农产品加工业结构调整、技术创新和服务体系建设。提出促进大宗农产品流通的政策建议，研究提出主要农产品的进出口建议，研究制定大宗农产品市场体系建设与发展规划，培养、保护和发展农产品品牌。

5. 承担提升农产品质量安全水平的责任。依法开展农产品质量安全风险评估，发布有关农产品质量安全状况信息，负责农产品质量安全监测。提出技术性贸易措施的建议，制定农业转基因生物安全评价标准和技术规范，参与制定农产品质量安全国家标准并会同有关部门组织实施。指导农业检验检测体系建设和机构考核，依法实施符合安全标准的农产品认证和监督管理，负责食用农产品从种植养殖环节到进入批发、零售市场或生产加工企业前的质量安全监督管理。

6. 组织、协调农业生产资料市场体系建设。依法开展农作物种子（种苗）、草种、种畜禽、兽药、饲料、饲料添加剂和职责范围内的农药、肥料等其他农业投入品质量及使用的监督管理。制定兽药质量、兽药残留限量和残留检测方法国家标准并按规定发布。依法负责渔船、渔机、网具的监督管理。拟订有关农业生产资料国家标准并会同有关部门监督实施。开展兽药医疗器械的监督管理，负责职责范围内的"瘦肉精"监管工作。指导农业机械化发展和农机安全监理。

7. 负责农作物重大病虫害防治。起草动植物防疫和检疫的法律法规草案，签署政府间协议、协定。会同有关部门制定动植物防疫检疫政策并指导实施，指导动植物防疫和检疫体系建设。组织、监督对国内动植物的防疫检疫工作，发布疫情并组织扑灭。组织植物检疫性有害生物普查，承担境外引进农作物种子（种苗）检疫审批工作。组织兽医医政、兽药药政药检工作。负责执业兽医的管理。承担有关国际公约的履约工作。负责起草畜禽屠宰相关法律法规草案，制定配套规章、规范；制定畜禽屠宰行业发展规划；负责畜禽屠宰行业统计；负责畜禽屠宰环节质量安全监督管理，组织开展监督检查、技术鉴定等活动。

8. 承担农业防灾减灾的责任。检测、发布农业灾情，组织种子、化肥等救灾物资储备和调拨，提出生产救灾资金安排建议，指导紧急救灾和灾后生产恢复。

9. 管理农业和农村经济信息，监测分析农业和农村经济运行，开展相关农业统计的工作。发布农业和农村经济信息，负责农业信息体系建设，指导农业信息服务。

10. 制定农业科研、农技推广的规划、计划和有关政策，会同有关部门组织国家农业科技创新体系和农业产业技术体系建设，实施科教兴农战略，按分工组织实施农业科研重大专项。组织实施农业领域的高新技术和应用技术研究、农业科技成果转化和技术推广，负责农业科技成果管理，组织引进国外农业先进技术，指导农技推广体系改革与建设。负责农业植物新品种保护，负责农业转基因生物安全监督管理。

11. 会同有关部门拟订农业农村人才队伍建设规划并组织实施，指导农业教育和农业职业技能开发工作，开展农村实用人才培训工作。承担农村劳动力转移就业培训工作，会同有关主管部门依法实施农业农村人才专业技术资格和从业资格管理。

12. 组织农业资源区划工作，指导农用地、渔业水域、草原、宜农滩涂、宜农湿地以及农业生物物种资源的保护和管理，负责职责范围内的水生野生动植物保护工作。拟订耕地及基本农田质量保护与改良政策并指导实施，依法管理耕地质量。运用工程设施、农艺、农机、生物等措施发展节水农业。负责政府间双边或多边渔业协定和与国际区域性渔业组织的谈判和履约工作，负责远洋渔业管理、渔船检验和职责范围内的渔政、渔港监督管理。

13. 制定并实施农业生态建设规划，指导农村可再生能源综合开发与利用，指导农业生物质产业发展和农业农村节能减排，承担指导农业面源污染治理有关工作。划定农产品禁止生产区域，指导生态农业、循环农业等的发展。负责职责范围内的渔业水域生态环境保护工作。牵头管理外来物种。

14. 承办政府间农业涉外事务，参与农业贸易谈判和农业贸易规则制定，组织开展农业贸易促进和有关国际经济、技术交流与合作。参与农业对外援助政策和规划制定，协助有关部门组织实施农业援外项目，组织有关国际公约的履约和协定的执行。

15. 承办国务院交办的其他事项。

二、项目支出绩效指标体系设计

（一）项目支出分类

1. 分类原则。分类设计项目绩效指标体系有助于项目绩效目标确定工作的开展，特别是在实际工作中，分类设计项目绩效指标体系能够简化工作内容，提高工作效率，且易于动员相关项目的业务人员参与项目绩效目标确定工作。基于此，项目分类应当遵循以下原则：

（1）简洁性。分类尽可能简单，数量少，易于理解和使用。

（2）专业性。依据专业特点分类，与专业职能相匹配，各类别具有专业方面的同质性，便于专业人员参与绩效目标确定工作。

（3）明晰性。各类别内容界定较为清楚，便于分类。

（4）全面性。能够全面覆盖各类项目，基本做到不重不漏。

（5）可操作性。确定类别时易于判断，将使用过程中带来的工作量增加尽可能控制在一定范围内。

2. 分类情况。根据农业部主要职能、预算科目设置和项目特点，我们认为，确定项目类别时，应当根据项目资金的投向和用途对所有项目进行分类，共划分为9类（见表9-1）。

表9-1　　　　　　　　　　农业部项目分类一览表

分类情况	项目名称
农业生产技术与服务支持类	农业技术试验示范专项
	农业标准化实施示范
	农产品促销
	农业业务培训经费
	农业产业化
	现代农业人才支撑计划
	国家救灾备荒种子储备补助
	赴南沙渔业生产用柴油补贴
	渔业生产损失救助
	渔业政策性保险试点
农产品及投入品质量安全监管类	农产品质量安全监管专项经费
	农业检测检验检疫费用
	农业行业标准制定和修订
	农业投入品登记注册审批费
农业信息化建设类	农业农村资源等监测统计经费
	农业部重大信息平台建设与运维专项经费
动植物疫病虫害监测与防控类	动物疫情监测与防治经费
	农作物病虫鼠害疫情监测与防治
	兽医卫生监督经费
农业资源与生态环境保护类	农业生态环境保护
	物种资源保护费
	海洋渔业资源调查与探捕
	农村能源综合建设
	耕地质量保护专项
	品种资源保护费
农业国际交流类	农业国际交流与合作
	国际组织捐赠
	国际组织会费
	出国费
	外事招待费
	其他外事项目

续表

分类情况	项目名称
行业管理与运转保障类	农业行业管理基本业务经费
	农业法制建设与政策调研
	渔政管理项目经费
	渔政船运转维修经费
	农业部重大专用设施运行费
	直属单位设施设备修缮购置项目
	机动经费
	其他零星项目
农业科研类（不含转移支付上划）	农科院科技创新工程专项经费
	中央级科学事业单位修缮购置专项资金
	科研设施专项运行维护费
	非营利性科研机构改革专项启动费
	中央级公益性科研院所基本科研业务费
	研究生培养补助及奖学金、助学金
	国家重点实验室基本科研业务费和开放运行费
	国家科技基础条件平台运行服务奖励补助经费
	科技业务管理费
垦区事务类（不含转移支付上划）	农业部直属垦区义务教育经费保障增加经费
	黑龙江农垦集团公路维护养护补助资金
	农垦执法监管专项工作经费
	直属垦区社保机构运转费
	农垦扶贫基础设施建设
	直属垦区场内人畜饮水工程建设
	直属垦区国有农场税改补助
	直属垦区社区建设及管理补助
	垦区公检法司经费补助
	黑龙江垦区边境农场建设

续表

分类情况	项目名称
垦区事务类（不含转移支付上划）	农垦扶贫科技推广与培训
	国家助学金
	农垦扶贫项目管理费
	国家励志奖学金
	小型农田水利建设
	垦区中小学危房改造补助
	新型农机具购置补贴
	农场小城镇建设及企业公益性补助
	直属垦区文化信息资源共享工程建设
	直属垦区疾病预防控制和卫生监督体系建设
	黑龙江垦区湿地保护
	农垦少数民族发展资金

（二）农业部项目绩效指标设计

在分析农业部的各项职能、预算科目及项目特点的基础上，我们认为，项目绩效指标体系分类别设计较为实用、高效，即有针对性地为每一类别设计一套指标体系，其中，部分指标可进一步依据具体项目的情况进行细化或进一步明确。这样，既可以保证类别指标的适用性，即指标适用于该类所有项目，也可以为各个具体项目的特定绩效目标留出一定的空间，即通过分解和细化指标体现具体项目的绩效特殊性。

本研究中，我们主要依据农业部提供的 2015 年 73 个项目支出绩效目标申报表进行了相关类别的项目绩效指标体系的具体设计，其余类别则依据农业部相关部门配合作出的分析结合具体项目支出情况列出绩效指标。

1. 农业生产技术与服务支持类项目。该类指标反映农业生产技术与服务支持类项目的产出情况，即财政资金投入渔业安全生产、农业技术支持、农业人才培养、科研、示范试点建设等方面取得的实际成果见表 9-2。

表 9-2　农业生产技术与服务支持类项目绩效指标体系

绩效指标	指标名称	指标值	指标说明
产出指标	各类技术实施、技术推广示范面积、标准化示范基地数量、农产品出口示范点数量	亩、个	含保护性耕作、全程机械化示范、深水网箱养殖示范、良种繁育展示，高产高效养殖示范，农机标准化，热作示范，天然橡胶示范、超级稻示范推广、标准化养蜂生产示范基地等
	农业产业化示范基地建设公共服务平台数	台套	
	完成各类技术测定（监测）数量	个	含生产性能测定、抗性鉴定、品种监测、DNA 指纹监测、转基因成分监测等
	各类区域、作物（动物）品种、试验品种数量	个	
	创建国家级农业标准化整体推进示范县（试点合作社）数量	个	
	农业人才培养人次数	人次	含杰出人才、实用技术人才以及其他各类人才培训
	各类业务培训次数、人次数	人次	内容包括财务管理、行政、安全生产、党团知识、项目管理、科技人才培训等，以及农业产业化国家重点龙头企业培训、安全救生设备使用培训等
	完成与培训相关的各类教材（含视频教材）数量	册	
	完成与业务培训相关的管理规范实施指南的数量	册	
	获得龙头企业贷款担保的农户总数	个	
	向龙头企业销售农产品的农户总数	个	
	全国性、区域性农产品产地市场及服务平台建设数量、农村田头市场示范点建设数量	个	

续表

绩效指标	指标名称	指标值	指标说明
产出指标	引进优秀品种资源数量	个	含动物、植物、微生物等种质资源
	引进各类农业技术数量	个	含重要基因挖掘、分子育种技术、转基因生物新品种培育、物联网技术、精准农业技术、动植物疫病防控、农产品加工、农业节本增效技术、清洁生产技术、质量安全控制技术
	开展各类农业科技研究数量，完成研究报告数或调研数	个	含农业产业化相关课题研究
	完成引进再创新的实验、推广面积	亩	
	举办各类展销会（推介会、促销会）次数、展位面积、各种形式的信息量（采集量和推介量）、所影响到的范围、人次	次	
	编制各类《标准化生产技术》手册数量	册	
	赴南沙生产渔船数、航次数、航程总数、航行天数	个、航次、里程	反映实际船数、次数、里程数、天数
	救助出动渔船、渔政船（艇）次数	次	
	救助渔民人次、救助渔船数量	次	
	已配备安全救生设备的渔船数量及比重	%	
	安全救生设备质量（产品合格率、售后服务到位率）	%	
	岸台设备正常运行率（或故障数、故障率）	%	

续表

绩效指标	指标名称	指标值	指标说明
效益指标	科技成果推广应用促进农业增产的数量及金额		
	科技成果推广应用促进农民增收的金额、增长率	%	
	农业技术节水率、水分利用率提高程度、缓释肥利用率提高程度、农业技术增产率、降低损失率	%	
	社会资本（含中国台湾资金）投入农业发展的金额、增长率	%	
	项目实施地农业产业化提高率	%	
	品种、技术引进成功率，技术入户率	%	
	各类农业技术项目实施地农民人均收入水平提升率	%	
	农业科技研究成果转化率	%	
	赴南沙渔船产值及渔民收入增长率	%	
	渔船救助挽回经济损失金额		
	发生海难后渔民主动申请救助补助的人数、金额		
	海难救助渔船的申报核实率	%	
服务对象满意度指标	农业人才计划培养对象满意度（抽样问卷调查）	%	
	各类参与业务培训人员满意度（填写培训总体评估表和课程教学评估表）	%	
	项目区农民（渔民）满意度	%	
	项目实施单位满意度	%	
	市场推介宣传参展企业满意度	%	

2. 农产品及投入品质量安全监管类项目。该类指标反映农产品及投入品质量安全监管类项目的产出情况，即财政资金投入农产品质量安全监测、试点、评估审批、信息发布、案件查处、研究等方面取得的实际成果见表9–3。

表 9-3　　农产品及投入品质量安全监管类项目绩效指标体系

绩效指标	指标名称	指标值	指标说明
产出指标	假冒伪劣农资大案要案查处率、种子案件查处率	%	
	农产品质量安全总体合格率	%	应达95%以上
	农产品质量安全监测范围覆盖全国大中城市数量、创建农产品质量安全示范县数量	个	
	重大农产品质量安全事件发生率	%	应为0
	农产品质量安全风险评估体系建立与完善程度	%	
	农产品质量安全监测数量、比率	次数、%	含种子转基因成分检测数量、对蔬菜、畜产品、水产品等产品抽样检测率
	种子质量监督检查、监测次数、比率	次数、%	含种子转基因成分检测数量、对种子抽样检测率
	新生物制品质量监督检查、监测次数	次数	新生物制品（含进口）复核检验、质量控制文件及复核检验
	开展其余各类质量监督检查、监测次数	次数	对农产品中的主要风险因子和消费者高度关注的农产品品种开展风险监测所获取监测数据数量、找出的突出问题隐患数量、含进口饲料和饲料添加剂产品质量监督抽查、对大宗蛋白饲料原料产品进出口情况跟踪监测
	各类农药检验检疫实验次数及报告数	次数	农药登记后监管检查、药效试验、最终残留试验和动态消解试验报告、新兽药（含进口）质量复核检验

续表

绩效指标	指标名称	指标值	指标说明
产出指标	质量安全监管信息系统建设数量及完成情况、DNA指纹数据库构建及补充数量	个	含进口饲料和饲料添加剂销售备案管理系统、农业检测检验检疫软件平台开发工作、建立数字化资料处理中心
	完成各类国家、行业标准制修订、复核检验工作数量、完成相关安全性试验和风险评估工作数量、技术性贸易措施评议工作数量、管理制度建设及完善数量、完成各类目录、主要出版物编纂工作数量	个	含兽药、饲料安全国家标准、种植业（农垦）、畜牧兽医、水产等行业标准、完善农药登记管理制度、包括编印进口饲料和饲料添加剂产品目录
	农产品质量安全研究完成数量	个	研究制定和转化农兽药残留限量及检测方法工作的数量
	与农产品质量安全有关的各类行政审批信息公开数量	个	
	各类农产品、农业投入品登记注册审批、评审及颁发登记证数量、比率	%	含无公害农产品产地认证数量、农产品认证数量、进口饲料和饲料添加剂登记许可办结率、新兽药和进口兽药评审、兽药注册、农药登记管理
	获得远洋渔业资格的远洋渔船年度受检率、远洋渔船安全技术状况报检率（不满意反馈率）	%	农业检测检验检疫费用，达到85%以上，低于5%
	远洋渔船因船舶安全技术问题造成的重大事故、远洋渔船因船舶安全技术问题造成的重大污染事故数量、涉外渔业纠纷数量	起	
效益指标	农业标准制修订质量和技术管理能力水平达到预期要求		根据专业要求确定
	兽药及兽药残留国家标准体系健全、可行、有效		根据专业要求确定

续表

绩效指标	指标名称	指标值	指标说明
效益指标	农药正式登记增长率、低毒产品比重增长率	%	
	农药登记后监管品种增长率	%	
	各类受理、审批的正确率与及时性	%	≥95%
	批准的兽药产品安全有效、质量可控		根据专业要求确定
服务对象满意度指标	主管部门满意度	%	
	监管部门满意度	%	
	被监管对象（部门、个人）满意度	%	

3. 农业信息化建设类项目。该类指标反映农业信息化建设类项目的产出情况，即财政资金投入国家农业信息资源共建共享平台建设、农业信息采集、批发市场信息采集、主要畜禽、渔业信息统计监测、农业农村经济监测与行业统计等方面取得的实际成果见表9-4。

表9-4　　　　　　　农业信息化建设类项目绩效指标体系

绩效指标	指标名称	指标值	指标说明
产出指标	国家农业信息资源共建共享平台建设数量	个	包括数据中心（个）、展示窗口（个）、管理平台（个），核心数据单元，内容涵盖农业部行业生产和服务统计、农产品价格统计、农村资源能源等统计调查
	全国统计基点县、物价基点县和成本基点调查数量和情况	个	包括全国统计基点县（个）、物价基点县（个）和成本基点（个）调查情况
	农业信息速采集、行业统计、批发市场信息采集、批发市场农残试点监测数量和情况	个	包括品种、行业、批发市场、国家级农产品产地市场信息监测数量和情况
	农作物长势长相田间监测试点县数和大户或家庭农场数量	个	

续表

绩效指标	指标名称	指标值	指标说明
产出指标	农业遥感信息监测信息统计率	%	包括作物长势、墒情、产量和其他农业遥感监测信息
	生猪、奶牛、肉牛、肉羊、蛋鸡、肉鸡等主要畜禽信息统计监测信息采集率	%	包括对监测县，生鲜乳收购站，畜产品价格信息监测点，生猪标准化规模养殖示范场监测点，蛋鸡和肉鸡规模生产企业监测点，奶牛和肉牛规模养殖企业监测点开展动态监测情况
	渔业统计信息监测统计率	%	包括渔业统计月报上报情况、渔民家庭收支调查情况、水产品批发市场信息采集
	农业农村经济监测与统计分析情况		
	全国农村固定观察点调查数量和情况	个	包括调查农户，调查村（行政村），调查企业
	中国农业信息网网站群信息发布量、日均点击数、政务通短彩信发送数量	次	包括 PacketShaper 带宽管理系统、存储备份系统、网管系统、邮件系统、负载均衡运行维护情况、网站群信息发布量、日均点击数、政务通短彩信发送数量
	中央农广校卫星远程教育培训网培训数量	次	包括中央农广校卫星远程教育培训网播出农业技术推广节目数量、农民网上免费音视频资源数量、干部教育信息管理系统培训学员数量
	水生动物疾病远程辅助诊断系统水产养殖病害诊断准确率	%	≥ 90%
	设施设备、机房环境、网络系统、监控系统、灾害预防系统等维护改造率	%	提供符合标准的运行条件，保障信息网络机构安全、稳定、持续运行
效益指标	准确研判形势，适时发布预警信息		为政府宏观决策提供支持，引导农户生产安排
	为全国农业系统的生产者和经营者提供信息服务		及时有效
	"三农"政策方针的宣传与推广		得到促进
	对机关办公发挥支撑作用		提高办公系统工作效率

续表

绩效指标	指标名称	指标值	指标说明
服务对象满意度指标	管理部门满意度	%	管理部门的满意程度,可使用问卷调查方式,以百分比反映(如≥×%)
	各具体应用部门满意度	%	各成果应用部门满意程度,可使用问卷调查方式,以百分比反映(如≥×%)

4. 动植物疫病虫害监测与防控类项目。该类反映动植物疫病虫害监测与防控类项目的产出情况,即财政资金投入动植物疫病虫害监测站点建设、信息处理、试点推广、防治等方面取得的实际成果见表9–5。

表9–5　　动植物疫病虫害监测与防控类项目绩效指标体系

绩效指标	指标名称	指标值	指标说明
产出指标	重点实施监测疫情的种类数、各类样品采样监测数量	个	含对农作物重大病虫鼠害和植物疫情实施监测、国家重点管理外来入侵物种本底调查和监测、动物疫病样品采样监测(国家"3+2"计划)、实施动物疫病防治法规、政策、标准的采样监测、防控小反刍兽疫采样监测、重大动物疫病疫苗监管采样监测、重大水生动物疫病监测抽样
	新建监测站数量	个	含热作病虫害监测站
	植物统防统治、生物防治、技术示范及辐射推广组织或基地个数(示范推广面积)	个	含专业化统防统治、绿色植保生物防治、物理防治、生态控制示范基地、天敌生物防治基地
	疫病虫害灭除面积、灭除率	%	项目区内60%以上
	发布各类预报信息数量、监测信息数量、动态信息数量	个	重要病虫害监测、水产养殖动植物病情测报、水生动物病原库、动物卫生宣传、生猪等畜禽屠宰统计、动物卫生监督信息汇总分析、重大水生动物疫病监测抽样结果汇总分析

续表

绩效指标	指标名称	指标值	指标说明
效益指标	降低农药使用量比重、减少面源污染比重	%	项目区降低农药使用量10%以上
	灾情预报准确率	%	长期预报70%，中期预报80%，短期预报90%
	物种丰富度提高程度	%	项目区内提高10%
	降低直接经济损失比率	%	含重大水生动物疫病导致的经济损失，减少20%
	农民认知度提高率	%	
	各类卫生监管体系、法律规范体系、标准体系、技术规范建设完善程度		含外来动物疫病防治技术的研究储备、监测和流行病学调查和培训规范管理、全链条兽医卫生追溯监管体系建设、兽医法律制度和机构队伍建设、加强兽医科技及实验室管理、畜禽屠宰法规、技术规范、动物产品国际贸易规则、标准研究应用及管理建设、屠宰证章标志制修订、组织实施动物卫生法律法规技术规范、动物卫生监督和动物检疫法规、规程和标准制修订
	防治后病虫草鼠发生基数的降低程度，作物危害损失率控制程度	%	85%以上，粮食产量损失5%以内；经济作物产量损失10%
	抽样经费合理使用比率	%	
服务对象满意度指标	主管部门满意度	%	
	检测与防控部门满意度	%	
	项目区农户满意度	%	

5. 农业资源与生态环境保护类项目。该类反映农业资源与生态环境保护类项目的产出情况，即财政资金投入物种资源保护、品种资源监测、生态保护示范区建设、节能减排技术推广、耕地保护等方面取得的实际成果见表9-6。

表 9-6　　农业资源与生态环境保护类项目绩效指标体系

绩效指标	指标名称	指标值	指标说明
服务对象满意度指标	接受物种资源保护扶持和补贴的单位数	个	含遗传育种中心和原良种场、重点苗种繁育县、国家、省级水生生物保护区
	保种数量	个	含珍贵、稀有、濒危畜禽遗传资源实施活体保种数量、家畜、家禽、蜜蜂基因库保种数量
	抢救性资料收集数量、各类种质资源鉴定和编目数量、资源分析检测数量	个	含作物抢救性收集、作物种质资源的试种、繁种、基本农艺性状鉴定和编目、作物种质资源抢救性整理和基本农艺性状的鉴定、作物种质资源编目入库圃保存数量、优异种质资源深度鉴定、农业野生植物资源抢救性收集、农业野生植物资源鉴定评价、收集、农艺性状评价、整理、复检入库保存国内外的优良草种质资源、牧草资源抗性评价鉴定、遗传多样性分析、库、圃种质资源安全性监测、更新（复壮）、分发数量、野生作物收集与引进种质资源、热作种质资源圃内种质保存数量
	品种资源测试、检测数量、生态保护监测数量、复审数量	个	含植物新品种 DUS 测试、转基因成分检测、农作物样品重金属污染协同监测、畜禽产排污定位监测
	繁殖和保藏的数量	个	繁殖提纯复壮标准品种和数量
	DNA 数据库中水稻品种数量	个	水稻保护和审定品种 DNA 指纹图谱库
	建设生态保护示范区（示范基地、示范点）数量	个	含水生生物湿地保护示范区、畜禽养殖废弃物及农业氮磷污染综合防治示范区、清洁生产技术示范区、现代生态农业示范基地、可降解和非降解农膜对比实验示范数量、地膜污染防治推广示范数量、标准地膜回收示范点数量

续表

绩效指标	指标名称	指标值	指标说明
服务对象满意度指标	生态保护监测点数量	个	含面源污染定位监测点数量、地膜监测点数量
	渔船节能减排技术推广数量	个	含推广玻璃钢渔船、推广节能柴油机等渔船节能装置、编印渔业节能减排通讯
	农村能源综合建设示范基地（示范点）数量	个	农村能源综合建设示范基地、秸秆全量化利用试点示范、规模化沼气工程远程在线监测试点示范
	执行探捕海域任务数量、调查的海域范围		南极探捕渔船及远洋探捕渔船实际开赴探捕海域执行探捕任务情况
	每艘探捕船随船探捕人员配备		每艘探捕船随船探捕人员配备情况
	完成规定的站点调查数量和研究任务数量、探捕报告完成数量	个·次	含各项专题调查和专题研究、探捕报告
	渔业资源监测数量（监测点、监测种类）	个	含近岸产卵场、渔业资源和生态环境监测调查、资源常规监测
	渔业资源调查报告数量及目录	个	含渔具目录审查论证、资源常规监测分析研究
	耕地地力汇总评价区域个数	个	
	耕地保护相关数据库数量	个	建立区域空间数据库、建立专题评价空间数据库
	土壤障碍因素改良、耕地地力培肥试验示范点数量	个	
效益指标	水生生物资源和水域生态环境质量改善程度		根据专业要求确定
	生态保护管理水平提高程度		含水生生物湿地保护管理水平、水生野生动物的保护管理水平，根据专业要求确定
	农民认知度	%	含各类项目，项目区内达到90%以上

续表

绩效指标	指标名称	指标值	指标说明
效益指标	垃圾处理利用率、粪便和污水处理利用率、地膜回收利用率	%	项目区内均达到80%以上
	节能率、节水率、粪便污物收集率、绿色能源使用率	%	含节能型渔船、水产养殖减排、节能减排养殖模式、单船节约燃油消耗10%以上、节能40%以上、节水70%以上、粪便污物收集率30%以上、绿色能源使用率80%以上
	户均增收节支金额	元	
服务对象满意度指标	主管部门满意度	%	
	项目实施部门满意度	%	
	项目区农户、渔民满意度	%	

6. 农业国际交流类项目。该类指标反映农业国际交流类项目的产出情况，即财政资金投入支持企业在国外建立战略农产品境外生产基地、南南合作、境外农作物或经济作物种植、援外培训、接待各国农业团组来华培训等方面取得的实际成果见表9-7。

表9-7　　　　　　农业国际交流类项目绩效指标体系

绩效指标	指标名称	指标值	指标说明
产出指标	支持企业在国外建立战略农产品境外生产基地和仓储物流体系的数量	个	包括建立农业投资园区、农业生产加工示范园、农业科研发中心、农业技术示范中心的数量（个）
	联合实验室和农业科技交流合作平台建设数量	个	包括建设联合实验室的数量（个），推进农业科技交流合作平台建设数量（个）
	启动南南合作国别项目数量	个	
	派出外派人员数量	人次	
	境外粮食等农作物或经济作物种植面积	万亩	包括实现全国农垦境外天然橡胶种植面积、境外粮食种植面积（万亩）

续表

绩效指标	指标名称	指标值	指标说明
产出指标	援外培训国家数量	次数	援外培训,包括亚洲国家(个)、非洲国家(个)
	国际组织捐赠数量	货币单位	通过积极捐款,加强我国在国际组织的话语权、议程创设能力和参与决策能力情况
	出国人次	人次	实际出国人数和次数
	出访完成率	%	完成既定年度出访工作任务数量占年度出访任务的比率
效益指标	履行国际公约、双边协定及相关国际组织成员义务情况		是否按照我国相关对外承诺履行国际公约、双边协定及相关国际组织成员义务
	参与涉农国际标准、规则、公约的谈判与制定情况		是否在涉农国际标准、规则、公约的谈判与制定中扩大话语权和影响力
	达到国际交流活动预定目标情况		国际交流活动是否达到预定目标情况
服务对象满意度指标	管理部门对外事活动情况的满意度	%	管理部门的满意程度,可使用问卷调查方式,以百分比反映(如≥×%)
	外事活动参与人员满意度	%	外事活动参与人员的满意程度,可使用问卷调查方式,以百分比反映(如≥×%)

7. 行业管理与运转保障类项目。该类指标反映农业行政管理与运转保障类项目的产出情况,即财政资金投入确权登记、组织开展培训、创建全国示范典型、推广信息化云平台、综合执法机构运行、渔业渔政管理指挥系统运行各研究所(站、中心等)的基础运行等方面取得的实际成果见表9–8。

表 9-8　　行业管理与运转保障类项目绩效指标体系

绩效指标	指标名称	指标值	指标说明
产出指标	指导各地完成确权登记颁证数量	亿亩	指导各地完成确权登记颁证工作（亿亩耕地）
	组织开展培训班、宣传报道的总课时	人·时	包括组织开展培训班、组织宣传报道
	挖掘保护中国重要农业文化遗产的数量		
	创建全国示范典型，培育品牌的数量	个	包括创建休闲农业示范县的数量、示范点的数量，最美乡村数量，美丽田园的数量
	农技推广信息化云平台顶层设计开展试点率	%	农技推广信息化云平台顶层设计在全国开展试点的情况
	国家农业科技创新与集成示范基地建设数量	个	国家农业科技创新与集成示范基地建设数量和运行管理情况
	农业基层综合执法机构建设数量	个	包括实施项目的基层综合执法机构数量、实施农业综合执法窗口示范单位数量
	基层综合执法机构运行规范化程度（达标率）	%	项目实施单位是否达到"五有"标准
	执法机构职责、运行机制、规章制度建设、编印转化课题成果完成率	%	执法职责是否明确、运行机制是否健全、规章制度是否完善、执法效果是否有效
	全年下基层调研人次	人次	全年下基层调研人员数量、次数
	课题委托、课题成果报告结项合格率	%	包括软科学课题委托数量、课题结项数量、质量情况（通过结题评审）
	渔用航标维修养护和更新改造合格率	%	包括渔用航标维修养护情况和渔用航标更新改造情况
	渔业渔政管理指挥系统运行正常率	%	渔业渔政管理指挥系统运行是否正常
	渔政船运行及时率、安全性	%	渔政船修理是否及时，船舶是否安全适航

续表

绩效指标	指标名称	指标值	指标说明
产出指标	渔政船物资供应、执法装备配备数量、达标率	%	物资供应是否及时主动，保质保量；执法装备配备是否性能优良、稳定可靠
	农业科教电视、广播节目制作任务完成率	%	制作节目总时长、广播节目制作、送播总期（集）数
	基础数据获取数量、调查监测结果达标率	%	含畜产品和饲料中二噁英样品检测数量、获得珠江流域基础数据情况、珠江水域鱼类产卵场、索饵场、越冬场、洄游通道、保护区等设立监测点数量、水产动物疫病防控应用基础研究、渔用疫苗的创制数量、培育优良野生鲢、鳙和长丰鲢亲本，繁育优良长丰鲢苗种推广数量、农药环境安全性验证试验、农药登记及药害样品质量检验数量
	各研究所（站、中心等）的基础运行条件维护和改善达标率	%	各研究所（站、中心等）是否得到良好运转保障，基础条件得到有效改善
	修缮改造面积、更新改造道路、管网长度达标率	%	单位办公楼和基础设施进行修缮改造面积；道路、污水管线、中水管线、供水管线、采暖管道、电缆线路等更新改造长度
	购置仪器设备数量	台套	音视频教学设备（台套），路演播室摄像机，数据综合运行监控系统（套），防火视频监控系统（套），农业机械装备协同仿真分析系统（套），网络安全设备（件、套），专业仪器设备（台）

续表

绩效指标	指标名称	指标值	指标说明
效益指标	规范知识产权管理健全性		推动知识产权管理制度健全，为农业知识产权管理提供依据
	成果转化交易平台信息入库率	%	成果转化交易平台信息入库情况
	对农村能源消耗、农村生态环境的改善情况		是否有效降低农村能源消耗，改善农村生态环境
	对保障粮食安全和农产品质量安全、促进农业农村经济发展的保障效果		是否有效保障粮食安全和农产品质量安全、促进农业农村经济发展
	对维护社会和谐稳定的促进作用		是否切实保护农民合法权益，树立农业执法新形象，促进和谐
	渔政船航行安全率		1－事故发生次数/渔政船航行次数
服务对象满意度指标	管理部门满意度	%	管理部门的满意程度，可使用问卷调查方式，以百分比反映（如≥×%）
	各具体应用部门满意度	%	各地养殖户、示范点等基层单位对宣传教育、技术指导等服务满意情况，可使用问卷调查方式，以百分比反映（如≥×%）

8. 农业科研类项目（不含转移支付上划）。该类指标反映农业科研类项目的产出情况，即财政资金投入公益性行业科研、科研设施专项运行维护、非营利性科研机构改革、国家重点实验室基本科研及国家科技基础条件平台运行服务奖励等方面取得的实际成果见表9－9。

表 9-9　　农业科研类项目绩效指标体系

绩效指标	指标名称	指标值	指标说明
服务满意度指标	科研经费总额	货币单位（元）	指投入的财政资金数额，包括农科院科技创新工程、中央级科学事业单位修缮购置等农业科研类经费
	科研人员总数	人数	参加科研工作的人员数
	科研人员职称构成	%	各类研究人员的专业职称比例
	科研成果数	个	形成科研成果的数量，包括研究报告、调查报告、统计分析报告、专著、教材、期刊、出版物等
	修缮次数	次	中央级科学事业单位修缮购置的次数
	新购置设备使用率	%	中央级科学事业单位购置设备使用情况：实际使用次数/设计应使用次数
	科研设施专项运行使用率	%	科研设施实际使用情况：使用次数/设计应使用次数
	科研设施专项运行维修次数	次	科研设施实际维修情况
	研究生培养补助及奖学金、助学金发放率	%	研究生培养补助及奖学金、助学金发放情况：实际发放数/应发放数
	国家重点实验室建设数量	个	国家重点实验室建设情况
	国家科技基础条件平台运行服务奖励补助数量	货币单位（元）	国家科技基础条件平台运行服务奖励补助情况
效益指标	科研成果应用比例	%	科研成果应用数/科研成果完成数
	科研服务于国家农业发展的效果		科研服务于国家农业发展的效果情况
	科技成果转化率	%	科技成果转化程度及比例
服务对象满意度指标	各具体应用部门满意度		各成果应用部门满意程度，可使用问卷调查方式，以百分比反映（如≥×%）
	相关管理部门满意度		相关管理部门满意程度，可使用问卷调查方式，以百分比反映（如≥×%）
	其他机构（如相关国际机构）的评价		其他国际机构对科学技术成果的评价情况

9. 垦区事务类项目（不含转移支付上划）。由于垦区事务类支出包括直属垦区义务教育经费保障、农垦执法监管、公路维护养护、公检法司补助、边境农场建设、扶贫科技推广与培训、扶贫基础设施建设、小型农田水利建设、新型农机具购置补贴、湿地保护等 20 多项支出，涉及垦区事务的方方面面，且很难将其归属于同一类别或同几个类别，因此，对于垦区事务类支出的绩效指标，我们按照部门整体支出（将垦区视为一个部门整体，此处并不是指农业部部门整体支出）进行设计，并结合上述八类项目支出中未涉及的项目，且金额较大的、有一定代表性的项目，如扶贫基础设施建设、垦区公检法司经费补助、直属垦区义务教育经费保障增加经费、垦区中小学危房改造补助、黑龙江农垦集团公路维护养护补助资金、直属垦区国有农场税改补助等项目，进行设计绩效指标，作为项目支出的补充见表 9-10。

表 9-10　　　　　　　　　垦区事务类项目绩效指标体系

绩效指标	指标名称	指标值	指标说明
垦区事务职责履行情况	实际完成率	%	垦区履行职责而实际完成工作数与计划工作数的比率
	完成及时率	%	是否按预算申报和工作计划制定时间完成
	质量达标率	%	本年度达到质量标准的实际工作计划数与计划工作数
	重点工作办结率	%	重点工作实际完成数与交办或下达数之比
垦区事务履职效益	经济效益	%	垦区履职对经济发展带来的影响
			垦区各项产业发展对经济增长的贡献度（垦区产业增加值增量/GDP 增量）
	社会效益		垦区履职对经济发展带来的影响
			垦区事业发展带动相关行业就业增加
	生态效益	%	垦区农业资源与生态环境保护品种、范围增长率
			垦区节能环保技术推广范围增加幅度
	社会公众或服务对象满意度	%	垦区社会大众满意度
		%	垦区工作机构人员满意度

续表

绩效指标	指标名称	指标值	指标说明
农垦扶贫基础设施建设	完成低产田改造面积	万亩	完成低产田改造，增加粮食产量
	建设小型农田水利设施改善灌溉的面积	万亩	建设小型农田水利设施改善灌溉
	促进项目农场增收、项目区职工增收的幅度	%	项目实施带来的农场和职工增收情况
	水资源提高利用率	%	减少水土流失，提高水资源利用的比率
垦区公检法司经费补助	刑事案件发案率、大规模群体性事件发生率	%	项目实施对垦区内治安情况的改善程度
直属垦区义务教育经费保障增加经费	义务教育学校"两免一补"经费保障率	%	落实义务教育学校"两免一补"经费保障的水平
	调整教师工资政策落实率	%	
	补助贫困学生的人次	人次	补助困难学生的数量
垦区中小学危房改造补助	垦区学校危房维修改造面积	平方米	学校危房维修改造情况
	工程合格率	%	危房改造合格率
黑龙江农垦集团公路维护养护补助资金	公路养护、危桥改造、通达工程、公路建设里程	公里、延米	公路养护、危桥改造、通达工程、公路建设情况
	交通网络畅通率	%	交通网络完善情况
直属垦区国有农场税改补助	新建、养护道路里程	公里	通过项目实施，完善垦区范围道路网络，进一步减轻国有农场负担和农工负担的情况
	道路验收合格率	%	道路验收合格率

（三）农业部项目绩效指标的使用

1. 项目绩效指标的分解和细化。如前所述，本研究是以二级分类为基础设计指标体系，这些指标的使用主体是农业部。在农业部管理下属二级单位时，这些指标体系可以进一步分解和细化。在项目绩效评价过程中，分解和细化的指标应当遵循同样的标准进行计算和比较，定量指标应当能够汇总，定性指标应当能够进行总体分析。

2. 跨期项目绩效指标的应用。对于分年度实施的项目，应当在确定项目绩效指标的初期就加以明确，在说明项目总目标和预期总体效益的同时，说明阶段性目标（本预算年度）和分阶段所能达到的效益，便于有针对性地进行绩效考核。在以后年度中，可以依据项目申报初期所确定的项目实施计划进行绩效考核。

3. 项目绩效指标的动态调整。为了保证分类别项目绩效指标体系在本类别内的普遍适用性，本研究所设计的分类别项目绩效指标体系是一个基本框架，在项目具体申报和实施过程中，各类指标体系都有必要依据项目的具体情况进行适当调整，如删除不适用的指标，增加部分更为合理的指标，采用更为细化的指标。

从长远看，在该指标体系的基础上，依据经济发展、体育事业进步、管理水平提升等因素增加更为实用的指标，既可以低成本地提升分类别项目绩效指标体系适用性，也能够保证绩效评价工作的连续性，同时有效减少指标体系变动带来的工作量增加。

三、部门整体绩效指标体系设计

（一）设计思路

农业部部门整体绩效指标的指导思想是以国家发展战略和农业事业发展规划的要求为依据，充分考虑农业事业发展与经济、社会协调发展的关系，充分考虑农业内部协调以及基本支出和项目支出的发展水平。

农业部部门整体绩效指标主要是围绕着农业部门的整体战略目标和职能实现程度的综合设计，是政府综合效能评价的核心。部门支出绩效评价的重点是政府职能部门的公共责任落实问题，需要综合部门职能实现的各种要素。农业部门支出绩效评价的对象是农业部门，评价目的是该部门职能履行情况，对照着部门绩效目标设定情况进行评价指标的设计。农业部门绩效评价有助于我国农业行政部门转变政府职能，改革服务方式、效率。

（二）部门支出绩效目标设计

按照农业部职能定位和发展规划，结合前述项目绩效指标和评价指标体系，农业部部门整体支出绩效评价指标体系框架见表 9–11。

表 9–11　　农业部部门整体支出绩效评价指标体系一览表

序号	指标名称	指标值	指标说明
1	农产品（含水产品、畜禽产品）产量		实际产量
2	农产品（含水产品、畜禽产品）产量增幅	%	实际产量增长情况
3	农产品（含水产品、畜禽产品）产值		实际产值
4	农产品（含水产品、畜禽产品）产值增幅	%	实际产值增长情况
5	农产品（含水产品、畜禽产品）质量安全总体合格率	%	农产品质量安全情况
6	来自于农业的农民收入总体增长额、农民收入总体增长率	%	仅包括来自农业的收入，不含外出打工收入和乡镇企业收入
7	来自于农业的农民人均收入增长额、农民人均收入增长率	%	仅包括来自农业的收入，不含外出打工收入和乡镇企业收入
8	农业资源与生态环境保护品种、范围增长率	%	受保护的品种、范围变动情况
9	耕地保护范围增加幅度	%	耕地保护改善情况
10	节能环保技术推广范围增加幅度	%	节能环保技术推广情况

四、财政预算绩效指标体系设计

按照农业部职能定位和发展规划，可采用表 9–12 考核其财政综合预算绩效实现情况。

表 9–12　　农业部财政预算绩效指标体系一览表

序号	指标名称	指标值	指标说明
1	农业产品产量增幅	%	农业产品产出增长情况
2	农业产品质量安全总体合格率	%	农业产品质量安全情况
3	来自于农业的农民人均收入增长率	%	仅包括来自农业的收入，不含外出打工收入和乡镇企业收入，反映农业收入增长情况
4	农业生态环境保护指数		反映生态环境保护改善情况

对于农业生态环境保护指数，可以采用以下方法进行具体计算：

农业生态环境保护指数 = 农业资源保护指数 × 权重1 + 生态环境保护指数 × 权重2 + 耕地保护指数 × 权重3 + 节能环保指数 × 权重4

其中：

农业资源保护指数 =（农业资源保护品种增长率 + 1）× 50% +（农业资源保护范围增长率 + 1）× 50%

生态环境保护指数 =（生态环境保护品种增长率 + 1）× 50% +（生态环境保护范围增长率 + 1）× 50%

耕地保护指数 = 耕地保护范围增长率 + 1

节能环保指数 = 节能环保技术推广范围增长率 + 1

第二节　科技部部门预算绩效评价指标体系[①]

一、科技部部门职能及机构设置

科学技术部共有13个内设机构，分别是办公厅、政策法规与监督司（创新体系建设办公室）、创新发展司、资源配置与管理司、重大专项办公室、基础研究司、高新技术发展及产业化司、农村科技司、社会发展科技司、国际合作司（港澳台办公室）、人事司、机关党委和离退休干部局，各个机构均有明确的职责分工。结合科技项目分类的特点，可以把科学技术部的主要职能划分为以下八类。

1. 基础研究方面的职能。一是拟订国家基础研究规划和政策建议；二是组织开展国家基础研究的需求分析和预测，凝练国家重点研发计划专项，编制指南，遴选项目管理专业机构；三是提出基础研究重大任务；四是协调国家自然科学基金，负责相关科技计划（专项、基金）查重，开展对相关计划（专项、基金）的绩效评价；五是参与编制国家重大科学工程建设规划；六是统筹平台、基地的规

[①] 财政部预算司："预算绩效指标体系建设"项目子报告"预算绩效指标体系建设——科技"。课题组组长：王泽彩；成员：梁强、李婕。2015年12月结题。

划布局和年度计划；七是建立科研条件保障和资源管理机制，推进科技资源开放共享，组织推动科研基础性工作。

2. 高新技术方面的职能。一是拟订相关领域高新技术发展及产业化的规划，提出行业创新发展政策建议；二是开展高新技术的需求分析和预测，凝练国家重点研发计划专项，编制指南，遴选项目管理专业机构；三是负责相关科技计划（专项、基金）查重，开展对相关计划（专项、基金）的绩效评价；四是提出相关领域平台、基地规划布局和年度计划；五是指导国家高新技术产业开发区建设；六是推动高新技术产业化相关技术服务体系建设。

3. 农业科技方面的职能。一是拟订农业科技发展和科技促进农村发展的规划、政策建议；二是组织开展农业与农村领域科技发展的需求分析和预测，凝练国家重点研发计划专项，编制指南，遴选项目管理专业机构；三是负责相关科技计划（专项、基金）查重，开展对相关计划（专项、基金）的绩效评价；四是提出相关领域平台、基地规划布局和年度计划；五是推动农村科技进步，指导和组织农村科技服务体系建设、科技扶贫等工作；六是指导相关重大科技成果的应用示范；七是指导农业科技园区的有关工作。

4. 社会发展科技方面的职能。一是拟订社会发展领域科技发展规划、政策建议；二是组织开展社会发展领域科技发展的需求分析和预测，凝练国家重点研发计划专项，编制指南，遴选项目管理专业机构；三是负责相关科技计划（专项、基金）查重，开展对相关计划（专项、基金）的绩效评价；四是提出相关领域平台、基地建设的规划布局和年度计划；五是负责国家人类遗传资源管理相关工作；六是促进生物技术发展及产业化工作；七是协调科技应对气候变化等全球环境科技工作。

5. 科技合作与交流方面的职能。一是组织拟订对外科技合作与交流的政策；二是组织政府间创新对话；三是承办政府间双边和多边及国际组织间的科技合作与交流事宜，承办涉港澳台科技合作与交流事宜；四是指导相关部门和地方对外科技合作与交流工作；五是承担科技援外和科技援华相关工作；六是负责对驻外科技机构工作及国别合作的指导；七是跟踪国别科技重点任务部署，开展技术预测，提出国际科技合作重大任务；八是推进国际科技合作基地建设，编制有关规划和计划。

6. 科研机构管理及科技人才培养等方面的职能。一是统筹推进科研院所改革、科技人才培养、科技知识产权创造、科普等工作；二是承担人才专项的规划布局、年度计划、绩效评价等工作；三是承办相关科研机构组建和调整的审核事宜，组织开展科研机构创新绩效评估；四是负责科技项目管理专业机构的评价和管理。

7. 科技资源配置和管理方面的职能。一是研究提出科技资源合理配置、优化整合的重大政策和措施建议；二是拟订重大科技投入政策和科技经费管理办法；三是研究提出国家科技计划管理通则，组织科技计划（专项、基金）联席会议，联系战略咨询与综合评审委员会；四是承担国家层面新设立科技计划、基金的预审核工作；五是组织编制科技计划（专项、基金）的重点任务和指南；六是负责科技计划（专项、基金）的综合平衡，提出经费配置建议。

8. 科技管理制度建设方面的职能。一是承担相关科技统计管理工作，建设和实施国家创新调查制度；二是建设和管理国家科技管理专家库；三是承担国家科技保密办公室工作；四是研究提出科技成果管理的政策，协调推进国家科技报告制度；五是建设和管理国家科技管理信息系统。

二、科技部项目支出绩效指标体系设计

（一）科技部项目支出绩效指标的作用及设计原则

1. 科技部项目支出绩效指标的作用。为加强财政资金支持的科技项目的绩效管理，提升项目管理水平和财政资金使用效率，不仅在项目资金使用完毕时要对项目进行资金效果的分析和总结，而且在申请项目资金时就应当把项目资金使用或进行项目实施要达到的目的或预期效果以绩效目标的形式表现出来。项目绩效目标就是项目预期能够达到的目标和效果，包括直接产出、经济效益、社会效益、环境效益、项目满意度以及可持续影响等。项目绩效指标是从多个角度反映项目绩效目标的具体指标。现行申报财政资金支持的科技项目时需要填写《项目支出绩效目标申报表》，充分体现了在管理的源头上就要明确设立绩效目标的预算绩效管理理念。现行《项目支出绩效目标申报表》中，项目绩效指标分为产出指标、效益指标和服务对象满意度指标三大类，每类指标又可根据申报的项目特点进一步细化，得到更为具体明确的子指标。项目绩效指标的作用主要体现在以下四个方面。

（1）将抽象的项目绩效目标具体化。项目的总体绩效目标往往是定性描述的、高度抽象的陈述，项目绩效指标可以通过将项目总体绩效目标进行分解，采

用定性和定量相结合的方法对各个子目标进行具体的描述，而且在能够定量化的情况下，会尽量使用定量指标，提高了绩效目标的精准度。

（2）为资金管理部门审核项目提供依据。资金管理部门审核项目预算时主要的一个依据就是项目的预期目标和产出效益如何，项目绩效指标为此提供了重要参考。

（3）为项目执行提供标杆。项目绩效指标也是项目单位评价自身工作的重要依据，能够增强项目单位的绩效观念和责任意识，促进项目按照绩效目标有效实施，切实提高财政资金的使用效益。

（4）为项目绩效评价提供标准。项目绩效评价必须建立在绩效目标清晰的基础之上，紧密围绕各类绩效指标进行评价才能保证项目实施未偏离其目标的设定，更好实现项目绩效评价的科学性和准确性。

2. 科技部项目支出绩效指标的设计原则。SMART 原则是应用广泛、影响较大的通用绩效目标设计原则，同样适用于科技部项目支出绩效指标设计。SMART 原则要求设计的绩效指标具备以下几个特质：Strategic，战略性的、与组织战略相适应的。绩效目标首先来源于组织战略，同时也必须服从于组织战略。这条原则要求在制定绩效目标时，应对组织战略有清晰明确的界定，同时在分解、衍生过程中，要避免推演不当制造出看似漂亮，但于组织战略无益甚至适得其反的绩效目标。Measurable，可衡量的、可测定的。绩效目标是否达成、达成程度如何，必须有可以准确判定的、便于测量、不易产生争议的尺度标准和测衡办法。Ambitious，富有挑战性和激励意义的。绩效目标的设置，应该是积极进取的，具有成长突破性，体现出超越同行、超越自我的竞争意识。Realistic，现实的、可实现的。这一条和上一条挑战性原则互为补充、互为制约。脱离自身基础、不切合实际的绩效目标，非但不能起到引导和激励作用，反而可能适得其反，影响项目的正常实施。Time-bounded，有时间限定的。任一绩效目标，必须有明确的时间规定要求。没有时限要求的目标，等于没有设定目标。

除此之外，由于科技部项目自身的特殊性，还要求绩效指标具有完备性和代表性。科技部项目众多、形式多样、具体目标千差万别，完备性要求宏观上绩效指标分类科学，整个绩效指标体系能够基本涵盖各类项目的绩效目标；代表性则要求微观上各个绩效指标简洁精炼，能够体现各类项目自身的特色，能够较为准确地区分不同类型项目绩效目标的差异。

（二）科技部项目分类

受科技部项目的多样性决定，在具体设计绩效指标时应该分类进行。分类项目绩效指标有助于项目绩效目标确定工作的开展，更好地体现同类型项目的共性和不同类型项目的差异，提高项目绩效目标的精准性，且易于在实际应用时动员相关项目的业务人员参与该类项目绩效目标的确定工作，使得绩效目标更为专业化。

分类设计项目绩效指标的一个重要前提是首先要对项目进行科学的分类，这样才能根据每类项目的特点和主要目标进行相应的指标设计。科技部的职能决定了其开展的项目，因此，基于对科技部职能的分解，结合项目资金的投向、用途和目的，可以把科技部项目划分为基础研究类、高技术研发类、科技支撑类、国际科技合作类、产业发展类、科技条件类等（见表9-13）。

表9-13　　　　　　　　　　　科技部项目分类

序号	分类	对应科技部职能	主管司局	内容
1	基础研究类	基础研究计划管理	基础研究司	973计划、国家磁约束核聚变能发展研究专项，中央财政科技计划（专项、基金等）管理改革整合形成的国家重点研发计划中以基础研究为主的项目等
2	高技术研发类	高技术研究发展计划管理	有关专业司	863计划，中央财政科技计划（专项、基金等）管理改革整合形成的国家重点研发计划中以高技术研究为主的项目等
3	科技支撑类	国民经济与社会发展重要领域技术研究计划管理	有关专业司	国家科技支撑计划，中央财政科技计划（专项、基金等）管理改革整合形成的国家重点研发计划中以科技支撑为主的项目等

续表

序号	分类	对应科技部职能	主管司局	内容
4	国际科技合作类	对外科技合作交流	国际合作司（港澳台办公室）	国家国际科技合作专项，中央财政科技计划（专项、基金等）管理改革整合形成的国家重点研发计划中以国际科技合作为主的项目等
5	产业发展类	高新技术产业化、科技成果转化推广和企业自主创新能力建设	创新发展司、高新技术发展及产业化司、农村科技司、社会发展科技司、火炬高技术产业开发中心、科技型中小企业技术创新基金管理中心	政策引导类科技计划、农业科技成果转化资金、科技富民强县专项行动计划、科技型中小企业技术创新基金，中央财政科技计划（专项、基金等）管理改革整合形成的技术创新引导专项（基金）等
6	科技条件类	国家重点实验室等科技基地建设、科研条件保障、国家科技基础条件平台建设和科技资源共享、科技人才队伍建设	政策法规与监督司（创新体系建设办公室）、资源配置与管理司、基础研究司	重大科技创新基地建设、国家重大科学仪器设备开发专项、科技基础性工作专项、科技文献信息专项、创新人才推进计划，中央财政科技计划（专项、基金等）管理改革整合形成的基地和人才专项等

注：考虑到当前正在进行的中央财政科技计划（专项、基金等）管理改革，项目分类除了涵盖现有项目，还包括了改革将整合形成的新的科技计划（专项、基金等）。

1. 基础研究类项目。基础研究类项目是指以提高原始创新能力为核心，瞄准科学前沿，冲击世界科学难题；围绕国家重大战略需求，着力解决制约国家经济和社会发展的关键科学问题的项目。基础研究类项目的成果虽然近期可能难以直接转化为生产力，取得推动社会经济发展的实用价值，但对未来科技发展却至关重要，体现了科技部关于基础研究计划管理的职能，具体由基础研究司管理。基础研究类项目主要包括国家重点基础研究发展计划（"973计划"）、国家磁约束核聚变能发展研究专项、中央财政科技计划（专项、基金等）管理改革整合形成的国家重点研发计划中以基础研究为主的项目等。"973计划"是以国家重大需求为导向，对中国未来发展和科学技术进步具有战略性、前瞻性、全局性和带动性的基础研究发展计划，主要目标为：解决中国经济建设、社会发展、国家安全和科技发展中的重大科学问题，在世界科学发展的主流方向上取得一批具有重大影响的原始性创新成果，为国民经济和社会可持续发展提供科学基础，为未来高新技术的形成提供源头创新，提升中国基础研究自主创新能力。国家磁约束核聚变能发展研究专项为落实国际热核聚变实验堆（"ITER 计划"）计划而设立。"ITER 计划"是当今世界科技界为解决人类未来能源问题而开展的重大国际合作计划，将集成当今国际上受控磁约束核聚变的主要科学和技术成果，首次建造可实现大规模聚变反应的聚变实验堆，将研究解决大量技术难题，是人类受控核聚变研究走向实用的关键一步。本轮中央财政科技计划（专项、基金等）管理改革对诸多分散的项目进行优化整合之后形成的国家重点研发计划类项目由现有科技部管理的国家重点基础研究发展计划，国家高技术研究发展计划，国家科技支撑计划，国际科技合作与交流专项，发改委、工信部共同管理的产业技术研究与开发资金，农业部、卫计委等 13 个部门管理的公益性行业科研专项等项目组成。

2. 高技术研发类项目。高技术研发类项目体现了科技部关于高技术研究发展计划管理的职能，具体由有关专业司管理，主要包括国家高技术研究发展计划（"863 计划"）、中央财政科技计划（专项、基金等）管理改革整合形成的国家重点研发计划中以高技术研究为主的项目等。"863 计划"是一项对国家的长远发展具有重要战略意义的国家高技术研究发展计划，定位是突出国家战略目标和重大任务导向，重点落实《科技规划纲要》提出的前沿技术任务和部分重点领域中的重大任务，主要目标为：以解决事关国家长远发展和国家安全的战略性、前沿性和前瞻性高技术问题为核心，攻克前沿核心技术，抢占战略制高点；研发关键共性技术，培育战略性新兴产业生长点；培育和造就一批高水平人才和团队，形成一批高技术研究开发基地，提升中国高技术持续创新能力。

3. 科技支撑类项目。科技支撑类项目体现了科技部关于国民经济与社会发展重要领域技术研究计划管理的职能，具体由有关专业司管理，主要包括国家科技支撑计划和中央财政科技计划（专项、基金等）管理改革整合形成的国家重点研发计划中以科技支撑为主的项目等。国家科技支撑计划是一项面向国民经济和社会发展的重大需求，落实《科技规划纲要》重点领域及优先主题的任务部署的国家科技发展计划，主要目标为：坚持自主创新，突破关键技术，加强技术集成应用和产业化示范，重点解决战略性、综合性、跨行业、跨地区的重大科技问题，培养和造就一批高水平的科技创新人才和团队，培育和形成一批具有国际水平的技术创新基地，为加快推进经济结构调整、发展方式转变和民生改善提供强有力的科技支撑。

4. 国际科技合作类项目。国际科技合作类项目体现了科技部关于对外科技合作交流的职能，具体由国际合作司（港澳台办公室）管理，主要包括国家国际科技合作专项和中央财政科技计划（专项、基金等）管理改革整合形成的国家重点研发计划中以国际科技合作为主的项目等。国家国际科技合作专项的主要目标为：推进开放环境下的自主创新，围绕建设创新型国家的总体目标，以全球视野推进国家创新能力建设，面向国家科技、经济和社会发展需求，通过国际合作有效利用全球科技资源，促进中国科技进步和国家竞争力的提高；服务对外开放和外交大局，在更大范围、更广领域、更高层次参与国际科技合作与交流，有效发挥科技合作在对外开放中的先导和带动作用。

5. 产业发展类项目。产业发展类项目是指主要目的在于将科技成果转化为现实生产力，加速产业技术进步和结构调整，推动经济和社会发展的项目。产业发展类项目体现了科技部关于高新技术产业化、科技成果转化推广和企业自主创新能力建设等方面的职能，具体由创新发展司、高新技术发展及产业化司、农村科技司、社会发展科技司、火炬高技术产业开发中心、科技型中小企业技术创新基金管理中心等有关司局管理。产业发展类项目主要包括政策引导类科技计划、农业科技成果转化资金、科技富民强县专项行动计划、科技型中小企业技术创新基金、中央财政科技计划（专项、基金等）管理改革整合形成的技术创新引导专项（基金）等。政策引导类科技计划通过积极营造政策环境，增强自主创新能力，推动企业成为技术创新主体，促进产学研结合，推进科技成果的应用示范、辐射推广和产业化发展，加速高新技术产业化，营造促进地方和区域可持续发展的政策环境，具体包括星火计划、火炬计划、国家重点新产品计划、国家软科学研究计划、科技惠民计划等。其中，星火计划是依靠科技进步，振兴农村经济，普及科学技术，带动农民致富的指导性科技计划；火炬计划旨在促进中国高新技术产业化及环境建设；国家重点新产品计划重点支持拥有自主知识产权、有望形成国内国际自主知名品牌、显著增强企业竞争力的新产品；国家软科学计划以实现决策科学化、民主化为目标，为科技和经济社会发展的重大决策提供支撑；科技惠民计划面向基层，加快社会发展领域科学技术成果的转化应用。农业科技成果转化资金旨在加速农业、林业、水利等科技成果转化，提高国家农业技术创新能力。科技富民强县专项行动计划重点支持中西部地区和东部欠发达地区的特色农业发展。科技型中小企业技术创新基金重点支持产业化初期（种子期和初创期）、技术含量高、市场前景好、风险较大、商业性资金进入尚不具备条件、最需要由政府支持的科技型中小企业项目。本轮中央财政科技计划（专项、基金等）管理改革对诸多分散的项目进行优化整合之后形成的技术创新引导专项（基金）由现有发改委、财政部管理的新兴产业创投基金，科技部管理的政策引导类计划、科技成果转化引导基金，财政部、科技部等四部委共同管理的中小企业发展专项资金中支持科技创新的部分，以及其他引导支持企业技术创新的专项资金（基金）等项目组成。

6. 科技条件类项目。科技条件类项目是指主要目的在于完善场地、设备、软件、人员等科技条件，为科技活动提供基础性、通用性服务的项目。科技条件类项目体现了科技部关于国家重点实验室等科技基地建设、科研条件保障、国家科技基础条件平台建设和科技资源共享、科技人才队伍建设等方面的职能，具体由政策法规与监督司（创新体系建设办公室）、资源配置与管理司、基础研究司等有关司局管理。科技条件类项目主要包括重大科技创新基地建设、国家重大科学仪器设备开发专项、科技基础性工作专项、科技文献信息专项、创新人才推进计划、中央财政科技计划（专项、基金等）管理改革整合形成的基地和人才专项等。重大科技创新基地建设重点是完善研究开发类基地布局；统筹、整合基础条件平台和基础资源类基地建设，推进开放共享；择需择优、加快建设创新人才类基地；提升科技园区类基地发展能力，为重大科技创新活动提供支撑，具体包括国家（重点）实验室引导经费、国家重点实验室、国家实验室、国家科技基础条件平台建设、国家工程技术研究中心、国家野外科学观测研究站建设等。国家重大科学仪器设备开发专项主要用于支持重大科学仪器设备的开发，以提高中国科学仪器设备的自主创新能力和自我装备水平。科技基础性工作专项主要支持中央级科研院所科技基础性工作的开展，通过对科学数据、种质资源、科学标本、资料、信息的采（收）集、整理、保存、传输以及制定相关技术基础标准，为科学研究与技术开发提供共享资源和条件。科技文献信息专项主要用于支持文献信息资源的采集、文献信息资源的加工服务、文献信息资源网络的建设和运行维护及其他与文献信息资源共建共享建设相关的工作。创新人才推进计划重点通过创新体制机制、优化政策环境、强化保障措施，培养和造就一批具有世界水平的科学家、高水平的科技领军人才和工程师、优秀创新团队和创业人才，打造一批创新人才培养示范基地，加强高层次创新型科技人才队伍建设，引领和带动各类科技人才的发展，为提高自主创新能力、建设创新型国家提供有力的人才支撑。本轮中央财政科技计划（专项、基金等）管理改革，对诸多分散的项目进行优化整合之后形成的基地和人才专项由现有科技部管理的国家（重点）实验室、国家工程技术研究中心、科技基础条件平台、创新人才推进计划，发改委管理的国家工程实验室、国家工程研究中心、国家认定企业技术中心等项目组成。

（三）科技部项目支出绩效指标体系

在对科技部项目进行分类后，即可基于项目绩效指标的设计原则，根据每类项目的特点和主要目标进行指标体系的设计。

1. 基础研究类项目。基础研究类项目的成果主要体现在学术理论层面，包括撰写研究报告、发表论文、出版专著等。相关成果虽然在短期内不一定马上投入实际应用，但对未来的技术和产品创新却奠定了重要基础，能够在源头创新上发挥很大的引领作用。基础研究类项目的具体绩效指标设计如表9-14所示。

表9-14　　　　　　　　基础研究类项目绩效指标体系

绩效指标	指标名称	指标值	指标说明
产出指标	发表论文数	篇	本项目在科技基础理论类学术期刊上发表的科技论文数目，期刊类型根据有关领域期刊分类标准确定
	SCI收录论文数	篇	本项目在科技基础理论类学术期刊上发表，且被《Science Citation Index》收录的论文数目；期刊类型根据有关领域期刊分类标准确定
	SCI收录论文被引用次数	篇	本项目SCI收录论文被引用次数
	EI收录论文数	篇	本项目在科技基础理论类学术期刊上发表，且被《Engineering Index》收录的论文数目；期刊类型根据有关领域期刊分类标准确定
	EI收录论文被引用次数	篇	本项目EI收录论文被引用次数
	CPCI-S收录论文数	篇	本项目在科技基础理论类学术期刊上发表，且被《Conference Proceedings Citation Index-Science》收录的论文数目；期刊类型根据有关领域期刊分类标准确定

续表

绩效指标	指标名称	指标值	指标说明
产出指标	CPCI–S 收录论文被引用次数	篇	本项目 CPCI–S 收录论文被引用次数
	出版著作数	部	本项目出版的科技基础理论类著作数目。著作类型由有关领域专家组认定
	研究报告	字	本项目撰写的科技基础理论研究报告合计字数，研究报告类型由有关领域专家组认定
	资助基础理论研究人员	人次	本项目资助科研人员开展科技基础理论研究的人次
	基础理论研究平台建设	个	本项目建设的科技基础理论研究平台个数，包括实验室、研究中心等
	培养研究生	人	本项目培养的科技基础理论专业博士、硕士研究生人数，专业类型根据有关领域学科专业分类标准确定
效益指标	SCI 论文影响	比值	本项目 SCI 收录论文在国际上的影响力，计算公式：SCI 论文影响 = SCI 收录论文被引用次数/ SCI 收录论文数
	EI 论文影响	比值	本项目 EI 收录论文在国际上的影响力，计算公式：EI 论文影响 = EI 收录论文被引用次数/ EI 收录论文数
	CPCI–S 论文影响	比值	本项目 CPCI–S 收录论文在国际上的影响力，计算公式：CPCI–S 论文影响 = CPCI–S 收录论文被引用次数/ CPCI–S 收录论文数
	国家级奖励	项	本项目科技基础理论类科研成果获国家级奖励项数
	省部级奖励	项	本项目科技基础理论类科研成果获省部级奖励项数
	基础理论创新	项	本项目在科技基础理论领域取得的创新项数，由有关领域专家组认定

续表

绩效指标	指标名称	指标值	指标说明
效益指标	解决国民经济、社会发展中的重大科学问题程度	0~100分	本项目是否产生国际领先的突破性成果、解决重大科学问题,由有关领域专家组评分
	在产学研结合以及推动战略性新型产业发展的支撑作用	0~100分	本项目是否对产学研结合具有显著的支撑作用、有助于推进企业联合资助模式,由有关领域专家组评分
	对科学前沿的推动作用和国际影响力	0~100分	本项目研究成果是否在本领域一流学术期刊上发表、是否具有系统性、创新性和国际影响,由有关领域专家组评分
	对经济社会可持续发展的影响	0~100分	本项目是否对科学和技术发展具有很强带动作用、促进我国持续创新能力迅速提高、显著提升我国的未来竞争力,由有关领域专家组评分
	培养的基础理论研究领军人才数	人	本项目培养的科技基础理论研究将帅人才和青年科学家人数,根据有关领域人才认定标准确定
服务对象满意度指标	项目承担单位满意度	0~100分	项目承担单位对本项目的满意度,由承担单位综合评分,并取平均值
	项目专家组满意度	0~100分	项目专家组对本项目的满意度,由专家组综合评分,并取平均值
	项目研究人员满意度	0~100分	本项目研究人员对本项目的满意度,由研究人员综合评分,并取平均值

2. 高技术研发类项目。高技术研发类项目以解决事关国家长远发展和国家安全的战略高技术问题为核心,以培育战略性新兴产业为主线,要求实现高技术研究和应用的有效结合,且定位较高,要求着重解决事关国家长远发展和国家安全的战略性、前沿性与前瞻性的高技术问题,抢占高技术发展的前沿制高点,同时还兼具人才培养和创新基地建设的功能。与基础研究类项目相比,高技术研发类项目更注重成果应用和实际效益。高技术研发类项目的具体绩效指标设计如表9-15所示。

表 9–15　　　　　　　　高技术研发类项目绩效指标体系

绩效指标	指标名称	指标值	指标说明
产出指标	资助高技术研发人员	人次	本项目资助科研人员开展高技术研发的人次
	高技术研发平台建设	个	本项目建设的高技术研发平台个数,包括实验室、研究中心、创新平台和基地等
	解决高技术难题	项	本项目解决的高技术难题项数,由有关领域专家组认定
	高技术研发成果应用	项	本项目研发的高技术成果投入实际应用的项数,由有关领域专家组认定
效益指标	高技术创新能力	0~100 分	本项目是否聚焦世界前沿技术发展方向,开展了代表国际发展方向的战略高技术研发,由有关领域专家组评分
	高技术研发成果影响力	0~100 分	本项目能否占领未来发展的战略制高点、赢得未来发展的战略主动权,由有关领域专家组评分
	高技术研发成果的质量	0~100 分	本项目能否攻克前沿核心技术和关键共性技术、突破制约产业发展的核心关键技术瓶颈、掌握产业核心技术,由有关领域专家组评分
	高技术的产业化能力	0~100 分	本项目能否提升原始创新能力和集成创新能力、提升产业自主创新能力、培育战略性新兴产业生长点、引领战略性新兴产业发展,由有关领域专家组评分
	培养的高技术研发领军人才数	人	本项目培养的高技术研发将帅人才和青年科学家人数,根据有关领域人才认定标准确定
服务对象满意度指标	高技术研发成果受众满意度	0~100 分	项目成果使用者,主要是高科技企业对本项目的满意程度,由使用者综合评分,并取平均值
	项目承担单位满意度	0~100 分	项目承担单位对本项目的满意度,由承担单位综合评分,并取平均值

续表

绩效指标	指标名称	指标值	指标说明
服务对象满意度指标	项目专家组满意度	0~100分	项目专家组对本项目的满意度，由专家组综合评分，并取平均值
	项目研究人员满意度	0~100分	本项目研究人员对本项目的满意度，由研究人员综合评分，并取平均值

3. 科技支撑类项目。科技支撑类项目主要关注各类新技术、新产品、新材料、新装置在经济和社会发展中的实际应用，以及其所取得的经济和社会效益。科技支撑类项目虽然同样侧重于技术的研发和应用，但有别于高技术研发专门针对战略性核心技术进行突破，科技支撑类项目的定位更加现实，与日常生产生活和各类企业联系更为紧密，涉及的问题多、覆盖面广，为社会发展当中产生的科技需求提供了必要的服务和支撑，对于整个社会的科技进步具有十分重要的推动作用。科技支撑类项目的具体绩效指标设计如表9-16所示。

表9-16　　　　　　　　　科技支撑类项目绩效指标体系

绩效指标	指标名称	指标值	指标说明
产出指标	专利申请数	项	本项目申请的专利数目
	专利授权数	项	本项目获得授权的专利数目
	技术标准研制数	项	本项目完成技术标准研制的数目
	科研成果的实际应用	项	本项目成果投入实际应用的数目
	资助科研人员	人次	本项目资助科研人员的人次
	科研平台建设	个	本项目建设的科研平台个数，包括实验室、研究中心等
效益指标	科研成果的针对性	0~100分	本项目在解决实际问题当中发挥的作用，是否解决了战略性、综合性、跨行业、跨地区的重大科技问题，由有关领域专家组评分
	科研自主创新能力	0~100分	本项目是否具备较高的自主创新能力，在关键技术上有所突破，由有关领域专家组评分
	科研成果应用能力	0~100分	本项目是否有利于技术集成应用和产业化示范，由有关领域专家组评分

续表

绩效指标	指标名称	指标值	指标说明
效益指标	科技支撑能力	0~100 分	本项目能否为加快推进经济结构调整、发展方式转变和民生改善提供强有力的科技支撑,由有关领域专家组评分
	培养的科研领军人才数	人	本项目培养的科研领军人才数目,根据有关领域人才认定标准确定
服务对象满意度指标	科研成果受众满意度	0~100 分	项目成果使用者,主要是各类企业对本项目的满意程度,由使用者综合评分,并取平均值
	项目承担单位满意度	0~100 分	项目承担单位对本项目的满意度,由承担单位综合评分,并取平均值
	项目专家组满意度	0~100 分	项目专家组对本项目的满意度,由专家组综合评分,并取平均值
	项目研究人员满意度	0~100 分	本项目研究人员对本项目的满意度,由研究人员综合评分,并取平均值

4. 国际科技合作类项目。国际科技合作类项目主要是以建设创新型国家为目标,紧密配合国家科技和经济发展战略,服务于社会主义现代化建设和国家外交工作两个大局。按照主要目的划分,国际科技合作类主要包括三类项目:一是通过政府间双边和多边科技合作协定或者协议框架确定,并对我国科技、经济、社会发展和总体外交工作有重要支撑作用的政府间科技合作项目;二是立足国民经济、社会可持续发展和国家安全的重大需求,符合国家对外科技合作政策目标,着力解决制约我国经济、科技发展的重大科学问题和关键技术问题,具有高层次、高水平、紧迫性特点的国际科技合作项目;三是与国外一流科研机构、著名大学、企业开展实质性合作研发,能够吸引海外杰出科技人才或者优秀创新团队来华从事短期或者长期工作,有利于推动我国国际科技合作基地建设,有利于增强自主创新能力,实现"项目—人才—基地"相结合的国际科技合作项目。

根据国际科技合作类项目的特点,可以相应设计绩效指标,如表 9-17 所示。

表 9-17　　国际科技合作类项目绩效指标体系

绩效指标	指标名称	指标值	指标说明
产出指标	国外技术引进合同数	项	本项目引进国外技术合同数目
	国外技术引进合同金额	美元	本项目引进国外技术合同金额
	出国考察访问人数	人次	本项目出国考察访问人数
	出国参加国际会议人数	人次	本项目出国参加国际会议人数
	出国参加合作研究人数	人次	本项目出国参加合作研究人数
	出国培训人数	人次	本项目出国培训人数
	出国参加展览会人数	人次	本项目出国参加展览会人数
	国内技术出口合同数	项	本项目出口国内技术合同数
	国内技术出口合同金额	美元	本项目出口国内技术合同金额
	来华考察访问人数	人次	本项目来华考察访问人数
	来华参加国际会议人数	人次	本项目来华参加国际会议人数
	来华参加合作研究人数	人次	本项目来华参加合作研究人数
	来华培训人数	人次	本项目来华培训人数
	来华参加展览会人数	人次	本项目来华参加展览会人数
	国际科技合作基地建设	个	本项目建设的国际科技合作基地数目
效益指标	对外交工作的促进作用	0~100分	本项目是否促进了我国外交工作的开展，加强了我国和其他国家的友好关系；由有关领域专家组评分
	国际科技合作成果质量	0~100分	本项目是否解决了制约我国经济、科技发展的重大科学问题和关键技术问题
	国际科技合作效果	0~100分	本项目是否有利于增强自主创新能力，实现"项目—人才—基地"相结合
服务对象满意度指标	项目承担单位满意度	0~100分	项目承担单位对本项目的满意度，由承担单位综合评分，并取平均值
	项目专家组满意度	0~100分	项目专家组对本项目的满意度，由专家组综合评分，并取平均值
	国内科研人员满意度	0~100分	本项目国内科研人员对本项目的满意度，由国内科研人员综合评分，并取平均值

续表

绩效指标	指标名称	指标值	指标说明
服务对象满意度指标	国外科研人员满意度	0~100分	本项目国外科研人员对本项目的满意度，由国外科研人员综合评分，并取平均值
	外交部门满意度	0~100分	外交部门对本项目的满意度，由外交部门的相关人员综合评分，并取平均值

5. 产业发展类项目。产业发展类项目主要以科技成果转化和产业化，为产业发展提供科技服务，与产业发展相关的人才培训和基地建设，以及提升各类企业的科技创新能力为目标。不同项目的具体要求会随相关产业的不同而存在很大差别，因此需要设计较具概括性的综合指标，在实际应用中再根据各类项目自身的特点选择不同的绩效指标加以细化。产业发展类项目的具体绩效指标设计如表9-18所示。

表9-18　　　　　　　　产业发展类项目绩效指标体系

绩效指标	指标名称	指标值	指标说明
产出指标	科技示范平台建设	个	本项目建设的科技示范平台数量，如星火计划新农村建设科技示范（试点）、科技示范基地等
	新增科技创业人数	人	本项目带动的科技创业人数
	培训平台建设	个	本项目建设的培训平台个数，如星火培训基地、星火学校等
	培训人数	人次	参加了本项目开展的科技培训的人数，如星火计划培训的农民（工）人数
	服务企业数	个	由本项目提供了科技服务的企业个数
	扶持企业数	个	本项目通过创业投资引导基金等投资渠道扶持的企业个数
	开展活动次数	场次	本项目为服务企业，促进产业发展举办的各种培训、技术交易会、推广演示会、信息发布会等
效益指标	新增产值	元	本项目扶持新设立企业或帮助已有企业新增的产值，如星火计划和火炬计划项目新增产值

续表

绩效指标	指标名称	指标值	指标说明
效益指标	新增就业岗位	个	本项目扶持新设立企业或帮助已有企业新增的就业岗位
	实现出口创汇	美元	本项目扶持新设立企业或帮助已有企业实现的出口创汇
	新增利税	元	本项目扶持新设立企业或帮助已有企业新增的利税
	受惠企业技术创新能力提高情况	0~100分	本项目能否显著提高企业技术创新能力，增加企业研发经费和知识产权数量，由受惠企业评分，并取平均值
	受惠企业经济效益变化情况	0~100分	本项目能否有效促进企业资产规模实现增长、企业年总收入、年缴税金实现增长，由受惠企业评分，并取平均值
	促进企业融资情况	0~100分	本项目能否发挥示范作用、带动社会资金多元投入、搭建融资桥梁、助推企业进入资本市场，由受惠企业评分，并取平均值
	对企业产品和品牌价值的提升作用	0~100分	本项目对企业产品和品牌价值的提升作用是否显著，由受惠企业评分，并取平均值
	对企业加速进入成长期的作用	0~100分	本项目对企业加速进入成长期的作用是否显著，由受惠企业评分，并取平均值
	对企业整体员工素质的提升作用	0~100分	本项目对企业整体员工素质的提升作用是否显著，由受惠企业评分，并取平均值
服务对象满意度指标	受惠企业满意度	0~100分	受惠企业对本项目的满意度，由企业综合评分，并取平均值
	就业人员满意度	0~100分	受惠就业人员对本项目的满意度，由受惠就业人员综合评分，并取平均值

6. 科技条件类项目。科技条件类项目同样涵盖的范围较为宽泛，既包括实验室建设、创新基地建设、科研基础平台建设、科学仪器设备研发等旨在改善科技硬件条件的项目，又包括人才培养、管理信息系统建设、科普等旨在改善科技软

件条件的项目，还有将两者综合考虑的复合型项目。因此，设计的绩效指标也较具概括性，力求体现不同项目的共性，在实际应用中同样需要选择能够和项目自身特点相符的指标进行细化。科技条件类项目的具体绩效指标设计如表 9 – 19 所示。

表 9 – 19　　　　　　　　科技条件类项目绩效指标体系

绩效指标	指标名称	指标值	指标说明
产出指标	科学仪器设备研发	台（套）	本项目研发的科学仪器设备台（套）数
	科研平台建设	个	本项目建设的科研平台个数，包括实验室、创新基地、科技基础平台等
	科研领军人才培养	人	本项目培养的科研领军人才人数，由有关领域领军人才认定标准确定
	优秀科研团队培养	个	本项目培养的优秀科研团队个数，由有关领域专家组认定
效益指标	科研平台功能	0 ~ 100 分	本项目建设的科研平台能否优化科技资源配置，实现基地、项目和人才的紧密结合
	资源共享程度	0 ~ 100 分	本项目能否促进大型仪器设备等科研资源开放和共享程度
	对外开放程度	0 ~ 100 分	本项目能否促进科研工作的开放交流，对学科、领域发展具有辐射带动作用
	国际学术交流与合作	0 ~ 100 分	本项目能否积极开展高水平和实质性的国内外学术交流与合作，参与国际科学研究与合作
	公众开放与科学传播	0 ~ 100 分	本项目能否承担社会责任，培养青少年科学意识，推动科学传播与科学普及工作
	经济影响	0 ~ 100 分	本项目能否在国民经济建设中产生重大效益
	实验条件和研究环境	0 ~ 100 分	本项目能否改善科研仪器设备和科研配套保障设施条件

续表

绩效指标	指标名称	指标值	指标说明
服务对象满意度指标	科研人员满意度	0~100 分	有关科研人员是否对本项目满意,如国家(重点)实验室科研人员是否对项目满意
	部门满意度	0~100 分	有关部门是否对本项目满意,如国家(重点)实验室依托单位和主管部门是否对项目满意
	企业满意度	0~100 分	有关企业是否对本项目满意,如科学仪器设备生产企业是否对项目满意

(四)中央财政科技计划(专项、基金等)管理改革

为深入贯彻党的十八大和十八届二中、三中、四中全会精神,落实创新驱动发展战略,深化科技体制改革和财税体制改革,我国开展了中央财政科技计划(专项、基金等)管理改革,出台了《中共中央、国务院关于深化科技体制改革、加快国家创新体系建设的意见》(中发〔2012〕6号)、《国务院关于改进加强中央财政科研项目和资金管理的若干意见》(国发〔2014〕11号)、《关于深化中央财政科技计划(专项、基金等)管理改革的方案》等一系列重要文件。中央财政科技计划(专项、基金等)管理改革势必改变科技部项目分类和性质,对项目支出绩效指标体系产生重大影响。

1. 深化中央财政科技计划(专项、基金)管理改革的背景。科技计划(专项、基金等)是政府在科技创新领域发挥引领和指导作用的重要载体,对全社会的科技创新具有风向标的作用。同时,对于体现国家在有中国特色自主创新道路上的政策取向、战略布局、发展重点以及科技创新规律特点等方面也具有重要作用。科技计划(专项、基金等)的实施成效,直接关系到创新驱动发展战略能否真正落实好、推进好。新中国成立后,"六五"时期我国就设立了第一个国家科技计划——"六五"科技攻关计划。改革开放以来,又相继设立了星火计划、国家自然科学基金、"863 计划"、"火炬计划"、"973 计划"、行业科研专项等。这些科技计划取得了一大批举世瞩目的重大科研成果,培养和凝聚了一大批高水平创新人才和团队,解决了一大批制约经济和社会发展的技术瓶颈问题,全面提升

了我国科技创新整体实力，强有力地支撑了我国改革与发展的进程。但由于各科技计划（专项、基金等）在不同时期分别设立，且越设越多，缺乏顶层设计和统筹考虑，其产出与国家发展的要求相比还远远不够，很多重要领域都亟须真正具有标志性、带动性，能够解决制约发展的"卡脖子"问题的重大科学技术突破。产生这种差距的根源之一是管理体制，现行的科技计划体系庞杂、相互交叉、不断扩张，管理部门众多，各管一块、各管一段，项目安排追求"大而全""小而全"，造成科技资源配置分散、计划目标发散、创新链条脱节，概括起来就是科技计划碎片化，科研项目取向聚焦不够。解决这些问题对当前实施好创新驱动发展战略，发挥好科技对经济社会发展的支撑引领作用十分重要。因此，深化中央财政科技计划（专项、基金等）管理改革、对中央各部门管理的科技计划（专项、基金等）进行优化整合，是当前一项重大而紧迫的任务。

2. 深化中央财政科技计划（专项、基金等）管理改革的目标和基本原则。改革的总体目标是强化顶层设计，打破条块分割，加强部门功能性分工，建立具有中国特色的目标明确和绩效导向的科技计划（专项、基金等）管理体制，更加聚焦国家目标，更加符合科技创新规律，更加高效配置科技资源，更加强化科技与经济的紧密结合，最大限度激发科研人员的创新热情。

基本原则包括以下五点：一是转变政府科技管理职能。政府各部门不再直接管理具体项目，建立统一的宏观管理和监督评估机制，破除条块分割，解决科技资源配置"碎片化"问题。二是聚焦国家重大战略任务。面向世界科技前沿、面向国家重大需求、面向国民经济主战场，优化科技计划（专项、基金等）布局，确定主攻方向，解决目标分散问题。三是促进科技与经济深度融合。围绕产业链部署创新链，围绕创新链完善资金链，使科技创新更加主动地服务于经济发展方式转变和经济结构调整。四是明晰政府与市场的关系。政府重点支持市场不能有效配置资源的公共科技活动，并以普惠性政策和引导性为主的方式支持企业技术创新活动和成果转化。五是坚持公开透明和社会监督。加强科技计划（专项、基金等）全过程的信息公开和痕迹管理，接受社会监督。

3. 建立公开统一的国家科技管理平台的具体内容。建立公开统一的国家科技管理平台，是本次科技计划管理改革的重要举措。各政府部门通过统一的科技管理平台，构建决策、咨询、执行、评价、监管等各环节职责清晰、协调衔接的新管理体系。具体内容包括：联席会议制度（一个决策平台），专业机构、战略咨询与综合评审委员会统一的评估和监管机制（三大运行支柱），国家科技管理信息系统（一套管理系统）。

联席会议制度由科技行政主管部门牵头，财政、发展改革等相关部门参加，充分发挥各部门的作用，形成统筹协调与决策机制。联席会议是实现对科技计划（专项、基金等）统一管理的关键。其主要作用体现在：首先，形成相关各方的合力，科技行政主管部门与相关行业主管部门和地方加强沟通协调，围绕国家科技发展重大战略任务、行业和区域发展需要，研究凝练形成科研任务需求，经联席会议充分讨论后按程序确定，相关各方在科研任务组织实施过程中及时跟进，产生的科技成果在行业和区域内应用示范。其次，建立共同参与、共同决策的议事机制，联席会议由各相关部门共同组成，共同审议科技发展战略规划、科技计划（专项、基金等）的布局与设置、重点任务和指南、战略咨询与综合评审委员会的组成、专业机构的遴选择优等事项。最后，形成统一的决策程序，一般事项经联席会议议定后即可实施；重大事项需经国家科技体制改革与创新体系建设领导小组审议，按程序报国务院，特别重大事项报党中央，确保科技计划（专项、基金等）的实施符合国家重大战略需求。

政府职能转变，从项目的日常管理和资金的具体分配中解放出来后，将依托专业机构具体管理项目。对专业机构的遴选主要是对现有具备条件的科研管理类事业单位进行改造，形成若干符合要求的规范化的项目管理专业机构，并鼓励具备条件的社会化科技服务机构参与竞争，推进专业机构的市场化和社会化。专业机构的任务是通过统一的国家科技管理信息系统受理各方面提出的项目申请，组织项目评审、立项、过程管理和结题验收等，对实现任务目标负责。

在国家层面设立战略咨询与综合评审委员会，充分体现科学决策、民主决策的原则。委员会的组成具有代表性，不仅有科技界的专家，也有产业界和经济界的专家，反映各方面对科技创新的需求。委员会要有战略高度，跟踪国际科技发展和产业变革趋势，对科技发展战略、规划、重大任务和重大科技创新方向的选择等方面提出咨询意见，为联席会议提供决策参考。另外，委员会对制定统一的项目评审规则、建设国家科技项目评审专家库、规范专业机构的项目评审等工作也要提出意见和建议，还可以接受联席会议委托，对特别重大的科技项目组织开展评审。

政府部门在简政放权的同时，将进一步加强对科技计划（专项、基金等）的实施绩效等组织评估评价和监督检查。具体举措包括：科技行政主管部门和财政部门对科技计划（专项、基金等）的实施绩效、战略咨询与综合评审委员会和专业机构的履职尽责情况等统一组织评估评价和监督检查，并根据结果提出动态调整意见，经联席会议审议后按程序报批；完善科研信用体系建设和"黑名单"制度，建立对主管部门和专业机构工作人员的责任倒查机制，开展"一案双查"，即在查处追究有关承担单位和个人责任的同时，倒查主管部门和专业机构是否存在管理漏洞，是否有工作人员在项目管理中存在渎职或以权谋私等行为；各有关主管部门要负起责任，对所属单位承担科技计划（专项、基金等）任务的执行情况和资金使用情况加强日常监管；加强对科技计划（专项、基金等）财政资金管理使用的审计监督，对发现的违规违法行为严肃查处，并将查处结果向社会公开。

通过统一的国家科技管理信息系统，对中央财政科技计划（专项、基金等）的需求征集、指南发布、项目申报、立项和预算安排、监督检查、结题验收等全过程进行信息管理，并按相关规定主动向社会公开信息，接受公众监督，让资金在阳光下运行。分散在各相关部门、尚未纳入国家科技管理信息系统的项目信息要尽快纳入，已结题的项目要及时纳入统一的国家科技报告系统。不纳入国家科技管理信息系统和国家科技报告系统并向社会公开的，中央财政将不予以资助。

4. 新型科技计划（专项、基金等）体系的构建。未来将按照下列五类新科技计划体系对所有实行公开竞争方式的中央财政科技计划（专项、基金等）进行优化整合：一是国家自然科学基金。资助基础研究和科学前沿探索，支持人才和团队建设，增强源头创新能力。进一步完善管理，加大资助力度，向国家重点研究领域输送创新知识和人才团队；加强基金与其他类科技计划的有效对接。二是国家科技重大专项。聚焦国家重大战略产品和产业化目标，解决"卡脖子"问题。进一步改革创新组织推进机制和管理模式，突出重大战略产品和产业化目标，控制专项数量，与其他科技计划（专项、基金等）加强分工与衔接，避免重复投入。三是国家重点研发计划。针对事关国计民生的重大社会公益性研究，以及事关产业核心竞争力、整体自主创新能力和国家安全的重大科学技术问题，突破国民经济和社会发展主要领域的技术瓶颈。将科技部管理的国家重点基础研究发展计划，国家高技术研究发展计划，国家科技支撑计划，国际科技合作与交流专项，发改委、工信部共同管理的产业技术研究与开发资金，农业部、卫计委等13个部门管理的公益性行业科研专项等，整合形成一个国家重点研发计划。当前，从"科学"再到"技术"再到"市场"演进周期大为缩短、各研发阶段边界模糊，技术更新和成果转化更加快捷。为适应这一新技术革命和产业变革的特征，新设立的国家重点研发计划着力于改变现有科技计划按不同研发阶段设置和部署的做法，按照基础前沿、重大共性关键技术到应用示范进行全链条设计，一体化组织实施。该计划下，将根据国民经济与社会发展的重大需求和科技发展优先领域，凝练设立一批重点专项，瞄准国民经济和社会发展各主要领域的重大、核心、关键科技问题，组织产学研优势力量协同攻关，提出整体解决方案。四是技术创新引导专项（基金）。按照企业技术创新活动不同阶段的需求，对发改委、财政部管理的新兴产业创投基金，科技部管理的政策引导类计划，科技成果转化引导基金，财政部、科技部等四部委共同管理的中小企业发展专项资金中支持科技创新的部分，以及其他引导支持企业技术创新的专项资金（基金）进行分类整合。现阶段，我国企业的创新能力依然薄弱，尚未真正成为创新决策、研发投入、科研组织和成果应用的主体，政府应当充分发挥市场配置技术创新资源的决定性作用，通过技术创新引导专项（基金），采用天使投资、创业投资、风险补偿、后补助等引导性支持方式，激励企业加大自身科技投入，促进科技成果转移转化，不断提高企业技术创新能力。五是基地和人才专项。对科技部管理的国家（重点）实验室、国家工程技术研究中心、科技基础条件平台、创新人才推进计划、发改委管理的国家工程实验室、国家工程研究中心、国家认定企业技术中心等合理归并，进一步优化布局，按功能定位分类整合，加强相关人才计划的顶层设计和相互衔接，在此基础上调整相关财政专项资金。基地和人才是科研活动的重要保障，相关专项要支持科研基地建设和创新人才、优秀团队的科研活动，促进科技资源开放共享。整合形成的新五类科技计划（专项、基金等）既有各自的支持重点和各具特色的管理方式，又彼此互为补充，通过统一的国家科技管理平台，建立跨计划协调机制和评估监管机制，确保五类科技计划（专项、基金等）形成整体，既聚焦重点，又避免交叉重复。

5. 优化整合工作的具体实施进度。本次科技计划（专项、基金等）优化整合工作将按照整体设计、试点先行、逐步推进的原则开展，具体进度安排为：2014年，启动国家科技管理平台建设，对部分具备条件的科技计划（专项、基金等）进行优化整合；启动重点专项试点，按照新的管理体制和运行机制选择 5～10 个重点专项进行试点，并在 2015 年财政预算中体现。同时，开展有关制度建设和基础性工作，着手组建战略咨询与综合评审委员会，开展科研信用体系建设和评审专家库建设，初步建成中央财政科研项目数据库和科技报告系统。2015～2016 年，基本建成公开统一的国家科技管理平台，基本完成各类科技计划（专项、基金等）的优化整合，实现科技计划（专项、基金等）安排和预算配置的统筹协调。初步完成国家重点研发计划下设重点专项的布局，并据此编制发布 2016 年项目指南，按新机制组织 2016 年新立项目实施。同时，为确保管理改革与现有工作的有序衔接，在研项目（课题）可继续按照现有科技计划（专项、基金等）的经费渠道和管理方式组织实施。初步完成相关制度建设和基础性工作，发布联席会议议事规则、战略咨询与综合评审委员会工作规则、专业机构遴选办法、专业机构资质能力评价标准、科技计划评估和监管机制工作方案、科技计划重点专项设立规则和动态调整工作规则、有关科技计划和资金管理办法等，完善中央财政科研项目数据库和科技报告系统。2017年，经过三年的改革过渡期，全面按照优化整合后的五类科技计划（专项、基金等）运行，现有各类科技计划（专项、基金等）经费渠道将不再保留。同时，进一步完善国家科技管理平台建设，完善科技计划（专项、基金等）和资金管理制度等各项科技管理制度，营造良好的创新环境。

（五）科技部项目支出绩效指标应用

科技部项目绩效指标为申报科技类项目确定对应的绩效目标提供了依据，框定了不同类别项目最基本的绩效目标要求，同时也为项目绩效评价提供了基础支撑。在实际应用时要注意以下五点。

一是指标体系体现的是各类项目的共性，项目主管单位可以根据项目的不同特点，从中选择最适合项目绩效目标的绩效指标，或在必要时考虑到具体项目的特殊性，可以在此基础之上增加能够体现具体项目个性的绩效指标。

二是指标体系仅给出了绩效指标及其内容，并未列出具体的指标标准值，这是由具体项目的多样性决定的。即使不同项目需要考察的绩效目标相似，绩效指标一致，指标标准值也会随项目投入的多少、项目的重要性、项目实施的客观条件、项目执行者的能力等因素的变化而存在较大差异，因而难以确定一个统一的标准值。在实际应用时指标标准值可以参考已实施的同类项目水平及上述因素的影响，由项目主管单位和实施单位根据具体项目的实际情况共同决定。

三是为反映同类项目的共性，指标体系中部分绩效指标概括性较强，在实际应用时可参照指标说明，从需要深入考察的各个方面进一步细化。

四是对于分年度实施的跨期项目，可在项目申报时结合绩效指标、项目实际情况及实施时间，将项目总目标和预期总体效益分解到不同年度，确定阶段性（本预算年度）目标和分阶段所能达到的效益，设立跨期绩效指标，制定项目跨期实施计划，便于有针对性地进行绩效考核。在以后年度中，可以依据项目申报初期所确定的跨期绩效指标和项目跨期实施计划进行绩效考核。

五是项目分类及绩效指标体系应定期或依重大改革进程，根据实际情况发生的新变化，与时俱进地进行相应调整。近期影响较大的是中央财政科技计划（专项、基金等）管理改革，预计 2017 年完成后，现有各类科技计划（专项、基金等）经费渠道将不再保留，科技项目管理将按照国家自然科学基金、国家科技重大专项、国家重点研发计划、技术创新引导专项（基金）以及基地和人才专项五类优化整合后的科技计划（专项、基金等）运行，项目支出情况和目前的状况将存在很大差别，届时，对现有项目分类和绩效指标体系进一步调整完善将十分必要。

新五类科技计划中的重点研发计划由若干重点专项组成，每个重点专项按照研发阶段进行纵向全链条设计，一体化组织实施，即在每个重点专项中均部署了基础前沿、重大共性关键技术和应用示范类项目。随着 2014 年 12 月至今科技计划管理改革各项任务的落实，国家重点研发计划重点专项的组织管理方式和运行机制逐步明朗并初步建立，为此，与之相适应的科技计划（专项、基金等）的绩效评价指标体系需紧跟计划专项的组织实施特点进行研究。相关绩效指标体系设计在每年新设专项时都应和科技部共同开展研究，结合重点专项的部署，探索建立能够充分体现各个专项特色的国家重点研发计划重点专项绩效评价指标体系。

三、科技部部门整体绩效指标体系设计

（一）科技部部门整体绩效指标的作用及设计原则

1. 科技部部门整体绩效指标的作用。科技部部门整体绩效指标综合反映科技部工作绩效目标，具体包括部门履职投入、过程、产出、效果情况的绩效指标。科技部部门整体绩效主要体现在部门支出项目的总体绩效上，但范围更广，除项目支出外还包括人员、公务经费、建设等部门运行基本支出的绩效。科技部部门整体绩效指标是综合评价科技部工作绩效的基本依据，对于改进科技部工作、提高部门资金使用效率具有重要作用。

2. 科技部部门整体绩效指标的设计原则。科技部部门整体绩效指标的设计同样遵循通用的 SMART 原则，此外，由部门特点决定，还应满足以下要求：一是合理性，即科技部整体绩效目标与其履职、年度工作任务是否相符，设立的整体绩效目标依据是否充分，是否符合客观实际。科技部部门整体绩效指标首先应符合国家法律法规、国民经济和社会发展总体规划，以及相关的科技相关法规规划；其次应符合科技部"三定"方案确定的职责；最后，还应符合科技部制定的中长

期实施规划。二是明确性,即科技部整体绩效目标能否通过相关绩效指标明细化,依据整体绩效目标所设定的绩效指标是否清晰、细化、可衡量。在设计科技部部门整体绩效指标时,应将科技部部门整体的绩效目标细化分解为具体的工作任务,通过清晰、可衡量的指标值予以体现,并与科技部部门年度的任务数或计划数相对应及与本年度科技部部门预算资金相匹配。

(二)科技部部门整体绩效指标设计

科技部部门整体绩效指标和项目支出关系密切,从严格意义上说,科技部部门整体绩效应该体现为所有项目支出的绩效之和,但由于相关项目信息统计系统建设还不够完备,难以对所有项目支出绩效进行汇总,因此仅能根据科技部的职能设定,在项目支出绩效指标的基础之上,选择关键性指标对其履职情况进行描述。科技部部门整体绩效指标的具体设计如表9–20所示。

表9–20　　　　　　　　科技部部门整体绩效指标

序号	指标名称	指标值	指标说明
1	科技论文增长率	%	发表科技论文数的增长率,主要反映了科技部对基础研究的管理职能
2	科技著作增长率	%	出版科技著作数的增长率,主要反映了科技部对基础研究的管理职能
3	资助科研人员增长率	%	资助科研人员增长率=(本年度资助科研人员人次/上年度资助科研人员人次-1)×100%,主要反映了科技部对科研人才的管理职能
4	科研平台增长率	%	科研平台增长率=(本年度科研平台总数/上年度科研平台总数-1)×100%,科研平台包括实验室、创新基地、科技基础平台等,主要反映了科技部对科研条件的管理职能
5	科研领军人才增长率	%	科研领军人才增长率=(本年度科研领军人才总数/上年度科研领军人才总数-1)×100%,科研领军人才根据各领域的领军人才认定标准确定,主要反映了科技部对科研人才的管理职能

续表

序号	指标名称	指标值	指标说明
6	基础理论研究进展	0~100分	采取抽样调查的方法,由基础理论研究领域专家综合评分后取平均值,主要反映了科技部对基础研究的管理职能
7	高技术研发进展	0~100分	采取抽样调查的方法,由高技术研发领域专家综合评分后取平均值,主要反映了科技部对高技术研发的管理职能
8	专利申请增长率	%	主要反映了科技部对应用研究的管理职能
9	专利授权增长率	%	主要反映了科技部对应用研究的管理职能
10	技术标准增长率	%	主要反映了科技部对应用研究的管理职能
11	引进和出口技术合同增长率	%	主要反映了科技部对国际科技合作的管理职能
12	引进和出口技术合同金额增长率	%	主要反映了科技部对国际科技合作的管理职能
13	出国和来华交流人员增长率	%	主要反映了科技部对国际科技合作的管理职能
14	扶持企业新增产值	%	主要反映了科技部对科技成果产业化的管理职能
15	扶持企业新增利税	%	主要反映了科技部对科技成果产业化的管理职能
16	扶持企业新增就业岗位	%	主要反映了科技部对科技成果产业化的管理职能
17	科研条件改善	0~100分	采取抽样调查的方法,由科研人员对科研条件的改善程度综合评分后取平均值,主要反映了科技部对科研条件的管理职能
18	开展业务培训	人次	科技部为改进科技管理工作而开展的业务培训人次
19	新出台或完善的科技政策法规	项	科技部完善修订已有科技政策法规或新出台科技政策法规项数

(三)科技部部门整体绩效指标应用

科技部部门整体绩效指标为确定部门绩效目标提供了依据,框定了部门最基本的绩效目标要求,同时也为部门绩效评价提供了基础支撑。在实际应用时要注意以下四点：一是指标体系体现的是科技部的基本职能，绩效评价部门可以因时而异，根据不同时期科技部工作的重点，从中选择最适合其当年绩效目标的绩效指标，或在必要时考虑到年度工作任务的特殊性，在此基础之上增加能够体现具体工作个性的绩效指标。二是指标体系仅给出了绩效指标及其内容，并未列出具体的指标标准值，这是由不同年度部门工作目标的不同决定的。即使各个年度需要考察的绩效目标相似，绩效指标一致，指标标准值也会随科技部工作重心的变化、支出项目的差异、社会经济环境的变化、科技管理工作的进步等因素的变化而存在较大差异，因而难以确定一个统一的标准值。在实际应用时指标标准值可以参考历史的绩效指标水平及上述因素的影响，由绩效评价部门和科技部根据各个年度的实际情况共同决定。三是为实现尽量精炼的反映科技部总体履职绩效情况，指标体系中部分绩效指标概括性较强，在实际应用时可参照指标说明，从需要深入考察的各个方面进一步细化。四是科技部项目支出绩效指标是科技部部门整体绩效指标的重要基础，在确定部门整体绩效指标标准时可将相关项目绩效指标标准采用层次分析法（AHP）等决策分析方法进行汇总。

四、财政科技预算绩效指标体系设计

（一）财政科技预算绩效指标的作用及设计原则

1. 财政科技预算绩效指标的作用。财政科技预算绩效指标是综合反映财政科技预算绩效目标，具体包括财政科技预算安排、预算执行、经济效益、社会效益、生态效益等方面的绩效指标。财政科技预算涉及面较广，就中央层面来说，既包括各个科技部门（如科技部、中国科学院、中国工程院、中国社会科学院、国家自然科学基金委员会、中国科学技术协会等），又包括其他部门涉及的科技相关职能（如国家发改委、工业和信息化部等部门的科技相关职能）的财政科技投入。财政科技预算绩效指标是综合评价财政科技投入绩效的基本依据，对于改进科技相关工作、提高科技类财政资金使用效率具有重要作用。

2. 财政科技预算绩效指标的设计原则。财政科技预算绩效指标的设计原则在SMART原则的基础之上，考虑到其牵涉部门和领域的宽泛性，还应满足以下要求：一是代表性，财政科技预算绩效指标应能很好地体现所有科技相关部门科技职能的共性，能够综合反映整个财政科技投入的绩效目标。各类科技活动产出和效果都存在差异，应从中选择最具有代表性、最能体现财政科技投入目标的绩效指标。二是复合性，和项目与部门绩效指标不同，财政科技预算绩效指标已经不仅仅是从科技领域和单一部门着手，而是涉及财政、科技、社会、经济、环境等多个领域，财政和科技相关多个部门的复合型指标，因此在设计指标时应注意体现科技与其他领域的交互影响。

（二）财政科技预算绩效指标设计

根据科技在社会经济中发挥的作用和国家规划中对科技工作的相关要求，可设计财政科技预算绩效指标如表9-21所示。

表9-21　　　　　　　　　　财政科技预算绩效指标

序号	指标名称	指标值	指标说明
1	研发经费与国内生产总值的比例	%	指全社会用于科学研究与试验发展活动的经费支出与国内生产总值的比例，是国际上通用的衡量一个国家或地区科技活动规模、科技投入水平和科技创新能力的重要指标，在一定程度上也反映了一个国家或地区的经济发展方式
2	每万名就业人员的研发人力投入	人年	指在报告年度内一个国家或地区每万名就业人员中研发人员全时当量的比例，研发人员全时当量是指参与研发活动的全时人员数加非全时人员按工作量折算为全时人员数的总和，例如：有2个全时人员和3个非全时人员（工作时间分别为20%、30%和70%），则研发人员全时当量为2+0.2+0.3+0.7=3.2人年；该指标反映了一个国家或地区投入研发活动的人力资本的强度
3	国际科学论文被引用次数世界排名	位次	指被科学引文索引（SCI）收录的学术论文在发表后的一段时间内被引用的次数之和，该指标是评价国际科学论文质量的重要指标，也反映了一个国家或地区国际科学论文的影响力
4	每万人发明专利拥有量	件	指在报告年度内一个国家或地区每万人拥有的经国内外知识产权行政部门授权且在有效期内的发明专利件数；该指标既反映了一个国家或地区拥有发明专利的数量，也体现了科技成果的市场价值和竞争力

续表

序号	指标名称	指标值	指标说明
5	研发人员的发明专利申请量	件/百人年	指在报告年度内一个国家或地区的法人或自然人向知识产权行政部门提出发明专利申请并被受理的件数；每百名研发人员的发明专利申请量是指每百人年研发人员全时当量所拥有的发明专利申请量，该指标反映了研发人员的创新意识和研发投入产出效率
6	全国技术市场合同交易总额	亿元	指全国技术合同成交项目的总金额，合同交易总额中的技术交易额可以反映技术转移和科技成果转化的总体规模，技术交易额是指从合同交易总额中扣除购置设备、仪器、零部件、原材料等非技术性费用后的剩余金额
7	高技术产业增加值占制造业增加值的比重	%	指在一定时期内高技术产业增加值与制造业增加值的比例，是衡量高技术产业对产业结构调整和经济发展方式转变贡献的重要指标。高技术产业是指制造业中技术密集度明显高于其他行业的产业，包括航天航空器制造业、电子及通信设备制造业、电子计算机及办公设备制造业、医药制造业和医疗设备及仪器仪表制造业等行业
8	公民具备基本科学素质的比例	%	指一个国家或地区拥有的了解必要科学技术知识、掌握基本科学方法、崇尚科学精神的公民的比例；该指标数据来源于中国科学技术协会的中国公民科学素质调查结果。该调查参照国际通用调查题项，对我国 18~69 周岁公民对科学技术知识的了解程度、对科学技术感兴趣的程度、对科学技术的态度和看法以及公众获得科学技术信息的渠道等方面展开调查
9	科技进步贡献率	%	指广义技术进步对经济增长的贡献份额，即扣除了资本和劳动之外的其他因素对经济增长的贡献。这些因素不仅包括科学知识、技术发展或工艺改进，还包括劳动者素质提高和管理创新等。该指标是衡量科技竞争实力和科技成果转化为现实生产力的综合性指标，反映了科技支撑经济社会发展的整体效益；该指标数据来源于中国科学技术发展战略研究院开展的科技进步贡献率评价的测算结果

续表

序号	指标名称	指标值	指标说明
10	国家综合创新能力	指数	由国家创新指数表征，该指数是对创新资源、知识创造与应用、企业创新、创新绩效和创新环境五个方面若干指标综合计算的结果； 该指标数据来源于中国科学技术发展战略研究院发布的《国家创新指数报告》
11	国家财政科技拨款占公共财政支出的比重	%	反映了国家财政对科技事业的重视程度

（三）财政科技预算绩效指标应用

财政科技预算绩效指标体系仅给出了绩效指标及其内容，并未列出具体的指标标准值，这是由不同年度财政科技投入目标的不同所决定的。各个年度绩效指标标准值会随财政科技投入重点的变化、支出项目的差异、社会经济环境的变化、科技活动的开展情况等因素的变化而存在较大差异，因而难以确定一个统一的标准值。在实际应用时指标标准值可以参考历史的绩效指标水平及上述因素的影响，由绩效评价部门和科技相关部门根据各个年度的实际情况共同决定。

五、加强科技部预算绩效管理的政策建议

（一）逐步建立法律保障机制，加强评价结果约束力

2009 年以来，财政部先后下发了《财政支出绩效评价管理暂行办法》（财预 [2009] 76 号）、《财政部关于进一步推进中央部门预算项目支出绩效评价试点工作的通知》（财预 [2009] 390 号）和《财政支出绩效评价管理暂行办法》（财预 [2011] 285 号）等相关管理办法，对财政支出绩效评价工作进行了全面的规范，绩效评价工作全面开展。但是制度建设覆盖面还不够广泛，缺乏长效机制、统一规划，以及绩效评价法律制度（如美国有《政府绩效与结果法案》（GPRA）作为专门的绩效评价法律，保证了绩效评价工作的强制性和广泛性），同时也缺乏绩

效评价相关的操作规范。应逐步建立财政支出绩效评价法律保障机制，使得绩效评价工作得到立法的支持，做到制度化、经常化，另外，在科技部范围内应制定相关的绩效评价规范，以保证绩效评价工作的质量和效果。

（二）建立健全绩效评价机制，扩大评价范围

绩效评价机制尚不健全，责任不够明晰（如已开展的评价工作中，由于缺少绩效报告审查责任机制，部分被评价单位提交的项目绩效报告缺少附件、附表和相关资料，报告中存在数据缺失、有误、勾稽关系不准确的现象，直接影响评价），评价结果使用机制不明确，使得绩效评价结果缺乏较强的约束力，在一定程度上影响了财政支出绩效评价工作的权威性。同时，由于试点项目少，评价范围窄，无法积累各类型项目绩效评价经验，限制了绩效评价作用的发挥。对此，建议进一步建立健全绩效评价机制，落实责任；扩大试点项目数量和范围，积累经验，为科技部出台相关规范做好准备。

（三）扩大宣传力度，培养绩效意识

从近年的绩效评价工作看，被评价单位虽然在预算管理和项目管理方面体现了较高的管理水平，项目也取得了良好的绩效，但是单位所掌握的能反映绩效、效益、成本情况的基础数据和辅助资料不足，以至于在绩效报告中无法加以翔实的描述和报告，重产出、重结果的绩效管理理念尚未完全深入人心。评价中，项目单位也反映对绩效评价工作"不知道、不了解或知之甚少"，导致准备不够充分。建议加大绩效评价宣传力度，使各部门和单位树立绩效管理意识，重视日常工作中对能够反映绩效情况的资料进行积累和总结，进一步提高管理水平和资金使用效益。

（四）加强绩效目标申报工作

绩效评价试点工作中，个别试点项目缺乏绩效目标的设定，有绩效目标的也比较笼统，给评价工作带来很大的困难。这一方面说明制度安排存在一定问题，另一方面说明前期准备工作未做好。建议主管部门进一步加强绩效目标申报管理，明确职责，特别是要做好绩效目标设定和细化工作并督促落实，保证由懂业务的

专业人员进行填报，绩效目标贴合项目实际，以保证后续评价工作的顺利进行。

（五）积极探索新的绩效评价方式方法，完善评价指标体系

在近年的绩效评价工作中，主要采取专家评价法，虽采用了其他辅助的方法，但评价方法仍相对单一。另外，财政支出绩效评价涉及科技项目范围广，特点多元化，而目前的绩效评价指标体系中指标多为共性指标，由于缺乏相关经验，被评价单位在填写绩效目标申报表及绩效报告的过程中往往不知该如何细化指标、丰富指标内容。建议积极探索新的绩效评价方式方法，作为专家评价法的有益补充；通过对绩效评价工作的探索，逐步形成一套完整的财政支出绩效评价的指标库，并在实践中逐步完善和健全。

第三节 教育部部门预算绩效评价指标体系[①]

一、教育部部门职能与机构设置

（一）教育部的部门职能

拟定教育改革与发展的方针、政策和规划，起草有关法律法规草案并监督实施。

负责各级各类教育的统筹规划和协调管理，会同有关部门制定各级各类学校的设置标准，指导各级各类学校的教育教学改革，负责教育基本信息的统计、分析和发布。

负责推进义务教育均衡发展和促进教育公平，负责义务教育的宏观指导与协调，指导普通高中教育、幼儿教育和特殊教育工作。制定基础教育教学基本要求和教学基本文件，组织审定基础教育国家课程教材，全面实施素质教育。

---

① 财政部预算司："预算绩效指标体系建设"项目子报告"预算绩效指标体系建设——教育"。课题组组长：王泽彩；成员：马晓玲、王敏。2015年12月结题。

指导全国的教育督导工作，负责组织和指导对中等及中等以下教育、扫除青壮年文盲工作的督导检查和评估验收工作，指导基础教育发展水平、质量的监测工作。

指导以就业为导向的职业教育的发展与改革，制定中等职业教育专业目录、教学指导文件和教学评估标准，指导中等职业教育教材建设和职业指导工作。

指导高等教育发展与改革，承担深化直属高校管理体制改革的责任。制定高等教育学科专业目录和教学指导文件，会同有关部门审核高等学校设置、更名、撤销与调整，负责"211工程"和"985工程"的实施和协调工作，统筹指导各类高等教育和继续教育，指导改进高等教育评估工作。

负责本部门教育经费的统筹管理，参与拟定教育经费筹措、教育拨款、教育基建投资的政策，负责统计全国教育经费投入情况。

统筹和指导少数民族教育工作，协调对少数民族和少数民族地区的教育援助。

指导各级各类学校的思想政治工作、德育工作、体育卫生与艺术教育工作及国防教育工作，指导高等学校的党建和稳定工作。

主管全国的教师工作，会同有关部门制定各级各类教师资格标准并指导实施，指导教育系统人才队伍建设。

负责各类高等学历教育招生考试和学籍学历管理工作，会同有关部门制定高等教育招生计划，参与拟定普通高等学校毕业生就业政策，指导普通高等学校开展大学生就业创业工作。

规划、指导高等学校的自然科学和哲学、社会科学研究，协调、指导高等学校参与国家创新体系建设和承担国家科技重大专项等各类科技计划的实施工作，指导高等学校科技创新平台的发展建设，指导教育信息化和产学研结合等工作。

组织指导教育方面的国际交流与合作，制定出国留学、来华留学、中外合作办学和外籍人员子女学校管理工作的政策，规划、协调、指导汉语国际推广工作，开展与港澳台的教育合作与交流。

拟定国家语言文字工作的方针、政策，制定语言文字工作中长期规划，制定汉语和少数民族语言文字规范和标准并组织协调监督检查，指导推广普通话工作和普通话师资培训工作。

负责全国学位授予工作，实施国家的学位制度，负责国际学位对等、学位互认等工作。

负责协调我国有关部门开展与联合国教科文组织在教育、科技、文化等领域的国际合作，负责与联合国教科文组织秘书处及相关机构、组织的联络工作。

（二）教育部的机构设置及主要分工

根据上述职责，教育部设 22 个内设机构。

1. 办公厅。办公厅负责文电、会务、机要、档案、财务、资产等机关日常运转工作以及政务公开、新闻发布、来信来访、安全保密等工作。

2. 政策法规司。政策法规司研究教育改革与发展战略并就重大问题进行政策调研，起草综合性教育法律法规草案，承办全国教育系统法制建设和依法行政的有关工作，承担机关有关规范性文件的合法性审核工作，承担有关行政复议和行政应诉工作。

3. 发展规划司。发展规划司拟定全国教育事业发展规划，承担高等学校管理体制改革的有关工作，会同有关方面拟定高等教育招生计划和高等学校设置标准，参与拟定各级各类学校建设标准，会同有关方面审核高等学校设置、撤销、更名、调整等事项，承担教育基本信息统计、分析工作，承担直属高等学校和直属单位的基建管理工作，承担民办教育的统筹规划、综合协调和宏观管理的有关工作，承担高等学校的安全监督和后勤社会化改革管理工作。

4. 人事司。人事司承担机关和直属单位、直属高等学校、驻外使（领）馆教育处（组）等干部人事工作，规划、指导高等学校教师和教育行政干部队伍建设工作，承担指导教育系统人才队伍建设工作。

5. 财务司。财务司参与拟定教育经费筹措、教育拨款、学生资助的方针、政策，承担统计全国教育经费投入情况的有关工作，负责直属高等学校和直属单位国有资产、预决算、财务管理和内部审计，参与义务教育保障机制经费、有关教育专项经费管理，参与利用国际金融组织等对我国教育贷款的立项工作。

6. 基础教育一司。基础教育一司承担义务教育的宏观管理工作，会同有关方面提出加强农村义务教育的政策措施，拟定推进义务教育均衡发展的政策，提出保障各类学生平等接受义务教育的政策措施；会同有关方面拟定义务教育办学标准，规范义务教育学校办学行为，推进教学改革；指导中小学校的德育、校外教育和安全管理。

7. 基础教育二司。基础教育二司承担普通高中教育、幼儿教育和特殊教育的宏观管理工作；拟定普通高中教育、幼儿教育、特殊教育的发展政策和基础教育的基本教学文件；组织审定基础教育国家课程教科书，推进课程改革；指导中小学教学信息化、图书馆和实验设备配备工作。

8. 职业教育与成人教育司。职业教育与成人教育司承担职业教育统筹规划、综合协调和宏观管理工作，拟定中等职业教育专业目录和教学基本要求，会同有关方面拟定中等职业学校设置标准，指导中等职业教育教学改革和教材建设工作，指导中等职业学校教师培养培训工作，承担成人教育以及扫除青壮年文盲的宏观指导工作。

9. 高等教育司。高等教育司承担高等教育教学的宏观管理工作，指导高等教育教学基本建设和改革工作，指导改进高等教育评估工作，拟定高等学校学科专业目录、教学指导文件，指导各级各类高等继续教育和远程教育工作。

10. 教育督导团办公室。教育督导团办公室拟定教育督导的规章制度和标准，指导全国教育督导工作；组织对各地中等及中等以下教育、扫除青壮年文盲工作的督导评估和检查验收；发布国家教育督导报告；组织开展全国基础教育发展水平和质量监测；承担国家教育督导团的具体工作。

11. 民族教育司。民族教育司指导、协调少数民族教育的特殊性工作，统筹规划少数民族"双语"教育工作，指导中小学生民族团结教育，负责协调对少数民族和少数民族地区的教育援助。

12. 师范教育司。师范教育司规划、指导全国中小学教师队伍建设，拟定教师教育标准和各级各类师范院校培养目标、规格及师范教育基本专业目录，指导师范教育教学改革和师资培训工作，会同有关方面拟定各级各类教师资格标准并指导教师资格制度的实施。

13. 体育卫生与艺术教育司。体育卫生与艺术教育司指导大中小学体育、卫生与健康教育、艺术教育、国防教育工作，拟定相关政策和教育教学指导性文件，规划、指导相关专业的教材建设以及师资培养、培训工作，协调大中学生参加国际体育竞赛和艺术交流活动。

14. 思想政治工作司。思想政治工作司承担高等学校学生与教师的思想政治工作，宏观指导高等学校基层党组织建设、精神文明建设以及辅导员队伍建设工作；负责高等学校稳定工作和政治保卫工作，及时反映和处理高等学校有关重大问题；负责高等学校网络文化建设与管理工作。

15. 社会科学司。社会科学司统筹规划和协调高等学校思想政治理论课教育教学工作；规划、组织高等学校哲学社会科学研究工作，组织、协调高等学校承担国家重大哲学社会科学研究项目并指导实施；协调直属高等学校和直属单位出版物的监督管理工作，承担教育系统新闻电视的指导和协调工作。

16. 科学技术司。科学技术司规划、指导高等学校科学技术工作；协调、指导高等学校参与国家创新体系建设,以及高等学校承担国家科技重大专项等各类科技计划的实施工作;指导高等学校科技创新平台的发展建设;指导教育信息化和产学研结合等工作。

17. 高校学生司。高校学生司承担各类高等学历教育的招生考试和学籍学历管理工作,指导地方教育行政部门和高等学校开展大学生就业指导和服务工作,参与拟定普通高等学校毕业生就业政策,组织实施国家急需毕业生的专项就业计划。

18. 直属高校工作司。直属高校工作司指导直属高等学校制定发展战略规划,规范并监督直属高校办学行为;承担直属高等学校管理体制调整和改革工作;配合有关方面加强直属高等学校领导班子思想政治建设等有关工作。

19. 学位管理与研究生教育司(国务院学位委员会办公室)。学位管理与研究生教育司组织实施《中华人民共和国学位条例》,拟定全国学位与研究生教育工作的改革与发展规划,指导与管理研究生培养和学科建设的有关工作,承担研究生院的设置和国家重点学科的建设与管理工作,承担"211工程""985工程"的实施和协调工作,承办国务院学位委员会的具体工作。

20. 语言文字应用管理司。语言文字应用管理司拟定语言文字工作的方针、政策和中长期规划;组织实施语言文字规范化工作;监督检查语言文字的应用情况;组织推行《汉语拼音方案》,指导推广普通话工作以及普通话师资培训工作;承办国家语言文字工作委员会的具体工作。

21. 语言文字信息管理司。语言文字信息管理司研究并审定语言文字标准和规范,拟定语言文字信息处理标准;指导地方文字规范化建设;承担少数民族语言文字规范化工作,指导少数民族语言文字信息处理的研究与应用。

22. 国际合作与交流司(港澳台办公室)。国际合作与交流司组织指导教育方面的国际合作与交流,拟定出国留学、来华留学、中外合作办学、外籍人员子女学校管理工作的政策;承担教育涉外监管的有关工作;指导驻外使(领)馆教育处(组)的工作;规划、协调、指导汉语国际推广工作,开展与港澳台的教育合作与交流。

此外,机关党委负责机关和在京直属单位的党群工作。离退休干部局负责机关离退休干部工作,指导直属单位的离退休干部工作。

23. 其他组织。

(1)中华人民共和国联合国教科文组织全国委员会秘书处设在教育部,负责协调中华人民共和国联合国教科文组织全国委员会各委员单位及其他部门、机构与联合国教科文组织开展教育、科技、文化等方面的合作与交流；负责与联合国教科文组织总部、各地区办事处以及各会员国全国委员会的联系与交流。

（2）高等学校毕业生就业管理的职责分工。毕业生离校前的就业指导和服务工作，由教育部负责；毕业生离校后的就业指导和服务工作，由人力资源和社会保障部负责；毕业生就业政策由人力资源和社会保障部牵头，会同教育部等部门拟定。

（3）所属事业单位的设置、职责和编制事项另行规定。

（4）部属高校75所。

二、教育部项目支出绩效指标体系设计

（一）项目支出分类

依据教育部的主要职能、部门预算科目设置，根据项目特点、资金投向和用途等，教育部专有项目支出主要划分为以下15大类，见表9-22。

表9-22　　　　　　　　　　教育部项目支出分类情况

序号	项目类别	项目内容	支出范围
1	高层次人才计划专项经费	长江学者奖励计划、"万人计划"、教学名师等人才计划	用于支持奖励中央高校的长江学者、"万人计划"入选者等
2	教育电视台设备购置经费及电教专项	教育电视台设备购置、卫星转发及地面传输	用于支持教育电视台设备购置、卫星转发及地面传输等支出
3	国家留学教育经费	出国留学教育、来华留学教育	用于资助国家公派出国留学人员赴国外学习、访问、交流，奖励优秀自费出国留学人员，支持出国留学人员回国服务，以及开展留学管理工作；为外国来华留学生提供奖学金等
4	教育培训专项经费	国培计划、教育系统领导干部培训工作、教育财务管理干部培训工作、高校辅导员队伍培训工作等	用于支持开展教育领域人才培训工作

续表

序号	项目类别	项目内容	支出范围
5	国家语言文字工作专项经费	语言文字专项、经典资源库建设、中国语言资源保护工程等	主要用于支持国家语委开展语言文字相关工作
6	教育改革与课程教材建设经费	教学案例库建设、教育课程教材改革质量标准建设、少数民族双语教学、研究生教育综合改革、职业院校专业教学实践与能力建设、职业教育课程开发工作等	用于支持研究生教育综合改革、少数民族双语教学、教育课标建设、职业院校能力建设、职业教育课程开发等
7	教育领域交流与合作专项经费	国际汉语教育与传播工作、中外人文交流机制、与国外及港澳台地区教育交流与合作、支持高校领导赴海外研修等	用于支持教育领域开展对外交流与合作工作
8	国家教育信息化建设工程专项经费	数字教育资源开发和服务平台建设、教育管理信息系统与服务平台运维以及信息技术安全保障、教育信息化条件保障、灾备与教育安全认证建设项目、教育数字博物馆等	用于支持教育信息化建设工作
9	学生综合素质提升专项经费	高雅艺术进校园、青少年校园足球、学生体质健康监测、体育卫生国防艺术教育、大学生体协国内集训等	用于支持体育、卫生、艺术、国防等综合素质教育工作
10	教育专项业务费	巡视工作、教育系统法制工作、扶贫工作、治理教育乱收费工作、国家教育体制改革工作、教育新闻宣传工作、高校毕业生就业工作、维护稳定校园文化建设工作、民族教育改革和发展专项、监管工作、教育监测评估认证工作、学位论文抽检及学位授权点评估工作、高考保障与改革工作、教育督导工作、教育管理与改革工作、青少年校外活动领导小组工作、事业单位修缮等专项业务	用于支持开展教育领域专项业务工作
11	教育公共服务保障专项经费	教师节宣传庆祝工作、教师资格考试与认定注册工作、教育考试国家题库建设工作、高校图书期刊文献工作、学籍学历证书注册工作、教育战略研究工作、少数民族地区汉语教师培训工作等教育服务保障工作	用于支持开展教育考试、提供教育公共服务等工作

续表

序号	项目类别	项目内容	支出范围
12	学生资助专项经费	国家助学贷款财政贴息、中央部属高校国家助学贷款风险补偿金、中央部属高校赴基层工作毕业生代偿资金、中央部属高校应届毕业生服义务兵役学费补偿贷款代偿资金、中央财政负担的生源地信用助学贷款风险补偿金、中央财政负担的生源地信用助学贷款贴息经费、学生资助管理工作等	用于国家助学贷款贴息风险补偿及代偿经费等
13	国际汉语教育与传播专项	全面贯彻落实孔子学院发展规划，新建孔子学院及课堂，扩大学员规模，统一质量标准，推进示范孔子学院建设，推动汉语教学进入国民教育体系。主要工作内容： 1. 根据孔子学院发展规划，积极开展海外孔子学院和孔子课堂建设，以满足各国对建设孔子学院的需求 2. 因地制宜、分类指导，统筹各国已运营的孔子学院（课堂）做好发展规划，提供必要的项目费、图书资料和教学设备，扩大学员规模，建立健全质量评估体系，促进孔子学院与所在大学融合，推动汉语教学进入国民教育体系，切实提高办学实效 3. 继续建设示范孔子学院，在扩大学员规模、提高办学质量、制定发展规划、融入所在大学和社区等方面发挥带示范作用 4. 加快高素质管理队伍建设，完善孔子学院院长、教师选拔办法，强化院长岗前和在职培训，合理配置中外院长；继续加大教师和志愿者选派力度，适当改善志愿者教学和生活条件，加大孔子学院所在国本土师资培养力度，保证孔子学院办学需要 6. 加强国内承办院校管理评估，落实中外合作办学机制，发挥中外院校优势，办好孔子学院。同时总部向国内承办学校提供必要的支持和资助	各国孔子学院（课堂）运行启动费；网络孔子学院；派出师资培训和外国本土教师培养；孔子新汉学计划；各国汉语教师资源开发及推广；示范孔子学院；各国中小学校长访华团、学生来华夏令营；世界大中小学生、来华留学生汉语桥中文比赛及外国汉语桥项目

续表

序号	项目类别	项目内容	支出范围
13	国际汉语教育与传播专项	7. 根据规划，向200所海外孔子学院（课堂）派出40个"三巡"（巡展、巡讲、巡演）团组，打造孔子学院的文化品牌，提升知名度和影响力 8. 办好网络孔子学院，扩大网络注册学员规模，鼓励和支持各国孔子学院开展远程教学	
14	外事管理事务专项	外事活动、国家公派教师出国等	主要用于开展外事活动、支持国家公派教师出国研修等
15	高校哲学社会科学繁荣计划专项经费	主要内容包括马克思主义理论研究和思政课建设、高校智库建设、基础研究与文化传承项目、基础支撑和信息化建设、优秀成果推广普及和评奖表彰等	用于支持开展马克思主义理论研究和建设工作，推进人文社会科学重点研究基地建设，加强哲学社会科学基础研究、应用对策研究和优秀成果推广普及，推动哲学社会科学优秀成果和优秀人才走向世界，加强哲学社会科学基础支撑和信息化建设，开展哲学社会科学优秀成果和表彰等

（二）项目支出绩效目标设计

依据指向明确、具体细化、合理可行等原则，分类别对教育部项目支出的绩效目标进行了设定，具体情况见表9-23。

表9-23　　　　　　　　教育部分类项目的绩效目标

序号	项目类别	绩效目标
1	高层次人才计划专项经费	围绕建设创新型国家的战略部署，通过育引并举，凝聚一批高层次人才在高校从事科研、教学工作，特别是吸引一批学术上卓有建树的海外优秀学者回国工作或为国服务，推进我国高等教育的内涵式发展

续表

序号	项目类别	绩效目标
2	教育电视台设备购置经费及电教专项	保障教育电视台电视节目以及各类数据广播节目安全地传输、广播，确保电视台电视节目和IP信号稳定，不出现安全播出事故
3	国家留学教育经费	培养一批高水平人才回国服务、吸引更多外国留学生来华学习
4	教育培训专项经费	提升教师教育教学水平、培养一批高水平培训团队、提高教育系统领导干部素质水平、推动教育财务管理队伍建设、增强高校辅导员骨干力量
5	国家语言文字工作专项经费	推动语言文字规范化建设、保护中国语言资源、弘扬中华传统优秀文化
6	教育改革与课程教材建设经费	教育改革取得新进展，课程设置更加合理、教材质量大幅提升
7	教育领域交流与合作专项经费	提升中国国际影响力、促进中外交流、鼓励港澳台学生来大陆学习、促进内地与港澳地区教育事业共同发展
8	国家教育信息化建设工程专项经费	实现教育资源公建共享、完善教育信息管理系统、提高教育管理信息化水平
9	学生综合素质提升专项经费	提升学生综合素质、弘扬传统文化
10	教育专项业务费	保障教育领域专项业务工作顺利开展、为教育事业发展提供保障
11	教育公共服务保障专项经费	教育公共服务质量得到提升、保障能力得到加强、公众满意度提高
12	学生资助专项经费	落实国家关于助学贷款代偿文件精神、保障助学贷款等学生资助工作
13	国际汉语教育与传播专项	根据《孔子学院发展规划（2012~2020年）》（国办发［2012］52号）制定的发展目标，到2015年，全球孔子学院达到500所，中小学孔子课堂达到1000个，学员达到150万人，其中孔子学院（课堂）面授学员100万人，网络孔子学院注册学员50万人；专兼职合格教师达到5万人，其中，中方派出2万人，各国本土聘用3万人。大力发展网络、广播、电视孔子学院

续表

序号	项目类别	绩效目标
13	国际汉语教育与传播专项	到2020年，基本完成孔子学院全球布局，做到统一质量标准、统一考试认证、统一选派和培训教师。基本建成一支质量合格、适应需要的中外专兼职教师队伍。基本实现我国出版汉语教材多语种、广覆盖。基本建成功能较全、覆盖广泛的中国语言文化全球传播体系。国内国际、政府民间共同推动的体制机制进一步完善，汉语成为外国人广泛学习使用的语言之一
14	外事管理事务专项	保障外事活动顺利开展，培养国家建设所需的国际化人才、拔尖创新人才和高素质专业人才
15	高校哲学社会科学繁荣计划专项经费	推动中国特色社会主义理论体系建设工作，弘扬中华优秀文化，扩大中国高校智库的国际学术话语权和影响力，调动广大高校社科工作者的积极性、主动性和创造性，推动哲学社会科学繁荣发展

（三）项目支出绩效指标设计与说明

按照财政部对项目支出共性指标体系的总体要求，依据教育部主要职能和项目的特点，结合前述对教育部项目支出的分类（主要有15类），具体构建了以下教育部主要项目支出的绩效指标体系。

1. 高层次人才计划专项类项目。高层次人才计划专项类项目绩效指标体系见表9-24。

表9-24　　　　高层次人才计划专项类项目绩效指标体系

共性指标	个性指标			
	指标名称	指标解释（内容）	指标说明（如何得来该指标）	指标值
产出指标	任务完成率	长江学者聘任数量；组建创新团队；培养青年新世纪人才；支持青年骨干教师	任务完成率＝（当年实际完成聘用人才人数/计划聘用人次人数）×100%	%
	学位论文抽检率	学位论文抽检量	抽检率＝（抽检博士学位论文数/上一年度授予博士学位数）×100%	%

续表

共性指标	个性指标			指标值
	指标名称	指标解释（内容）	指标说明（如何得来该指标）	
产出指标	学位论文抽检合格率	抽检学位论文的质量	抽检合格率=（学位论文抽检合格数/学位论文抽检总数）×100%	%
	项目执行率	项目执行进度	项目执行进度=（项目年底支出数/项目总金额）×100%	%
效益指标	高校吸引高层次人才数	带动高等教育水平提高程度	统计数据	人
	项目辐射带动性	辐射带动所在高校学科的提升和影响力	统计数据	
用户满意度指标	学生满意率		调查问卷	%
	学校满意率		调查问卷	%
	团队成员满意率		调查问卷	%

2. 教育电视台设备购置经费及电教专项类项目。教育电视台设备购置经费及电教专项类项目绩效指标体系见表 9–25。

表 9–25　　教育电视台设备购置经费及电教专项类项目绩效指标体系

共性指标	个性指标			指标值
	指标名称	指标解释（内容）	指标说明（如何得来该指标）	
产出指标	全年安全传输、转播电视节目传播率	全年安全传输、转播电视节目传播	全年安全传输、转播电视节目传播率=（一年中本系统无故障运行的天数/365）×100%	%
	教育台电视节目覆盖率	教育台电视节目覆盖面	教育台电视节目覆盖率=（教育台覆盖面/电视台覆盖面）×100%	%
	数据广播节目传输、传播正常率	数据广播节目传输、传播正常情况	数据广播节目传输、传播正常率=（一年中本系统无故障运行的天数/365）×100%	%
	设备更新率	更新已经或接近报废的技术系统，确保安全播出	设备更新率=报废设备数量×20%更新率	%

续表

共性指标	个性指标			指标值
	指标名称	指标解释（内容）	指标说明（如何得来该指标）	
产出指标	停播率	所有播出节目累计停播时长与播出总时长的比值	统计节目累计停播时长时，本单位各环节事故（含外电中断等外部原因引发的事故）造成的停播均纳入统计。5个频道播出总时长按照24小时/天计算	%
	设备到货通过率	依照采购合同对设备品牌、型号、外包装及外观完好度进行检验	设备到货验收的比率	%
	保障安全播出工作改善情况	改造工作完成情况	改造后是否达到广播电视行业标准	
	设备维护维修合格率	故障设备进行维护维修	设备维护维修合格率＝（一年中设备维修合格数/送修设备总数）×100%	%
	节目质量	节目的思想性、创新性、专业性、规范性、主持人、表现力	1. 对有收视率数据的电视频道节（栏）目以客观评估为主，根据第三方机构提供的收视数据进行分析。2. 对暂时没有收视率数据的电视频道节（栏）目，以观众满意度、社会影响力、美誉度调查和专家评审座谈会等主观评价为主。3. 在各频道的节目评估过程中，可参考指标还包括，有关收视调查分析报告、中宣部《内部通报》表扬、国家新闻广电总局收听收看点评、有关领导批示、有关获奖情况等。4. 节目评价实行百分制，评价结果按得分情况分为四个等级。总分在85分（含）以上的为甲级节（栏）目，总分在75分（含）至85分之间的为乙级节（栏）目，总分在60分（含）至75分之间的为丙级节（栏）目，总分在60分以下的为丁级节（栏）目。其中，甲级节（栏）目原则上不超过总量的20%	分

续表

共性指标	个性指标			指标值
	指标名称	指标解释 （内容）	指标说明 （如何得来该指标）	
效益指标	全年收视率	收视率	抽样调查	%
	技术服务保障程度	技术服务保障程度	技术服务完成情况	
	安全播出保障程度	发生信息安全事故的次数	发生信息安全制度规定的A级以上信息安全事故次数	次
	应急处置可替换率	核心设备应急处置时可替换程度	备品备件在应急处理规程中的可替换比例	%
	宣传任务完成情况	完成上级下达的宣传任务	中宣部《内部通报》表扬、国家新闻广电总局收听收看点评、有关领导批示、有关获奖情况等	%
用户满意度指标	用户满意度		问卷调查	%

（注：由于"教育电视台设备购置经费及电教专项类项目"下包含的子项目类型各不相同，需要根据具体项目设定不同的绩效目标。上述目标是根据教育电视台2016~2018年规划申报项目情况制定的绩效目标。）

3. 国家留学教育经费类项目。国家留学教育经费类项目绩效指标体系见表9-26。

表9-26   国家留学教育经费类项目绩效指标体系

共性指标	个性指标			指标值
	指标名称	指标解释 （内容）	指标说明 （如何得来该指标）	
产出指标	出国留学人数、培养人才的计划完成率	出国留学人数、培养人才质量	出国留学人数、培养人才的计划完成率=（已派出公派出国留学人数/拟派出公派出国留学人数）×100%	%
	项目执行率	项目执行进度	项目执行率=（项目年底支出数/项目总金额）×100%	%
	来华留学生人数增长率	来华留学生人数增长	人数增长率=（本学年来华留学生人数/上学年来华留学生人数）×100%－100%	%

续表

共性指标	个性指标			指标值
	指标名称	指标解释（内容）	指标说明（如何得来该指标）	
效益指标	国际教育交流影响力	国际教育交流影响程度	调查、统计数字	
	中国政府留学生奖学金覆盖率	政府资助留学生总体情况	中国政府留学生奖学金覆盖率＝（获政府奖学金留学生数/留学生总数）×100%	%
用户满意度指标	学生满意率		调查问卷	%
	学校满意率		调查问卷	%
	用户满意率		调查问卷	%
	社会满意率		调查问卷	%

4. 教育培训专项经费类项目。教育培训专项经费类项目绩效指标体系见表9-27。

表9-27　　教育培训专项经费类项目绩效指标体系

共性指标	个性指标			指标值
	指标名称	指标解释（内容）	指标说明（如何得来该指标）	
产出指标	培训完成率	培训者队伍、骨干教师、中小学校长、高校青年教师等培训的数量	培训完成率＝（项目已培训人数/项目预计培训人数）×100%	%
	培训合格率	培训质量	培训合格率＝（培训合格人次/总培训人次）×100%	%
	项目的执行率	项目的执行情况	项目执行率＝（项目已使用经费情况/项目预计使用经费情况）×100%	%
效益指标	培训合格率	各类参培人员业务素质提高程度	培训合格率＝（培训合格人次/总培训人次）×100%	%
用户满意度指标	参训学员满意度、参训高校满意度		满意度＝（参训满意学员（高校）/参训总人次（单位数））×100%	%

5. 国家语言文字工作专项经费类项目。国家语言文字工作专项经费类项目绩效指标体系见表9－28。

表9－28　　　　国家语言文字工作专项经费类项目绩效指标体系

共性指标	个性指标			指标值
	指标名称	指标解释（内容）	指标说明（如何得来该指标）	
产出指标	发布和研制规范标准数		统计数字	项
	项目立项数量、培训专家人数、专家交流人数	项目立项、培训工作完成量	统计数字	项/人
	字库扩容字量	字库扩容规模	统计数字	字
	语言普查试点地区数	语言普查试点工作进展	统计数字	个
	语言资源调查保护地点、对象数量		统计数据	个
效益指标	宣传推广验收通过率	完成"中华经典资源库"第五、六、七期项目建设开发及宣传推广工作	验收通过率＝（通过验收的视频资源/参加验收的总视频资源）×100%	%
	出版著作、研究报告、传承传统文化数量	出版著作、提供研究报告、传承传统文化等数量		项
用户满意度指标	社会对规范标准的满意度		规范标准满意度＝（抽样满意数/总抽样数）×100%	%
	中青年专家培训满意度		培训满意度＝（培训满意人数/总培训人数）×100%	%
	中华思想文化术语词条编辑出版满意度		词条编辑出版满意度＝（抽样读者满意数/总抽样数）×100%	%

6. 教育改革与课程教材建设经费类项目。教育改革与课程教材建设经费类项目绩效指标体系见表 9–29。

表 9–29　　　教育改革与课程教材建设经费类项目绩效指标体系

共性指标	个性指标			
	指标名称	指标解释（内容）	指标说明（如何得来该指标）	指标值
产出指标	教材审查合格率	教育课程教材改革质量标准设定	教材审查合格率 =（审查合格教材/总审查教材数）× 100%	%
	少数民族双语教学覆盖率	少数民族双语教学覆盖程度	双语教学覆盖率 =（参加双语学习学生数/少数民族学生总数）×100%	%
	少数民族双语教学合格率	少数民族双语教学质量	考试合格率 =（双语考试合格人数/参考人数）×100%	%
	完成报告率、课题立项率	研究生教育综合改革成果	1. 完成报告率 =（已完成工作报告份数/拟完成报告份数）×100% 2. 课题立项率 =（已立项课题/拟立项课题）×100%	%
	优秀案例入库率	案例库建设，资源库数量、资源库质量	优秀案例入库率 =（入库的优秀案例数/总优秀案例数）×100%	%
	活跃资源占比 活跃用户占比	案例库建设，资源库数量、资源库质量	1. 活跃资源占比 =（资源库常用资源/资源库总资源）×100% 2. 活跃用户占比 =（经常使用资源库用户/总注册用户）×100%	%
	入库案例含学生作者占比	入库案例含学生作者占比	入库案例含学生作者占比 =（学生作者数/总作者数）×100%	%

续表

共性指标	个性指标			
	指标名称	指标解释（内容）	指标说明（如何得来该指标）	指标值
效益指标	案例中心使用率	案例中心使用效率	案例中心使用率=（中心年使用天数/365）×100%	%
	入库案例使用率	入库案例使用效率	入库案例使用率=（课题应用入库案例数/入库总案例数）×100%	%
用户满意度指标	学生的满意度		调查问卷	%
	教师的满意度		调查问卷	%
	学校的满意度		调查问卷	%

7. 教育领域交流与合作专项经费类项目。教育领域交流与合作专项经费类项目绩效指标体系见表9－30。

表9－30 教育领域交流与合作专项经费类项目绩效指标体系

共性指标	个性指标			
	指标名称	指标解释（内容）	指标说明（如何得来该指标）	指标值
产出指标	中外人文交流次数/年	每年实际交流人数、次数	统计数字	人/次
	港澳与内地大中小学师生交流人次/年	每年实际交流人数、次数	统计数字	人次
	教育领域交流与合作的国别数	合作的国家	统计数字	个
	国别、区域研究立项数	合作研究立项情况的	统计数字	项
	教育领域交流与合作人次	每年实际交流人数、次数	统计数字	人次
	在读港澳台学生人数	在读港澳台学生人数	统计数字	人次
效益指标	国际交流影响力	国际交流影响程度	调查、统计数字	
用户满意度指标	学生满意度		问卷调查	%
	合作方满意度		问卷调查	%

8. 国家教育信息化建设工程专项经费类项目。国家教育信息化建设工程专项经费类项目指标体系见表 9-31。

表 9-31　　国家教育信息化建设工程专项经费类项目指标体系

共性指标	个性指标			指标值
	指标名称	指标解释（内容）	指标说明（如何得来该指标）	
产出指标	教育信息系统建设竣工率	数字教育资源开发服务平台建设完成率，教育数字博物馆建设完成率，教育安全认证建设项目完成率，高校网络文化完成率等	教育信息系统建设竣工率＝（完成的数量/目标设定数量）×100%	%
	教育信息系统普及率	信息系统在高校及单位的普及情况	教育信息系统普及率＝（使用信息系统的高校及单位/高校单位总数）×100%	%
	教育信息资源覆盖率	包含信息资源的广度与深度	随机抽取一定范围的内容进行搜索	%
	信息更新及时率	信息更新的程度	抽样调查	%
	信息系统无故障运行率	检验信息系统是否能够平稳运行	信息系统无故障运行率＝（一年中系统无故障运行的天数/365）×100%	%
	网络故障处理及时率	信息系统故障排除效率	网络故障处理及时率＝（故障处理及时次数/故障总次数）×100%	%
	重大信息泄露事件发生次数	信息系统安全性，重要信息的保密性	统计相关数据	次
	开发成本节约率	经费的使用情况	开发成本节约率＝（预算成本－实际成本）/预算成本×100%	%
效益指标	数字图书馆访问率	学生使用数字图书馆的次数	统计每月数字图书馆的访问量	%
	教育数字博物馆新增用户率	数字博物馆用户量较上一年新增数量	教育数字博物馆新增用户率＝（当年注册用户数量－上年注册用户数量）/总用户数量×100%	%
	信息系统使用率	信息系统应用的广度	信息系统使用率＝（单位已使用该项目的人数/单位应使用该项目的人数）×100%	%

续表

共性指标	个性指标			指标值
	指标名称	指标解释（内容）	指标说明（如何得来该指标）	
效益指标	平均业务处理效率提高率	提高业务管理效率的程度	平均业务处理效率提高率=（原有平均业务处理时间-信息系统实施后平均业务处理时间）/原有平均业务处理时间×100%	%
	设备维护运行成本比	监测设备可持续利用水平	设备维护运行成本比=设备维护运行费用/信息系统总造价	
服务对象满意度指标	用户满意度	相关用户对教育信息系统的满意程度	问卷调查	%

9. 学生综合素质提升专项经费类项目。学生综合素质提升专项经费类项目绩效指标体系见表9-32。

表9-32　　　　学生综合素质提升专项经费类项目绩效指标体系

共性指标	个性指标			指标值
	指标名称	指标解释（内容）	指标说明（如何得来该指标）	
产出指标	平均素质拓展活动开展次数	高效及单位素质提升进行情况	统计每年各高校及单位素质拓展活动的开展数量，并作平均	次
	学生艺术展演参与度	学生参与艺术展演活动情况	学生艺术展演参与度=参与学生人数/学生总人数	%
	青少年足球活动举办场次	青少年足球活动举办情况	相关部门统计	次
	青少年足球参与度	青少年足球活动参与情况	青少年足球参与度=参与足球活动学生人数/学生总人数	%
	高雅艺术演出场次	高雅艺术进校园情况	相关部门统计	次
	素质测试达标率（国防、艺术、体育、卫生）	检验开展素质拓展活动的质量	分项进行测试，素质测试达标率素质测试达标率=（达标人数/总人数）×100%	%
	开展活动成本节约率	活动经费的使用情况	开展活动成本节约率=（预算活动经费-实际活动经费）/预算活动经费×100%	%

续表

共性指标	个性指标			指标值
	指标名称	指标解释（内容）	指标说明（如何得来该指标）	
效益指标	学生健康状况达标率	监测学生健康状况是否达标	学生健康状况达标率=（健康达标学生数/学生总数）×100%	%
	二级运动员产生比例	检验体育活动开展的成果	二级运动员产生比例=每年新增的二级运动员人数/学生总数	
	各类文体活动得奖次数	检验各类素质拓展活动的成果	每年文体活动的得奖统计数	次
服务对象满意度指标	学生满意度	学生对综合素质提升活动的举办的满意程度	问卷调查	%
	教师满意度	教师对综合素质提升活动对学生影响的满意程度	问卷调查	%
	学校满意度	学校对综合素质提升活动对学生影响的满意程度	问卷调查	%

10. 教育专项业务费类项目。教育专项业务费类项目绩效指标体系见表 9-33。

表 9-33　　　　教育专项业务费类项目绩效指标体系

共性指标	个性指标			指标值
	指标名称	指标解释（内容）	指标说明（如何得来该指标）	
产出指标	各类教育专项业务工作完成率	各类教育专项业务工作如高校毕业生就业、学位论文抽检、教育督导、教育管理与改革等具体工作的进展情况	分项进行测试，专项业务工作完成率=（实际工作开展量/计划开展工作量）×100%	%
	各类教育专项业务法规政策出台数	各类教育专项业务法规政策制定情况	统计各类教育专项业务法规政策颁布数量	项
	各类教育专项业务法规政策落实度	各类教育专项业务法规政策执行情况	各类教育专项业务法规政策落实度=落实到位法规政策数/法规政策出台数	%

续表

共性指标	个性指标			
	指标名称	指标解释（内容）	指标说明（如何得来该指标）	指标值
效益标准	学位论文通过率	学生的学位论文通过情况	学位论文通过率＝（学位论文通过的人数/申请学位论文答辩总人数）×100%	%
	学位论文优秀率	学生的学位论文质量情况	学位论文优秀率＝（优秀学位论文数量/总数量）×100%	%
	就业率	学生的就业情况	就业率＝（就业人数/毕业人数）×100%	%
	意外事件发生次数	检验高校及单位的安保情况	统计每年的意外事件发生数目	次
	教育乱收费降低度	教育乱收费治理情况	教育乱收费数量与其他期的比较	
	教育专项业务费成本节约率	教育专项业务费的使用、节约情况	教育专项业务费成本节约率＝（预算成本－实际成本）/预算成本×100%	%
服务对象满意度	教师满意度	教师对教育专项业务工作的认可情况	问卷调查	%
	学生满意度	学生对教育专项业务工作的认可情况	问卷调查	%
	学生家长满意度	学生家长对教育专项业务工作的认可情况	问卷调查	%
	社会公众满意度	其他社会公众对教育专项业务工作的认可情况	问卷调查	%

11. 教育公共服务保障专项经费类项目。教育公共服务保障专项经费类项目绩效指标体系见表9-34。

表9-34　　　　教育公共服务保障专项经费类项目绩效指标体系

共性指标	个性指标			
	指标名称	指标解释（内容）	指标说明（如何得来该指标）	指标值
产出指标	教师资格考试和认定的人次数	教师资格考试和认定工作开展情况	可从教育有关部门的统计数据中获得	人次
	教育考试国家题库建设完成度	教育考试国家题库建设开展情况	教育考试国家题库建设完成度=教育考试国家题库建设进度/计划进度×100%	%
	学生学籍学历注册人次数	学生学籍学历注册工作推进情况	可从教育有关部门的统计数据中获得	人次
	年均高校图书期刊收录量	教育资源的增加情况	统计每年各高校期刊新收录数，并做平均	册
	图书期刊文献查询率	各种图书期刊文献使用情况	图书期刊文献查询率=（被阅览文献数量/总文献数量）×100%	%
	少数民族地区汉语教师培训人次数	少数民族地区汉语教师接受培训情况	统计少数民族地区汉语教师接受培训的数量	人次
效益指标	考试工作效率提升度	题库建设为考试工作提供的便利情况	问卷调查	
	通过教师资格考试新增人数	教师资格考试与认定注册专项工作情况	统计每年新通过教师资格考试的人数	人
	教师资格考试通过率	教师资格考试与认定注册专项工作情况	教师资格考试通过率=（考试通过人数/报考人数）×100%	%
	教师队伍整体素质提升度	教师资格认证促进教师素质提高情况	可采用新增通过教师资格考试人数、教师资格考试通过率与同期进行比较	
	教育规划实现度	教育规划目标落实情况	把教育规划实施结果与规划目标进行比对	

续表

共性指标	个性指标			
	指标名称	指标解释（内容）	指标说明（如何得来该指标）	指标值
服务对象满意度	教师满意度	教师对教育公共服务保障的认可情况	问卷调查	%
	学生满意度	学生对教育公共服务保障的认可情况	问卷调查	%
	学生家长满意度	学生家长对教育公共服务保障的认可情况	问卷调查	%
	社会公众满意度	其他社会公众对教育公共服务保障的认可情况	问卷调查	%

12. 学生资助专项经费类项目。学生资助专项经费类项目绩效指标体系见表9-35。

表9-35　　　　　　学生资助专项经费类项目绩效指标体系

共性指标	个性指标			
	指标名称	指标解释（内容）	指标说明（如何得来该指标）	指标值
产出指标	受资助学生人次数	接受资助的家庭经济困难学生的规模	可从教育部门统计资料获得	人次
	资助金发放率	资助金发放情况	资助金发放率=（已发金额/预算总额）×100%	%
	应得资助金学生领取率	资助金的发放是否存在纰漏	应得资助金学生领取率=（领取资助金人数/应得资助金人数）×100%	%
	资助金发放及时率	受资助的家庭经济困难学生按时收到资助金的情况	可与有关政策规定的发放时间相比较	%
	校园勤工助学率	高校提供给困难学生勤工助学机会	校园勤工助学率=（勤工助学学生人数/困难学生人数）×100%	%

续表

共性指标	个性指标			
	指标名称	指标解释（内容）	指标说明（如何得来该指标）	指标值
效益指标	高中学生因困辍学率	高中学生因家庭经济困难而辍学的情况	高中学生因困辍学率=（因家庭经济困难而辍学的高中学生数/应受资助高中学生总数）×100%	%
	毕业生资助金代偿率	高校赴基层就业毕业生国家助学金代偿和高校应届毕业生服义务兵役学费代偿资助金计划的实施情况	毕业生资助金代偿率=（毕业生资助金代偿人数/资助金资助学生人数）×100%	%
	教育公平促进度	助学金改善家庭经济困难高中学生辍学状况	教育公平促进度=高中贫困生在校人数/（因家庭经济困难而辍学的高中学生数+高中贫困生在校人数）	
服务对象满意度指标	受资助学生的满意度	学生对资助金的满意程度	问卷调查	%
	受资助家长的满意度	家长对资助金的满意程度	问卷调查	%

13. 国际汉语教育与传播专项类项目。国际汉语教育与传播专项类项目绩效指标体系见表9-36。

表9-36　　国际汉语教育与传播专项类项目绩效指标体系

共性指标	个性指标			
	指标名称	指标解释（内容）	指标说明（如何得来该指标）	指标值
产出指标	新增孔子学院学生数	孔子学院学生的新增人数	统计每年新增的孔子学院学生的数量	人
	相关汉语活动举办数量	汉语活动的举办频率	统计每年相关汉语活动举办的数量	次
	参加"汉语桥"活动的学生数	"汉语桥"活动的举办情况	统计每届"汉语桥"活动的参加人数	人

续表

共性指标	个性指标			指标值
	指标名称	指标解释 （内容）	指标说明 （如何得来该指标）	
产出指标	参加网络孔子学院的学生数	网络孔子学院的办学情况	统计每年参加网络孔子学院的学生数量	人
	孔子学院经费使用率	经费的使用情况	孔子学院经费使用率＝（预算成本－实际成本）/预算成本	%
	发放奖学金数额	对孔子学院及国外各类汉语学生来华学习的奖学金的总额	统计每年对孔子学院及学习汉语的学生发放的奖学金额	元
效益指标	中外国家政要和专家学者访问和讲学人次	检验孔子学院的影响力	统计每年赴孔子学院访问和讲学的国家政要和专家学者人次	人次
	学业测试合格率	检验孔子学院的教育成果	学业测试合格率＝（学业测试合格人数/总学生数）×100%	%
	当年媒体报道孔子学院活动次数	检验孔子学院的影响力	统计每年媒体报道孔子学院次数	次
	本土汉语教师新增人数	检验孔子学院的影响力	统计每年新增的本土汉语教师的人数	人次
	孔子学院编写汉语教材覆盖率	扩大汉语影响、提高孔子学院汉语教材覆盖率	孔子学院编写汉语教材覆盖率＝（孔子学院编写出版汉语教材册数/外国主流大中小学校学习汉语人数）×100%	%
服务对象满意度指标	学生对孔子学院满意度	学生对孔子学院的满意程度	问卷调查	%
	社会公众对孔子学院满意度	社会公众对孔子学院的满意程度	问卷调查	%

14. 外事管理事务专项类项目。外事管理事务专项类项目绩效指标体系见表 9–37。

表 9–37　　　　　　外事管理事务专项类项目绩效指标体系

共性指标	个性指标			指标值
	指标名称	指标解释（内容）	指标说明（如何得来该指标）	
产出指标	交流会举办的次数	外事交流会举办情况	相关部门统计	次
	交流人员人次	参与交流人员情况	相关部门统计	人次
	公派教师人次	公派教师的数量规模	相关部门统计	人次
	当年工作完成率	该项目的完成情况	当年工作完成率 =（当年实际完成人次或场次/当年计划完成的人次或场次）×100%	%
效益指标	我国教育国际影响力的提升度	教育在国外的地位和话语权情况	问卷调查	
社会公众或用户满意度指标	交流人员满意度	参加交流会人员对双方交流活动的满意程度	问卷调查	%
	公派教师满意度	公派教师对国家公派出国工作的满意程度	问卷调查	%
	社会公众满意度	社会公众对外事交流会、公派教师出国工作、教育国际影响力等认可程度	问卷调查	%

15. 高校哲学社会科学繁荣计划专项经费类项目。高校哲学社会科学繁荣计划专项经费类项目绩效指标体系见表 9–38。

表 9–38　　　高校哲学社会科学繁荣计划专项经费类项目绩效指标体系

共性指标	个性指标			指标值
	指标名称	指标解释（内容）	指标说明（如何得来该指标）	
产出指标	课题立项数	高校哲学社会科学发展课题立项情况	统计每年高校所有哲学社会科学课题立项数量	项
	支持机构建设数	支持机构建设情况	可从教育有关部门统计数据得出	个

续表

共性指标	个性指标			
	指标名称	指标解释 （内容）	指标说明 （如何得来该指标）	指标值
产出指标	研究成果数	高校哲学社会科学发展课题研究成果情况（包括研究报告、论文、著作等）	可从教育有关部门统计数据得出	项
	高校智库数	高校智库建设情况	可从教育有关部门统计数据得出	个
	学科点建设考核合格率	学科点建设质量情况	学科点建设考核合格率＝（学科点建设考核合格数/学科点建设被考核数）×100%	%
	马工程重点教材编写完成率	马工程重点教材编写情况	马工程重点教材编写完成率＝（马工程重点教材编写实际完成数/马工程重点教材编写计划完成数）×100%	%
	科研项目中检通过率	科研项目中期工作进展情况	科研项目中检通过率＝（科研项目中检通过数/科研项目中检数）×100%	%
	科研项目结项率	科研项目最终完成情况	科研项目结项率＝（科研项目结项通过数/科研项目立项数）×100%	%
	机构评估合格率	机构建设质量情况	机构评估合格率＝（被评估机构合格数/被评估机构数）×100%	%
效益指标	学术影响力	推出有重要价值学术精品和产生有深度、影响广泛优秀成果的情况	可从有关部门统计数据得出	
	优秀成果推广度	中国高校哲学社会科学成果展示宣传情况	统计优秀成果宣传数量	

续表

共性指标	个性指标			
	指标名称	指标解释 （内容）	指标说明 （如何得来该指标）	指标值
效益指标	支撑人才培养度	培育高水平高校人才队伍和学术领军人物的情况	可从有关部门统计数据得出	
	智库服务能力	高校智库和研究机构服务社会能力和水平的提升以及智库成果转化为政府决策能力的情况	可从有关部门统计数据得出	
	高校智库的国际影响力	高校智库的学术话语权和国际影响情况	问卷调查	
用户满意度指标	高校满意度	高校对高校哲学社会科学繁荣工作的认可情况	问卷调查	%
	政府满意度	政府对高校智库研究成果的认可情况	问卷调查	%
	师生满意度	高校师生对高校哲学社会科学繁荣工作的认可情况	问卷调查	%

三、教育部部门整体绩效指标体系设计

（一）部门支出分类

2007年中央部门预算改革后，财政部将部门支出划分为基本支出和项目支出两个部分。同样，教育部预算支出也分为基本支出和项目支出两个部分。

1. 基本支出。基本支出预算是部门支出预算的主要组成部分，是教育部为保障其机构正常运转、完成日常工作任务而编制的年度基本支出计划，其内容包括人员经费和日常公用经费两部分。人员经费主要是指维持机构正常运转且可以归集到个人的各项支出。人员经费包括基本工资、津补贴及奖金、社会保

障缴费、离退休费、助学金、医疗费、住房补贴、其他人员经费等。公用经费主要是指维持机构正常运转但不能归集到个人的各项支出。公用经费包括办公及印刷费、办公用房水电费、邮电费、办公用房取暖费、公务用车运行维护费、差旅费、会议费、福利费、办公用房物业管理费、日常维修费、专用材料费、一般购置费、其他费用等。

部门预算改革前，基本支出采取基数加增长的方法核实。财政核定部门支出预算时，是以上年度基数为基础，考虑下一年度财政收支状况和各项增支因素，对不同的支出确定一个增长比例和规模，从而确定一个新基数。由于这种分配方式主观随意性较强，且每年确定增长比例和规模时不可能全面考虑各种影响支出的因素，年复一年，基数往往脱离了部门经费开支的实际情况，导致部门间预算经费苦乐不均现象较为严重。从2001年起，财政部开始对基本支出试点"定员定额"管理方式，此后，试点范围不断扩大，目前已覆盖了全部的行政单位、绝大多数参公单位和部分公益性较强的事业单位。

2. 项目支出。项目支出预算是部门支出预算的重要组成部分，是教育部为完成其特定的工作任务或事业发展目标，在基本支出预算之外编制的年度项目支出计划。项目支出包括基本建设、教育事业发展专项计划、专项业务费、大型修缮、大型购置、大型会议费等项目支出。

2007年以前，部门预算项目分为行政事业类项目、基本建设项目和其他项目。2007年政府收支分类改革以后，预算项目主要采取类别分类，根据项目的重要性将项目分为国务院已研究确定的项目、经常性专项业务费项目、跨年度支出项目和其他项目四类。另外，为实现对项目的滚动管理，根据项目的存续时间，又将项目分为新增项目和延续项目两类。

中央部门预算改革前，部门项目预算是先有经费预算，然后再落实到项目。基本上是财政先切块分配资金，再由管理这些资金的部门将其分配到项目和各执行单位，致使项目决策程序不科学、资金使用随意性大，也没有监督问效机制，严重制约了财政支出结构的优化，以及财政资金使用效率和效益的提高。中央部门预算改革后，对项目实行项目库和项目滚动管理。项目库是对项目进行规范化、程序化的数据库系统。项目库分为中央部门项目库和财政部项目库。

(二) 部门支出绩效目标设计

绩效目标是开展绩效管理的前提与关键，绩效目标的质量直接决定着绩效管理的科学性与合理性程度。依据上述三定方案中明确规定的教育部职责，可主要归纳为三大类：一是统筹规划、协调发展职责，即适时拟定教育改革与发展的方针、政策、规划、标准（教师资格标准、语言文字标准）等，并监督实施。二是管理与督导职责，即加强学生管理、学科专业管理、课程教材管理、科研管理等，有效开展教育督导工作。三是国际交流与合作。

与此相适应，教育部部门支出绩效目标是适时拟定教育改革与发展的方针、政策、规划、标准等，并监督实施，通过加强学生、学科专业、课程教材、科研等管理和有效开展教育督导工作，以及加强国际交流与合作，促进教育事业健康发展，完成"2020年基本实现教育现代化"的战略目标。

(三) 部门支出绩效指标设计与说明

1. 指标设定原则或要求。与教育部项目支出绩效指标设置内容略有不同，教育部部门整体支出绩效指标的设置，反映的是教育部的职责履行和履职效益等情况，其指标选择应该满足下面基本原则：(1) 指向明确。绩效指标要符合国民经济和社会发展规划、教育事业发展规划，并与教育部职责的履行内容相对应。(2) 具体细化。绩效指标应当从产出数量、质量、成本和时效，经济、社会、生态效益和社会满意度等方面进行细化，并提出相应可量化的绩效指标，不能以量化形式表述的，可以采用定性的分级分档形式表述。(3) 合理可行。制定绩效指标时要针对教育部确定的"三定"方案职责进行调查研究和科学论证，指标要符合客观实际，反映年度各项职责履行要达到的效果。

2. 指标体系设定及说明。依据教育部职能、发展规划和绩效目标，按照前述指标设定原则或要求，教育部部门整体支出绩效指标体系框架如表9-39所示。

表 9–39　　教育部部门整体支出绩效指标体系

共性指标	个性指标			指标值
	指标名称	指标解释（内容）	指标说明（如何得来该指标）	
产出指标	教育部年度管理工作完成率	教育部履行职责而年度实际完成工作情况与计划工作情况（如年度管理工作要点）的对比	教育部年度管理工作完成率 =（实际完成工作数/计划工作数）×100%	%
	教育部年度管理工作完成及时率	教育部在规定时限内及时完成的实际工作情况与计划工作情况的对比	教育部年度管理工作完成及时率 =（教育部在规定时限内及时完成的实际工作数/计划工作数）×100%	%
	教育部法规政策落实度	教育部有关法规政策落实到位情况与实际制定情况的对比	教育部法规政策落实度 =（有关法规政策落实到位数/有关法规政策实际制定数）×100%	%
	教育部管理工作创新度	国内领先、国内先进、行业内领先、行业内先进	可采用高、中、低分程度打分	分
	教育部与其他有关管理部门的合作度	教育部与其他有关管理部门协同工作情况	可采用高、中、低分程度打分	分
	国际交流合作度	教育部进行国际交流与合作的情况	可采用高、中、低分程度打分	分
	教育部年度重点工作办结率	教育部对重点工作（党委、政府、人大、相关部门交办或下达的工作任务）的办理落实程度	教育部年度重点工作办结率 =（教育部年度重点工作实际完成数/交办或下达数）×100%	%
效益指标	学生成才率	教育培养出的合格人才情况	学生成才率 =（合格毕业生人数/应届毕业生数）×100%	%
	学生就业率	毕业生的就业情况	学生就业率 =（毕业生就业人数/应届毕业生数）×100%	%
	教育科研成果转化率	教育科研成果转化情况	可采用高、中、低分程度打分	分

续表

共性指标	个性指标			指标值
	指标名称	指标解释（内容）	指标说明（如何得来该指标）	
效益指标	教育服务经济社会发展能力	教育服务社会能力和水平的提升以及教育科研成果转化为政府决策能力的情况	可采用高、中、低分程度打分	分
	教育公平提升度	城乡、区域、校际、困难群体间教育发展均衡情况	可采用高、中、低分程度打分	分
社会公众或服务对象满意度	学生的满意度	学生对教育部职责履行的满意度	可通过问卷调查获得	%
	教工满意度	教工对教育部职责履行的满意度	可通过问卷调查获得	%
	学生家长满意度	学生家长对教育部职责履行的满意度	可通过问卷调查获得	%
	社会公众满意度	社会公众对教育部职责履行的满意度	可通过问卷调查获得	%

四、教育部财政绩效目标及指标体系设计

（一）中央财政教育绩效目标设计

1. 财政预算绩效目标设定原则。财政预算绩效目标是指财政预算资金计划在一定期限内达到的产出和效果。绩效目标是部门预算安排的重要依据，是预算绩效管理的基础，是整个预算绩效管理系统的前提，包括绩效内容、绩效指标和绩效标准。预算单位在编制下一年度预算时，要根据国务院编制预算的总体要求和财政部门的具体部署、国民经济和社会发展规划、部门职能及事业发展规划，科学、合理地测算资金需求，编制预算绩效计划，报送绩效目标。报送的绩效目标

应与部门目标高度相关，并且是具体的、可衡量的、一定时期内可实现的。

2. 绩效目标的主要内容。财政预算绩效目标及绩效指标应当内容完整、指向明确、细化量化、合理可行，能够清晰反映预算资金的预期产出和效果。

（1）预期产出：预算资金在一定期限内预期提供的公共产品和服务情况。

（2）预期效果：预期产出可能对经济、社会、环境等带来的影响，以及服务对象或受益人的满意程度。

3. 绩效目标设定依据。

（1）国家相关法律、法规和规章制度，国民经济和社会发展规划。

（2）国家教委职能、中长期发展规划、年度工作计划或项目规划。

（3）中央部门中期财政规划。

（4）财政部中期和年度预算管理要求等。

4. 绩效指标体系设定要求。

（1）目标关联性原则。绩效评价指标设计应当与国家公共教育的绩效目标有直接的联系，能够恰当反映绩效目标的实现程度，能够全面、系统地反映评价对象的特点，并且各个指标之间能够相互衔接，能综合反映部门或项目绩效构成要素之间的关系、内在联系和规律性，指标体系要有统一性，对同一指标应采用统一的标准评价。

（2）客观性原则。财政教育绩效评价指标中选取的指标数据应该有合法、准确的来源，能够真实反映公共教育评价对象的实际情况。

（3）实用性原则。绩效指标选择应注重科学性与实用性相结合，既准确反映项目的绩效内涵，又考虑指标的现实可行性及应用成本；注重全面性与简明性相结合，既充分反映国家教委财政支出的各种绩效，又突出财政教育预算的目的和综合绩效。

（4）管理效能原则。管理效能是管理部门在实现管理目标时所显示的能力和所获得的管理效率。预算绩效评价指标设计应当充分反映教委的管理效能。

（二）教育部综合财政预算绩效目标及指标体系

1. 教育部综合财政预算绩效目标指标说明。财政综合预算绩效指标主要从产出的数量、质量两个方面衡量；财政教育支出的绩效目标应以促进教育公平、提高教育质量为主线。

（1）公共教育产出数量目标。它既反映国民教育的总体水平也反映公共教育的均衡水平，分绝对产出指标和相对产出指标两类。通过教育经费水平和办学条件来判断教育财政的充足性，仍然是研究人员和各国政府普遍采用的方法。因此，我们也使用生均经费、教育经费比例和办学条件等指标来对中国教育财政的充足性进行分析。

（2）经济效益目标。经济效益方面选取"财政教育支出乘数"和"财政教育投入与专利成果的弹性"两个有代表性意义的指标进行考量。他们反映了教育投入对经济发展的影响及教育对科技创新能力提升的影响。

（3）社会效益目标。选取高校毕业生初次就业变动率指标。满意度方面主要选取服务对象和受益群体的满意度作为第三方考评。

2. 中央财政教育支出绩效目标指标体系

（1）教育产出数量目标。

①绝对产出指标。

a. 高等教育毕业生数（教委所属高校）。

b. 从业人员继续教育参与人数（部属范围）。

c. 生均财政教育经费（部属范围）。

②相对产出指标。

a. 人均受教育年限变动率：本年人均受教育年限与上年人均受教育年限的变动比率，用以反映和考核某一地区教育普及的改善程度。

人均受教育年限变动率 = （本年人均受教育年限 – 上年人均受教育年限/上年人均受教育年限）×100%

人均受教育年限 = 受教育总年限/当地总人口。

b. 高等教育毛入学率：高等教育在学人数与适龄人口（适龄人口是指18岁~22岁年龄段的人口数）之比。

国际上通常认为，高等教育毛入学率在15%以下时属于精英教育阶段，15%~50%为高等教育大众化阶段，50%以上为高等教育普及化阶段。中国提出的目标是到2015年达到36%，2020年达到40%。

（2）经济效益指标。

①财政教育支出乘数：当地国内生产总值（GDP）变动量与财政教育预算支出变动量之间的比值，用以反映和考核某一地区财政教育支出对当地经济的带动效应。

财政教育支出乘数 = 当地GDP变动量/财政教育预算支出变动量

GDP变动量 = 当年GDP – 上年GDP

财政教育预算支出变动量 = 当年财政教育预算支出 - 上年财政预算支出

②财政教育投入与专利成果的弹性是指财政高教投入增长率与高校专利成果的增长率之比。

(3) 社会效益指标。

①部属高等院校毕业生初次就业率。本年高等教育毕业生初次就业率与上年高等教育毕业生初次就业率的变动比率，用以反映和考核高等教育毕业生就业状况的改善程度。

高等教育毕业生初次就业率变动率 = [（本年高等教育毕业生初次就业率 - 上年高等教育毕业生初次就业率）/上年高等教育毕业生初次就业率] ×100%

高等教育毕业生初次就业：指毕业当年初次就业（含在各种性质的工作单位和自主创业）。

②满意度指标。满意度指标包括：学生对学校设施、课程设计安排、教学的满意度；教师对人才培养、进修机会、科研环境的满意度；用人单位对毕业生素质、毕业生专业水平满意度。

表9-40　　　　　　中央财政教育支出绩效目标指标体系

指标名称		指标解释（内容）	指标说明（如何得来该指标）	指标值
教育产出数量目标	绝对产出指标	高等教育毕业生数（教委所属高校）	统计数据	人
		从业人员继续教育参与人数（部属范围）	统计数据	人
		职业教育人数（部属范围）	统计数据	人
		生均财政教育经费（部属范围）	统计数据	元

续表

指标名称			指标解释（内容）	指标说明（如何得来该指标）	指标值
教育产出数量目标	相对产出指标	人均受教育年限变动率	用以反映和考核某一地区教育普及的改善程度	人均受教育年限变动率=〔（本年人均受教育年限－上年人均受教育年限）/上年人均受教育年限〕×100%，人均受教育年限=受教育总年限/当地总人口	%
		高等教育毛入学率	反映国家高等教育的普及程度	高等教育毛入学率=〔本年高等教育在学人数/适龄（18岁~22岁）人口数〕×100%	%
经济效益指标		财政教育支出乘数	反映和考核某一地区财政教育支出对当地经济的带动效应	财政教育支出乘数=当地GDP变动量/财政教育预算支出变动量 GDP变动量=当年GDP－上年GDP 财政教育预算支出变动量=当年财政教育预算支出－上年财政预算支出	%
		财政教育投入与专利成果的弹性	反映财政投入对高校专利成果形成的促进作用	财政高教投入增长率/高校专利成果的增长率	%
社会效益指标		部属高等院校毕业生初次就业率	本年高等教育毕业生初次就业率与上年高等教育毕业生初次就业率的变动比率，用以反映和考核高等教育毕业生就业状况的改善程度	高等教育毕业生初次就业率变动率=〔（本年高等教育毕业生初次就业率－上年高等教育毕业生初次就业率）/上年高等教育毕业生初次就业率〕×100%。高等教育毕业生初次就业指毕业当年初次就业（含在各种性质的工作单位和自主创业）	%

续表

指标名称			指标解释（内容）	指标说明（如何得来该指标）	指标值
社会效益指标	满意度指标	学生满意度	学生对学校设施、课程设计安排、教学的满意度	问卷调查	%
		教师满意度	教师对人才培养、进修机会、科研环境的满意度	问卷调查	%
		用人单位满意度	用人单位对毕业生素质、毕业生专业水平满意度	问卷调查	%
		社会满意度	社会对教育的整体水平及综合评价	问卷调查	%

第四节 水利部部门预算绩效评价指标体系[①]

一、水利部部门职能与机构设置

（一）水利部的部门职能

根据国务院办公厅《关于印发水利部主要职责内设机构和人员编制规定的通

[①] 本部分节选自财政部预算司"预算绩效指标体系建设"项目子报告《预算绩效指标体系建设——水利》。课题组长：王泽彩；成员：李海南、王海涛、王志刚、龙小燕。2015年12月结课。

知》（国办发〔2008〕75号）文件精神，水利部主要职责包括：

一是负责水资源统一监督、管理和保护；二是负责防治水旱灾害；三是指导水文工作；四是指导水利设施、水域及其岸线的管理与保护；五是负责防治水土流失；六是指导农村水利工作；七是负责重大涉水违法事件的查处，指导水政监察和水行政执法，拟订水利战略规划和政策，起草有关法律法规草案；八是开展水利科技和外事工作；九是承办国务院交办的其他事项。

（二）水利部的机构设置

根据上述职责，水利部设12个内设机构：规划计划司、政策法规司、水资源司（全国节约用水办公室）、建设与管理司（指导水利设施、水域及其岸线的管理和保护）、国际合作与科技司、水土保持司、农村水利司、安全监督司、国家防汛抗旱总指挥部办公室，以及办公厅、财务司和人事司。

二、水利部项目支出绩效指标体系设计

为深化预算管理制度改革，科学规范设置项目，推进预算绩效管理，根据《关于加强和改进中央部门项目支出预算管理的通知》（〔2015〕82号），综合水利部职能及各业务司局分工、水利部部门预算项目支出预算科目以及财政部政府收支分类科目，对现行水利部项目支出分类进行调整，再对调整后项目支出进行绩效指标设计。

（一）对现有支出项目分类整合归并

根据财政部《2015年政府收支分类科目》农林水支出（213类），水利支出（03款，不包括南水北调和其他农林水支出）主要包括行政运行、一般行政管理事务、机关服务、水利行业业务管理、水利工程建设、水利工程运行与维护、长江黄河等流域管理、水利前期工作、水行政执法监督、水土保持、水资源节约管理与保护、水质监测、水文测报、防汛、抗旱、农田水利、水利技术推广、国际河流治理与管理、大中型水库移民后期扶持专项支出、水利安全监督、水资源费安排的支出、砂石资源费支出、信息管理、水利建设移民支出、农村人畜饮水、

其他水利支出等 26 项支出科目。

截至 2015 年，水利部列入财政部绩效评价试点的预算项目 15 个，经费 9.06 亿元，占年度部门预算项目总经费的 29.88%，并对 2014 年度试点项目财政支出做了绩效报告和项目绩效评价报告，包括防汛业务项目、水质监测业务项目、水土保持业务项目、水利信息系统运行维护费项目、水利科技推广与标准化项目、引进国际先进农业科学技术计划（948）项目、水利部干部教育培训与人才培养项目、水利工程建设项目稽查项目、水利部血吸虫病防控经费项目、中国水利水电科学研究院"中央级公益性科研院所基本科研业务费"项目、水利部南京科学水利研究院"中央级公益性科研院所基本科研业务费"项目、水利部长江委员会长江科学院"中央级公益性科研院所基本科研业务费"项目、水利部黄河水利科学研究院"中央级公益性科研院所基本科研业务费"项目、水利部牧区水利科学研究所"中央级公益性科研院所基本科研业务费"项目等 14 个项目。

水利部预算项目分为四大类，包括行政事业类项目、科研类项目、追加项目和基建类项目。其中：行政事业类项目包括水利行业管理，水政执法监督业务，水利基层单位房屋维修，防汛业务，水文测报业务，水质监测业务，水土保持业务，水资源管理、节约与保护业务，水利重大政策研究与制度建设专项，水利信息系统运行维护费，水利工程定额测算，水利科技推广与标准化，重大项目管理专项，引进国际先进农业科学技术计划，水利部干部教育培训与人才培养，防汛抗旱设施调度运行维护费，抗旱业务费，水利国际交流与合作，水利稽查与监督，中央分成水资源费项目，行政事业类其他，水利工程维修养护共 22 类二级具体项目；科研类项目包括公益性行业科研专项经费，中央级科研机构研究生培养经费补助，非营利性科研机构改革专项启动费，中央级科学事业单位修缮购置专项资金，基本科研业务费，科研类其他 6 类二级具体项目；追加项目包括应急度汛，特大防汛补助，其他追加项目，防汛物资采购 4 类二级具体项目；基建类只包括基建类项目。

水利部预算项目分类与财政部政府收支分类科目对照见表 9-41、表 9-42。

表 9-41　　　　　水利预算项目与政府收支分类科目对照表

项目类别	序号	项目名称	部打捆代码	政府收支分类科目	主管业务司局
行政事业类项目	1	水利行业管理	126001	[2130304] 水利行业业务管理	
	2	水政执法监督业务	126002	[2130309] 水利监督执法	政法司
	3	水利基层单位房屋维修	126003	[2130399] 其他水利支出	财务司

续表

项目类别	序号	项目名称	部打捆代码	政府收支分类科目	主管业务司局
行政事业类项目	4	防汛业务	126004	[2130314] 防汛	防办
	5	水文测报业务	126006	[2130313] 水文测报	水文局
	6	水质监测业务	126007	[2130312] 水质监测	水资源司
	7	水土保持业务	126008	[2130310] 水土保持	水保司
	8	水资源管理、节约与保护业务	126009	[2130311] 水资源节约管理与保护	水资源司
	9	水利重大政策研究与制度建设专项	126010	[2130399] 其他水利支出	政法司
	10	水利信息系统运行维护费	126012	[2130333] 信息管理	防办/办公厅为用户
	11	水利工程定额测算	126017	[2130304] 水利行业业务管理	建管司（基本不管）
	12	水利科技推广与标准化	126019	[2130317] 水利科技推广与培训	国科司
	13	重大项目管理专项	126021	[2130304] 水利行业业务管理	几个大的业务司都有
	14	引进国际先进农业科学技术计划	126025	[2130317] 水利科技推广与培训	国科司
	15	水利部干部教育培训与人才培养	126029	[2130317] 水利科技推广与培训	人事司
	16	防汛抗旱设施调度运行维护费	126037	[2130399] 其他水利支出	财务司
	17	抗旱业务费	126038	[2130315] 抗旱	防办
	18	水利国际交流与合作	126039	[2130302] 一般行政管理事务	国科司
	19	水利稽查与监督	126040	[2130304] 水利行业业务管理	安监司
	20	中央分成水资源费项目	126041	[2130331] 水资源费安排的支出	水资源司

续表

项目类别	序号	项目名称	部打捆代码	政府收支分类科目	主管业务司局
行政事业类项目	21	行政事业类其他			
	22	水利工程维修养护		[2136302] 水利工程维护	建管司/财务司
科研类项目	1	公益性行业科研专项经费		[2060302] 社会公益研究	国科司
	2	中央级科研机构研究生培养经费补助		[2060399] 其他应用研究支出	国科司
	3	非营利性科研机构改革专项启动费		[2060302] 社会公益研究	国科司
	4	中央级科学事业单位修缮购置专项资金		[2060503] 科技条件专项	国科司
	5	基本科研业务费		[2060302] 社会公益研究	国科司
	6	科研类其他			
追加项目	1	应急度汛		[2136302] 水利工程维护	防办
	2	特大防汛补助			防办
	3	其他追加项目			
	4	防汛物资采购			防办
基建类	1	基建类项目			

表9-42 政府收支分类科目水利部分及水利部项目支出预算科目比较

（单位：万元）

财政部政府收支分类科目（水利）			2015年水利部项目支出预算			主管司局
序号	科目		序号	金额	项目名称	
1	行政运行	○				
2	一般行政管理事务	●	●			
3	机关服务	○				
4	水利行业业务管理	●	1	● 8022	水利行业管理	建管司
			2	○ 6086	水利部重大项目管理专项项目	几大司都有
			3	○ 551	水利工程定额测定	建管司
			4	○ 6775	水利稽查与监督	安监司

续表

财政部政府收支分类科目（水利）			2015年水利部项目支出预算				主管司局
序号	科目		序号		金额	项目名称	
5	水利工程建设	○					
6	水利工程运行与维护	●	5	●	72805	水利工程维修养护	建管司/财务司
7	长江黄河等流域管理	○					
8	水利前期工作	○					
9	水行政执法监督	●	6	●	5268	水政执法监督业务	政法司
10	水土保持	●	7	●	8153	水土保持业务	水保司
11	水资源节约管理与保护	●	8	●	20759	水资源管理、节约与保护业务	水资源司
12	水质监测	●	9	●	10313	水质监测业务	水资源司
13	水文测报	●	10	●	21131	水文测报业务	水文局
14	防汛	●	11	●	13934	防汛业务	防办
			12	○	2254	中央防汛物资储备管理费	防办
			13	○	5400	应急度汛	防办
15	抗旱	●	14	●	520	护旱业务	防办
			15		1355	中央抗旱物资储备管理费	防办
			16	○	12834	全国山洪灾害防治项目建设与管理	
16	农田水利	○					
17	水利技术推广	●	17	●	5805	水利科技推广与标准化	国科司
			18	○	4334	引进国际先进农业科学技术计划（948）项目	国科司
			19	○	3095	水利部干部教育培训与人才培养项目	人事司
18	国际河流治理与管理	●	20	●	2110	国际河流管理专项	
			21		1158	水利国际交流与合作	国科司
19	大中型水库移民后期扶持专项支出	○					
20	水利安全监督	○					
21	水资源费安排的支出	●	22	●	31244	中央分成水资源费项目	水资源司
22	砂石资源费支出	○					

续表

财政部政府收支分类科目（水利）			2015年水利部项目支出预算			主管司局
序号	科目		序号	金额	项目名称	
23	信息管理	●	23	● 16028	水利信息系统运行维护费	防办/办公厅为用户
24	水利建设移民支出	○				
25	农村人畜饮水	○				
26	其他水利支出	●	24	● 5534	其他类支出	
			25	○ 2550	水利重大政策研究与制度建设专项	政法司
			26	○ 2070	水利基层单位房屋修缮项目	财务司
			27	○ 1606	防汛抗旱高度设施运行维护	财务司
合计				271694		

注：●为政府收支分类科目水利部分及水利部项目支出预算科目共有项目，○为仅有一方列举项目。

根据《关于加强和改进中央部门项目支出预算管理的通知》（［2015］82号），为深化预算管理制度改革，科学规范设置项目，推进预算绩效管理，综合水利部职能、业务司局分工、部门预算项目支出预算科目以及财政部政府收支分类科目，建议对水利部部门预算中相关项目进行整合。

1. 将原"水资源节约管理和保护""水质监测""中央分成水资源费项目"合并为"水资源管理、节约与保护"。根据国务院关于水利部第1、2、3、5、6项职能，保障水资源合理开发使用和统一监督管理，保护水资源，节约用水，负责水文水资源监测与公报，水资源的节约管理和保护，水质监测是水利部的重要职责。而且，"水资源节约管理和保护""水质监测""中央分成水资源费项目"都由水资源司统一管理，将此三项内容统一，较为合理，操作性强。

"水质监测"主要反映水利系统纳入预算管理的水质监测事业单位的支出。有关事项包括水质监测食品设备支行维护，水环境监测技术的研究、开发与推广，进行水样品采集、保存、运输、测试、化验、分析，资料整编，发布水质公报等。水利部还有一专项叫"水文测报"，反映水利系统纳入预算管理的水文事业单位的支出，包括江、河、湖、库、滨海、区的水文测报、水文测验、水文情报预报、河道（淤积）监测、水量调度监测、水文业务管理、水文水资源公报编制、水文资料整编及水文设施运行维护等，由水利信息中心主管。取消水质监测大类，也容易减轻"水质监测"与"水文测报"的混淆。

2. 将"防汛""抗旱"业务，即将2015年水利部项目支出预算中的"防汛业务""中央防汛物资储备管理费""应急度汛""护旱业务""中央抗旱物资储备管理费""全国山洪灾害防治项目建设与管理"项目一并整合为"防汛抗旱"或"防治水旱灾害""防汛抗旱减灾"业务。一是根据水利部第4条职能，即负责防治水旱灾害，承担国家防汛抗旱总指挥部的具体工作整合并不影响现有业务司局业务；二是防汛、抗旱这些业务都归水利部、防办统一管理；三是"全国山洪灾害防治项目建设与管理"没有政府收支科目对应的科目，但其仍属防洪防灾类别，与防汛抗旱有关，建议整合。

3. 将原"水利前期工作""水利工程建设""水利工程运行与养护""水利安全监督"合并为"水利工程建设和监管"，并把与财政部政府收支分类科目"水利行业业务管理"相对应的水利部项目"水利稽查与监督"转到"水利工程建设、养护和监督"中，即2015年水利部项目支出预算中的"水利稽查与监督""水利工程维修养护"都合并为"水利工程建设和监管"。

4. "农田水利"和"农村人畜饮水"合并为"农村水利"。因为这两项业务有交叉，农田水利建设好，对农村人畜饮水有重要意义。而且这两项业务都归农村水利司统管，合并后，"农村水利"业务既包括农田水利基本建设，又包括农村和牧区人畜饮水安全等建设内容。

5. 将2015年水利部项目支出预算中的"水利国际交流与合作""国际河流管理专项"合并为"水利国际交流与国际河流治理"。

6. 将"水利技术推广与标准化"与"引进国际先进农业科学技术计划（948）"项目合并为"水利技术引进与推广"。这两项都属于"国科司"统管，便于合并。"水利部干部教育培训与人才培养项目"转记"一般行政管理事务"项目下，或单列，不再列入"水利技术推广与标准化"项目下。因为人才培训各单位都有，不应局限于水利技术推广，而且此项目归人事司主管，不宜与国科司共同在此项目下列支干部培训。

7. "信息管理"建议改成"水利信息系统运行维护费"项目，主要反映原"水利信息系统运行维护费"内容。

根据以上对水利部主要职能、各司局主要任务和项目特点的分析，我们认为，确定项目类别时，除行政运行、一般行政管理事务、机关服务、水利行业业务管理外，应当根据项目资金的投向和用途对所有项目进行分类（见表9-43）。

表 9-43　　　　　　　　水利部项目分类调整情况对应一览表

整合后	财政部政府收支分类	2015 年水利部项目支出预算
水资源管理、节约与保护	水资源节约管理与保护	水资源管理、节约与保护业务
	水质监测	水质监测业务
	水资源费安排的支出	中央分成水资源费项目
防治水旱灾害或防汛抗旱减灾	防汛	防汛业务
		中央防汛物资储备管理费
		应急度汛
	抗旱	抗旱业务
		中央抗旱物资储备管理费
		全国山洪灾害防治项目建设与管理
水利工程建设和监管	水利工程建设	
	水利工程运行与养护	水利工程维修养护
	水利前期工作	
	水利安全监督	
		水利稽查与监督
农村水利	农田水利	
	农村人畜饮水	
水利国际交流与国际河流治理	国际河流治理与管理	国际河流管理专项
		水利国际交流与合作
水利技术引进与推广	水利技术推广	水利科技推广与标准化
		引进国际先进农业科学技术计划（948）项目
水利信息系统运行维护费	信息管理	水利信息系统运行维护费

（二）整合归并后水利预算支出项目分类

在分析水利部的各项职能和机构设置，对比政府收支分类科目水利部分及水利部项目支出预算科目特点的基础上，我们认为水利部项目支出预算科目分类，经整合归并为十大类，包括水资源管理、节约与保护、防汛抗旱减灾、水文测报、水利工程建设和监管、水土保持、农村水利、水行政执法监督、水利国际交流与国际河流治理、水利技术引进与推广、水利信息系统运行维护费（见表 9-44）。

表 9-44   水利部项目分类一览表（整合归并后）

序号	分类情况	项目名称
1	水资源管理、节约与保护	水资源供水能力管理
		节约用水
		地下水监测
2	防汛抗旱减灾	防汛
		抗旱
		山洪灾害防治
		应急防汛抗旱物资储备和调度
3	水文测报	水文监测
		水文信息公告
		水文资料汇编
4	水利工程建设和监管	水利前期工作
		水利工程建设
		水利工程运行、维修和养护
		水利安全监督
5	水土保持	水土保持工程建设
		水土保持监测
		水土流失信息公告
6	农村水利	农田水利
		农村人畜饮水
7	水行政执法监督	水利政策法规研究、制订与培训
		水行政执法
		水案件纠纷与处理
8	水利国际交流与国际河流治理	国际河流管理专项
		水利国际交流与合作
9	水利技术引进与推广	水利科技推广与标准化
		引进国际先进农业科学技术计划（948）项目
10	水利信息系统运行维护费	水利信息系统运行维护管理

1. 水资源管理、节约与保护项目是指流域机构和水利部直属事业单位进行水资源规划编制与调查评价、水资源配置、水资源调度、水功能区管理、水质监测、节水型社会建设、水权制度及试点建设、水生态文明建设、地下水资源管理、水

质监测与水资源保护、国家水资源监控能力建设及运行维护、水资源承载能力监测预警机制建设等。具体包括水资源供水能力管理、节约用水、地下水监测等项目。

2. 防汛抗旱减灾项目是指国家防办和流域机构开展的防汛抗旱组织调度业务，中央直属防汛抗旱工程设施应急修复，中央防汛抗旱物资储备及储备管理，以及全国山洪灾害治理中央本级建设和运行维护。具体包括防汛、抗旱、山洪灾害防治、应急防汛抗旱物资储备和调度等项目。

3. 水文测报是指组织开展各流域内的水文测报工作，完成相关水文测验、水文情报预报、水文资料整编刊印、水文设施运行维护和流域内水文行业管理等。具体包括水文监测、水文信息公告、水文资料汇编。

4. 水利工程建设和监管是指对中央直管水利工程进行年度日常维修养护、安全鉴定等，开展水库运行管理督查，开展中央直属水利工程确权划界和河湖管理范围划定，包含水利前期工作，水利工程建设、运行、维修和养护，水利安全稽查与监督等项目。

5. 水土保持是指流域机构及直属事业单位开展水土保持监督执法，水土流失动态监测，国家水土保持重点工程管理，大中型生产建设项目水土保持方案技术审查和设施验收技术评估，发布水土保持公报与公告等工作。具体包括水土保持工程建设、水土保持监测、水土流失信息公告等项目。

6. 农村水利包括农田水利、农村人畜饮水等项目。

7. 水行政执法监督是指开展流域立法与普法、流域执法、省际水事纠纷预防与调处、涉河建设项目管理、河道采砂管理等工作。具体包括水利政策法规研究、制订与培训，水行政执法，水案件纠纷与处理等项目。

8. 水利国际交流与国际河流治理包括国际河流管理专项、水利国际交流与合作等项目。

9. 水利技术引进与推广是指开展行业内的水利先进实用技术的示范工作，完成相关先进技术示范、示范园区建设、宣传培训以及示范体系建设等。具体包括水利科技推广与标准化、引进国际先进农业科学技术计划（948）项目。

10. 水利信息系统运行维护费是指开展水利信息系统的基础支撑环境，开展防汛指挥系统、异地会商系统、电子政务、水利通信系统等水利应用系统的运行维护，开展水利普查、水利遥感影像等水利基础数据更新服务，开展国家自然资源与空间基础信息库水利资源分中心运行维护等工作。

（三）水利部门项目绩效预算指标体系设计

根据整合归并后的水利预算各项目，结合绩效预算目标，根据项目绩效目标和指标设计原则，建立项目绩效预算指标体系。

1. 水资源管理、节约与保护项目。水资源管理、节约与保护项目通过水资源管理、节约与保护项目的实施，重点提升"两个能力"，即提升水资源监控能力和管理工作基础能力，开展"两个建设"，即深入开展节水型社会建设和水生态文明建设。通过提升"两个能力"和开展"两个建设"，为"十三五"最严格水资源管理制度阶段性管理目标的全面落实奠定坚实基础，为落实国家水安全战略部署、深入推进水资源领域改革提供重要支撑。水资源管理、节约保护项目绩效指标体系见表9-45。

表9-45　　　　水资源管理、节约保护项目绩效指标体系

绩效指标	指标名称	指标值	指标说明
产出指标	年供水能力	立方米	年内用水供应总量
	供水能力年度增长率	%	年内用水供应总量比上年新增比例
	水质监测频率	年次	年内对江河湖海、水库、水功能区、水源地、水生态、地下水等水质水量监测次数
	水资源公报与通报等信息信息统计发布频率	年次	及时反映、公布水质状况和监测数据程度
	水质达标率	%	水源水质达标程度
	水资源保护宣传与培训	人次	对水资源保护进行宣传和培训的人数和次数
效益指标	单位GDP用水量	%	辖区总用水量与辖区国内生产总值（GDP）之比
	饮用水供水保证率	%	饮用水水源地供水保证程度，使取水工程正常运行、供水设施完好及备用水源能够满足特殊情况下一定时间内的生活用水需求
	饮水安全事故率	年次	年内辖区内居民饮水安全发生事故次数
	水污染事故应急处置率	%	年内水污染事件应急处置次数占发生次数的比例
	水资源保护认知度提高率		

续表

绩效指标	指标名称	指标值	指标说明
服务对象满意度指标	主管部门满意度		
	项目实施部门满意度		
	项目区居民满意度		

2. 防汛抗旱减灾项目。防汛抗旱减灾项目主要通过全面提高防汛抗旱减灾能力，建立和完善防汛抗旱减灾体系，全面提升防汛抗旱减灾水平和防御能力，确保人民群众生命安全和供水安全，确保大江大河、大型和重点中型水库、大中城市的防洪安全，全力保障人民群众生命安全和城乡居民生活用水安全，努力保证中小河流和一般中型、小型水库安全度汛，确保中央防汛抗旱物资安全存储、有效管护、及时维修、迅速调用，为受灾地区抗洪抢险、抗旱救灾提供经费支持和物资保障，确保全国山洪灾害防治项目的建设质量和进度，持续发挥防灾减灾效益。防汛抗旱减灾项目绩效指标体系见表9-46。

表9-46　　　　　　防汛抗旱减灾项目绩效指标体系

绩效指标	指标名称	指标值	指标说明
产出指标	防汛防洪抗旱培训演练检查人次	人次	防汛防洪抗旱培训、演练和监督检查的人次
	防汛防洪抗旱物资装备维护完好率	%	防汛防洪抗旱车船物资装备等维护完好程度
	防汛防洪抗旱应急预案编制份数	份	防汛防洪抗旱应急预案设置情况
	灾情信息发布频率	次	对汛情、旱情、山洪等灾情事前事中发布预警和公开灾情信息次数
	防汛防洪新增加固堤防完成量	面积或体积	各类水利工程累计拦蓄洪水立方米，对山体滑坡等除险加固完成情况
	抗旱调度水资源能力	立方米	抗旱中调度水资源数量
	应急调度减灾物资能力	件	应急调度减灾物资数量

续表

绩效指标	指标名称	指标值	指标说明
效益指标	紧急疏散撤离安置群众	户、人	灾区紧急疏散撤离安置群众数量
	避免人员伤亡数	起、人	抗灾减灾避免伤亡人数
	农作物减灾情况	万亩、吨	防汛抗旱减灾中农作物的减灾面积和数量
	减少经济损失	万元	防汛抗旱减灾中减少经济损失金额
服务对象满意度指标	各级防办指挥部门满意度		
	参与救灾单位满意度		
	灾区居民满意度		

3. 水文测报项目。水文测报项目主要是为加强流域水文测报业务管理，组织指导流域水文测验工作，提高水文测验质量，搜集各类水文监测要素，深入分析国家重要江河流域的水文规律，为社会经济发展提供服务；组织指导流域水、雨情报收集和委托管理工作，开展水情分析与预报、水资源评价的质与量及空间动态变化规律等工作为防汛抗旱和水资源调度服务；组织流域水文资料整编汇编、组织整理汇编全国各流域水文监测数据，刊印发布，为流域防汛抗旱，流域水资源的统一开发、利用、管理和水资源环境保护提供水文信息和水文服务，为经济社会可持续发展提供科学依据；做好水文设施设备运行维护，保障水文测验、行业管理等水文业务的正常开展，保证流域的水文工作正常有序开展，保障国家社会经济的可持续发展。水文测报项目绩效指标体系见表9－47。

表9－47　　　　　　　　水文测报项目绩效指标体系

绩效指标	指标名称	指标值	指标说明
产出指标	新建水文监测站数	个	年度新建水文监测站建设数量
	水质监测公报刊印份数	份	年度水质监测公报刊印数量
	地表水全国省界监测断面监测率	%	地表水全国省界监测断面监测比例，监测率是否满足年计划要求
	地下水超采区地下水开采量监测率	%	地下水超采区地下水开采量监测比例，监测率是否满足年计划要求

续表

绩效指标	指标名称	指标值	指标说明
产出指标	水文站监测质量得分平均合格率	%	按照水文监测计量认证标准打分得到的年度平均值
	水情报汛漏、错报率	%	水情报汛漏、错报占整体报告的比例
	水文资料整编、汇编、刊印数	册、篇、次	水文资料整编、汇编、刊印的数量
效益指标	国家基本站网水文测验大江大河洪水控制率	%	国家基本站网水文测验大江大河洪水监测控制的比例
	水文测报为全国每年减少经济损失	万元	水文测验和水文信息通报为全国每年减少经济损失金额
服务对象满意度指标	主管部门满意度		
	数据使用单位、人员满意度		
	总投诉量	次	社会公众对水文测报工作的投诉次数

4. 水利工程运行管理项目。水利工程运行管理项目主要是通过开展水利工程的维修养护和安全运行督查工作，提高工程管理水平，保证各类工程正常运行、工程建筑物状况安全和完好，使河道满足流域行洪、水资源管理保护的需要，有效预防各类水利工程运行事故的发生，促进水利工程规范运行、安全运行、良性运行和管理现代化，发挥工程应有的防洪、除涝、供水和改善水环境等功能，为经济社会发展起到积极的作用，实现直管河湖管理范围及水利工程管理与保护范围边界清晰、权属明确，避免由于范围不明确、权属不清晰造成的管理交叉、水事纠纷、非法侵占河湖和水利工程等违法行为，为有效管理和保护河湖和水利工程提供保障，为确保防洪安全、供水安全、生态安全和水利工程运行安全奠定基础。水利工程运行管理项目绩效指标体系见表9-48。

5. 水土保持项目。水土保持项目是为加强水土保持预防监督管理，为依法开展生产建设项目水土保持方案审批和设施验收提供可靠的技术支撑，加大大中型生产建设项目水土保持监督检查力度，推进流域内水土保持"三同时"制度的落实，促进项目管理制度化、规范化、科学化和信息化，提高工程资金使用效益，

表 9-48　　水利工程运行管理项目绩效指标体系

绩效指标	指标名称	指标值	指标说明
产出指标	重点工程开工率	%	重点工程开工建设情况，是年度重点工程实际开工数量与年度计划重点工程实际开工数量的比
	水利工程安全督查次数	次	年度对水库/水闸等水利工程项目进行安全监督检查的次数
	工程竣工验收实际完成率	%	年度工程竣工验收完成情况，是年度重大建设项目实际完成工程量或投资与年度计划完成项目工程量或投资的比
效益指标	工程质量安全事故发生数	次	因水利工程质量造成的安全事故发生次数
	工程事故伤亡人数	人	因工程事故发生造成死伤的人数
	国民经济直接贡献率	%	水利投资对国民经济 GDP 贡献率
	国民经济间接贡献率	%	因水利工程带来发电、灌溉、防洪抗旱减灾等对国民经济 GDP 的间接贡献率
	水土涵养量	万方	因水利工程建设而涵养的水土量
服务对象满意度指标	主管部门满意度		
	项目实施部门满意度		
	项目区居民满意度		

促进全国水土保持生态建设工作良性发展，预防和减少流域内人为水土流失的发生，确保资源开发和生产建设活动有序进行，有效遏制水土流失加剧、生态环境恶化趋势。水土保持项目绩效指标体系见表 9-49。

表 9-49　　水土保持项目绩效指标体系

绩效指标	指标名称	指标值	指标说明
产出指标	新开工水土保持工程数	个	年内新开工水土保持工程数量
	水土保持工程建设完成数	分	按水土保持工程按计划完成建设比例打分
	水土流失监测面积	次	年内对水土流失监测面积
	国家水土保持重点工程治理县检查率	%	年内国家水土保持重点工程检查工程占国家水土保持重点工程的比例

续表

绩效指标	指标名称	指标值	指标说明
效益指标	水土流失治理面积完成		按年度实际水土流失治理面积占年度计划完成水土流失治理面积的比例给分
	水土流失治理面积或体积	万亩/万立方	年内水土流失治理面积或体积
	国民经济贡献率	%	水土保持对国民经济GDP的贡献程度
	减少经济损失	万元	因减少水土流失而减少的经济损失
服务对象满意度指标	主管部门满意度		
	项目实施部门满意度		
	项目区居民满意度		

6. 农村水利项目。农村水利项目是为保障农田水利建设、农村饮水安全而设置，其绩效指标体系见表9-50。

表 9-50　　　　　　　　农村水利项目绩效指标体系

绩效指标	指标名称	指标值	指标说明
产出指标	农村新建供水设备数	个	农村新建小水井、蓄水池等设备数量
	新增灌溉面积	亩	当年农村新建供水设备增加的灌溉面积
	新增饮水安全达标人口	人	新增农村水利解决饮水不安全人口数量
效益指标	农村人畜饮水安全事故数	人	因饮用水造成农村人畜安全事故次数
	农村饮水安全事故伤亡人数	人	因饮用水安全事故造成农村人口伤亡人数
	农村饮水安全事故伤亡畜数	头/条	因饮用水安全事故造成农村牲畜伤亡人数
效益指标	国民经济贡献率	%	农田水利带来的经济效益对国民经济GDP的贡献程度
	农村水利亩产农业用水系数降低率	%	农村水利亩产农业用水系数比上年降低程度

续表

绩效指标	指标名称	指标值	指标说明
服务对象满意度指标	主管部门满意度		
	项目实施部门满意度		
	项目区农民满意度		

7. 水行政执法监督项目。水行政执法监督项目是指通过本项目的实施，流域管理水法规逐步健全完善；流域内水法律意识和法律素质明显增强；执法巡查监管网络基本形成，查处水事违法行为的能力得到有力保障；省际水事矛盾纠纷敏感地区的水事秩序稳定；河道采砂、涉河建设项目、河道内水事活动规范有序；《水法》《防洪法》等水法律法规及国家的治水方略得到较好的贯彻实施。水利执法监督项目绩效指标体系见表9-51。

表9-51 水利执法监督项目绩效指标体系

绩效指标	指标名称	指标值	指标说明
产出指标	水法规宣传培训次数	次	年内对水法规宣传教育培训次数
	水行政监督和水利执法次数	次	年内水行政监督和水利执法次数
	水行政监督和水利执法完成率	%	实际完成违法查处或监督检查数量占年度发生违法数量或年度计划查处或监督检查数量的比例
	水事纠纷协调完成率	%	实际完成水事纠纷调解数量占年度发生水事纠纷数量的比例
效益指标	水政监察队伍管理举办培训班合格率	%	水政监察队伍管理举办培训班成绩合格人数占参加人数的比例
	水法规认知度提高率	%	
	水违法案件查出数	起	年内水行政监督和水利执法中发现水违法案件数量
	水行政复议及行政诉讼数	次	年内水行政复议及行政诉讼次数
服务对象满意度指标	主管部门满意度		
	被培训方满意度		
	水纠纷处理相关方满意度		

8. 水利国际交流与国际河流治理项目。水利国际交流与国际河流治理项目反映我国与外国或国际机构组织等进行谈判开展的国际河流治理成果，其绩效指标

体系见表 9–52。

表 9–52　　水利国际交流与国际河流治理项目绩效指标体系

绩效指标	指标名称	指标值	指标说明
产出指标	国际河流治理项目按计划完成度	%	国际河流治理按规划完成进度
	水利国际合作交流成果数	个	中外水利国际合作交流公开公告的成果数量
效益指标	国际河流谈判监测面积	亩	
	国际河流治理项目新增航运数	公里	国际河流治理项目新增航运公里数
	国际河流治理项目单位 GDP 碳排放量节约比例	%	国际河流治理项目水电站发电产生万元 GDP 排放的二氧化碳数量比火电标准煤消耗量节约碳排放比例
	国民经济贡献率	%	国际河流治理项目投资对 GDP 增长量
	水土涵养量	万方	因国际河流治理项目涵养的水土量
服务对象满意度指标	我国开展国际河流治理与管理合作满意度		
	国际河流境内居民满意度		

9. 水利科技引进与推广项目。水利科技引进与推广项目是以技术示范体系为支撑，以技术示范经费为依托，动员和组织广大水利科技人员和全社会的力量将先进成熟适用技术推向水利建设主战场，全面提升水利行业现代化水平和对社会经济可持续发展的支撑保障能力，其绩效指标体系见表 9–53。

表 9–53　　水利科技引进与推广项目绩效指标体系

绩效指标	指标名称	指标值	指标说明
产出指标	新增水利科技推广技术项目数	个	年内新增水利科技推广技术项目个数
	新增水利科技示范园区建设项目数	个	年内新增水利科技示范园区建设项目个数

续表

绩效指标	指标名称	指标值	指标说明
产出指标	水利科技推广与标准化项目验收通过率	%	年内水利科技推广与标准化项目验收通过数占计划完成通过验收的比率
	引进国际先进农业科学技术计划（948）项目数	个	年内引进国际先进农业科学技术计划（948）项目个数
	引进国际先进农业科学技术计划（948）项目验收通过率	%	年内引进国际先进农业科学技术计划（948）项目验收通过数占计划完成通过验收的比率
效益指标	新增节水灌溉面积	亩	年内水利科技推广与标准化项目新增节水灌溉面积
	新增粮食产量		水利科技推广与标准化项目新增粮食产量或粮食产量比项目推广前增加量
	农民人均年收入	元	水利科技推广与标准化项目辐射农民人均年收入
	农民人均年收入增长率	%	水利科技推广与标准化项目辐射农民人均年收入比上年增长百分比
	国民经济贡献率	%	水利科技引进与推广项目对国民经济GDP的贡献比例
服务对象满意度指标	主管部门满意度		
	项目实施部门满意度		
	项目区居民满意度		

10. 水利信息系统运行维护费项目。水利信息系统运行维护费项目是为了保证水利部信息系统基础环境及相关应用的正常运转，保障国家防汛抗旱指挥系统、异地会商视频会议系统、防汛通信系统、水利部电子政务、水利部网站及水利普查信息的正常运行，其绩效指标体系见表9-54。

表 9-54　　　　　水利工程运行管理项目绩效指标体系

绩效指标	指标名称	指标值	指标说明
产出指标	水利信息化维护、改造和建设完成率	%	年度实际维护、改造和完成水利信息化投资占年度计划完成水利信息化投资的比例
	水利信息发布数	条	年内水利信息发布数量
效益指标	水利信息设备和系统可用率	%	水利信息设备和系统包括通信、网络、视频等设备和系统可用比例
	重大灾情水利信息设备和系统故障次数	次	发生重大汛情、旱情、洪水时，水利信息设备和系统故障发生次数
服务对象满意度指标	主管部门满意度		
	项目实施部门满意度		
	项目工作人员满意度		

三、水利部部门支出绩效指标体系设计

本部分主要对水利部门支出进行分类，然后给出部门绩效指标设计的基本原则以及绩效目标设计依据，同时我们对项目支出、部门支出和财政预算综合绩效之间的逻辑层次关系进行了说明。

（一）部门支出分类

水利部门支出包括基本支出和项目支出两大类，下面对部门支出的分类指的就是这个口径，但是为了便于分析部门整体就没有再进一步细化区分。

根据水利部门的职能设计和预算科目安排，同时结合水利发展规划，我们将水利部门支出分为六大类：防洪减灾及抗旱除涝，水资源管理，农村水利，水土保持和河湖生态恢复，水文监测，水利改革、建设与管理。下面具体的绩效目标、绩效指标设计就要围绕着六大类支出展开。

(二) 部门支出绩效目标与指标设计

1. 水利部门支出绩效目标设计依据。根据财政部相关文件，绩效目标是指绩效评价对象计划在一定期限内达到的产出和效果。绩效目标要根据各级政府关于预算编制的总体要求和财政部门的具体部署、国民经济和社会发展规划、部门职责及事业发展规划，科学合理地测算资金需求，进行编制。绩效目标通常包括：(1) 预期产出，包括提供的公共产品和服务的数量；(2) 预期效果，包括经济效益、社会效益、环境效益和可持续影响等；(3) 服务对象或项目受益人满意程度；(4) 达到预期产出所需要的成本资源；(5) 衡量预期产出、预期效果和服务对象满意程度的绩效指标；(6) 其他。这意味着部门绩效目标申报中，绩效目标和绩效指标实际上应该放在一起，后者是对前者的细化和量化，二者是后面绩效评价指标设计的基础。

水利部的整体支出绩效目标必须要充分考虑水利发展规划的长期改革战略。《水利发展规划（2011年~2015年）》指出"以科学发展为主题，以加快转变经济发展方式为主线，把水利作为国家基础设施建设的优先领域，把农田水利作为农村基础设施建设的重点任务，把严格水资源管理作为加快经济发展方式转变的战略举措，注重科学治水、依法治水，突出加强薄弱环节建设，大力发展民生水利，不断深化水利改革，加快建设节水型社会，着力提高水旱灾害综合防御能力、水资源合理配置和高效利用能力、水资源保护和河湖健康保障能力、水利社会管理和公共服务能力，尽快从根本上扭转水利建设明显滞后的局面，为促进经济长期平稳较快发展和全面建设小康社会提供坚实的水利保障"。

因此，我们可将水利部总支出绩效目标可以表述为：通过发展水利事业，实现防洪减灾（包括防旱除涝）、水资源有效管理（即有效保障与节约保护）、农村水利条件改善、水土保持与生态修复、水文监测系统高效运转、水电建设可持续，同时通过水利改革、建设与管理，建成有利于水利科学、规范发展的制度体系和信息化系统（见表9-55）。

2. 水利部门支出绩效指标体系设计。围绕上面的绩效目标，同时参考水利部门提供的相关材料，将水利部门支出绩效指标分为三级，主要包括产出、效益、满意度三方面，共计35个指标，这是由水利部门的管理特点所决定，这些指标可以从不同纬度来反映水利工作的全貌，而且绝大部分指标都是可以量化处理的（见表9-56）。

表 9-55　　　　　　　　　　水利部门总支出绩效目标设计

绩效目标大类	绩效目标子类
一、防洪减灾及防旱除涝	新建和加固堤防提高防洪能力
	中小河流重点河段治理
	灾后重建
	防旱除涝
二、水资源管理	增加年供水能力
	节约用水
三、农村水利	安全饮水
	有效灌溉
四、水土保持、修复	防治水土流失
	水土生态保护与修复
五、水文监测	网点建设布局
	监测质量
六、水利改革、建设与管理	重点工程开工情况
	工程建设质量管理
	水利科技管理
	管理制度
	依法治水
	国际交流
	信息化

表 9-56　　　　　　　　　　水利部门（总）支出绩效指标体系

绩效指标（一级指标）	绩效指标（二级指标）	绩效指标（三级指标）	指标内容	指标值说明
产出	一、防洪减灾及防旱除涝	新建和加固堤防提高防洪能力	病险水库水闸除险加固完成量	病险水库水闸除险加固完成工程量或投资是否满足年初计划目标
		中小河流重点河段治理	中小河流治理河段长度	中小河流治理完成长度或投资是否满足年初计划目标
		灾后重建工程	灾后重建工程完成工程量或投资	灾后重建工程完成工程量是否达到建设目标
		抗旱除涝	水利工程抗旱除涝面积	抗旱、除涝面积是否都满足工程建设目标

续表

绩效指标 (一级指标)	绩效指标 (二级指标)	绩效指标 (三级指标)	指标内容	指标值说明
产出	二、水资源管理	增加年供水能力	全国新增供水能力	
		节约用水	万元GDP用水下降量	评价要点：万元GDP用水降低量是否达到年度计划要求
		水质达标率	国家重要江河湖泊水功能区水质达标率	国家重要江河湖泊水功能区水质达标率
	三、农村水利	安全饮水	饮水安全达标人口	解决饮水不安全人口数量
		有效灌溉	新增高效节水灌溉面积	完成率(%)=当年实际完成高效节水灌溉亩数/年度计划完成高效节水灌溉亩数，以100%为标准
	四、水土保持、修复	防治水土流失	水土流失治理面积完成率	完成率(%)=年度实际水土流失治理面积/年度计划完成水土流失治理面积，以100%为标准
		坡耕地治理面积	年度完成的坡耕地治理面积	完成率(%)=年度实际完成坡耕地治理面积/年度计划完成坡耕地治理面积，以100%为标准
	五、水文监测	网点建设布局	新建水文监测站数目	完成率(%)=年度实际完成国家水文站建设数量或投资/年度计划完成国家水文站建设数量或投资，以100%为标准
		水文监测质量	水文站监测质量得分平均合格率	按照水文监测计量认证标准打分得到的年度平均值
	六、水利改革、建设与管理	重点工程开工率	重点工程开工建设情况	完成率(%)=年度重点工程实际开工数量/年度计划重点工程实际开工数量，以100%为标准
		新建及加固堤防长度	年度新建及加固堤防完成情况	完成率(%)=年度重大建设项目实际完成工程量或投资/年度计划完成项目工程量或投资，以100%为标准

续表

绩效指标 (一级指标)	绩效指标 (二级指标)	绩效指标 (三级指标)	指标内容	指标值说明
产出	六、水利改革、建设与管理	水科技管理	行业技术标准、规程规范制修订完成率	完成率(%)=年度实际完成标准、规范发布数量/年度计划完成标准、规范发布数量,以100%为标准
		水事纠纷协调	水事纠纷协调完成情况	完成率(%)=实际完成水事纠纷调解数量/年度发生水事纠纷数量,以100%为标准
		水利执法	水行政监督和水利执法完成情况	完成率(%)=实际完成违法查处或监督检查数量/年度发生违法数量或年度计划查处或监督检查数量,以100%为标准
		国际交流与合作完成率	涉外水事谈判、合作交流完成情况	评价要点:是否按计划完成水事谈判工作,且谈判结果符合预期效果;是否按计划完成合作交流任务并及时提交考察报告。完成率(%)=实际完成谈判和交流数量/年度计划完成谈判和交流数量,以100%为标准
		水利信息化建设完成率	水利信息化系统建设完成情况	完成率(%)=年度实际完成水利信息化投资/年度计划完成水利信息化投资,以100%为标准
效益	经济效益	防洪效益	减少洪灾损失	减少洪灾损失(×)万元
		抗旱效益	减少旱区损失	减少旱灾损失(×)万元
		治涝效益	治涝面积	治理涝区增加收益(×)万元
		灌溉效益	灌溉新增收益	通过灌区改造或节水改造,新增收益(×)万元
		发电效益	新增装机收益	新增装机收益(×)万元
		供水效益	新增供水产生效益	新增供水产生经济效益(×)万元
		航运效益	新增过航能力	新增过航(×)万吨或新增航运里程(×)公里
		万元工业增加值用水量减少率	万元工业增加值用水量减少量	减少(×)立方米

续表

绩效指标 （一级指标）	绩效指标 （二级指标）	绩效指标 （三级指标）	指标内容	指标值说明
效益	社会效益	人口就业	水利工程建设带动人口就业数量	带动人口就业（×）人
		脱贫解困	水利工程建设脱贫人口数量	脱贫解困（×）人
		减少受灾人口	减小受灾人口数量	水利防汛抗旱减少了（×）万人受灾
	生态效益	水功能区水质达标率	全国重要江河湖泊水功能区水质达标率	达标率（×）%（2015年60%、2020年80%、2030年95%）
		节能减排	水电站建设减少碳排放量	水力发电节约火电标准煤消耗量
满意度	社会公众或服务对象满意度	相关部门对部门履职效果的满意程度	满意度（%）=满意部门数量/参加评价部门数量×100%	满意度（%）=满意部门数量/参加评价部门数量×100%
		下级部门对部门履职效果的满意程度	满意度（%）=满意部门数量/参加评价部门数量×100%	满意度（%）=满意部门数量/参加评价部门数量×100%

（三）部门（总）支出绩效指标与综合预算绩效指标关系

按照分析的逻辑思路从微观到中观再到宏观，绩效目标和指标设计从分散到概括，指标精炼程度不断提升。

部门（总）支出绩效目标和指标反映的是在项目支出绩效目标和指标（相对微观）基础上整体部门的绩效状况，也就是水利部门作为一级政府组成部门所必须承担的职能履行效果状况，这种设计层次相对中观。综合预算绩效目标和指标是在部门总支出绩效目标和指标基础上的进一步深化和提炼，它反映的是一级政府履行水利职能的效果状况，这种设计层次相对宏观。项目绩效、部门总支出绩效、预算综合绩效的关系见图9-1。

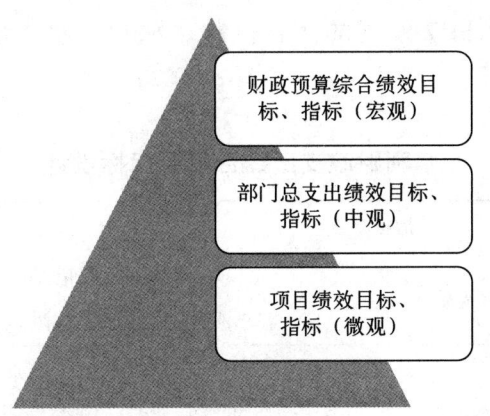

图 9-1　项目绩效、部门总支出绩效、预算综合绩效的关系

（四）水利部财政预算综合绩效指标体系设计

习近平总书记在 2015 年中央财经领导小组会议上做了关于保障国家水安全的重要讲话，提出了"节水优先、空间均衡、系统治理、两手发力"的治水思路，赋予了新时期治水的新内涵、新要求、新任务，为强化水治理、保障水安全指明了方向，是做好水利工作的科学指南。

节水优先实际上包含了很多内涵。中国是一个水资源匮乏的国家，有资料显示，人均水资源占有量仅为世界平均水平的四分之一，同时水资源浪费现象仍较严重。节约用水是中国经济社会可持续发展的必要条件，因此需要从多方入手开展节水活动：建立合理的制度鼓励使用先进节水技术，增强有效灌溉面积；制定合理的水价制度以使水价可以充分体现资源的稀缺性。空间均衡表明了中国现有水资源分布的不均衡，总体上看是南多北少，因此才有"南水北调"这样的大型工程项目来缓解水资源不均衡现状。此外，因地理状况不同，各地水土流失状况有所不同，需要因地制宜采取相应的水土保持措施：有的需要耕地治理，退耕还林还草；有的需要坡地治理等。系统治理是说要综合治水，从多方入手改善水利现状。例如在水资源供给方面，一方面可以通过节约用水减少浪费，另一方面可以通过生态保护恢复等增强蓄水能力。又如考核水利效益，不能仅仅看经济效益，还要看生态和社会效益。既要考虑眼前，同时要考虑长远，如不能过度开采地下水资源或使工业化造成地水污染。两手发力，是从水的公共产品属性出发。要充分发挥政府和市场各自的优势，关键是要深化水治理体制机制创新，加快水行政管理职能转变，把水治理效果纳入各级政府的绩效考核体系，通过深化水利改革来建立健全有利于水利科学发展的体制机制。水利财政支出综合绩效指标设计见表 9 – 57。

表 9 – 57　　　　　　　水利财政支出综合绩效指标设计

绩效指标	指标名称	指标说明
产出指标	防洪减灾	建成工程措施与非工程措施相结合的大江大河综合防洪减灾预警及救助体系
	水资源保障	农村集中式供水受益人口比例提高到 85% 左右；城市供水水源保证率不低于 95%；建成抗旱减灾体系
	水资源节约保护	农田灌溉水有效利用系数不低于 0.53；单位 GDP 用水量增速为负；重要江河湖泊水功能区水质达标率不低于 60%
	水土保持与河湖生态修复	水土流失综合治理面积增速为正
	水利改革与管理	建立完善的国家水权制度、水利投融资制度、水利工程管理制度、水利信息化体系
效益	经济效益	水利投资对国民经济 GDP 贡献率（GDP 增量中水利投资增量占比）
	生态效益	水功能区水质达标率
	社会效益	水利工程建设带动人口就业数量
满意度	本级人大对水利履职职能的满意度	本级人大常委会对水利部门按照百分制打分，60 分为合格线
	公众对水利履职的满意度	通过设计问卷，随机抽取部分公众访谈，按照百分制打分，60 分为合格线

四、水利部加强预算绩效指标管理中的重点、难点及对策建议

（一）水利部预算绩效管理指标使用中的重点和难点

1. 绩效管理工作量大，缺乏必要的资金和技术支持。目前强调全面绩效管理：纵向到底，横向到边，覆盖所有部门项目，但是在实际操作中要区别对待，

例如从中央到地方 5 级政府，项目累计起来有好几千个，工作量大，是否所有都搞绩效管理？怎么做到全面？如果所有项目都进行绩效管理，就会面临人力不足、财力不支撑的实际困难，而且各级单位对绩效理念的认识程度不一，实现同等程度的改革不现实。

2. 效益目标不易量化，绩效管理工作基础尚不稳固。尽管财政部出台的《关于推进预算绩效管理的指导意见》和《财政支出绩效评价管理办法》对绩效目标的设定、审核做出了相关规定，但仅是指导性文件，对水利特点的关注度不够。由于信息不对称，绩效目标管理的相关制度规定尚未出台，造成绩效目标管理工作缺乏科学合理的量化指标指导。从水利财政资金的属性来看，公益性很强的支出属性导致对外部提供的公共品或公共服务无法用企业利润等绩效指标进行衡量。如"水资源管理、节约与保护业务"项目支出所产生的经济效益、社会效益、环境效益和可持续性影响应用什么绩效指标进行反映，如何准确进行定量化，用何种标准进行事后评价等，这些项目都非常复杂。从预算绩效管理基础工作来看，科学合理的绩效目标应与该部门发展目标高度相关，并且是具体可操作的，这些都有助于夯实绩效管理基础。

3. 直属预算单位的绩效管理能力不足，规划管理缺失。直属预算单位多数只有一个会计一个出纳，人手极为有限，而且缺乏技术支持，让他们进行全面的绩效管理工作将面临严峻挑战。作为直属机构，这些预算单位很少编制中长期发展规划和项目预算滚动规划。实际上，一些大型的水利工程都需要编制相关的长期规划，因为这些项目周期较长，规划能力不足将会导致部分水利财政资金支出绩效目标不明确，年度间的绩效目标难以有效衔接。

4. 绩效管理工作要求时间和部门预算工作时间不一致。当前部门绩效管理工作要求在每一年的三月底之前把前一年的绩效评价结果报送财政部门，时间紧、任务重。但是，水利年度和财政年度（日历年度）是不同的，水利年度是从当年的十月到第二年五月（五月到十月是汛期，因此一项绩效管理工作要分成两个日历年度来完成）。要不要严格确立上报时间，例如对一些长期水利项目进行评价，这难以在短时间内完成。

5. 为顺利推进工作，绩效管理制度应该由更高层级的部门出台相关文件。当前绩效管理改革在中央各部委间主要由财政部门来牵头推进，在部门内部则由部门的财务部门牵头推进，但是中国绩效文化建设、绩效理念树立都需要一个过程，这些部门难以彻底有效推进此项创新性极高的工作。如果由国务院出台相关的文件，会更有效，让部门能够树立"这项工作是部门自己要做好的事情，而不仅仅是财务部门和财政部门的事情"的观念。

6. 资金来源不同使得现有项目缺乏统一的绩效管理标准。以基本建设项目为例，有发改委安排的项目资金，也有财政部安排的项目资金，后者越来越重要。此时就有一个问题产生了，财政部资金可以按照财政部相关文件要求进行全面绩效管理，而发改委那些资金该如何评价、是否纳入，部门资金无法全部评价，纳入绩效管理比例就会降低。规划部门愿意做，可研报告里面都有社会效益等评价，中间和事后评价也有，做了三年规划计划结果评价，但是这些项目管理和财政绩效管理要求不太一样。如何在制度顶层设计中将不同来源的项目资金规范纳入统一的绩效管理体系，需要深入研究。

7. 绩效指标标准设立困难影响后续绩效评价。绩效指标选取标准的制定需要依据一定量的有效样本为基础，并借助数理统计知识进行科学的测算。基础数据的缺乏导致样本收集困难。水利财政支出绩效由于以社会公益效益为主，效益难于量化，使得标准设置难度加大。考察现行水利预算绩效指标标准，主要依据一些行业管理指标，包括技术、工程和资金使用的合规性视角。量化的标准难以准确确定，导致未来的评价工作难以进行。

8. 绩效评价结果运用机制亟待完善。绩效目标规定了部门预算所要达到的目标，围绕这些目标设计的绩效指标为后面的绩效评价指标提供了基础。但是水利部的实践表明，下了很大功夫后的绩效管理改革由于绩效评价结果运用机制不健全导致了绩效管理工作收效甚微，因为绩效评价结果没有对部门预算形成实际的约束力，部门对绩效管理工作敷衍了事。部门并不能从根本上树立"花钱讲效果"的绩效理念和预算主体责任意识，极大地削弱了这项工作的绩效。

（二）水利部预算加强绩效管理的对策建议

1. 建立绩效管理的专项资金，专门用于绩效管理工作。前面分析表明，要真正做好、做实部门的预算绩效管理工作，必须要有一定的长效机制，这种长效机制的关键是建立绩效管理的专项资金，用于保障部门绩效管理工作的正常进行。专项资金的规模需要结合部门绩效管理工作的特点，充分考虑预算单位的人手配置、技术水平和预算经费标准情况。

2. 建立规范的第三方预算绩效评价机构库和专家库。当前的预算绩效评价市场不是很健全，各种评价机构很多，专家也很多，缺乏一个统一规范的数据库，工作开展不容易保持延续性，也难以进行优选，很容易存在不规范的管理漏洞。因此，我们建议财政部门就当前国内的第三方绩效评价机构进行清理规范，以资格认定的方式建立相关的中介名录和专家库，而且这些专家库和中介库对所有的部门和地区开放，同时制定严格的监管制度和政府采购制度，以政府采购社会组织提供公共服务的方式进行，杜绝一切不合规行为的发生。

3. 加强对绩效管理人员的培训，推动绩效管理的顺利开展。绩效管理是一项新的财政管理工作，需要系统地对工作人员进行培训，目前的培训工作受制于当前条件，难以大规模进行，而业务部门的干部往往限于日常工作无法抽出时间来系统学习绩效管理，导致一些部门尤其基层的管理部门缺乏必要的技术支持和理念更新，建议财政部门能够定期或不定期就绩效管理的相关问题进行系统培训和热点难点的专题培训，及时解决绩效管理工作中存在的难点和问题，推动绩效管理工作的顺利开展。

4. 从顶层设计角度设计绩效管理评价制度，保证绩效评价结果的使用有效。前面分析表明绩效评价的基础是绩效目标和绩效指标，这些基础工作需要大量的人员、时间投入，如果绩效评价结果不能发挥有效的约束力，预算绩效管理就会被架空。从顶层设计角度看，部门预算绩效评价结果要结合部门发展规划、部门预算，让这些绩效评价结果和部门行政考核或预算挂钩使用，以增强绩效工作的约束力，规范政府施政行为，最好由国务院出台相关的文件，这可以增加这项制度的权威性。

第五节 国家林业局部门预算绩效评价指标体系[①]

一、国家林业局部门职能与机构设置

（一）国家林业局的部门职能

国家林业局的机构设置与其职能密不可分，而其职能也根据实际情况不断调

---

① 财政部预算司："预算绩效指标体系建设"项目子报告"预算绩效指标体系建设——林业"。课题组组长：王泽彩；成员：李全、马佳、乔达、张岩、彭若洋。2015年12月结题。

整,具体而言,国家林业局的职能主要有监督管理全国林业及其生态建设、管理和监督全国造林绿化工作、监督管理森林资源保护发展工作、对全国湿地保护进行管理和监督、管理和监督全国荒漠化防治工作、组织和指导陆生野生动植物资源的保护和合理开发利用、监督和管理林业系统自然保护区、监督检查各产业对各类森林资源的开发利用、管理和监督全国森林防火工作、参与拟订林业及其生态建设的经济调节政策、组织指导林业及其生态建设的教育和外事工作,以及承办国务院交办的其他事项等职能。

(二)国家林业局的机构设置

国家林业局是主管林业工作的国务院直属机构,设有11个内设机构(副司局级),具体为办公室、政策法规司、造林绿化管理司、森林资源管理司、野生动植物保护与自然保护区管理、农村林业改革发展、森林公安局、发展规划与资金管理司、科学技术司、国际合作司、人事司等。

二、国家林业局项目支出绩效指标体系设计

根据《关于加强和改进中央部门项目支出预算管理的通知》([2015]82号),为深化预算管理制度改革,科学规范设置项目,推进预算绩效管理,综合林业局职能、业务司局分工、部门预算项目支出预算科目以及财政部政府收支分类科目,对现行林业局项目支出分类进行调整,再对调整后项目支出进行绩效指标设计。

(一)支出项目分类

按一级项目分类,国家林业局部门预算项目分为森林培育及经营、森林资源保护和管理、动植物保护管理及自然保护区能力建设、湿地资源保护与管理、荒漠化防治与管理、林业科技成果示范与推广、林业重大项目与资金管理、林业政策法规制定与执法监督、气候变化与防灾减灾、林业信息化建设、林业标准制定及林业质量和生物安全管理、国际履约与国际合作交流、大兴安岭林业补助项目等13类林业项目,此外还包括科研机构专项业务费、科技业务管理费、科研设施

专项运行维护费、国际组织会费、其他支出—其他外交支出、其他项目—进修及培训、其他项目—林业、教育支出—普通教育、其他项目—天然林保护、其他项目—归口管理科学支出等 10 类项目，考虑到指标体系设置的意义，仅针对前 13 类林业项目设计了项目支出绩效指标。

（二）绩效目标和指标体系设计及说明

根据调整后的各项目来确定绩效预算目标和建立绩效预算指标，具体如下：

1. 森林培育及经营类项目。该类指标反映森林培育经营类项目的产出情况，主要包括在营造林质量管理与稽查、林木种质种苗质量监管与保护等方面取得的实际成果（见表 9 – 58）。

表 9 – 58　　　　　　森林培育经营类项目绩效指标体系

绩效指标	指标名称	指标值	指标说明
产出指标	国家林木品种审定	（×）次	
	种苗站/基地干部，种苗执法、质量管理人员培训	×类培训（×）次，每次培训（×）人以上	
	种质资源清查	（×）个省区种质资源清查工作全面铺开，完成总清查任务（×）%	
	年度国家品种审定	（×）%	
	全国种苗质量抽查和执法检查完成率	（×）% 以上	
	中央财政森林抚育补贴国家级抽查结果分析和抽查报告	（×）个	
	中央财政造林补贴国家级核查报告	（×）个	
	全国森林经营样板基地、《国际森林文书》履约示范单位成效监测样地及实施方案	（×）个	
	项目计划完成率	（×）% 以上	

续表

绩效指标	指标名称	指标值	指标说明
效益指标	提高广大林农种苗质量意识，促进种苗事业健康发展		较为显著、一般显著、不显著、消极
	对经济社会的促进作用		较为显著、一般显著、不显著、消极
	对维护种质种苗市场稳定的作用		较为显著、一般显著、不显著、消极
	对林农的教育作用		较为显著、一般显著、不显著、消极
	中央财政森林抚育补贴的质量和成效		较为显著、一般显著、不显著、消极
	全国森林经营样板基地的示范带动作用		较为显著、一般显著、不显著、消极
	提高良种使用率、提高种苗质量		较为显著、一般显著、不显著、消极
服务对象满意度指标	主管部门满意度（种苗质量、良种数量、执法力度）	满意度（×）%以上	
	社会公众满意度（种苗质量、良种数量、执法力度）	满意度（×）%以上	

2. 森林资源保护与管理类项目。该类指标反映在森林保护管理类项目的产出情况，主要包括森林资源管理与检查、森林资源清查与动态监测、全国林地保护利用年度变更调查及林业双增指标年度考核等方面取得的实际成果（见表9-59）。

表9-59　　　　　　　　　森林保护管理类项目绩效指标体系

绩效指标	指标内容	指标值	指标说明
产出指标	提交重点国有林区森林资源检查、林地和林木采伐管理情况检查报告	（×）个	
	全国林地保护利用年度变更调查报告	（×）个	

续表

绩效指标	指标内容	指标值	指标说明
产出指标	年森林资源清查次数	(×)次	
	林业双增指标完成率	(×)%	
	全国林木采伐和木材运输情况年度报告	(×)个	
	建立国际森林文书履约示范基地	(×)个	
	林木采伐和木材运输管理系统覆盖率	(×)%	
	蒙特利尔进程项目启动及基地建设方案编制与实施	(×)%计划完成度	
	各项检查计划进度完成率动态监测站点检测准确率	(×)%	
	对检查发现问题的处理	及时有效	
	检查成本	执行国家标准，符合国家标准及市价	执行国家标准，符合国家标准及市价
效益指标	林木采伐和木材运输管理系统推广运维	对木材采伐、运输源头管理，促进森林资源保护	
	降低行政成本的作用	木材采伐、运输统一管理可降低行政成本5%以上	木材采伐、运输统一管理可降低行政成本×%以上
	挽回被查处案件经济损失	(×)万元	通过检查发现案件，通过处理案件能够挽回损失
	为森林资源管理决策提供依据	有效	
	促进木材采伐、运输有序化管理的作用	为森林资源管理提供决策依据，被采用率×%	
	对资源保护的作用	逐步向可持续经营方向发展	
服务对象满意度指标	主管部门满意度	(×)以上	
	社会公众满意度	(×)以上	

3. 动植物保护管理及自然保护区能力建设类项目。该类指标反映动植物的保护管理工作及自然保护区能力建设类项目的支出情况，主要包括珍稀濒危物种调查监管与行业规范、野生动物疫病监测和预警系统维护、珍稀濒危物种野外救护与人工繁育、林业国家级自然保护区管理、第二次全国重点保护野生动植物资源调查等方面取得的实际成果（见表9-60）。

表9-60　动植物的保护管理工作及自然保护区能力建设类项目绩效指标体系

绩效指标	指标内容	指标值	指标说明
产出指标	监测站维护数量	（×）个	
	预警站维护数量	（×）个	
	取样与检测数量（含各省市）	（×）份/年（全国）	
	驯养繁殖场卫生防疫的督导检查次数	（×）家次/年（全国）	
	应急演练及培训次数（人数）	（×）人/年（全国）	
	第二次全国重点保护野生动植物资源调查完成率	（×）%	
	监测站运转督导检查	（×）个/年	
	专家咨询及工作会议（含各省市）	（×）次/年	
	候鸟环志与追踪	（×）只/次	
	野外救护成活率	（×）%	
	异常情况的现场封控和尸体无害化处理率	（×）%	
	取样任务完成率	（×）%	
	突发疫情处置率	（×）%	
	检测及时率	（×）%	
效益指标	对减少和避免由此可能对家禽家畜的经济损失	（×）万元	
	对社会稳定的促进作用	促进维护社会稳定	较为显著、一般显著、不显著、消极
	对保护生态安全的促进作用	有利保护生态安全	较为显著、一般显著、不显著、消极
服务对象满意度指标	主管部门满意度	（×）%	
	社会公众满意度	（×）%	

4. 湿地资源保护与管理类项目。该类指标反映在湿地资源保护与管理类项目的支出情况，主要包括湿地监测与管理、全国重点省份泥炭沼泽碳库调查等方面取得的实际成果（见表9–61）。

表9–61　　湿地资源保护与管理类项目绩效指标体系

绩效指标	指标内容	指标值	指标说明
产出指标	国际重要湿地监测数量	（×）块/年	
	湿地补贴项目监测评估数量	（×）个/年	
	全国重点省份泥炭沼泽碳库调查	×个省，每个省（×）次/年	
	湿地保护工程审查和评估数量	（×）个/年	
	拟建国家湿地公园考察论证数量	（×）处/年	
	试点国家湿地公园验收数量	（×）处/年	
	新增湿地保护面积	（×）公顷/年	
	培训湿地保护管理人员	（×）人次/年	
	国家重要湿地确认数量	（×）块/年	
	提出湿地保护立法、政策和制度建议	（×）条/年	
	湿地生态系统质量评价数量	（×）万人次以上	
	监测成果优秀率	（×）块/年	
效益指标	间接经济效益	为其他部门提供有效信息的作用较明显，有效节省	为其他部门提供有效信息的作用较明显，有效节省
	促进社会对湿地的了解和认识度	宣传及影响提高	
	提高中国湿地保护在国际上的影响程度		较为显著、一般显著、不显著、消极
	对全国民生和生态状况改善的影响	有利	较为显著、一般显著、不显著、消极
	对区域经济社会可持续发展的影响	有利	较为显著、一般显著、不显著、消极

续表

绩效指标	指标内容	指标值	指标说明
效益指标	为湿地保护和履约决策管理的支撑度	科学、充分、有效	较为显著、一般显著、不显著、消极
服务对象满意度指标	主要监测与管理成果应用满意度	（×）%	
	主管部门满意度	（×）%	

5. 荒漠化防治与管理类项目。该类指标反映在荒漠化防治管理上的支出情况，包括荒漠化监测项目取得的实际成果（见表9-62）。

表9-62 荒漠化监测项目绩效指标体系

绩效指标	指标内容	指标值	指标说明
产出指标	区划和现地核实质量合格率	（×）%	
	形成各时段的土壤干湿状况图	（×）幅	
	荒漠化地区植被指数成果图	（×）幅	
	沙尘暴遥感监测图像	（×）张	
	沙尘暴地面调查信息	（×）条	
	各类监测报告	（×）个	
	监测成果合格率	（×）%	
	成果优秀率	（×）%	
	监测任务完成的及时性	（×）%	
效益指标	减轻沙尘暴灾害损失和应急能力的提高	（×）万元	
	提高荒漠化监测能力建设水平		较为显著、一般显著、不显著、消极
	促进社会对荒漠化的了解和认识		较为显著、一般显著、不显著、消极
	提升中国荒漠化监测的国际影响力		较为显著、一般显著、不显著、消极
	对荒漠化治理的指导作用		较为显著、一般显著、不显著、消极

续表

绩效指标	指标内容	指标值	指标说明
效益指标	对促进经济社会可持续发展的影响		较为显著、一般显著、不显著、消极
服务对象满意度指标	对荒漠化防治政策决策的支持度	(×)%以上	
	对外发布监测成果使用者的满意度	(×)%以上	

6. 林业科技成果示范与推广项目。该类指标反映林业科技成果示范推广项目的支出情况，即林业科技成果国家级项目推广、林业科学技术普及、林业植物新品种与专利保护应用等方面取得的实际成果（见表9-63）。

表9-63　　　　林业科技成果示范推广项目绩效指标体系

绩效指标	指标内容	指标值	指标说明
产出指标	示范林建设任务	(×)亩	
	示范线建设任务	(×)条	
	林业科技及示范推广培训人员	(×)人	
	编写推广技术指南手册	(×)份	
	林业新品种应用率	(×)%	
	示范林生长量提高率	(×)%	
	相关专利技术纠纷维权率	(×)%	
	示范线验收合格率	(×)%	
	年植物新品种新专利数	(×)个	
	项目进度计划完成率	(×)%	
效益指标	示范林（线）产品价值增长	(×)%	
	项目区林农增收率新物种新专利增长率	(×)%	
	林业科技成果应用的辐射度	比较广泛	
	促进区域社会经济发展作用	带动示范作用明显	较为显著、一般显著、不显著、消极

续表

绩效指标	指标内容	指标值	指标说明
效益指标	降低水土流失和风沙危害程度	有效增强	较为显著、一般显著、不显著、消极
	林业灾害有效控制程度项目区农牧增收率	(×)%	
	促进林业经济与生态协调发展	利于协调	较为显著、一般显著、不显著、消极
服务对象满意度指标	主管部门满意度	(×)%	
	项目区域群众满意度	(×)%	
	受训对象满意度	(×)%	

7. 林业重大项目与资金管理项目。该类指标反映林业重大项目与资金管理项目的支出情况，即生态工程核查管理、资金审计与稽查、国际金融组织贷款项目中央项目协调机构管理费等方面取得的实际成果（见表9-64）。

表9-64　　　　林业重大项目与资金管理项目绩效指标体系

绩效指标	指标名称	指标值	指标说明
产出指标	重点工程开工率	(×)%	年度重点工程实际开工数量与年度计划重点工程实际开工数量的比
	重点工程审计次数	(×)次	
	审计通报率	(×)%	
	国际金融组织贷款项目/中央项目协调机构管理费支出	(×)万元	按计划支出
	工程竣工验收实际完成率	(×)%	年度重大项目实际完成工程量或投资与年度计划完成项目工程量或投资比

续表

绩效指标	指标名称	指标值	指标说明
产出指标	安全督查次数	(×)次	年度对重点工程项目进行安全检查的次数
效益指标	重大项目资金专户费用率	(×)%	资金专户费用与资金专户金额的比
	重大项目管理费增长率	(×)%	
	审计后违规违纪曝光次数	(×)次	反映重点工程审计效果是否有效
	国民经济直接贡献率	(×)%	直接投资对国民经济 GDP 贡献率
	国民经济间接贡献率	(×)%	因生态工程带来防风固沙、湿地保持等对国民经济 GDP 的间接贡献率
	促进林业系统廉洁有效工作		较为显著、一般显著、不显著、消极
服务对象满意度指标	主管部门满意度	(×)%	
	项目实施部门满意度	(×)%	
	项目区居民满意度	(×)%	

8. 林业政策法规制定与执法监督项目。该类指标反映林业政策法规制定与执法监督项目的支出情况，即林业法规、规划及政策制定、林政执法与督查、森林公安管理经费、林业行政许可审批、林业改革工作经费、林业重大问题研究等方面取得的实际成果（见表 9-65）。

表9-65 林业政策法规制定与执法监督项目绩效指标体系

绩效指标	指标内容	指标值	指标说明
产出指标	案件受理率、督办率	（×）%以上，（×）%以上	
	保护发展森林资源目标责任制检查任务完成率	（×）%	
	提交年度林政案件稽查报告和目标责任制检查报告	每年提交（×）次	
	受理案件结案率、督办案件落实率	（×）%以上，（×）%以上	
	保护发展森林资源目标责任制检查工作规范程度		检查工作规范运行
	保护发展森林资源目标责任检查时效性		检查时效性主要考察是否按计划进度完成
	实际参加执法资格等级考试人数占应参加考试人数比例	（×）%	
	组织、指挥查办紧急大要案的比例	不低于（×）%	
	督办案件数量	≥（×）起/年	
	受表彰集体数量、表彰民警数量	约（×）个、（×）人	
	林业法律法规修订	（×）份	
	林业法律法规制定	（×）部	
	行政复议答复率	（×）%以上	
	林业行政执法证件更换	（×）万人	
	林业普法宣传	（×）种形式	
	国家重点生态功能区生态保护与建设规划	（×）份	
	有关土地利用、土地利用变化和林业及减少发展中国家毁林排放等行动议题相关问题的谈判会议的总结报告	（×）份	

续表

绩效指标	指标内容	指标值	指标说明
产出指标	林业碳卫星需求分析报告	(×)份	
	卫星载荷关键技术指标设计和机载飞行试验报告	(×)份	
	境外森林资源分析报告和专题图集	(×)份	
	行政许可申请受利率	(×)%	
	行政许可程序、条件公示程度		依申请公开
	行政许可事项办理时效性		法定期限内
	行政许可决定送达率、办结率	(×)%,(×)%	
	行政许可监督检查完成率	(×)%	
	开展相关理论研究课题	(×)项	
	重大改革方案和制度制定	≥(×)	
	《林改动态》编印	≥(×)期	
	深化集体林权制度改革等专题宣传	(×)次	
	年度林业重大问题研究调研报告	(×)份	
	重点经济效益监测各级专项报告	(×)份	
	中国林业采购经理指数（FP-MI）调查各级报告	(×)份	
	集体林权制度改革监测各级报告	(×)份	
	中国林业发展报告	(×)份	
效益指标	挽回案件发生造成的经济损失		根据发生案件的大小不同程度地挽回经济损失
	促进林区社会稳定		通过开展打击破坏森林资源专项行动，查处违法犯罪案件等

续表

绩效指标	指标内容	指标值	指标说明
效益指标	有利于森林资源保护		威慑犯罪、教育群众有利于保护森林资源
	森林资源消耗		有效控制并力争减少违法案件造成的资源消耗
	有利于促进建立健全保护发展森林资源长效机制		初步建立并逐步形成保护发展森林资源长效机制
	提高全社会自觉防范、抵御林业犯罪的意识和能力		明显加强
	提升森林公安队伍整体素质和执法打击能力		有效促进,反应速度和应急处理能力加强
	是否有利于林业可持续发展		从制度及顶层设计上对林业发展产生积极促进作用
	是否利于公共安全和经济发展		建设法治国家,维护公共安全,维护经济社会稳定
	促进依法治林		有效促进
	建设法治政府		优化和规范行政许可审批程序,提高依法行政水平
	行政许可能力建设		规范许可审批行为,提升服务能力
	集体林地承包权长期稳定		效果明显
	加大发展林下经济扶持力度		政策经费补助增加
	健全林权纠纷调处及绩效考核激励约束机制		纠纷显著减少,调处率高
	为国家决策和国家重点工程建设规划提供依据		提供依据的准确性(×)%以上
	满足林业管理需求		满足信息使用率(×)%以上

续表

绩效指标	指标内容	指标值	指标说明
服务对象满意度指标	专员办辖区林业主管部门满意度	（×）%以上	
	林区社会公众满意度	（×）%以上	

9. 气候变化与防灾减灾项目。该类指标反映气候变化与防灾减灾项目的支出情况，即林业应对气候变化碳汇计量和监测体系建设、国家森林病虫害预测预报补助经费、森林防火专项经费、森林火灾预防与管理等方面取得的实际成果（见表9-66）。

表9-66　　　气候变化与防灾减灾项目绩效指标体系

绩效指标	指标内容	指标值	指标说明
产出指标	开展林业应对气候变化相关活动基础数据指标体系建设和LULUCF技术方案编制	（×）个省区	
	开展土地利用变化数据监测和数据库建设	（×）个监测样地	
	森林碳汇模型库建设		进一步完善森林碳汇模型库建设
	林业碳汇计量监测体系建设年度报告	报告（×）份	
	重特大森林火灾扑救准备金保障程度	（×）%以上	
	森林航空消防覆盖省区	（×）个	
	发生病虫害动态与短期预报报告次数	≥（×）次	
	上报发生情况月报数据的林业有害生物种次	≥（×）种次	
	测报准确率	≥（×）%	
	空中管制协调会	（×）次	
	新建或改造国家物资储备库	（×）个	
	项目计划进度完成率	（×）%	
	森林病虫害灭除面积、灭除率	项目区内（×）%以上	

续表

绩效指标	指标内容	指标值	指标说明
效益指标	林业碳汇计量和监测的能力和水平		林业碳汇计量和监测的能力和水平明显提高
	提高火灾应急处置和扑救能力和水平的作用		通过演练和实训明显提高能力
	森林资源生长因害损失量		有利于减少森林资源生长因灾损失
	对促进林业可持续发展的影响和作用		防范气候变化与防灾减灾项目对促进林业可持续发展的影响和作用比较明显
	灾情预报准确率	长期预报（×）% 中期预报（×）% 短期预报（×）%	
	抽样经费合理使用比率	（×）%	
	降低直接经济损失比率	减少（×）%	
	保护森林资源，减少经济损失的作用		有效
	提高火灾应急处置和扑救能力和水平的作用		通过演练和训练明显提高能力
	对生态安全和保护生物多样性的作用		防止、消除森林火灾，为生物的生存提供安全的环境，有利于保护生物多样性
	对国家可持续发展的影响		切实保护森林资源，避免和减少灾情损失，非常有利于国家可持续发展
服务对象满意度指标	国家林业局主管业务司局满意度	（×）%以上	
	各省林业主管部门满意度	（×）%以上	
	项目实施地区满意度	（×）%以上	

10. 林业信息化建设类项目。该类指标反映林业信息化建设类项目的产出情况，即财政资金投入国家林业信息资源共建共享平台建设、林业信息速采集、林业生态信息统计监测、林业经济监测与行业统计等方面取得的实际成果（见表9-67）。

表9-67　　　　　　林业信息化建设类项目绩效指标体系

绩效指标	指标名称	指标值	指标说明
产出指标	国家林业信息资源共建共享平台建设数量	（×）个	包括数据中心（×）个、展示窗口（×）个、管理平台（×）个，核心数据单元，内容涵盖国家林业局行业生产和服务统计等统计调查
	林业信息采集、行业统计、林业相关生态项目监测数量和情况	（×）个	包括行业、林业用地等信息监测数量和情况
	林业生态站等监测试点县数	（×）个	
	林业信息化维护、改造和建设完成率	（×）%	年度实际维护、改造和完成林业信息化投资占年度计划完成林业信息化投资的比例
	林业信息发布数	（×）条	年内林业信息发布数量
	中央农广校卫星远程教育培训网培训数量	（×）次	包括中央农广校卫星远程教育培训网播出林业技术推广节目数量、干部教育信息管理系统培训学员数量
	野生动物疫病远程辅助诊断系统的疫病诊断准确率	（×）%	≥（×）%
	设施设备、机房环境、网络系统、监控系统、灾害预防系统等维护改造率	（×）%	提供符合标准的运行条件，保障信息网络机构安全、稳定、持续运行
效益指标	准确研判形势，适时发布预警信息		为政府宏观决策提供支持，引导林业生产安排
	为全国林业系统的生产者和经营者提供信息服务		及时有效
	对机关办公发挥支撑作用		提高办公系统工作效率

续表

绩效指标	指标名称	指标值	指标说明
产出指标	林业信息设备和系统可用率	（×）%	林业信息设备和系统包括通信、网络、视频等设备和系统可用比例
	重大灾情林业信息设备和系统故障次数	（×）次	发生重大森林火灾时，林业信息设备和系统故障发生次数
服务对象满意度指标	管理部门满意度	（×）%	管理部门的满意程度，可使用问卷调查方式，以百分比反映（如≥×%）
	各具体应用部门满意度	（×）%	各成果应用部门满意程度，可使用问卷调查方式，以百分比反映（如≥×%）

11. 林业标准制定及林业质量和生物安全管理类项目。林业标准制定及林业质量和生物安全管理类项目包括林业生态站等监测运行、林业标准化、森林景观与生态文化资源保护、森林认证专项经费、林产品质量安全监测、生物安全与遗传资源管理专项经费等项目，对该类项目的指标设计（见表9－68）。

表9－68　林业标准制定及林业质量和生物安全管理类项目绩效指标体系

绩效指标	指标内容	指标值	指标说明
产出指标	维护定位站数量	（×）个	
	维护实验室数量	（×）个	
	维护质检机构数量	（×）个	
	正常运行的大中型仪器数量	（×）台	
	培训技术人员	（×）人次	
	采集数据量	（×）GB	
	科研成果数量	（×）项	
	检测样品份数	（×）份	
	设备利用率	（×）%以上	
	设备性能完好率	（×）%以上	
	采集数据正确率	（×）%	
	主要指标观测率	（×）%	

续表

绩效指标	指标内容	指标值	指标说明
产出指标	公共仪器设备共享度	不低于（×）%	
	承担任务完成率	（×）%	
	平台运行能力综合评价		平台运行能力综合评价是否有所提高
	项目进度计划完成率	（×）%以上	
	开展宣传推广活动	（×）次	
	开展各类培训	（×）人次	
	完善网站与数据库	（×）个	
	开展专项研究	（×）项	
	技术规范水平		技术规范水平指标主要考察是否为国内领先
	培训手册适用度	（×）%以上	
	研究成果应用性	（×）%以上	
	转基因林木生物安全监测	（×）个转基因林木	
	林业生物遗传资源及相关传统知识保护与管理试点	（×）个地级行政区	
	外来物种状况调查及管理对策	（×）个省级行政区	
	核桃调查编目覆盖的省份数	（×）个省区市	
	竹类遗传资源调查编目数量	（×）个属	
	安全监测合格率	（×）%	
	遗传资源试点完成率	（×）%	
	核桃调查编目完成率	调查任务量的（×）%	
	调查技术规程应用率	（×）%	
	调查编目成本	（×）万/省/物种	
	转基因林木生物安全监测发现事故上报及时性		及时上报
	外来物种入侵监控的及时性		及时上报
	制定标准数量	（×）个	
	修订标准数量	（×）个	

续表

绩效指标	指标内容	指标值	指标说明
产出指标	开展全国林业标准化培训	（×）期	
	项目完成率	（×）%	
	标准适用性		适用性强，符合当前林业实际
	计划进度执行率	（×）%	
	单项标准制定成本	（×）万	
效益指标	促进生态建设和支持林业可持续发展		林业质量与生物安全管理项目对生态建设与林业可持续发展具有促进作用
	认证产品的市场增长率	≥（×）%	
	森林认证试点的示范效果		森林认证试点的示范效果是否初步显示
	森林可持续经营水平		森林可持续经营水平是否初步提高
	通过认证的单位的社会形象		通过认证的单位的社会形象是否初步提高
	通过认证的森林经营单位的生态环境		通过认证的森林经营单位的生态环境是否明显改善
	环境、社会、经济的协调性		环境、社会、经济的协调性是否有所提高

续表

绩效指标	指标内容	指标值	指标说明
效益指标	降低外来物种经济损害、促进生物有效利用的经济作用		作用明显
	生物安全管理对生态安全生态文明的促进作用		作用明显
	推动社会对生物安全了解的作用		作用明显
	对区域经济社会可持续发展的影响		促进作用明显
	促进林业经济发展		推进标准化生产，提高产品质量和产量，增加效益
	规范林业产业可持续发展的作用		规范生产，促进有序发展
	生态建设和保护、林业产业的社会和国际影响		不断扩大国际影响力
	规范生态建设和保护的作用		促进生态建设和保护
	对我国生态建设、林业产业发展的影响		逐步增强社会影响力
服务对象满意度指标	主管部门满意度	≥（×）%	
	项目区域公众满意度	≥（×）%	

12. 国际履约与国际合作交流类项目。该类指标反映林业国际交流类项目的产出情况，林业国际合作交流类项目主要为体现我国林业与国际的交流与合作，包括出国费、接待费、履行国际公约与国际合作配套、亚太森林恢复与可持续管理网络等项目（见表9-69）。

表9-69　　　　　　　林业国际交流类项目绩效指标体系

绩效指标	指标内容	指标值	指标说明
产出指标	举办理事会年度会议	（×）次	
	国际交流	（×）次	
	召开部际协调小组会议及相关会议	（×）次	

续表

绩效指标	指标内容	指标值	指标说明
产出指标	推动亚太地区合作交流机制的建立		
	与伙伴关系的密切合作	(×)次	
	中英文网站的维护和管理	(×)次	
	出版物、报告、电子音像制品等宣传制品	(×)份	
	项目计划进度完成率	(×)%以上	
	项目活动按预算细化方案执行	(×)%以上	
	项目活动执行的规范性		项目活动的执行是否规范
	亚太森林组织秘书处的运行		亚太森林组织秘书处的运行是否正常
	培训人员的合格率	(×)%以上	
	项目计划进度完成率	(×)%以上	
	援外培训国家数量	(×)次	援外培训，包括亚洲国家（×个）、非洲国家（×个）
	国际组织捐赠数量	(×)货币单位	通过积极捐款，加强我国在国际组织的话语权、议程创设能力和参与决策能力情况
	出国人次	(×)人次	实际出国人数和次数
	出访完成率	(×)%	完成既定年度出访工作任务数量占年度出访任务的比率
	接待人次	(×)人次	实际接待外国来访人数和次数

续表

绩效指标	指标内容	指标值	指标说明
效益指标	推动亚太地区林业经济的发展		是否有利于推动亚太地区林业经济的发展
	推动亚太地区林业扶贫、农村发展等领域的合作与交流		是否有利于推动亚太地区林业扶贫、农村发展等领域的合作与交流
	促进亚太地区森林恢复与可持续管理		是否有利于促进亚太地区森林恢复与可持续管理
	促进亚太地区可持续发展		是否有利于促进亚太地区可持续发展
	履行国际公约、双边协定及相关国际组织成员义务情况		是否按照我国相关对外承诺履行国际公约、双边协定及相关国际组织成员义务
	参与涉林国际标准、规则、公约的谈判与制定情况		是否在涉林国际标准、规则、公约的谈判与制定中扩大话语权和影响力
	达到国际交流活动预定目标情况		国际交流活动是否达到预定目标情况

续表

绩效指标	指标内容	指标值	指标说明
服务对象满意度指标	管理部门对外事活动情况的满意度	(×)%	管理部门的满意程度，可使用问卷调查方式，以百分比反映（如≥×%）
	外事活动参与人员满意度	(×)%	外事活动参与人员的满意程度，可使用问卷调查方式，以百分比反映（如≥×%）

13. 大兴安岭林业补助资金类项目。大兴安岭补助资金类项目构成复杂，既有社会性的补助支出，又有生态资源保护类的补助支出，由于实施主体的统一性，划分为一类，该类项目在设计绩效评价指标体系时应区别于其他项目，设立近似于部门或政府的评价指标体系，而非独立项目的评价指标体系（见表9-70）。

表9-70　　　　　大兴安岭补助资金类项目绩效指标体系

绩效指标	指标内容	指标值	指标说明
产出指标	补助资金到位率	(×)%以上	
	补助资金到位及时率		
	培训人员合格率	(×)%以上	
	实际完成率	(×)%	大兴安岭地区履行职责而实际完成工作数与计划工作数的比率
	完成及时率	(×)%	是否按预算申报和工作计划制定时间完成
	质量达标率	(×)%	本年度达到质量标准的实际工作计划数与计划工作数

续表

绩效指标	指标内容	指标值	指标说明
产出指标	重点工作办结率	(×)%	重点工作实际完成数与交办或下达数之比
	项目活动执行的规范性		项目活动是否按照相关规定执行
	林业防火公路维修面积	(×)公里	
	林区棚户区改造面积	(×)平方千米	
	大兴安岭地区公检法教育普及度	(×)%以上	
	在职人员控制率	(×)%	大兴安岭地区年度实际在职人数占编制数的比率
	重点支出安排率	(×)%	大兴安岭地区重点支出占总的绩效目标管理项目支出的比例
	预算完成率	(×)%	大兴安岭地区本年度预算完成数与预算数的比率
	预算调整率	(×)%	大兴安岭地区本年度预算调整数与预算数的比率
	支付进度率	(×)%	大兴安岭地区财政拨款执行率
	结转结余率	(×)%	大兴安岭地区本年度结转结余总额与部门支出预算数的比率
	公用经费控制率	(×)%	大兴安岭地区本年度实际支出的公用经费总额与预算安排的公用经费总额的比率

续表

绩效指标	指标内容	指标值	指标说明
产出指标	"三公经费"控制率	(×)%	大兴安岭地区本年度"三公经费"实际支出数与预算安排数的比率
	政府采购执行率		大兴安岭地区年度实际政府采购金额与年初政府采购预算的比率
效益指标	经济效益		大兴安岭地区履职对经济发展带来的影响
		(×)%	大兴安岭地区各项产业发展对经济增长的贡献度（大兴安岭地区产业增加值增量/GDP增量）
	社会效益		大兴安岭地区履职对经济发展带来的影响
		(×)%	大兴安岭地区事业发展带动相关行业就业增加
	生态效益	(×)%	大兴安岭林业资源与生态环境保护品种、范围增长率
		(×)%	大兴安岭地区节能环保技术推广范围增加幅度

续表

绩效指标	指标内容	指标值	指标说明
服务对象满意度指标	主管部门满意度	(×)%以上	
	社会公众满意度	(×)%以上	

三、国家林业局部门整体绩效指标体系设计

（一）部门支出分类

根据国家林业局部门近年部门预算编制情况，其部门支出分类包含农林水支出、节能环保支出、科学技术支出、教育支出、社会保障和就业支出、外交支出、资源勘探信息等支出、住房保障支出等近十个门类。综合历年来看，农林水支出、节能环保支出、科学技术支出占有90%以上的支出，是部门主要支出方向。

农林水支出对于林业部门来说指"林业"部分。具体细分方向与部门具体司局职能相吻合，分为行政支出、森林培育、森林技术推广、森林资源管理监测、动植物保护、林区公共支出、林业防灾减灾等方面。农林水支出一般占据部门整体支出的半数以上。

节能环保支出也是部门支出中的重要部分，主要为天然林防护，包括森林管护、社会保险补助、政策性社会性支出补助、天然林保护工程建设等。

科学技术支出主要包括基础研究、应用研究、技术研究与开发、科技条件与服务、科技重大专项、其他科学技术支出等方面。

（二）部门支出绩效目标设计

林业部门绩效目标设计的指导思想是以国家发展战略和林业事业发展规划的要求为依据，充分考虑林业事业发展与生态、经济、社会协调发展的关系，充分考虑林业内部协调以及基本支出和项目支出的发展水平。

应全面实施以生态建设为主的林业发展战略，以发展现代林业、建设生态文明、推动科学发展为主题，以加快转变林业发展方式、提升林业质量效益为主线，以实现兴林富民为目标，坚持依靠人民群众，坚持依靠科技进步，坚持依靠深化改革，加大生态建设保护力度，加强森林经营，加快培育主导产业，加快繁荣生

态文化,更好地完善林业三大体系,更好地凸显林业四大地位,更好地履行林业四大使命,更好地发挥林业五大功能,努力构建现代林业发展的基本框架,奠定生态文明建设的牢固基础,创建科学发展的良好环境,为全面建设小康社会做出新贡献。

在此条件下,完成林业局部门绩效评价目标如下:

1. 有效执行当年部门预算。
2. 有效推进绿化及生态建设。
3. 有效推进林业产业发展。
4. 有效监测疫情灾害。
5. 有效推进生态文化建设。

(三)部门支出绩效指标设计与使用

1. 指标体系设计及说明。按照国家林业局的职能和发展规划,结合前述项目绩效指标和评价指标体系,国家林业局部门整体支出绩效评价指标体系框架如表9-1所示。

表9-71 林业部门整体支出绩效指标体系框架

一级指标	二级指标	三级指标	备注	指标值	指标解释
产出指标 (30分)	生态产出	森林覆盖率			森林覆盖率是指以行政区域为单位森林面积与土地面积的百分比。森林面积,包括郁闭度0.2以上的乔木林地面积和竹林地面积、国家特别规定的灌木林地面积、农田林网以及村旁、路旁、水旁、宅旁林木的覆盖面积
		自然湿地保护率	a1		自然湿地总面积=近海与海岸湿地面积+河流湿地面积+湖泊湿地面积+沼泽湿地面积
		疫情灾害有效监测率	a2		疫情灾害有效检测率是指疫情监测有效的数量占总的疫情监测的比例

续表

一级指标	二级指标	三级指标	备注	指标值	指标解释
效益指标（50分）	经济效益	林业产值贡献率	b1		林业对社会总产值的贡献率
		林业科研成果转化率	b2		林业投入形成的科研成果转化比率
	社会效益	林业相关法律法规的宣传普及度	C1		指林业部门向社会成员宣传有关林业法律法规知识的效果，相关普法活动有助于提高人们对林业法律法规的认识程度
		辐射度	C2		生态保护区辐射范围广，对辐射半径内的社会群众都会产生影响，有助于生态文明意识的形成
满意度指标（20分）	社会公众满意度				
	信息公开满意度				通过信访处理结果、行政复议处理结果、信息中心信息公开率等数据作为该指标测算依据
	基层机关满意度				

2. 林业部门整体支出绩效评价指标说明。部门整体支出绩效评价指标的设定是以国家发展战略和林业事业发展规划为依据，同时参照2008年国务院办公厅印发的《国家林业局主要职责内设机构和人员编制规定的通知》，综合考核国家林业局的机构设置和职权范围后设计的相应指标。指标的设定遵照定量优先、定性与定量相结合的原则，同时出于以点带面、简化指标的考虑，选取代表性指标进行考核。

（1）产出类指标。产出类指标是绩效评价指标中的基本指标，主要用于评价林业部门期初的预算、计划完成情况，同时针对预算中权重较大的重点工作项目进行单独评价。产出类指标的选取考虑了部门之间的共性因素，对产出类指标进行共性描述，有助于标准化各部门指标设计，便于横向比较。同时，产出类指标应与完善的预算体系配套使用，期初的预算过程应该将计划完成数量、金额、时间、完成后效益等进行明确描述，对于重点计划单独列报，否则做出的产出类指标无法可靠、可比。

根据全面实施以生态建设为主的林业发展战略，在子分类指标中给予该指标较高的权重。

①自然湿地保护率＝受保护的自然湿地总面积/自然湿地总面积×100%（其中，自然湿地总面积＝近海与海岸湿地面积＋河流湿地面积＋湖泊湿地面积＋沼泽湿地面积）。

受保护湿地面积＝国际重要湿地内湿地面积＋自然保护区湿地面积＋湿地保护小区湿地面积＋湿地公园湿地面积＋湿地恢复工程恢复湿地面积＋其他受保护湿地面积。

②疫情灾情有效监测及控制率。

监测率＝疫情灾情有效监测次数/疫情灾情发生次数×100%

控制率＝疫情灾情有效控制次数/疫情灾情发生次数×100%（其中：疫情灾情有效监测是指预警及过程信息发布及时、数据准确、完整；有效控制是指疫情灾情发生后影响控制的程度）。

（2）效益类指标。效益类指标是部门支出绩效评价指标中最重要的指标，根据作用方面不同划分为经济效益、社会效益两个方面。

①经济效益类。

a. 林业产值贡献率＝期间林业及相关副产业产值/当期国民生产总值×100%（要注意二者的单位保持一致）。

产业结构产值比率＝当期林业第一/二/三/产业产值÷当期林业产业总产值×100%，同时，也可以动态计算与上一年度的产业结构对比情况。

b. 林业科研成果转化率。科研成果转化率是指为提高生产力水平而对科学研究与技术开发所产生的具有实用价值的科技成果所进行的后续试验、开发、应用、推广直至形成新产品、新工艺、新材料，发展新产业等活动占科技成果总量的比值。

②社会效益类。

a. 林业相关法律法规宣传普及度，即林业部门向社会成员宣传有关林业法律法规知识的效果，相关普法活动有助于提高人们对林业法律法规的认识程度。

b. 辐射度，有些生态保护区辐射范围较大，未必有稳定的参观量，但由于其辐射范围广，对辐射半径内的社会群众都会产生影响，有助于生态文明意识的形成。

③满意度指标。满意度指标针对部门支出的服务对象。社会群众是林业支

出的受益人，其满意程度可在一定程度上反映支出是否起到作用，但要注意较多情况下社会群众是林业支出的间接受益人，未有直接相关性，满意度评价可能会受到信息不对称的影响。因此，增加了"信息公开满意度"的指标来衡量社会群众的满意度。

各地基层机关也是部分部门支出的直接使用对象和责任人，其满意度可部分体现上级支出是否合理有效。

四、国家林业局财政综合预算绩效指标体系设计

（一）绩效目标设计

国家林业局财政综合预算绩效的目标应当根据财政部全面预算改革的要求，结合国家林业局在国家发展战略的相关领域的指导或参与地位，确立的相关的、可衡量目标体系。

为构建完善的林业生态体系、发达的林业产业体系、繁荣的生态文化体系，同时中央林业工作会议明确赋予的林业五大功能，即生态、经济、社会、碳汇和文化功能，在制定国家林业局财政综合预算绩效的目标时应对其综合考虑，使之符合国家对林业发展的战略定位，与国家整体规划统一协调发展。现将筛选后的指标归纳为"四个有利于"。

1. 有利于推进国土生态安全体系建设。是否有利于发挥林业在生态保护与建设中的主体功能，实现以保护建设森林、湿地、荒漠生态系统和维护生物多样性为核心，以林业重点生态工程为依托，以防范和减轻风沙、山洪、泥石流等灾害为重点的国土生态安全屏障战略。

2. 有利于发展林业产业体系。应当以《林业产业政策要点》和《林业产业振兴规划（2010～2012年）》为指导，加快发展绿色富民产业，大力提升传统产业，扩大林业产业规模，积极扶持战略性新兴产业，调整林业产业结构，推动我国由林业产业大国向林业产业强国转变。

3. 有利于林业科技创新。围绕"支撑双增、引领发展"的总目标，重点把握"突出创新、强化应用、升级产业、服务林改"，针对林业生态建设与产业发展重大科技问题，紧扣资源增长、生态安全、产业升级和应对气候变化等战略需求，攻克技术瓶颈，加速科技进步，提升自主创新能力。

4. 有利于健全防灾减灾和应急体系。《全国林业十二五规划》中要求全面落实《森林防火条例》和《全国森林防火中长期发展规划》，强化森林火灾预防、扑救、保障三大体系，重点加强森林火险预警和林火监测、森林防火通信和信息指挥、森林航空消防、专业森林消防队伍装备和基础设施以及科技支撑系统建设；加强法制建设，推进依法治火；完善森林防火科研开发、宣教培训、火灾损失评估和火案勘查体系，推进现代化林火管理进程，全面提高森林火灾综合防控能力。到 2015 年，实现卫星监测成果 30 分钟内发布，当日火灾扑灭率达到 98%，重点治理区域森林火情瞭望监测覆盖率和森林防火通信覆盖率分别达到 90% 和 95% 以上，森林火灾受害率稳定控制在 1‰ 以下。

（二）绩效指标设计与使用

1. 国家林业局财政综合绩效指标设计。

财政综合预算支出绩效评价指标体系框架见表 9-72。

表 9-72　　　　　财政综合预算支出绩效评价指标体系框架

一级指标	二级指标	备注	指标值	指标解释
效益指标 （70 分）	绿地指数	附注 1.1		
	林业产值贡献率	附注 1.2		
	林业科研成果转化率	附注 1.3		
	林业灾情控制率	附注 1.4		
	生态安全指数	附注 1.5		
满意度指标（30 分）	社会满意度	附注 2		

2. 国家林业局财政综合预算支出绩效评价指标说明。

财政综合预算绩效指标的选取主要从效益与满意度两个方面，效益方面选取三个有代表性意义的指标进行考核。满意度方面主要选取社会群众满意度作为第三方考评。

（1）效益方面。

①"绿地指数"。

$$绿地指数 = \sum_{i=1}^{n} 各项绿地覆盖率 \times w_i$$

各项绿地具体包括森林、湿地、草原、城市绿化等非农用地；

w_i 表示每项绿地属性的重要性，即各自分配一个权重。在 w_i 的设计上可以尝试初步考虑如下几个因素：各种绿地对于生态稳定的贡献程度、各种绿地对于碳汇功能的贡献程度、各种绿地对于人类活动的影响程度等。

通过设定绿地指数的评定区间（如设定"绿""橙""红"等作为从优到差的评级）或者比较历年绿地指数的变化，分析当年指标结构的变化，对当年林业部门财政绩效的生态效益方面进行综合考评。

该项指数将广义林业用地全部包括，实际将森林、湿地、城市绿化等综合考虑，体现了林业部门在战略发展中的核心功能，即生态保护功能，避免了诸如森林覆盖率、湿地保护率等过于片面的评价。同时该项指数的设计考虑到社会大众的接受程度，简单易懂。

在以上指标的基础上，还可考虑逐步增设林业部门的生态保护职能有关指标，如生物多样性的保存，珍稀濒危物种的保全率等，该项指标不仅相对于国内有重要意义，也是国际关注的热点内容，是国家林业局的一项重要职能。

②林业产值贡献率。

林业产值贡献率＝传统林业产业贡献率＋新型林业产业贡献率＋特殊林业产业贡献率＝期间林业及相关副产业产值/当期国民生产总值×100%（要注意二者的单位保持一致）

林业产值贡献率直接反映林业的经济效益，是对与绩效目标中"有利于发展林业产业体系"相吻合的最直接指标。

③林业科研成果转化率。科研成果转化率是指为提高生产力水平而对科学研究与技术开发所产生的具有实用价值的科技成果所进行的后续试验、开发、应用、推广直至形成新产品、新工艺、新材料，发展新产业等活动占科技成果总量的比值。

④林业灾情控制率。

林业灾情控制率＝灾情得以控制的森林面积/受灾森林总面积×100%

林业灾情控制率反映了林业部门为应对灾情所采取措施的效果，林业灾情控制率的提高对于防灾减灾和应急体系的健全具有重要意义。

⑤生态安全指数。

$$生态安全指数 = \sum_{i=1}^{n} 各林业项目生态安全率 \times w_i$$

林业生态安全是指国林业生存和发展所需的生态环境处于不受破坏和威胁的状态。生态安全一旦遭到破坏，不仅影响经济和社会的发展，而且会直接威胁人类的基本生存条件。现阶段国家林业生态安全的内容主要包括动植物保护多样性、林业产品的安全性、对气候影响的持续性等内容。

各林业项目生态安全率是指林业部门所实施的各项林业活动实现生态安全目的的数量占林业活动总数的比值。林业项目生态安全程度是衡量林业项目生态安全性的重要指标，但林业项目生态安全率是针对单个项目而言，生态安全指数是在此基础上形成的综合指标。

w_i 表示每项林业活动的重要性，即各自分配一个权重。在 w_i 的设计上可以尝试初步考虑如下几个因素：各项林业生产活动对于林业发展的贡献程度、各项林业生产活动对于国民生产总值的贡献程度、各项林业生产活动对于社会成员生活的影响程度等。

该项指数将各项林业生产活动全部包括在内，并根据各项活动的重要性设置相应权重，避免使用单个项目生态安全率的片面性。与此同时，该项指数的设计也尽量做到简单易懂。

（2）社会满意度。社会满意度是财政支出综合绩效评价指标中的第三方指标，社会群众范围可包括政策工作受众、相关领域专家学者、普通生活群众，对于相关领域专家应多多请教。

在这项评价指标当中，信息沟通不畅是影响评价客观性的主要因素，应尽力减少其影响。

第六节 国家体育总局部门预算绩效评价指标体系[①]

一、国家体育总局项目支出绩效指标的设定

在现行财政管理体系下，财政资金的使用应当达到预定的效果。对于财政资

---

① 国家体育总局："国家体育总局预算绩效评价指标体系"。课题组组长：王泽彩；成员：韩晓明、王志刚、程瑜。2014 年 11 月结题。

金支持的项目，应当在项目申报时同步明确项目绩效目标，充分估计项目预期达到的效果，以提升财政管理水平，提高财政资金使用效益。

（一）项目绩效指标的基本要求

项目绩效目标是指项目资金使用的具体实施进度计划以及所要达到的效果，包括项目预期达到的目标以及预期实现的经济效益、社会效益、环境效益以及可持续影响等，是财政支出成果的具体体现。

项目绩效指标是反映项目绩效目标的具体指标，是从定性和定量角度表述的项目绩效目标。项目绩效指标是衡量资金使用效果的标杆，通常主要体现为产出绩效和效益绩效，其使用旨在提升财政精细化管理水平，提高财政资金使用效益。在现行《项目支出绩效目标申报表》中，项目绩效指标分为产出指标、效益指标和服务对象满意度指标3大类，每类指标包含若干具体体现项目特点的相关指标。

项目绩效指标作为衡量财政资金使用效益的重要内容之一，应当具备以下基本特点。

1. 明确、具体，具有时限性。项目绩效指标应当名称明确，内容明确、具体、不易产生歧义，指标口径统一，同一指标运用于不同项目时意义相同。同时，指标应当明确反映预期绩效目标时限，以保证指标数值客观反映项目实施进度计划的执行情况和预期绩效目标的实现情况。

2. 客观、务实，具有可行性。项目绩效指标应当依据具体管理职能和实际业务情况确定，相关数据易于取得、可操作，数量不宜过多，但至少应当包含若干个直接反应绩效目标的个性指标，且项目绩效指标的确定应当充分论证、合理测算、符合实际，数值不宜过高或过低，能够合理实现。

3. 简洁、概括，具有较强适用性。项目绩效指标应当能够体现项目绩效的核心内容，在反映同类别项目共性的同时，还能够留有一定的空间便于进一步细化指标，体现出具体项目的个性特点，以满足对各类具体项目的绩效评价要求。

4. 细化、量化，具有可操作性。项目绩效指标应当依据项目进度分年度、分阶段细化和量化，目标任务在总目标和阶段性目标方面可衡量，易操作。

5. 易于分析、比较、评价，具有可比性。项目绩效指标应当考虑定性与定量指标相结合，尽可能量化测算，以进行横向和纵向的分析、比较、评价，实现项目绩效指标为预算资金管理服务的目标。

（二）国家体育总局项目分类情况及依据

国家体育总局的项目具有鲜明的专业特色和职能特点，因此，具体的项目绩效指标应当既能够反映出同类型项目的共性，也能够反映出项目的个性特色，便于有针对性地进行财政资金绩效考评。国家体育总局的职能特点框定项目的基本特点，项目分类情况则在项目共性的基础上具体反映项目的具体特点，两者侧重点不同，分类不同，存在相互交叉。

1. 国家体育总局主要职能与项目特点。

（1）竞技体育方面的基本职能。

①基本职能（竞体司职能）。拟定竞技体育发展规划草案和体育训练竞赛管理制度，并监督执行；指导全国体育训练、竞赛、运动队伍建设和训练基地发展工作；统筹协调监管全国职业体育；组织重大国际比赛的训练和参赛工作；指导组织协调国内综合性运动会的竞赛工作；参与审核在国内举办的国际、洲际综合性赛事和单项体育赛事；审查国家正式开展的体育竞赛项目；负责运动员技术等级、裁判员技术等级、体育运动奖章等事项的审批管理工作，负责竞技体育运动成绩统计、发布和年度贡献奖励工作。

②项目特点。该类项目主要是围绕体育竞技项目展开的训练、比赛、管理、组织等工作，目标是取得良好的运动成绩。因此，总体上，项目的绩效目标较为明确，易于量化，定量指标比重较高。

（2）群众体育方面的职能。

①基本职能（群体司职能）。拟订群众体育工作的有关方针规划和政策；推行全民健身计划；推动建立和完善全民健身服务系统，指导群众体育组织建设、健身场地设施建设，指导协调开展群众性体育活动；指导协调全国体育大会的组织工作，协助有关部门举办全国性群众体育运动会；指导和推动各类人群的全民健身工作，协调推动全民健身志愿服务工作；指导和推动农村体育、城市体育及其他社会体育的发展；负责推行社会体育指导员和国民体质监测制度，指导国家体育锻炼标准实施工作；组织开展全国群众体育奖励表彰工作；负责拟定总局本级彩票公益金用于实施全民健身计划部分的规划和使用计划。

②项目特点。该类项目主要是围绕群众体育活动开展进行的规划、宣传、组织、管理、竞赛等工作，目标是促进全民参与运动，通过良好的社会推广效果促进全民体质的提高。因此，项目的绩效目标较为广泛，难以量化，定性指标比重

较高，而且评价标准不易确定。

(3) 青少年体育方面的职能。

①基本职能（青少司职能）。指导和推进青少年体育工作，拟订青少年体育工作的有关政策、规章、制度和发展规划草案；指导和监督学生体育健康标准的实施和学生体质监测；指导和推动青少年体育服务体系建设；组织开展青少年体育工作检查监督和评估表彰；指导竞技体育高水平后备人才培养工作；拟定青少年业余训练管理制度，完善青少年业余训练体系，指导全国各级各类体育运动学校、体育传统项目学校、青少年体育俱乐部、各运动项目后备人才基地建设和有关学生文化教育工作；参与指导全国青少年体育竞赛工作，参与审核全国青少年比赛计划和竞赛规程，参与指导青少年运动员注册和运动技术等级管理；组织协调重大综合性青少年体育比赛和体育交流活动；指导开展青少年体育工作研究和相关培训。

②项目特点。该类项目主要是围绕青少年体育活动和后备人才培养进行的规划、组织、管理、训练、比赛等工作，目标是激发青少年参与运动的积极性，在科学地增强青少年体质的同时，为竞技性体育项目培养后备人才。因此，项目的绩效目标具有较强的针对性，既有定性指标，也有定量指标，评价标准具有科学性。

(4) 基本建设方面的职能。

①基本职能（经济司职能）。研究拟定公共体育设施发展规划，指导公共体育设施建设，承担公共体育设施监督管理工作；负责指导、组织、编制、审核、管理总局基本建设、维修改造总体规划和投资计划；负责机关和直属单位国有资产管理工作。

②项目特点。该类项目主要是进行各类体育场馆、公共体育设施的建设，项目绩效主要从经济效益和社会效益等方面体现，因此，项目的绩效目标具有较强的针对性，既有定性指标，也有定量指标，评价标准具有科学性，特别是财务指标、工程执行指标等具有较强的规范性、可验证性。

(5) 科研及科技保障方面的职能。

①基本职能。基本职能包括科教司职能和政法司职能。科教司职能包括拟定体育科技、教育和反兴奋剂工作方针政策及发展规划；组织开展体育领域的重大科技项目研究，负责体育科研成果验收、鉴定、转化和推广工作；指导、协调、管理反兴奋剂及国家队医疗保障工作。政法司职能包括拟订体育事业发展规划草案，提出政策建议；调查研究体育发展中的重大问题并提出方案。

②项目特点。该类项目主要是围绕各类体育活动和人才培养展开的科学研究和技术支撑工作,服务于训练、比赛、组织、管理等方面工作的开展和提升,目标是指明今后我国体育发展的方向,科学地推进我国各方面体育工作的进步。因此,项目的绩效目标具有较强的针对性,既有定性指标,也有定量指标,评价标准具有科学性。

(6)人才培养与运动员保障方面的职能。

①基本职能。基本职能包括科教司职能和人事司职能。科教司职能包括指导管理教练员岗位培训和运动员文化教育工作;指导协调体育系统高中等体育专业教育工作。人事司职能包括指导专业技术队伍建设和干部教育培训工作;指导运动员保障体系建设,协调运动员社会保障工作。

②项目特点。该类项目主要是围绕各层次体育人才培养展开的教育、培训以及运动员保障等工作,目标是提升体育人才的文化素质,促进体育人才未来的转型和发展。因此,项目的绩效目标具有较强的针对性,既有定性指标,也有定量指标,评价标准具有科学性。

(7)体育产业方面的职能。

①基本职能(经济司职能)。拟定体育产业发展规划和体育服务管理政策,推动体育标准化建设。

②项目特点。该类项目涉及的内容较为广泛,经济效益和社会效益相交织,项目的绩效目标难于统一确定,因此暂不确定具体指标。

2. 项目分类原则。我们认为,分类设计项目绩效指标体系有助于项目绩效目标确定工作的开展,特别是在实际工作中,分类设计项目绩效指标体系能够简化工作内容,提高工作效率,且易于动员相关项目的业务人员参与项目绩效目标确定工作。基于此,项目分类应当遵循以下原则。

(1)简洁性。分类尽可能简单,数量少,易于理解和使用。

(2)专业性。依据专业特点分类,与专业职能相匹配,各类别具有专业方面的同质性,便于专业人员参与绩效目标确定工作。

(3)明晰性。各类别内容界定较为清楚,便于分类。

(4)全面性。能够全面覆盖各类项目,基本做到不重不漏。

(5)可操作性。确定类别时易于判断,将使用过程中带来的工作量增加尽可能控制在一定范围内。

3. 项目分类及依据。根据以上对国家体育总局主要职能和项目特点的分析,我们认为,确定项目类别时,应当根据项目资金的投向和用途对所有项目进行分类，共划分为12类（见表9-73）。

表9-73　　　　　　　　国家体育总局项目分类一览表

分类情况	2015年预算项目
1. 训练类	冬季奥运项目备战专项 夏季奥运项目国家队训练经费
2. 竞赛类	
3. 国际交流类	
4. 运动员保障类	运动员保障专项经费
5. 文化教育类	优秀体育人才培养 运动员文化教育经费
6. 体育活动类	
7. 设备购置类	夏季奥运项目国家队训练器材经费 直属场地维修及设备购置
8. 场馆运行类	
9. 体育设施建设维修类	直属场地维修及设备购置
10. 科学技术类	体育、哲学、社会科学与应用科学管理工作 科技保障经费
11. 兴奋剂检测类	兴奋剂检测费
12. 管理和改革类	

（三）国家体育总局主要项目绩效指标设计

在分析国家体育总局的各项职能及项目特点的基础上，我们认为，项目绩效指标体系分类别设计较为实用、高效，即有针对性地为每一类别设计一套指标体系，其中部分指标可进一步依据具体项目的情况进行细化或进一步明确。这样，既可以保证类别指标的适用性，即指标适用于该类所有项目，也可以为各个具体项目的特定绩效目标留出一定的空间，即通过分解和细化指标体现具体项目的绩效特殊性。

本研究中，我们主要依据国家体育总局提供的2015年11个项目支出绩效目标申报表进行了相关类别的项目绩效指标体系的具体设计，其余类别则依据国家体育总局相关部门配合做出的分析结合具体项目支出情况列出绩效指标。

1. 训练类项目。训练类项目绩效指标体系见表9-74。

表 9-74　　　　　　　　　训练类项目绩效指标体系

绩效指标	指标名称	指标值	指标说明
产出指标	分项目国家队训练规模		实际参加训练人数
	分项目国家队训练时间		实际训练天数
	训练经费到位情况		训练经费是否及时、足额按标准下拨到驻训地、转训地情况
	训练经费预算执行情况		各项训练经费执行进度情况
	训练标准执行情况		是否按照《奥运项目国家队训练经费财务管理办法》，执行训练经费各项标准
	达到集训、转训的预定目标情况		通过训练是否达到预定训练目标情况
效益指标	对运动员成绩的积极影响		通过训练运动成绩提高的程度
	对全民健身活动的积极影响		通过组织训练提高项目的社会影响，对全民健身运动推动作用
服务对象满意度指标	运动员满意度		运动员对训练情况的满意程度，可使用问卷调查方式，以百分比反映（如 ≥×%）
	教练员满意度		教练员对训练情况的满意程度，可使用问卷调查方式，以百分比反映（如 ≥×%）
	管理部门满意度		管理部门对训练情况的满意程度，可使用问卷调查方式，以百分比反映（如 ≥×%）

2. 竞赛类项目。竞赛类项目绩效指标体系见表 9–75。

表 9–75　　　　　　　　　竞赛类项目绩效指标体系

绩效指标	指标名称	指标值	指标说明
产出指标	竞赛程序合规性		比赛是否有竞赛通知、秩序册、成绩册等正式文件
	竞赛开展情况		比赛是否在预定时间内开展
	完成比赛情况		比赛是否完成预定内容
	赛风赛纪事件情况		比赛是否发生赛风赛纪事件
	公共安全事件情况		比赛是否发生公共安全事件
	兴奋剂案例发生数		比赛是否发生兴奋剂案例
	竞赛经费到位情况		竞赛经费是否及时、足额按标准下拨到比赛地情况
	竞赛经费预算执行情况		竞赛经费执行进度情况
效益指标	比赛规模与上期比较情况		比赛规模与上期同类比赛对比情况
	比赛成绩与上期比较情况		比赛成绩与上期同类比赛对比情况
	对承办方经济发展的积极影响		通过举办比赛对承办地经济发展的正面影响
	对承办方社会发展的促进作用		通过举办比赛对承办地社会发展的积极影响
服务对象满意度指标	主办方满意度		主办方对比赛情况的满意程度，可使用问卷调查方式，以百分比反映（如≥×%）
	承办方满意度		承办方对比赛情况的满意程度，可使用问卷调查方式，以百分比反映（如≥×%）
	参赛人员满意度		参赛方对比赛情况的满意程度，可使用问卷调查方式，以百分比反映（如≥×%）

3. 国际交流类项目。国际交流类项目绩效指标体系见表 9-76。

表 10-76　　　　　国际交流类项目绩效指标体系

绩效指标	指标名称	指标值	指标说明
产出指标	参加国际比赛次数		实际参加国际比赛次数
	参加国际交流活动次数		实际参加国际交流活动次数
	出国人次		实际出国参赛或参加交流活动人数
	出国费用		实际出国总费用
	出国时长（人·天）		实际出国时间
	参加比赛、交流及时性		按时到达、返回情况
	外事出访纪律和政策执行情况		是否遵守外事出访纪律、执行相关政策要求。
	出国经费到位情况		经费是否及时、足额到位
	出国经费预算执行情况		各项出国经费执行进度情况
	外事标准执行情况		是否按照外事相关标准执行
效益指标	达到国际比赛预定目标情况		国际比赛是否达到预定目标情况
	达到国际交流活动预定目标情况		国际交流活动是否达到预定目标情况
	费用节约情况		实际节约出国经费情况
服务对象满意度指标	管理部门对外事活动情况的满意度		管理部门的满意程度，可使用问卷调查方式，以百分比反映（如≥×%）
	外事活动参与人员满意度		外事活动参与人员的满意程度，可使用问卷调查方式，以百分比反映（如≥×%）
	其他机构（如相关国际机构）的评价		其他机构（如相关国际机构）对外事活动的评价，可使用抽样调查方式，收集数据

4. 运动员保障类项目。运动员保障类项目绩效指标体系见表9–77。

表9–77　　　　　　　　运动员保障类项目绩效指标体系

绩效指标	指标名称	指标值	指标说明
产出指标	重大伤残医疗补助及特殊生活困难补助发放		按规定及时、足额发放到位情况
	教育资助金发放		按规定及时、足额发放到位情况
	运动员保障政策体系完善情况		是否及时进行政策修订
	完善职业、就业指导工作的实施情况		是否提供职业、就业工作指导，提供相关信息平台服务
	运动员保障经费预算执行情况		运动员保障经费执行进度情况
效益指标	满足运动员生活保障的需要		保障范围及保障程度
	对运动员职业发展、就业的积极影响		运动员保障工作队运动员职业发展的促进作用
服务对象满意度指标	运动员满意度		运动员对运动员保障工作的满意程度，可使用问卷调查方式，以百分比反映（如≥×%）
	管理部门满意度		管理部门对运动员保障工作的满意程度，可使用问卷调查方式，以百分比反映（如≥×%）

5. 文化教育类项目。文化教育类项目绩效指标体系见表9－78。

表9－78 文化教育类项目绩效指标体系

绩效指标	指标名称	指标值	指标说明
产出指标	常规教育培训总课时（人·时）		基本文化课培训、素质教育、学历教育
	常规教育课程结构		各培训课程的比例
	常规教育培训总规模		参加培训总人数
	素质教育覆盖面		实际参与培训人员/应当参与培训的人员
	学历教育覆盖面		实际参与培训人员/应当参与培训的人员
	国家队文化教育示范队建设情况		国家队文化教育示范队数量、水平等情况
	网络远程教育情况		试点运行情况
	专业培训总课时（人·时）		体育专业课程培训
	专业培训课程结构		各专业培训课程的比例
	专业培训总规模		参加培训人数
	文化教育经费预算执行情况		文化教育经费执行进度情况
效益指标	素质教育成果		素质教育的成绩（以适当方式体现）
	学历教育成果		学历教育的成绩（以适当方式体现）
	示范教育示范作用的发挥		获得各级各类表彰情况
	体育专业人才培养情况		具有针对性、系统性、实用性，优化人才结构
	对体育事业和运动员可持续发展的积极作用		在国际组织任职人员变化情况

续表

绩效指标	指标名称	指标值	指标说明
服务对象满意度指标	参加培训运动员、教练员满意度		参加培训运动员满意程度，可使用问卷调查方式，以百分比反映（如≥×%）
	管理部门满意度		管理部门满意程度，可使用问卷调查方式，以百分比反映（如≥×%）

6. 体育活动类项目。体育活动类项目绩效指标体系见表9-79。

表9-79 体育活动类项目绩效指标体系

绩效指标	指标名称	指标值	指标说明
产出指标	体育活动次数		组织活动的次数
	参加体育活动人数		参加活动的总人数
	活动总费用		活动开展的总费用
	活动开展情况		活动是否在预定时间内开展
	活动完成情况		活动是否完成预定内容
	公共安全事件情况		活动是否发生公共安全事件
	政府购买服务情况		活动是否符合政府购买服务相关规定
	符合政府采购程序情况		活动是否按照政府采购程序进行
效益指标	活动参与程度		活动参与人员是否达到预计目标
	活动的社会影响力		活动开展对社会影响的积极促进作用
	活动总费用节约情况		实际节约活动经费情况

续表

绩效指标	指标名称	指标值	指标说明
服务对象满意度指标	管理部门对活动开展情况的满意度		管理部门对活动开展情况的满意程度，可使用问卷调查方式，以百分比反映（如≥×%）
	活动参与人员满意度		活动参与人员的满意程度，可使用问卷调查方式，以百分比反映（如≥×%）
	公众满意度		公众对活动开展情况的满意程度，可使用问卷调查方式，以百分比反映（如≥×%）

7. 设备购置类项目。设备购置类项目绩效指标体系见表 9-80。

表 9-80　　　　　　　　设备购置类项目绩效指标体系

绩效指标	指标名称	指标值	指标说明
产出指标	设备购置数量		明确设备名称、型号、用途及数量
	设备购置技术标准		根据专业要求确定的技术标准
	设备购置及时性		是否及时购买
	设备购置招标采购率		包含政府采购
	新购置设备使用率		实际使用次数/设计应使用次数
	设备故障率		设备故障时数/设计应使用时数
	设备质量达标率		质量达标设备数/全部设备数（针对具体设备）
效益指标	设备购置成本完成率（价款及税金）		实际成本/预计成本
	设备购置成本完成率（安装调试）		实际成本/预计成本

续表

绩效指标	指标名称	指标值	指标说明
服务对象满意度指标	运动员满意度		运动员满意程度,可使用问卷调查方式,以百分比反映(如≥×%)
	教练员满意度		教练员满意程度,可使用问卷调查方式,以百分比反映(如≥×%)
	管理部门满意度		管理部门满意程度,可使用问卷调查方式,以百分比反映(如≥×%)

8. 场馆运行类项目。场馆运行类项目绩效指标体系见表9-81。

表9-81　　　　　　　场馆运行类项目绩效指标体系

绩效指标	指标名称	指标值	指标说明
产出指标	场馆运行费总额		财政资金投入总额
	场馆运行率		实际开放时数/设计应当开放时数
	场馆面积使用率		实际开放面积/设计应当开放面积
	场馆小修费总额		财政资金投入总额
	场馆小修及时性		有无拖延情况,程度
	技术参数达标情况		包含温度、湿度、噪音、空气质量等方面的指标
	对公众开放情况		开放频率
效益指标	满足训练、比赛要求的程度		训练、比赛次数及使用者认可度
	满足公众健身要求的程度		场馆是否满足公众健身要求
	促进节能、环保程度		节能、环保目标实现情况

续表

绩效指标	指标名称	指标值	指标说明
服务对象满意度指标	运动员满意度		运动员满意程度，可使用问卷调查方式，以百分比反映（如≥×%）
	教练员满意度		教练员满意程度，可使用问卷调查方式，以百分比反映（如≥×%）
	场馆使用人员满意度		场馆使用人员满意程度，可使用问卷调查方式，以百分比反映（如≥×%）

9. 体育设施建设维修类项目。体育设施建设维修类项目绩效指标体系见表9-82。

表9-82　　　　　　　体育设施建设维修类项目绩效指标体系

绩效指标	指标名称	指标值	指标说明
产出指标	竣工验收质量		竣工验收合格、优秀百分比
	投资形成总面积（室内）		设施建设室内总面积
	投资形成总面积（室外）		设施建设室外总面积
	场馆维修费总额		财政资金投入总额
	场馆维修及时性		有无拖延情况，程度
	场馆维修合格率		维修合格比率
	技术参数达标情况		符合建设用技术指标情况
	对公众开放情况		开放频率
	政府采购情况		建设维修过程是否执行政府采购程序
	场馆使用率		实际使用时数/可使用时数
	资金到位率		经费是否及时、足额到位

续表

绩效指标	指标名称	指标值	指标说明
效益指标	满足训练、比赛要求的程度		训练、比赛次数及使用者认可度
	满足公众健身要求的程度		场馆建设是否满足公众健身要求
	促进节能、环保程度		节能、环保目标实现情况
服务对象满意度指标	运动员满意度		运动员满意程度,可使用问卷调查方式,以百分比反映(如≥×%)
	教练员满意度		教练员满意程度,可使用问卷调查方式,以百分比反映(如≥×%)
	社会公众满意度		社会公众满意程度,可使用问卷调查方式,以百分比反映(如≥×%)

10. 科学技术类项目。科学技术类项目绩效指标体系见表9-83。

表9-83　　　　　　科学技术类项目绩效指标体系

绩效指标	指标名称	指标值	指标说明
产出指标	科研项目数		指正式立项的科研项目
	科研经费总额		指投入的财政资金数额
	科研人员总数		参加科研工作的人员数
	科研人员职称构成		各类研究人员的专业职称比例
	科研成果数		形成科研成果的数量,包括研究报告、调查报告、统计分析报告、专著、教材、期刊、出版物等
	科研成果及时提交比例		按计划完成科研任务的比例
	科研交流次数		交流会、评审会等

续表

绩效指标	指标名称	指标值	指标说明
产出指标	实验、检验、检测情况		实验、检验、检测数量
	对立法、修法的影响		
	考试、认证情况		参与人数及考评结果
	会议、宣传、推广情况		会议、宣传、推广的次数及规模
效益指标	科研成果的指导性		科研成果的理论价值和应用价值
	科研成果应用比例		科研成果应用数/科研成果完成数
	科研成果推广情况		科研成果推广范围及程度
	解决国家队实际问题的能力		解决具体问题的内容及数量
	科技服务于国家队的效果		国家队对科技支持的认可程度
	对科学训练水平的影响		研究成果对训练水平提高的积极影响
	科技成果转化情况		科技成果转化程度及比例
	科研成果获奖数		科研成果获得各类奖励的数量
	各级领导对科研成果应用方面的批示		批示的层次和数量
服务对象满意度指标	各具体应用部门满意度		各成果应用部门满意程度，可使用问卷调查方式，以百分比反映（如≥×%）
	运动员满意度		运动员满意程度，可使用问卷调查方式，以百分比反映（如≥×%）
	教练员满意度		教练员满意程度，可使用问卷调查方式，以百分比反映（如≥×%）

续表

绩效指标	指标名称	指标值	指标说明
服务对象满意度指标	相关管理部门满意度		相关管理部门满意程度，可使用问卷调查方式，以百分比反映（如≥×%）
	其他机构（如相关国际机构）的评价		其他国际机构对科学技术成果的评价情况

11. 兴奋剂检测类。兴奋剂检测类项目绩效指标体系见表9-84。

表9-84　　　　　兴奋剂检测类项目绩效指标体系

绩效指标	指标名称	指标值	指标说明
产出指标	总局委托特定检测内容，血样、尿样检测任务完成情况		完成各项检测任务数量
	总局委托国家队食源性、药源性兴奋剂检测任务完成情况		完成各项检测任务数量
	通过世界反兴奋剂机构考试情况		考试次数及通过比率
	兴奋剂阳性案例数		发生兴奋剂阳性案例数量
	新增检测内容检测任务完成情况		完成各项检测任务数量
效益指标	兴奋剂事件为零		未发生兴奋剂事件

12. 管理和改革类项目。管理和改革类项目绩效指标体系见表9-85。

表9-85　　　　　管理和改革类项目绩效指标体系

绩效指标	指标名称	指标值	指标说明
产出指标	符合国家改革方向		是否与国家改革方向相一致
	符合国家相关政策情况		是否与国家相关政策相一致
	发布正式文件情况		发布正式文件情况（政策，制度，办法）
	政府购买服务情况		管理工作是否符合政府购买服务工作规定

续表

绩效指标	指标名称	指标值	指标说明
产出指标	符合政府采购情况		管理工作是否符合政府采购程序
	工作程序合法合规		工作程序是否合法合规，符合相关制度要求
效益指标	对行业发展推动作用		管理和改革工作对体育行业发展的积极影响
	达到预定管理目标		管理和改革工作是否达到预定的管理目标
服务对象满意度指标	运动员满意度		运动员满意程度，可使用问卷调查方式，以百分比反映（如≥×%）
	教练员满意度		教练员满意程度，可使用问卷调查方式，以百分比反映（如≥×%）

（四）国家体育总局项目绩效指标的使用

1. 项目绩效指标权重的设定。确定项目绩效指标是进行项目绩效评价的基础。在具体应用各类指标体系确定项目绩效指标的过程中，应当依据每类指标在项目中的作用设定科学合理的权重，以保证项目绩效评价的客观性和可行性。这个权重的设定应当由考核单位和被考核单位针对具体的项目共同参与制定。

2. 项目绩效指标的分解和细化。如前所述，本研究是以二级分类为基础设计指标体系，这些指标的使用主体是国家体育总局。在国家体育总局管理下属二级单位时，这些指标体系可以进一步分解和细化，其中定量指标可以直接用于对二级单位的管理和绩效评价，如场馆建设投资额、训练费用金额等。定性指标则可以针对具体内容加以细化，如节能、环保情况指标，可以根据具体项目的情况进行量化。在项目绩效评价过程中，分解和细化的指标应当遵循同样的标准进行计算和比较，定量指标应当能够汇总，定性指标应当能够进行总体分析。

3. 跨期项目绩效指标的应用。对于分年度实施的项目，应当在确定项目绩效指标的初期就加以明确，在说明项目总目标和预期总体效益的同时，说明阶段性目标（本预算年度）和分阶段所能达到的效益，便于有针对性地进行绩效考核。

在以后年度中，可以依据项目申报初期所确定的项目实施计划进行绩效考核。

4. 项目绩效指标的动态调整。为了保证分类别项目绩效指标体系在本类别内的普遍适用性，本研究所设计的分类别项目绩效指标体系是一个基本框架，在项目具体申报和实施过程中，各类指标体系都有必要依据项目的具体情况进行适当调整，如删除不适用的指标，增加部分更为合理的指标，采用更为细化的指标。

从长远看，在该指标体系的基础上，依据经济发展、体育事业进步、管理水平提升等因素增加更为实用的指标，既可以低成本地提升分类别项目绩效指标体系适用性，也能够保证绩效评价工作的连续性，同时有效减少指标体系变动带来的工作量增加。

二、国家体育总局项目支出绩效评价指标体系设计方案

（一）绩效评价指标体系的内涵

预算绩效评价指标是指衡量预算绩效目标实现程度的考核工具，是反映预算执行总体效果的具体量值，具有衡量、监测和评价预算管理经济性、效率性和有效性并揭示预算管理中存在问题的效力。预算绩效评价指标体系则是根据预算绩效管理评价工作的要求，按照一定的原则，为体现不同预算支出内容和反映评价对象绩效而形成的一系列指标的集合。其内涵包括以下三个方面。

1. 绩效评价指标体系是进行绩效管理评价的工具。预算绩效是一个综合性的概念，我们必须根据评价对象的特征把绩效概念具体化为可以计量的一系列指标。不同类别预算的绩效内容存在很大差异，因此，必须根据各部门职能或项目的绩效特点设置不同的预算绩效管理评价指标体系。

2. 绩效评价指标体系体现了绩效评价主体的评价目的。绩效评价指标体系中设置的指标，要体现绩效评价主体对绩效的理解和追求。评价主体对绩效的理解不同，对绩效目标的追求不同，设置的绩效评价指标也不同。

3. 绩效评价指标体系会影响评价客体的行为。绩效评价指标体系科学、合理，会主动抑制预算单位不合理的利益追求行为。假如绩效管理评价指标设置片面迎合评价对象偏好，那么评价活动会刺激评价对象，使其过度追求本位利益与部门利益最大化，试图通过绩效评价实现主观愿望。

（二）绩效评价指标体系的分类

1. 根据评价内容和设置要求以及指标的适用范围，可分为共性指标和个性指标。

（1）共性指标。共性指标是适用于所有部门和评价对象的指标。共性指标主要由财政部门确定，涉及预算的编制和执行情况、财务管理状况、资产的配置、使用、处置等。进一步说，预算绩效管理评价指标的共性指标是所有预算和专项资金的基本约束准则的反应，例如预算目标设定的有效性、预算执行过程的合规性。概言之，共性指标是确保各级预算单位以绩效为中心编制和执行预算的前置性控制条件，具有普适性。

经过十余年的探索，尤其是近几年成立预算绩效管理专门机构之后，中央政府（主要是财政部门）对预算绩效评价指标进行了深入研究，探索建立了共性指标体系框架和地方财政管理绩效综合评价方案。财政部2013年4月出台了《预算绩效评价共性指标体系框架》（财预［2013］53号），设立了项目支出绩效评价共性指标体系框架、部门整体支出绩效评价共性指标体系框架和财政预算绩效评价共性指标体系框架，作为指导全国的预算绩效评价共性指标体系。

（2）个性指标。个性指标是针对部门和行业特点确定的，适用于不同部门的指标。个性指标由财政部门会同预算部门（单位）根据被评价对象的绩效目标制定，具体包括教育支出指标、科技支出指标、文化体育支出指标、卫生支出指标、社会保障支出指标、经济建设支出指标、支农支出指标等。

2. 按指标能否量化，可分为定量指标和定性指标。

（1）定量指标。定量指标是指直接可以通过数据计算分析评价内容，以数量反映评价结果的指标。

（2）定性指标。定性指标是指难以直接通过数据计算分析评价内容和反映评价对象，需对评价对象进行客观描述和分析来反映评价结果的指标。

定量指标和定性指标包含在共性指标和个性指标中，是共性指标和个性指标能否量化的表现形式。

（三）国家体育总局项目支出绩效评价指标体系框架

1. 绩效评价指标设计应当遵循的原则。

（1）目标关联性原则。绩效评价指标设计应当与国家体育总局的绩效目标有直接的联系，能够恰当反映绩效目标的实现程度，能够全面、系统地反映评价对象的特点，并且各个指标之间能够相互衔接，能综合反映部门或项目绩效构成要素之间的关系、内在联系和规律性。指标体系要有统一性，对同一指标应采用统一的标准评价。

（2）可比性原则。绩效评价指标在同一层次上应该相互独立，不仅体现体育部门或项目的共性，在本质一致的条件下，对同类评价对象设定的绩效评价指标，能够在不同时间、不同地区、不同部门之间均具有可比性。

（3）客观性原则。国家体育总局绩效评价指标中选取的指标数据应该有合法、准确的来源，能够真实反映体育总局评价对象的实际情况。

（4）实用性原则。绩效评价指标选择应注重科学性与实用性相结合，既准确反映项目的绩效内涵，又考虑指标的现实可行性及应用成本；注重全面性与简明性相结合，既充分反映国家体育总局财政支出的各种绩效，又突出关键绩效。

（5）管理效能原则。管理效能是管理部门在实现管理目标所显示的能力和所获得的管理效率。预算绩效评价指标设计应当充分反映国家体育总局的管理效能。

2. 指标分值及权重设定。国家体育总局评价指标体系共设计四级指标，其中前三级指标按照财政部《预算绩效评价共性指标体系框架》（财预〔2013〕53号）的要求设定，四级指标结合国家体育总局的业务特点和绩效目标设定。

就权重而言，投入指标（x1）占整个指标体系的20%，过程指标（x2）占30%，产出指标（x3）占20%~30%（根据具体项目不同在此区间浮动调整），效益指标（x4）占20%~30%（根据具体项目不同在此区间浮动调整）。

3. 考评结果。考评结果分为优、良、合格、不合格四等，根据计算结果的分值，确定考评对象最后达到的档次（见表9-86）。

表9-86 项目支出绩效考评结果

项目	优	良	合格	不合格
分值	≥90	(90, 75)	(75, 60)	<60

4. 项目支出绩效评价指标体系框架设计。按照财政部对项目支出共性指标体系的总体要求，依据国家体育总局主要职能和项目特点，并结合前述对于项目支出绩效指标的分类（共12类），构建体育部门项目绩效评价指标体系。

三、国家体育总局部门绩效评价指标设计方案

（一）体育部门绩效评价指标指导思想与评价内容

体育部门绩效评价指财政部门和体育部门根据设定的绩效目标，运用科学、合理的绩效评价指标、评价标准和评价方法，对财政支出的经济性、效率性和效益性进行客观、公正的评价。

体育部门绩效评价指标的指导思想是以国家发展战略和体育事业发展规划的要求为依据，充分考虑体育事业发展与经济、社会协调发展的关系，充分考虑体育内部协调以及基本支出和项目支出的发展水平。

体育部门绩效评价指标主要是围绕着体育部门的整体战略目标和职能实现程度的综合评价，是政府综合效能评价的核心。部门支出绩效评价的重点是政府职能部门的公共责任落实问题，需要综合部门职能实现的各种要素。体育部门支出绩效评价的对象是体育部门，评价目的是该部门职能履行情况，对照着部门绩效目标设定情况进行评价指标的设计。体育部门绩效评价有助于我国体育行政部门转变政府职能，改革公共体育服务方式、效率。绩效评价指标分为共性指标和个性指标。其中，共性指标是适用于所有评价对象的指标，主要包括绩效目标设定，预算编制和执行情况，财务管理状况，资产配置、使用、处置及其收益管理情况，预决算信息公开，基础信息数据以及社会效益、经济效益、生态效益等。个性指标是针对国家体育总局预算单位或者项目特点而设定，适用于国家体育总局部门预算支出或者项目预算支出的绩效评价指标。共性指标由财政部统一制定，个性指标由国家体育总局会商财政部门共同制定。

具体而言，体育部门绩效评价的内容包括：绩效目标的设定情况；资金投入和使用情况（为完成绩效目标安排的预算资金使用情况、支出的合法合规性、财务管理状况和资产配置与使用情况）；为实现绩效目标制定的制度、采取的措施等；绩效目标的实现程度及效果（绩效目标的完成情况以及财政支出所取得的经济效益、社会效益和生态环境效益等）；绩效评价的其他内容。

（二）体育部门绩效评价指标设定的基本原则

体育绩效评价指标选择应该满足以下基本原则：

1. 相关性。绩效评价指标应当与绩效目标有直接的联系，能够恰当反映目标的实现程度。相关性弱的评价指标尽量不要选择使用。

2. 重要性。绩效评价指标应当优先使用最具评价对象代表性、最能反映评价要求的核心指标，以点带面来评价，避免过度选择混淆了重点和非重点内容。

3. 可操作性。操作性原则是依据考察对象的可测量、可观察、可操作、可评价的特征来界定指标的含义，将抽象的概念转变为可观测、可检验、可评价的具体指标，指标涉及既要满足理论框架要求，又要充分结合现实数据状况进行设计，部门绩效评价指标不宜过细过多。

4. 动态性、可扩充性。动态性原则是指体育部门绩效评价指标的确定不仅受体育部门管理及体育事业自身发展规律限制，还要随着外部经济、政治、文化、民众需求等诸多因素的变化而变化。体育部门绩效评价指标要具备能够根据环境变化而加以适当调整的空间，因此体育部门绩效考评指标体系是动态的、可扩充的。财政部门可根据绩效考评工作的开展情况，不断完善一级指标、二级指标、三级指标；主管部门和单位要按照指标设置的要求，根据基本指标的内容，结合考评对象的不同特点，与财政部门协商研究确定四级指标等。

5. 全面性。全面性原则是指体育部门绩效评价指标的设置能够全面、系统、科学地评价我国体育事业发展现状。体育部门绩效评价指标体系除了要关注核心指标外，也要注意指标的广度和层次性，考虑各个指标之间的结构关系，还要综合考虑短期和中长期的协调，以使指标可以从不同角度来相对全面地对体育部门作出综合评价。

6. 定性与定量相结合。体育部门绩效评价指标要尽可能地进行量化设计，只有量化的指标才能便于评估，当然也要根据具体的情况一些无法量化或是量化不能准确反映实际情况的需要定性指标来进行。

（三）指标分值及指标权重的确定

评价指标分值及权重是绩效评价指标体系设计的重要方面。评价指标的分值要综合考虑绩效评价管理的要求以及部门的实际状况，给出相对客观合理的打分标准。绩效考评指标体系是一个多层次多维度分项指标的集合,各项指标在指标体系中的重要性不能过于平均,权重分配是评价部门对于各层次分项指标的重要性的权衡和综合评价,权重的大小反映了政府各项工作的难点、重点以及资源投入上的差别。在设计指标体系时,应当以绩效考评的总目标为出发点,对指标体系中的各项指标进行分析对比,权衡它们对总目标的影响程度,合理确定各项指标的权重。在确定指标权重时,要多多听取各方面专家意见,根据专家整体对某项指标的重要程度的认定而确定。

四级指标给出的标准分值可以用于计算四级指标的权重,根据实际得分乘以相应的权重依次向上进行加权平均,就可以得到一个总的部门绩效评价指标得分。

就整体权重而言,投入指标(x1)大体上占整个指标体系的30%,过程指标(x2)占30%,产出指标(x3)占10%,效益指标(x4)占30%。

(四)考评结果

考评结果分为优、良、合格、不合格四等,根据计算结果的分值,确定考评对象最后达到的档次(见表9-87)。

表9-87　　　　　　　　　考评结果分值

项目	优	良	合格	不合格
分值	≥90	(90,75)	(75,60)	<60

(五)国家体育总局部门整体支出绩效评价指标体系框架

按照国家体育总局职能和发展规划,结合前述项目绩效指标和评价指标体系,国家体育总局部门整体支出绩效评价指标体系框架见表9-88。

表 9-88 体育部门整体支出绩效评价指标体系框架

一级指标	二级指标	三级指标	四级指标	分值	指标解释
投入（30分）	目标设定（19分）	绩效目标合理性（10分）	绩效目标符合中长期规划	3	A. 绩效目标完全符合中长期规划得3分；B. 比较符合得2分；C. 不符合得0分
			年度规划与中长期规划标衔接	3	A. 年度计划与部门规划匹配得3分；B. 比较匹配得0.5分；C. 不够匹配得0分
			年度目标是否清晰，扣合年度工作	2	A. 目标清晰，紧扣得2分；B. 比较清晰、紧扣得1分；C. 无目标或不扣合得0分
			年度绩效目标和部门职责相关性	2	A. 相关性很高得2分；B. 相关性不高得1分；C. 不存在相关性得0分
		绩效指标明确性（9分）	部门绩效目标是否具体化为可操作的工作任务	3	A. 具体、可操作得3分；B. 比较具体、可操作得2分；C. 无或不具体，不可操作得0分
			部门绩效指标是否清晰、可衡量	3	A. 目标清晰、可衡量得3分；B. 比较清晰、可衡量得2分；C. 不清晰或不可衡量得0分
			部门项目绩效目标覆盖的年度部门项目支出预算金额	3	A. 全覆盖得3分；B. 40%以上覆盖得2分；C. 40%以下覆盖得0分
	预算配置（11分）	在职人员控制率	体育部门年度实际在职人数占编制数的比率	3	A. 80%以上得3分；B. 50%以上得2分；C. 30%以下得0分
		"三公经费"变动率	体育部门本年度三公经费预算数增长率	3	A. 负增长得3分；B. 零增长得2分；C. 正增长得0分
		重点支出安排率	科学研究与科技保障、人才培养与运动员保障、基本建设、竞技体育等纳入评价的总项目支出占总的绩效目标管理项目支出的比例	5	A. 100%以上得5分；B. 40%以上得3分；C. 10%以下得0分

续表

一级指标	二级指标	三级指标	四级指标	分值	指标解释
过程（30分）	预算执行（10分）	预算完成率	体育部门本年度预算完成数与预算数的比率	1	A. 100%以上得1分；B. 不等于100%得0.5分
		预算调整率	体育部门本年度预算调整数与预算数的比率	1	A. 无调整得1分；B. 有调整得0.5分
		支付进度率	体育部门财政拨款执行率	1	A. 100%以上得1分；B. 90%以上得0.5分；C. 小于50%得0分
			重点项目资金支付保障程度	2	A. 资金到位进度能够保障项目执行得2分；B. 资金到位进度受到位进度保障项目执行存在问题得1.5分；C. 项目执行受到位进度限制得0～1分
		结转结余率	体育部门本年度结转结余总额与部门支出预算数的比率	1	A. 0%以上得1分；B. 20%以下得0.5分；C. 大于20%得0分
		结转结余变动率	体育部门（单位）本年度结转结余资金总额增长速度	1	A. 负增长得1分；B. 零增长得0.5分；C. 正增长得0分
		公用经费控制率	体育部门（单位）本年度实际支出的公用经费总额与预算安排的公用经费总额的比率	1	A. 小于100%得1分；B. 等于100得0.5分；C. 大于100%得0分
		"三公经费"控制率	体育部门（单位）本年度"三公经费"实际支出数与预算安排数的比率	1	A. 小于100%得1分；B. 等于100得0.5分；C. 大于100%得0分
		政府采购执行率	体育部门（单位）本年度实际政府采购金额与年初政府采购预算的比率	1	A. 小于100%得1分；B. 等于100得0.5分；C. 大于100%得0分

第九章 部门预算绩效评价指标体系

续表

一级指标	二级指标	三级指标	四级指标	分值	指标解释
过程（30分）	预算执行（10分）	管理制度健全性（2分）	体育部门（单位）是否制定了完备的预算管理制度	2	A. 管理制度健全、有效、内容针对性或适用性强得2分；B. 管理制度基本健全、有效得0.5分；C. 没有管理制度或不健全得0分
		资金使用合规性（4分）	资金支付、使用流程合规，各项监管审批环节完善	2	A. 资金支付、使用流程合规，各项监管审批环节完善得2分；B. 资金支付、使用流程基本合规，各项监管审批环节完善得2分；C. 资金支付、使用流程不合规，各项监管审批环节存在较大疏漏得0分
			重大项目开支的科学评估论证环节	2	A. 有完整的科学评估论证环节得2分；B. 不完整的论证评估得0.5分；C. 无评估论证得0分
		预决算信息公开性（2分）	体育部门预决算内容是否按照政府预算公开管理制度规定内容进行公开	1	A. 按规定内容公开预决算信息得1分；B. 不按规定内容公开预决算信息得0.5分；C. 不公开得0分
			体育部门预决算公开的时效性	1	A. 预决算批复后20日内公开得1分；B. 超过预决算批复20日得0.5分；C. 不公开得0分
		基础信息完善性（2分）	体育部门（单位）的基础信息质量（含会计信息在内）	2	A. 真实、准确、完整得2分；B. 部分真实、准确、完整得1分；C. 不真实、准确、完整得0分

续表

一级指标	二级指标	三级指标	四级指标	分值	指标解释
过程(30分)	资产管理(10分)	管理制度健全性(2分)	建立科学合理、易操作、完备的体育资金使用管理规章制度	2	A.资金管理制度科学合理、易操作、完备得2分；B.资金管理制度比较科学合理、易操作、完备得1.5分；C.资金管理制度不完善或操作性差得0分
		资产管理安全性(7分)	体育部门资产保存完整	2	A.完整得2分；B.不完整得0分
			体育部门资产处置规范、配置合理、使用合理	3	A.资产运用得当得3分；B.资产运用不当得0分
			体育部门资产有偿使用收入及资产处置收入能否及时足额上缴	2	A.及时足额上缴得2分；B.不及时或不足额上缴得0分
		固定资产利用率(1分)	体育部门实际在用固定资产总额与所有固定资产总额的比率	1	A.80%以上得1分；B.50%以下得0.5分
产出(10分)	职责履行(10分)	实际完成率(3分)	体育部门履行职责而实际完成工作数与计划工作数的比率	3	A.100%得3分；B.80%以上得3分；C.50%以下得0分
		完成及时率(3分)	是否按预算申报和工作计划定时完成	3	A.部门工作及预算项目完成时间与申报书时间一致得3分；B.部门工作及预算项目完成时间比申报书时间略晚得2分；C.部门工作及预算项目完成时间与申报书时间差异较大得1分
		质量达标率(2分)	本年度达到质量标准的实际工作计划数与计划工作数	2	A.80%以上得2分；B.50%以下得0分
		重点工作办结率(2分)	重点工作实际完成数与交办或下达数之比	2	A.80%以上得2分；B.50%以下得0分

续表

一级指标	二级指标	三级指标	四级指标	分值	指标解释
效果（30分）	履职效益（30分）	经济效益（8分）	体育彩票公益金年收入增长	1	A. 正增长得1分；B. 零增长得0.5分；C. 负增长得0分
			体育产业对经济增长的贡献度（体育产业增加值增量/GDP增量）	1	A. 正增长得1分；B. 零增长得0分
			体育科技进步对体育事业发展的影响	1	A. 正向影响显著得1分；B. 较为显著得0.5分；C. 不显著得0分
			体育事业发展对旅游、建筑、体育用品制造、体育保险等的带动效应	1	A. 正向影响显著得1分；B. 正向影响较为显著得0.5分；C. 不显著得0分
			国内外大型赛事对举办城市经济发展的影响	2	A. 正向影响显著得2分；B. 正向影响较为显著得1分；C. 不显著得0分
			体育系统企业单位上缴税金增长率	1	A. 正增长得1分；B. 零增长得0.5分；C. 负增长得0分
			体育科研成果转化率	1	A. 转化率高得1分；B. 中得0.5分；C. 低得0分
		社会效益（8分）	经常参加体育活动的人口比例增加	1	A. 正增长得1分；B. 零增长得0.5分；C. 负增长得0分
			体育事业发展带动相关行业就业增加	1	A. 正向影响显著得1分；B. 正向影响较为显著得0.5分；C. 不显著得0分
			本年度国人体质达到"合格"以上标准的人数比例增长率	1	A. 正增长得1分；B. 零增长得0.5分；C. 负增长得0分
			国内外大型赛事对举办城市提升形象、解决就业、增强本地民众凝聚力、改善城市软环境的作用	2	A. 正向影响显著得2分；B. 正向影响较为显著得1分；C. 不显著得0分

369

续表

一级指标	二级指标	三级指标	四级指标	分值	指标解释
效果（30分）	履职效益（30分）	社会效益（8分）	是否有中国运动员去国际体育组织任职	1	A. 有则得1分；B. 无则得0分
			体育场地利用率增长率	1	A. 正增长得1分；B. 零增长得0.5分；C. 负增长得0分
			本年度国际大赛中国体育代表团名次排序与去年相比	1	A. 提高则得1分；B. 保持不变则得0.5分；C. 降低得0分
		生态效益（4分）	体育场馆建设及设备购置的环保节能程度	2	A. 充分体现环保节能得2分；B. 部分环保节能得0.5分；C. 没有环保节能得0分
			体育用品生产是否绿色环保	2	A. 充分体现环保节能得2分；B. 部分环保节能得0.5分；C. 没有环保节能得0分
		社会公众或服务对象满意度（10分）	社会大众满意度	3	A. 满意度高得3分；B. 中得0.5分；C. 低得0分
			运动员满意度	2	A. 满意度高得2分；B. 中得0.5分；C. 低得0分
			教练满意度	2	A. 满意度高得2分；B. 中得0.5分；C. 低得0分
			重要赛事举办地的民众满意度	3	A. 满意度高得3分；B. 中得0.5分；C. 低得0分

（六）体育部门整体支出绩效评价指标说明

1. 投入类、过程类、产出类基本上和财政部有关部门支出绩效评价文件中的要求一致。

2. 绩效类指标说明。考虑到具体数据的可得性，我们参考《体育统计年鉴》以及体育总局的材料，选择了一些可行的指标来衡量绩效。

（1）经济效益类指标。

①体育彩票公益金收入增长率＝（本年度体育彩票公益金收入－去年体育彩票公益金收入）/去年体育彩票公益金收入。体育彩票公益金，是指从体育彩票销售额中按规定比例提取的专项用于发展体育事业的资金。

②体育产业对经济增长的贡献度＝（本年度体育产业增加值－去年度体育产业增加值）/（本年国内生产总值－去年国内生产总值）×100%。要注意体育产业增加值和国内生产总值（GDP）单位一致。

③体育科技进步对体育事业发展影响。体育科技进步会影响到体育教学、体育选材、体育管理、体育训练、体育产业等各个方面，我们要综合考虑这些影响给出判断。

④体育事业发展对旅游、建筑、体育用品制造、体育保险等行业的带动效应。体育事业的发展带来的经济效益是全面的，有直接带动和间接带动，体育事业发展会对相关行业带来较好的回报。

⑤国内外大型赛事对举办城市经济发展的影响。举办国内外大型赛事对举办城市来说是一种全方位的考验，也是城市形象提升的良好机会，通过改变城市形象带动相关行业发展，有助于城市短期尤其长期经济发展。

⑥体育系统企业单位上缴税金增长率＝（本年度体育类企业上缴各项税收总额－上年度体育类企业上缴各项税收总额）/上年度体育类企业上缴各项税收总额×100%，这一指标可以反映体育产业的竞争力。

⑦体育科研成果转化率。从几个方面来综合判断，一是产业发展角度，本年度科研成果多少科研成果或专利投入商业产生市场价值；二是从竞技体育角度，本年度多少科研成果运用于运动员训练培养中；三是从群众体育角度，有多少科研成果可以运用到群众体育活动中。

（2）社会效益指标。

①经常参加体育活动的人口比例增长率＝［本年度（市、县、区、乡）总晨

晚练人数/本年末总人口 - 上年度（市、县、区、乡）总晨晚练人数］/上年末总人口/上年度（市、县、区、乡）总晨晚练人数/上年末总人口×100%。晨晚练人数基本能反映经常参加体育活动人口的状况。

②体育事业发展带动相关行业就业增加，体育事业发展会带动相关产业发展，进而带动社会就业增加，这是一种经验判断，无法用精确的统计数据来表示。

③本年度国人体质达到"合格"以上标准的人数比例增长率=（本年度国人体质达到"合格"以上标准的人数 - 上年度国人体质达到"合格"以上标准的人数）/（上年度国人体质达到"合格"以上标准的人数）×100%。数据取自历年《国民体质监测公报》。

④国内外大型赛事对举办城市提升形象、解决就业、增强本地民众凝聚力、改善城市软环境的作用，这一指标是一种综合的经验判断。

⑤是否有中国运动员去国际体育组织任职。文化体育是一种软实力的象征，中国优秀运动员去国际体育组织任职可以在更多的国际舞台展现中国形象。

⑥标准体育场地综合利用率增长率。标准体育场地包括体育馆、体育场、游泳馆、跳水馆、室内游泳池、室外游泳池、有固定看台灯光球场、综合馆（房），各类体育运动场馆。体育场馆向社会开放并用于体育活动的时间越多，其对体育事业的作用越大。体育场馆利用率=本年度体育活动实际使用时间/本年度计划时间（或可使用时间）×100%。

⑦本年度国际大赛中国体育代表团名次排序比去年提高（或降低）位数。这个指标主要对本年度的国家大赛中国代表团的总体成绩进行排名，主要按金牌总数进行排名，这个能集中反映出竞技比赛的成就。

（3）生态效益指标。

①体育场馆建设及设备购置的环保节能程度。这个指标能部分反映场馆的生态建设效果，主要依据提供的场馆建设设备材料的环保节能程度来进行定性判断。

②体育用品生产是否绿色环保。这一指标主要对体育产业产品生产是否体现绿色、节能、低碳环保进行考察，是一种定性判断。

（4）满意度。

①对着不同的对象样本进行随机抽样，按照"高、中、低"三个答案计算平均满意度程度得分 x，满意度为"高"的得3分，为"中"的得2分，为"低"的得1分，如果平均满意度得分接近于3（取值范围为$2.5 \leqslant x \leqslant 3$）则为高度满意，接近于2（取值范围为$1.5 \leqslant x \leqslant 2$）则为中度满意，接近于1（取值范围为$0.5 \leqslant x \leqslant 1$）则为低度满意。

②社会大众满意度。针对所有社会公众进行随机抽样调查，按照"高、中、低"三个答案计算平均满意度程度得分为 x，根据上面的标准进行满意度判断。

③运动员满意度。针对所有运动员进行随机抽样调查，按照"高、中、低"三个答案计算平均满意度程度得分为 x，根据上面的标准进行满意度判断。

④教练满意度。针对所有教练进行随机抽样调查，按照"高、中、低"三个答案计算平均满意度程度得分为 x，根据上面的标准进行满意度判断。

⑤重要赛事举办地的民众满意度。针对举办赛事城市的民众进行随机抽样调查，按照"高、中、低"三个答案计算平均满意度程度得分为 x，根据上面的标准进行满意度判断。

第十章
财政支出政策绩效评价指标体系[①]

近年来,随着财政支出绩效评价工作日益深入,绩效评价工作重点逐渐由原来的一般项目支出评价向部门整体支出评价和支出政策评价转移,尤其是支出政策评价,是当前实践和研究的热点。2015 年,北京市财政局以"北京市平原造林工程财政支出政策绩效评价"为切入点,探索财政支出政策绩效评价思路和方法。在世界银行的支持下,财政部预算评审中心于 2015 年 6 月启动了对财政支出政策绩效评价框架体系的研究。2015 年 12 月 15 日,世界银行"中国经济改革促进与能力增强"项目(TCC6)"中国财政政策绩效评价框架研究"子项目启动,该项目由财政部预算评审中心承担,中国财政科学研究院、中央财经大学和北京师范大学作为咨询机构,旨在构建财政支出政策绩效评价体系,研究财政支出政策绩效评价操作指南,建立适应财政支出绩效评价需要的工作体系,加强和推进财政政策绩效评价的结果运用,提升评价主体的评价能力。目前已经初步完成《中国财政支出政策绩效评价框架体系》和《财政支出政策绩效评价操作指南》,为财政支出政策绩效评价提供"量尺"。此外,已经完成了农机购置补贴政策和储备肉、储备糖等政策评价试点工作。北京、上海等城市也积极探索,初步形成覆盖重点项目支出、部门整体支出、转移支付支出、财政支出政策等全方位的绩

---

① 财政部、世界银行:"中国财政支出政策绩效评价框架体系研究"。课题组组长:王泽彩;成员:韩晓明、石英华、程瑜、王敏、王志刚、李全、梁强、钟玮、于贞利、费之光。报告完成日期:2017 年 10 月。

效评价体系。北京、绍兴、南京等城市也开始试行公共支出政策绩效评价工作，在已经开始的试点中，政府探索新的评价方法和评价维度，发现并改正政策绩效评价中存在的问题。2016年上半年，财政部预算评审中心也选择部分支出政策进行了绩效评价。2016年由财政部预算评审中心承担的"中国财政支出政策绩效评价框架体系研究"项目在北京举行了启动会。政策评价在评价思路、评价方法、评价指标上都明显不同于以往项目支出评价，在财政预算绩效管理改革逐步步入"深水区"后，开展财政支出政策绩效评价有重要意义。

第一节 中国财政支出政策绩效评价分析

一、财政支出政策绩效评价的进展

预算支出绩效管理是以预算支出为对象，以预算支出的性质、范围、投入、产出、效果等为主要内容，以提高预算支出的经济性、效率性、效益性、公平性为目的所开展的绩效管理活动。

按预算支出的范围，可分为基本支出预算绩效管理、项目支出绩效管理和部门整体支出预算绩效管理、财政预算绩效管理。基本支出绩效管理是以部门基本支出为对象，以基本支出对部门的保障程度为主要内容，以确保部门正常运转和完成日常工作任务为目的所开展的绩效管理活动。基本支出绩效管理既可单独开展，又可作为部门整体支出绩效管理的一部分综合考虑。项目支出绩效管理是以项目支出为对象，以项目实施所带来的产出和效果为主要内容，以促进预算单位完成特定工作任务或事业发展目标为目的所开展的绩效管理活动。项目支出绩效管理，尤其要以各级党委政府关心、社会广泛关注、与部门履职密切相关的重大和重点项目作为重点。部门整体支出是指财政部门批复的部门预算中所包括的全部支出，既包括基本支出，也包括项目支出；既包括财政资金，也包括自有收入等。部门整体支出绩效管理是以部门预算资金为对象，以部门所有支出所达到的产出和效果为主要内容，以促进部门高效履职为目的所开展的绩效管理活动。财政预算绩效管理是以一级政府财政预算（包括收入和支出）为对象，以政府财政预算在一定时期内所达到的总体产出和效果为内容，以促进政府透明、责任、高效履职为目的所开展的绩效管理活动。

据财政部统计，2014年中央部门"二上"纳入绩效目标管理的项目支出金额2080多亿元，比2013年增长近56%，并已覆盖所有新增项目支出；确定的绩效评价试点项目涉及资金1020多亿元，比2013年增长近29%。从地方看，纳入2014年绩效目标管理的项目支出约3.01万亿元，比2013年增长近125%；纳入绩效监控的项目资金约1.98万亿元，比2013年增长近147%；绩效评价范围已从省本级逐步扩大到市、县层面，开展绩效评价的资金约2.18万亿元，比2013年增长近61%。截至2016年年底，财政部首次实现中央部门项目支出绩效目标管理全覆盖，中央本级2024个一级项目和中央对地方93个专项转移支付项目绩效目标及指标进行了逐一审核，初步建立了比较规范的绩效指标体系。2016年，从2015年度项目支出中筛选25项重大民生政策和重点专项支出，开展重点绩效评价，基本涵盖教育、社保、农林水等重点民生领域，涉及资金3000多亿元。2016年，首次向全国人大常委会报送绩效评价报告，推动和组织69个部门向社会公开绩效工作开展情况，24个部门公开项目绩效评价报告。

目前在传统项目支出绩效管理的基础上，地方财政绩效管理改革有了新的进展：一是推进部门整体支出绩效管理试点，共有25个省（区、市）开展了省级预算部门整体绩效目标申报试点，有19个省（区、市）开展了部门整体绩效评价试点；二是开展财政政策绩效评估探索，共有13个省（区、市）开展了财政政策绩效评价试点，如浙江省以"涉及水稻生产过程的各类财政补贴"为切入点，研究公共支出在涉农补贴方面的政策绩效，提出改进和完善政策的建议；三是实施财政管理绩效综合评价工作，财政部开展了县级财政支出管理绩效综合评价、省级财政管理绩效综合评价试点，共有23个省（区、市）对下开展了财政管理绩效综合评价。

二、财政支出政策绩效评价存在的问题

（一）财政绩效管理法律体系缺失

法律是制度的最高形式，财政支出政策绩效评价工作面临的一个突出问题就是现有的预算绩效管制法律制度缺失。一些发达国家，例如美国除了有《预算与

会计法案》《国会预算法案》外，还有专门的《联邦政府绩效和结果法案》，而且经历过多次反复博弈。在1993年进行新预算改革之前，经历过两次绩效预算改革的试验，但均以失败告终。分析其中的缘由，可以发现这两次绩效预算改革都忽视了立法部门的参与。1993年美国绩效预算改革则吸取教训，出台了《联邦政府绩效和结果法案》，为当代联邦绩效评估建立了永久性的法律框架，为政府部门和国会提供了连续使用的可能性。

目前我国有关绩效预算的政策法律规定，主要体现在由财政部制定的《财政支出绩效评价管理暂行办法》等部门规章和地方政府及其财政部门制定的地方政府规章或规范性法律文件之中，权威性不足，法律的效力位阶偏低，而《预算法》作为调整预算关系、规范预算行为的基本法律，由于受立法背景和经济社会条件等诸多因素的影响，未就绩效预算作专门的制度预设和安排，难以有效指导与规范我国正在进行的绩效预算的改革与实践。对绩效管理立法需要明确评价主体、评价对象、评价机构、评价事权划分、评价方法、评价程序、人大绩效审查、全过程的绩效管理流程等诸多方面做出规定，让财政部门成为组织者和监督者而非具体评价者，让部门成为评价主体，评价的结果必须接受社会公众监督，可以让各级政府承担评价职责，发挥第三方独立、专业评价优势。预算绩效管理立法将会对现有的预算法做出更有效的补充，对于提高财政资金使用效益，改进政府职能具有重要意义。

（二）支出政策绩效评价知识储备不足

绩效评价知识储备不足表现在评价能力弱化，评价能力弱的一个最主要原因是支出政策绩效评价知识储备严重不足，主要表现在以下两个方面：一是对财政支出政策评价的概念不清，导致一些评价本身从一开始就是无效的。支出政策评价围绕财政支出政策的决策、执行、效果来进行，重点是政策制定及开展的合规性、合理性以及有效性可持续性等。支出政策评价可以包括不同的项目和部门，例如支农政策就会涉及众多部门和项目。与项目和部门评价相比，政策评估面临的不确定性最多，因为政策活动牵涉面广、参与者多，既有预期的影响，又有非预期的影响，有显性的，也有隐性的。二是支出政策绩效评价的工具不完备。目前而言，项目绩效评价的方法相对完备，包括成本—效益分析法、最低成本法、因素分析法、历史动态比较法、公众评判法、费用—职能比较法、目标评价法、综合比较法，在实际运用过程中需要根据不同的评价目标而对其进行选择性采用，不同方法之间也必然存在交叉使用的问题，没有哪一种方法是全能的，只有明确目标和先进的方法结合起来才能得出准确的结论。就支出政策而言，这些方法有借鉴意义，但是也不完全相同，支出政策评价相对综合，不能从一个角度来看待，要综合分析政策效率性、政策公平性以及政策可持续性，现有的评价方法中有两大类：一大类是统计评价，主要运用在项目评价中；另一大类是计量经济学评价，包括宏观计量、微观计量，国外的政策评价中有广泛的运用。这些专业的方法在政府部门比较难以做到，需要借助专业的第三方力量。

（三）支出政策结果评价的约束力不强

支出政策评价不能为评价而评价，评价的结果必需要好好运用起来，这就要体现在评价结果的约束力上，才能让部门要真正重视绩效评价，这就要重视评价结果的运用。政策评价结果的运用效果直接影响评价结果的约束力，一些地方进行了有意义的探索，例如上海闵行区，绩效评价结果纳入政府的行政绩效考核体系中去，而且和下年度的预算挂钩，这就增强了绩效评价的约束力。但是大多数地方的绩效评价更多的是一种日常工作，限于人员和机构力量，要做好都不是很容易，更别说拿来用于约束部门的预算或施政行为，这也是下一步改革需要着重解决的方面。

（四）支出政策绩效评价指标体系不够完善

目前，财政支出政策绩效评价指标体系是不完全的，尚未建立起完善的支出政策评价指标体系。主要体现在四个方面：一是支出政策绩效目标难以量化明确。财政支出政策目标往往是多元的，而且难以准确度量，政府被赋予太多的公共目标（经济的、政治的、环境的、社会的、文化的等），且其中多数目标都很难衡量。政策目标不容易量化的一个直接后果就是绩效目标不易确定，绩效目标无法确定则难以制订相应的绩效指标，也就无法进行绩效评价指标的设计。二是绩效评价标准难以确定。支出政策绩效评价要围绕绩效目标和绩效指标进行，其中一个核心的工作是绩效标准的确立，这些标准的确立并非易事，例如新能源汽车补贴政策，补贴到何种程度是最优的？补贴多了会扭曲资源配置效率，带来福利损失，补贴太少又不利于新兴产业的发展，这中间就有一个度的确定。三是短期和长期的结合难。一些支出政策短期没有效益，甚至只是成本，但是如果看长期则会带来收益，例如环境支出政策，短期内见效难，但是持续进行则会带来生态的显著改进。四是支出政策的社会效益评价指标难以准确量化。财政支出很多是公益性支出，一些支出的经济效益并不是很高，但是社会效益不小，而社会效益则难以准确量化，例如教育支出政策对国民文化素质的提升，这给政策评价工作带来很大挑战。

（五）预算绩效管理信息系统尚未建立

在当今的大数据时代，谁掌握了数据，谁就拥有了强大的数据分析基础平台，就可以做到实时、全方位的监督管理。就目前财政支出政策绩效评价而言，一个完整的预算绩效管理信息系统尚未建立，没有一个容纳所有相关政策领域的基础数据库、项目或部门支出绩效评价指标库、中介信息库、评价专家库等在内的网络平台，这个平台可以将全国绩效评价资源进行信息共享，而且可以实现跨区域的专家、中介机构筛选，让政策评价更加公平公正。在此基础上可以开发出专门的绩效评价软件，信息技术可以让绩效目标可以更加紧密地融入预算编制、执行、监督等各个业务环节，到目前为止尚未看到有一个成熟的预算绩效管理信息系统，这制约了政策绩效评价的效果。

（六）地方支出政策绩效评价面临诸多困境

和中央相比，地方支出政策绩效评价面临着更加严峻的现实难题，主要表现在以下几个方面：一是地方对中央决策的支出政策评估困难。中国是单一制国家，中央在支出政策制定中具有一定的优先权，地方在许多支出政策上更多的是执行，权力不对称使得地方在面临一些支出政策绩效评价时面临尴尬的局面，无法对此做出客观、公正的评价。二是支出政策涉及部门众多，导致政策碎片化。支出政策往往不是一个部门单独的政策，很多时候都会涉及众多部门，由于事权划分和职能交叉，导致难以对支出政策的具体责任者进行有效评估，例如惠农政策就会涉及农业、水利、教育、卫生等等诸多方面，如果难以进行综合评价，支出政策评价就失去了意义，如果进行具体的项目评价又难以全面反映政府政策，这中间存在两难困境。三是地方财政部门难以独自承担评价责任。财政部门应该是支出政策评价的组织者和监督者，而不是具体的评价者，评价需要专业部门来完成，而且要以部门为主体，以此来增强部门的履职责任和效率意识。在一些地方，业务部门的行政级别甚至高于财政部门,这就加剧了评价的困难。

第二节 财政支出政策绩效评价指标体系构建

财政支出政策绩效评价指标是指衡量财政支出政策绩效目标实现程度的考核工具,是反映政策实施必要性、可行性、过程监控、预算执行总体效果的具体量值,具有衡量、监测和评价政策实现程度与预算管理经济性、效率性和有效性并揭示政策实施和预算管理中存在问题的效力。财政支出政策绩效评价指标体系是根据政策绩效管理评价工作的要求,按照一定的原则,为体现不同政策和预算支出内容及反映评价对象绩效而形成的一系列指标的集合。

一、财政支出政策绩效评价指标体系的基本框架

(一)指导思想

财政支出政策绩效评价指标体系设计的指导思想是以国家法律法规、国民经济和社会发展总体规划、国家行业规划等要求为依据,充分考虑政策实施行业或部门事业发展与经济、社会协调发展的关系,以及政策实施行业或部门内部协调及基本支出和项目支出的发展水平,主要是围绕政策战略目标、职能实现程度实施综合评价。财政支出政策绩效评价指标体系设计内容包括:政策绩效目标的设定情况;政策资金投入和使用情况(为完成绩效目标安排的预算资金使用情况、支出的合法合规性、财务管理状况和资产配置与使用情况);为实现政策绩效目标制定的制度、采取的措施等;政策绩效目标的实现程度及效果(绩效目标的完成情况以及财政支出所取得的经济效益、社会效益和生态环境效益等);政策绩效评价的其他内容。

第一,根据评价内容和设置要求以及指标的适用范围,可分为共性指标和个性指标。共性指标是适用于所有行业、部门出台的政策和评价对象的指标。共性指标一般主要由财政部门确定。涉及政策实施必要性和可行性、预算的编制和执

行情况、财务管理状况、资产的配置、使用、处置等。概言之，共性指标是确保各项支出政策实施行业或部门和各级预算单位以绩效为中心编制和执行预算的前置性控制条件，具有普适性。个性指标是针对政策实施的行业或部门特点确定的，适用于不同行业或部门的指标。个性指标由财政部门会同政策实施部门（单位）根据被评价对象的绩效目标制定。

第二，按指标能否量化，可分为定量指标和定性指标。定量指标是指直接可以通过数据计算分析评价内容，以数量反映评价结果的指标。定性指标指难以直接通过数据计算分析评价内容和反映评价对象，需对评价对象进行客观描述和分析来反映评价结果的指标。定量指标和定性指标包含在共性指标和个性指标中，是共性指标和个性指标能否量化的表现形式。在此，我们的指标体系设计以共性指标为主。

第三，按照政策绩效评价管理流程，可将政策绩效评价指标体系分为事前绩效指标体系、事中绩效指标体系、事后绩效指标体系。

（二）基本原则

1. 目标关联性原则。财政支出政策绩效评价指标设计应当与政策实施行业或部门的绩效目标有直接的联系，能够恰当反映绩效目标的实现程度，能够全面、系统地反映评价对象的特点，并且各个指标之间能够相互衔接，能综合反映政策实施行业或部门绩效构成要素之间的关系、内在联系和规律性，指标体系要有统一性，对同一指标应采用统一的标准评价。

2. 可比性原则。财政支出政策绩效评价指标在同一层次上应该相互独立，不仅体现政策实施行业或部门的共性，在本质一致的条件下，对同类评价对象设定的绩效评价指标，能够在不同时间、不同地区、不同行业、不同部门之间均具有可比性。

3. 客观性原则。财政支出政策绩效评价指标中选取的指标数据应该有合法、准确的来源，能够真实反映政策实施行业或部门评价对象的实际情况。

4. 实用性原则。财政支出政策绩效评价指标选择应注重科学性与实用性相结合，既准确反映政策实施行业或部门的绩效内涵，又考虑指标的现实可行性及应用成本；注重全面性与简明性相结合，既充分反映政策实施行业或部门财政支出的各种绩效，又突出关键绩效。

5. 管理效能原则。管理效能是政策实施行业或部门在实现政策目标所显示的政策实施能力和所获得的政策管理效率。财政支出政策绩效评价指标设计应当充分反映政策实施行业或部门的管理效能。

6. 动态性、可扩充性原则。政策实施行业或部门绩效评价指标的确定不仅受其行业或部门管理及事业自身发展规律限制，还要随着外部经济、政治、文化、民众需求等诸多因素的变化而变化。因此，政策绩效评价指标体系是动态的、可扩充的，财政部门和政策实施行业或部门可根据绩效评价工作的开展情况，不断完善各级指标。

二、政策绩效事前评价指标体系的构建

（一）政策绩效事前评价的核心问题分析

财政支出政策绩效事前评价是依据国家法律法规、国民经济和社会发展总体规划、国家行业规划或部门战略规划、事业发展规划等内容，按照一定的评价标准和程序，运用科学、合理的评价方法，对财政支出政策实施的必要性、可行性、政策绩效目标设置的科学性、财政支持的方式、支出政策预算的合理性等方面进行客观、公正的评价。其核心内容有四个：一是政策实施是否必要；二是政策绩效目标是否科学、明确、可行；三是财政支持范围及方式（财政资金投入的预算决策）是否合理、恰当；四是政策效益是否能够满足社会绝大多数人的公共利益。

1. 政策绩效事前评价目的。

一是帮助决策者做出合理的资源配置决定，提高决策水平。通过财政支出政策绩效评价，提供有效的支出绩效方面的重要信息，帮助政府决策者有效地规避投资风险及短期行为，决定资源配置（预算拨款）是否应该维持在现有水平，或是应该被增加、减少或停止；帮助进行多个竞争性方案的决策及设立优先顺序等，从而促进资源的有效配置。

二是提供更为全面的信息以帮助管理者改进支出管理。财政支出政策绩效评价可以起到对财政支出事前监督的预防作用，有利于正确引导和规范财政资金监督与预算约束作用，提升财政管理水平。

三是增强政府部门的责任感，为其改革和创新提供支持。财政支出政策绩效评价，既是深化行政体制改革的重要举措，也是建设高效、责任、透明政府的实

际行动，它强调财政支出政策为民服务的理念，要求政府部门不断转变职能、提高效率、改进公共服务的质量和水平，用尽量少的资金，办尽量多的实事，使政府行为更加务实、高效，提高公众对政府的信任度，赢得公众支持，增强政府部门分配和使用公共资金的责任感。

2. 政策绩效事前评价的重点。

一是政策实施的必要性。主要评价政策设立依据是否充分，政策内容与国家宏观政策、行业政策、主管部门职能和规划及重点工作是否相关；政策设立依据的宏观政策是否具有可持续性，政策所在行业环境是否具有可持续性；政策是否具有现实需求、需求是否迫切，是否有可替代性，是否有确定的服务对象或受益对象；是否有明显的经济、社会、环境或可持续性效益，政策预期效益的可实现程度如何。

二是政策实施的可行性。主要评价政策实施机构是否健全，职责分工是否明确，组织管理机构是否能够可持续运转；政策内容是否明确具体，是否与绩效目标相匹配；政策方案是否完整、先进、可行，与政策有关的基础设施条件是否能够得以有效保障；政策实施单位的各项业务和财务管理制度是否健全，技术规程、标准是否完善，是否得到有效执行，是否有相应的保障措施。

三是政策绩效目标的合理性。主要评价政策是否有明确的绩效目标，绩效目标是否与政策实施部门的长期规划目标、年度工作目标相一致，政策产出和效果是否相关联，受益群体的定位是否准确，绩效目标与政策要解决的问题是否匹配，是否具有一定的前瞻性和挑战性；绩效指标设置是否与政策高度相关，是否细化、量化。

四是财政支持范围、方式（预算资金投入的合理性）。主要评价政策是否具有公共性，是否属于公共财政支持范围；政策实施单位是否有类似政策得到财政资金重复支持；政策资金来源渠道是否明确，各渠道资金到位时间、条件是否能够落实；财政资金支持方式是否科学合理；预算是否与绩效目标、项目内容相匹配，预算编制是否符合相关规定，编制依据是否充分，投入产出比是否合理。

（二）政策绩效事前评价指标的分类及依据

依据财政支出政策事前绩效评价的特征，我们将其评价指标分为政策决策、政策落实、政策绩效三类。其中，政策决策又分为目标设定、决策过程、政策设立、政策分解、预算决策（资金分配）五个二级指标；政策落实又可分为规划落实、过程控制、管理制度三个二级指标；政策绩效又可分为产出和效果两个二级指标。每一项二值指标下再设立若干三级指标和四级指标（见表10-1）。

（三）分级指标及权重的确定

本研究的基本定位是建立具有普遍适用性的财政支出政策事前绩效评价指标体系，因此指标的分类应当具有广泛适用性。基于此，本研究所设定的指标体系分类都属于财政支出政策绩效评价的共性指标，设定原则本着相关性、适用性、易用性和可操作性进行。

在确定权重时，主要参考项目绩效评价、部门整体绩效评价的经验数据和各级政策绩效评价指标应当占有的合理比重，同时也注意突出政策设立的必要性、可行性、公平性、普惠性和预算管理等方面的需要（见表10-1）。当然，权重的确定是一个与实际需求不断磨合、逐步适应的过程，在评价指标体系的具体使用过程中，还应当根据政策的实际情况进行指标调整和权重调整。

（四）评价结果的确定

事前评价的结果可分为"予以支持""调整完善后予以支持""部分支持""不予支持"四种。事前评价结果须在充分论证的基础上得出。其中，如果得到的结论是前两种，即"予以支持""调整完善后予以支持"，则政策事前绩效评价也需对预算合理性进行评价，但是这里预算合理性主要是指预算编报是否有据可依。如果得出的结论是"部分支持"，则需在结论中明确支持和不支持的具体内容，以便财政部门安排预算使用。总之，财政支出政策绩效事前评价主要评价财政支出政策实施的必要性和可行性等，主要解决"支持与否"或"能否实施"的问题。

表10-1 财政支出政策事前绩效评价指标体系

一级指标	二级指标	三级指标	指标解释	指标评价要点说明	权重(%)
政策决策	目标设定	目标依据充分性	政策绩效目标设立的依据是否充分	①是否依据国家法律法规、国民经济和社会发展总体规划、国家行业规划 ②是否符合政策实施主管部门"三定"方案确定的职责 ③是否符合政策实施主管部门制定的中长期实施规划	5
		绩效目标可行性	政策绩效目标设立是否符合客观实际、合理可实现	①是否能够满足现实需求 ②是否可实现、可完成	3
		绩效指标明确性	依据绩效目标所设定绩效指标是否清晰、细化、可衡量	①是否将政策绩效目标细化分解为具体的工作任务 ②是否通过清晰、可衡量的指标予以体现	3
	决策过程	决策依据的充分性	决策依据的充分性	①决策依据的充分性,如是否经过充分调研、专家咨询或公众听证等 ②决策风险的可控性	5
		决策程序明确性、规范性	决策程序的明确性、规范性	①决策流程的明确性、规范性 ②决策责任的可追溯性	5
	政策设立	政策设立的必要性	政策设立的必要性	①政策设立是否必要 ②政策设立是否符合社会公众的公共利益	10

续表

一级指标	二级指标	三级指标	指标解释	指标评价要点说明	权重（%）
政策落实	政策分解	政策分解任务的系统性	政策分解任务的系统性	①政策分解任务目标是否与政策总目标相一致 ②政策分解任务目标是否具有科学的方案设计，并与现实情况相适用	3
	预算决策（资金分配）	分配依据	预算编制、分配依据是否充分	资金分配的政策依据、测算依据、定额标准	5
		预算分配公平性	资金分配是否公平合理	①政策资金在各分解任务之间分配是否公平合理 ②政策资金分配层次是否充分考虑地域条件、经济条件等因素	5
		预算分配结果	与绩效目标的一致性，分配结果是否充分	①资金分配是否与政策绩效目标内容相一致 ②分配结果是否合理	5
	规划落实	规划落实科学性	规划落实科学性	①政策层层是否具有完备的制度、组织和资金保障 ②政策分解任务层层是否具备完善的制度、组织和资金保障	5
	过程控制	过程控制的计划性	过程控制的计划性	①政策分解任务是否订立明确的计划进度安排，并且能够在各时间节点及时完成 ②政策分解任务实施方案考虑因素是否全面，是否具有相关专业机构认定或说明	5
	管理制度	管理制度健全性	为加强预算绩效管理，规范财务行为而制定的管理制度是否健全完整	①预算资金管理办法、绩效跟踪管理办法、资金管理办法等各项制度是否健全 ②政策实施主管部门内部财务管理制度是否完整、合规 ③政策实施主管部门会计核算制度是否完整、合规	5

续表

一级指标	二级指标	三级指标	指标解释	指标评价要点说明	权重(%)
政策绩效	产出	预期绩效的产出数量	预期政策产出数量的绩效目标	预期政策产出数量是否能够完成绩效目标	5
		预期绩效的产出质量	预期政策产出质量提升及标准达成	预期政策产出质量是否能够完成绩效目标	3
	效果	预期绩效的经济效益	预期政策实施部门的职能体现	①是否制定年度工作计划,并完成 ②是否体现政策主管部门的职能履行	3
			政策实施预期对经济发展带来的促进作用	是否对经济发展带来的直接或间接影响	5
		预期绩效的社会效益	政策实施预期对社会发展的影响	是否对社会发展带来的直接或间接影响	5
		预期绩效的可持续影响	预期绩效目标的实现是否对行业发展的具有可持续性	①政策实施是否能够对政策实施主管部门履职、行业体系建设产生持续影响 ②政策实施是否有充足的人员、资金、技术等内部条件保障后期运维	5
		政策效益普惠性	预期政策实施是否满足社会绝大多数人的利益	①预期政策实施是否能够满足社会绝大多数人的公共利益 ②无差异性评价重点评价受益群体所享受到的效益是否存在明显差异 ③非排他性政策重点评价是否损害其特定群体或将其排除在受益范围之外	10

三、财政支出政策绩效事中评价指标体系的构建

(一)财政支出政策绩效事中评价的核心问题分析

财政支出政策绩效事中评价是对执行过程中的财政支出政策实施情况的评价,具体包含对财政支出政策实施过程和财政支出政策目标的阶段性成果进行的评价。其核心内容有三:一是政策在实施过程中是否合规;二是政策执行中是否存在有偏差;三是政策是否达到了预期的阶段性目标。

(二)财政支出政策绩效事中评价指标的分类

财政支出政策绩效事中评价是在政策实施过程中的执行评估。虽然此时的政策执行还未结束,但政策推行的效果、效率、效益已经表现出来,特别是政策方案中存在的缺陷、政策资源配置中的问题、政策环境中某些条件的改变等,已经暴露出来,通过这种评价可以用来对正在执行中的政策进行调整,但由于财政支出政策绩效事中评价只是对政策执行过程中的一定过程所做的评定,所以它带有过渡的、暂时的性质。依据财政支出政策绩效事中评价过渡的、暂时的性质,财政支出政策绩效事中评价指标分为政策执行保障性、政策执行过程控制有效性和政策阶段性目标达成性三大类(见表10-2)。

(三)财政支出政策绩效事中评价指标权重的确定

财政支出政策事中绩效评价的指标体系是进行财政支出政策事中评价的基础,它是一个多层次多维度分项指标的集合,各项指标在政策实际执行中的重要程度并不完全一样,应当依据每类指标在执行中的作用设定科学合理的权重,以保证政策绩效事中评价的客观性和可行性。权重的确定具有多种不同的计算方法,值得一提的是专家排序打分法,它兼顾科学和简便两方面,比较适合财政支出政策绩效事中评价指标权重的设定。其具体做法是,邀请若干专家,让他们根据自己的理解和判断,对各项实际指标从重要到次要进行排序打分,最重要的指标打10

第十章 财政支出政策绩效评价指标体系

表10-2　财政支出政策绩效事中评价指标体系

一级指标	二级指标	三级指标	指标解释	指标评价要点说明	权重(%)
政策执行保障性	制度建设保障性	管理制度健全度	管理制度是否健全	①管理制度是否健全 ②管理制度是否规范	7
		管理制度可操作性	管理制度是否可操作	①管理制度的内容是否明确具体 ②管理制度是否便于操作	6
	机构人员保障性	组织机构完备性	组织机构是否完备	①是否专门组织机构或部门负责政策执行 ②相关机构职责分工是否明确、清晰	6
		人员配备合理性	人员配备合理与否	①从事专门管理人员的规模是否适度 ②人员分工是否合理，责权是否明确 ③执行人员间是否能有效的沟通与协调 ④执行人员是否具有敬业精神、责任心和相应的组织能力	4
	运行机制保障性	工作机制健全度	工作机制健全与否	①政策实施的具体方案（如进度安排、质量标准要求、保障措施等）是否科学合理并具有操作的可行性 ②政策实施中是否有完善的工作流程、验收程序等工作程序	4
		监管机制合理性	监管机制合理与否	①政策监督机制的设置是否科学，合理 ②政策监督是否得以合法，合规地有序执行	3
		宣传机制完备度	宣传机制完备与否	①政策宣传的渠道是否畅通，政策宣传力度是否很高 ②政策宣传作用对象的费的配合度是否很高	2
		应急机制有效性	应急机制有效与否	①突发事件的应急预案是否科学，合理 ②应急措施是否可行、有效	3

续表

一级指标	二级指标	三级指标	指标解释	指标评价要点说明	权重(%)
	政策实施时间控制性	整体实施时间分配合理性	时间分配是否合理	政策实施中整体时间分配是否合理	3
		实施时间节点分解清晰度	时间节点分解是否清晰	政策实施中时间节点分解是否清晰、明了	2
		实施时间完成率	期内完成情况	①整体时间安排计划是否按时完成 ②各时间节点的政策目标是否按时完成	3
	政策实施程序控制性	实施程序规范性	程序规范与否	①政策实施各阶段的管理流程划分是否科学、规范 ②每一环节是否有规范严格的操作审批程序	5
		实施程序履行度	程序履行情况	政策是否按照各阶段规定流程实施和执行	5
过程控制有效性		预算管理规范性	预算管理规范与否	①预算编制及审批程序是否细化、明晰 ②政策实施预算是否复审 ③实际执行与预算内容是否一致	3
	政策实施资金控制性	资金到位率	资金到位情况	①财政资金使用进度是否符合实际及合同约定 ②资金支付与预算制度是否一致，并且无专项资金挤占现象	2
		财务管理健全度	财务管理健全程度	①财务管理制度是否健全，是否有序、有效 ②财务管理制度执行是否规范 ③会计信息是否完整，核算是否规范、账务处理是否及时、依据是否充分	3
		受绩效监控资金规模比重	监控资金规模合理性	纳入绩效监控的财政资金的规模及其比重是否适度	2
	政策实施质量控制性	质量监控计划合理性	监控资金计划合理性	在制定政策质量监控实施方案时所考虑因素是否全面 政策质量监控实施方案是否合理、可行	6
		质量监控措施完善度	质量监控措施完善程度	①是否有政策运行跟踪监控措施 ②政策运行跟踪监控措施是否完善	2
		受绩效监控政策覆盖面	监控政策覆盖程度	纳入绩效监控的政策数量有多少	2

续表

一级指标	二级指标	三级指标	指标解释	指标评价要点说明	权重(%)
	政策阶段目标时间达成性	整体工作完成率	工作完成情况	政策各分解任务是否及时完成	8
		每个时间节点完成率	时间节点上任务完成情况	每一政策阶段的目标任务是否及时完成	7
阶段性目标达成性	政策阶段目标产出达成性	产出数量完成率	产出数量情况	政策分解的阶段性数量任务是否按时完成	6
		产出质量完成率	产出数量情况	政策分解的阶段性质量目标是否完成	6

分，次重要的指标打 9 分，以此类推，排在最后的一项指标打 1 分，随即得出每位专家对各项实际指标的打分总和为相同的常数，之后再将各项具体指标的得分分别求和并分别除以上述打分总和与专家人数的乘积，得到各项实际指标的权重。当然，指标权重的设定还应当由考核单位和被考核单位共同参与制定。

（四）财政支出政策绩效事中评价标准的确定

财政支出政策绩效事中评价标准是指衡量财政支出政策事中绩效目标完成程度的尺度。科学、准确的评价标准，是评价体系的重要组成部分，评价标准的正确取值，关系到最终评价结果的高低、优劣，在整个绩效评价体系中举足轻重。鉴于财政支出政策绩效事中评价的广泛性和复杂性，其评价标准可选取定量标准（即标准值）和定性标准（即评语）相结合的形式，而且在定量标准和定性标准的选用上应当侧重于计划标准（即以预先制定的目标、计划、预算、定额等数据作为评价的标准）、依靠专家的经验判断以及开展问卷调查等方式。

四、政策绩效事后评价指标体系的构建

（一）政策绩效事后评价的核心问题分析

财政支出政策绩效事后评价是对财政支出政策全过程、最终目标完成情况及执行效果进行的评价，是对财政支出政策的终极评价。从评价内容方面看，财政支出政策绩效事后评价沿袭了事前、事中评价的主线和核心内容，但涵盖的范围大于事前、事中评价，是事前、事中评价的综合和升华。从评价目标看，财政支出政策绩效事后评价具有承前启后的作用：一方面，要对具体财政支出政策的执行进行绩效评价，对政策本身所带来的目标满足程度和政策执行效果进行认定、评判，反映出积极的作用，也反映出存在的不足和问题；另一方面，要对其后类似政策的决策提供依据，以便于后续类似政策能够更好地发挥作用。基于此，我们认为，财政支出政策绩效事后评价的核心内容包括以下四个方面：一是政策执行结果与政策目标的匹配情况如何；二是政策执行过程是否科学合理；三是政策效果所涵盖的具体效果、效率、效益的实现情况如何；四是政策在执行过程中及执行完

毕后存在的经验及不足的情况，对后续类似政策的持续性影响及参照程度如何。

（二）政策绩效事后评价指标的分类及依据

根据财政支出政策绩效事后评价的核心内容，我们将财政支出政策绩效事后评价指标分为五类，即政策目标相关性、政策执行效率性、政策执行效益性、政策公平性和政策示范性（见表10-3）。

政策目标相关性评价政策本身所带来的目标满足程度，是对政策有用性的评价，也是对政策决策科学性的评价。政策执行效率性评价政策执行过程是否科学合理，是对财政管理效率和财政资金管理科学性的评价。政策执行效益性评价政策效果所涵盖的具体范围、产出目标实现情况、与政策目标的关联性以及社会各方的满意度，是对政策执行效果的评价。政策公平性评价资金分配的关系和政策的普适性，是对公共服务的公共性、无差异性、非排他性等方面的综合考量。政策示范性评价政策的未来适用性，从积极方面、存在问题等方面进行评价，是对政策执行效果的综合评价，对后续类似政策的持续性影响以及未来类似政策的决策具有重要参考价值。

（三）分级指标及权重的确定

本研究的基本定位是建立具有普遍适用性的财政支出政策事后绩效评价指标体系，因此指标的分类应当具有广泛适用性。基于此，本研究所设定的指标体系分类都属于共性指标，共分为三个层次，即一级指标、二级指标和三级指标。其中，一级指标依据前文确定，二级指标依据一级指标的内容和要求确定，三级指标是对二级指标的进一步细化。在确定各级共性指标时，依据的基本原则是适用性、针对性、简单性、易用性和可操作性。

在确定权重时，主要考虑各部分指标应当占有的合理比重，同时也要突出政策执行、财政管理等方面的需要。当然，权重的确定是一个与实际需求不断磨合、逐步适应的过程，在评价指标体系的具体使用过程中，还应当根据政策的实际情况进行指标调整和权重调整。

需要说明的是，在进行具体评价时，仅仅三个层次的共性指标是不够的，针对具体政策内容的四级指标（即个性指标）是必要的，因为只有个性指标才能够更为准确地反映政策的实际情况，才能够合理评价政策执行的效果。

表10-3 财政支出政策绩效事后评价指标体系

一级指标	二级指标	三级指标	指标解释	指标评价要点说明	指标权重（%）	指标标准值（%）
政策目标相关性（25%）	政策满足需求程度（6%）	政策目标对应的预期满足需求程度	政策预期可实现需求/预期全部需求	①用以反映和考核政策目标是否能够满足现实需求 ②政策目标满足需求的比例如何	2	100
		政策目标的明确性	政策目标范围/政策规划范围	①反映政策目标是否明确 ②政策目标的涉及范围是否明确 ③政策目标范围是否与政策规划具有一致性	2	100
		政策目标的针对性	政策目标服务主体/政策需求主体	①反映政策目标是否具有针对性 ②政策目标是否与需求主体的需求具有一致性	2	100
	政策任务分解的合理性（4%）	政策任务分解依据的合理性	实际分解依据/预期分解依据	①可从定量、定性两方面进行分析 ②需考虑依据的具体数量、质量等因素	2	80
		政策任务分解结果的合理性	实际分解结果/预期分解结果	①反映政策任务分解结果的合理性 ②预期分解结果、实际分解结果如何 ③可从数量、金额等方面进行分析	2	80
	政策效果实现程度（15%）	政策效果数量指标	政策产出数量	①反映政策效果的具体公共服务数量情况 ②可从政策效果提供的公共产品、公共服务数量方面进行分析	5	预期数量
		政策效果质量指标	政策产出质量	①反映政策效果的质量情况 ②可从政策效果提供的公共产品、公共服务产出质量方面进行分析	5	预期质量
		政策效果与政策目标的关联性	政策实际效果/政策目标预期效果	①反映政策实际效果与目标规划效果的匹配程度 ②政策目标预期效果如何？实际效果如何	5	100

续表

一级指标	二级指标	三级指标	指标解释	指标评价要点说明	指标权重(%)	指标标准值(%)
	政策规划的科学性(6%)	政策规划覆盖面	政策规划覆盖面/预期类似政策的全部覆盖面	①反映政策规划的覆盖程度 ②政策规划覆盖面所占的比例	2	100
		政策规划层级合理性	政策规划层级/预期类似政策覆盖的全部层级	①反映政策规划的覆盖层级 ②政策规划层级所占的比例	2	100
		政策规划与实际需求的符合性	政策规划覆盖的数量/实际需求数量	①反映政策规划覆盖的数量与实际需求之间的匹配程度 ②政策规划覆盖的数量所占的比例	2	100
政策执行效率性(20%)	政策过程控制有效性(7%)	预算控制有效性	预算控制覆盖率	①反映预算管控有效性 ②预算资金使用流程方面是否合法合规 ③预算控制覆盖的范围大小	3	100
		政策实施及调整过程的控制有效性	政策实施控制覆盖率	①反映政策分解任务是否订立明确的计划进度安排，并且能够在各时间节点及时完成 ②业务分解任务的实施是否按照各阶段规定流程执行 ③政策任务调整是否合规	2	95
		相关业务管理控制有效性	业务管理控制覆盖率	①反映业务管理流程控制是否有效 ②业务活动是否合法合规 ③业务管理控制覆盖面是否有效	2	95
	政策执行效率性(7%)	预算控制效率	预算控制及时性、准确性	①反映预算控制过程的效率 ②预算控制是否及时性 ③预算控制是否具有针对性、准确性	3	100

续表

一级指标	二级指标	三级指标	指标解释	指标评价要点说明	指标权重（%）	指标标准值（%）
政策执行（35%）	政策执行的效率性（7%）	政策实施及调整效率	政策实施控制的及时性、准确性	①反映政策实施控制过程的效率 ②政策实施控制是否具有及时性、准确性	2	95
		相关业务事项管理效率	业务管理控制的及时性、准确性	①反映业务管理控制过程的效率 ②业务管理控制是否具有及时性 ③业务管理控制是否具有针对性、准确性	2	95
		政策产出达到预期的程度	政策实际产出/政策预期产出	①反映政策产出的实现程度 ②政策预期产出、实际产出如何	5	100
	政策执行效果效益性（25%）	政策产生的经济影响力	政策实际影响经济效益的金额、范围	①反映政策对经济的影响情况 ②政策产出的经济效益如何 ③可从经济效益金额、影响范围进行分析	6	具体金额、数额
		政策产生的社会影响力	政策影响社会效益涉及的范围、影响程度	①反映政策社会生的社会效益影响情况 ②政策产生的社会效益范围有多大 ③政策产生的社会效益程度有多大	8	具体范围
		政策产生的环境影响力	政策对环境影响的范围及程度	①反映政策产生的环境影响情况 ②政策产生的环境影响范围有多大 ③政策产生的环境影响程度有多大	6	具体范围
	政策执行满意度（10%）	政策主管部门满意度	政府主管部门满意比率	反映政策主管部门对政策执行效果的满意程度	5	90
		服务对象满意度	服务对象满意比率	反映政策服务对象对政策执行效果的满意程度	5	80

续表

一级指标	二级指标	三级指标	指标解释	指标评价要点说明	指标权重（%）	指标标准值（%）
政策公平性（10%）	政策资金分配公平性（5%）	资金分配过程的公平性	资金分配合规程度	①反映资金分配程序、环节的公平性 ②资金分配的合规程度如何	2	100
		资金分配结果的公平性	资金分配合理程度	①反映和考察政策执行期间资金分配标准是否明确、公平 ②政策资金在各分解任务之间分配是否公平合理 ③政策资金分配是否充分考虑地域条件、经济条件等因素	3	100
	政策效果普惠性（5%）	政策实际受益群体大小	实际受益群体范围、人数	①反映政策实际受益群体的情况 ②可从实际受益群体范围、人数等方面进行分析	2	具体范围、数量
		公众满意度	公众满意程度	①反映政策在实施过程中是否具有公共性、无差异性、非排他性 ②公共性考察政策实施能够满足社会绝大多数人享受政策效益的程度 ③无差异性考察政策受益群体所享受到的效益是否存在明显差异 ④非排他性考察政策实施是否损害特定群体利益或将其排除在受益范围之外	3	60

续表

一级指标	二级指标	三级指标	指标解释	指标评价要点说明	指标权重(%)	指标标准值(%)
政策示范性(10%)	政策积极因素及效果(3%)	政策积极因素	积极因素名称及具体情况	①反映政策执行过程中的积极方面 ②积极因素包括哪些，具体情况如何	1	具体因素
		政策积极效果	积极效果数量、质量	①反映积极因素产生的效果 ②积极因素体现在哪些方面 ③可从积极效果数量、质量等方面进行分析	2	具体效果
	政策存在问题的典型性(3%)	政策存在问题	问题名称及具体情况	①反映政策执行过程中的存在的问题 ②政策执行过程中的存在哪些问题，具体情况如何	1	具体问题
		问题的典型性	问题的普遍性及代表性	①反映存在的问题是否具有借鉴意义 ②存在的问题是否具有普遍性及代表性	2	依据具体情况确定
	政策示范效应	政策示范性	政策示范性	①反映政策对后续类似政策的借鉴程度 ②政策示范效应如何	2	依据具体情况确定
	后续政策可持续性(4%)	后续政策可持续性	政策持续性	①反映与后期发展规划，方向的一致性 ②政策是否具有可持续性	2	依据具体情况确定

(四) 评价标准的确定

评价标准的确定是与指标内容和管理要求相适应的，具体确定分为3种情况：第一种情况是管理要求明确、严格的，基本依据合规原则设定，如预算控制效率的标准值为100%；第二种情况是要求很难达到100%的指标，依据实际情况适当放松标准值，如政策主管部门满意度标准值为90%，公众满意度为60%等；第三种情况是需要根据数据情况确定的标准，如政策效果数量指标需要根据实际情况确定，政策实际受益群体大小需要根据政策的具体情况确定等。

五、政策绩效评价指标体系的应用和调整

为了保证具体财政支出政策绩效评价指标体系的普遍适用性，本部分所设计的多级绩效评价指标体系是一个基本框架，核心内容是框定共性指标体系，从总体上对事前、事中和事后的财政支出政策绩效评价在评价目标、评价范围、评价主体内容等方面进行基础性界定，以实现财政支出政策绩效评价工作的基本目标。为了体现现框架设计的整体性，我们将前述设计的事前、事中、事后的绩效评价指标体系整合为一个指标框架（见表10-4）。

在运用该整合指标体系及前述事前、事中、事后分指标体系进行具体财政支出政策绩效评价时，必须根据实际情况设计相应的四级指标或更细化的指标（即个性指标），有针对性地反映政策绩效的具体情况。四级指标的确定依据是具体政策的目标、实施要求、预期效果等，具体的指标名称、指标计算方法、指标数量、指标标准值等要素需要在评价前根据政策的相关资料进行设计。

在运用该指标体系进行具体财政支出政策绩效评价时，二级、三级共性指标也不应当固化，具体指标名称、指标内容、指标计算方法等也需要根据政策具体情况进行适当调整，如删除不适用的指标，增加部分更为合理的指标等。

从长远看，共性指标体系在保持相对稳定的同时，也应当适时进行必要调整，依据经济发展、政策内容拓展、管理需要、管理水平提升等因素的变化，通过科学性论证程序增减部分指标，把更为实用的指标纳入共性指标体系，增加其实用性和可靠性。调整时，首先考虑在现有指标体系的基础上进行增减，这样既可以低成本地提升共性指标体系的适用性，也能够保证绩效评价工作的连续性，同时

表10-4 财政支出政策绩效评价指标体系

一级指标	二级指标	三级指标	指标解释	指标评价要点说明	指标权重(%)	指标标准值(%)
政策决策科学性(10%)	政策绩效目标设定(4%)	目标依据充分性	政策绩效目标设定依据是否充分	①用以反映政策目标设定和决策是否依据国家法律法规、国民经济和社会发展总体规划、国家行业规划 ②是否符合政策实施主管部门"三定"方案确定的职责 ③是否符合政策实施主管部门制定的中长期实施规划	4	100
	政策绩效指标选取(3%)	指标选取的科学性	政策绩效指标选取是否清晰、细化、可衡量	①指标是否能够满足现实需求 ②指标是否可实现、可完成	3	100
	政策决策过程(3%)	决策程序规范性	政策决策程序是否明确、规范	①决策流程是否明确、规范 ②决策责任主体是否可追溯	3	100
政策目标相关性(20%)	政策满足需求程度(6%)	政策目标对应的预期满足需求程度	政策预期可实现需求/预期需求	①用以反映和考核政策目标是否能够满足现实需求 ②政策目标满足需求的比例如何	2	100
		政策目标范围明确性	政策目标范围/政策规划范围	①反映政策目标是否明确 ②政策目标的涉及范围是否明确 ③政策目标范围与政策规划是否具有一致性	2	100
		政策目标的针对性	政策目标服务主体/政策需求主体	①反映政策目标是否具有针对性 ②政策目标与需求主体的需求是否具有一致性	2	100
		政策任务分解依据的合理性	实际分解依据/预期分解依据	①可从定量、定性两方面进行分析 ②需考虑具体的数量、质量等因素	2	80

400

续表

一级指标	二级指标	三级指标	指标解释	指标评价要点说明	指标权重(%)	指标标准值(%)
	政策任务分解的合理性（4%）	政策任务分解结果的合理性	实际分解结果/预期分解结果	①反映政策任务分解结果的合理性 ②预期分解结果、实际分解结果如何 ③可从数量、金额等方面进行分析	2	80
政策目标相关性（20%）	政策效果实现程度（10%）	政策效果数量指标	政策产出数量	①反映政策效果的具体数量情况 ②从政策提供的公共产品、公共服务数量方面进行分析	3	预期数量
		政策效果质量指标	政策产出质量	①反映政策效果的质量情况 ②从政策提供的公共产品、公共服务产出质量方面进行分析	3	预期质量
		政策效果与政策目标的关联性	政策实际效果/政策目标预期效果	①政策实际效果与目标规划效果如何？实际效果如何 ②政策目标预期效果与实际效果的匹配程度	4	100
政策执行效率性（20%）	政策规划的科学性（6%）	政策规划覆盖面	政策规划覆盖面/预期类似政策的全部覆盖面	①反映政策规划的覆盖程度 ②政策规划覆盖面所占的比例	2	100
		政策规划层级合理性	政策规划层级/预期类似政策覆盖的全部层级	①反映政策规划覆盖层级 ②政策规划层级所占的比例	2	100
		政策规划与实际需求的符合性	政策规划覆盖的数量/实际数量	①反映政策规划覆盖数量与实际需求之间的匹配程度 ②政策规划覆盖的数量所占的比例	2	100

续表

一级指标	二级指标	三级指标	指标解释	指标评价要点说明	指标权重(%)	指标标准值(%)
政策执行效率性（20%）	政策过程控制有效性（7%）	预算控制有效性	预算控制覆盖率	①反映预算控制有效性 ②预算资金使用流程方面是否合法合规 ③预算控制的覆盖面大小	3	100
		政策实施及调整过程的控制有效性	政策实施控制覆盖率	①反映政策分解任务是否订立明的计划进度安排，并且能够按任务各时间节点及时完成 ②政策分解任务的实施是否按照各阶段规定流程执行 ③政策任务调整是否合规	2	95
		相关业务管理控制有效性	业务管理控制覆盖率	①反映业务管理流程控制是否有效 ②业务活动是否合法合规 ③业务管理控制覆盖面的大小	2	95
	政策执行的效率性（7%）	预算控制效率	预算控制及时性、准确性	①反映预算控制过程的效率 ②预算控制是否及时；或是否有针对性 ③预算控制是否具有及时性、准确性	3	100
		政策实施及调整效率	政策实施控制及时性、准确性	①反映政策实施控制过程的效率 ②政策实施控制是否有及时性 ③政策实施控制是否有针对性、准确性	2	95
		相关业务事项管理效率	业务管理控制的及时性、准确性	①反映业务管理控制过程的效率 ②业务管理控制是否有及时性 ③业务管理控制是否有针对性、准确性	2	95

第十章 财政支出政策绩效评价指标体系

续表

一级指标	二级指标	三级指标	指标解释	指标评价要点说明	指标权重（%）	指标标准值（%）
政策执行效益性（30%）		政策产出达到预期的程度	政策实际产出/政策预期产出	①反映政策产出的实现程度 ②政策预期产出、实际产出如何	5	100
		政策产生的经济影响力	政策影响经济效益的金额、影响范围	①反映政策对经济产生的影响情况 ②政策产生的经济效益如何 ③可从经济效益的金额、影响范围进行分析	5	具体金额、数额
		政策产生的社会影响力	政策影响社会效益涉及的范围、影响程度	①反映政策社会产生的影响情况 ②政策产生的社会效益的范围有多大 ③政策产生的社会效益的程度有多大	5	具体范围
		政策产生的环境影响力	政策对环境影响的范围及程度	①反映政策产生的环境影响情况 ②政策产生的环境影响的范围有多大 ③政策产生的环境影响的程度有多大	5	具体范围
	政策执行满意度（10%）	政策主管部门满意度	政府主管部门满意比率	反映政策主管部门对政策执行效果的满意程度	5	90
		服务对象满意度	服务对象满意比率	反映政策服务对象对政策执行效果的满意程度	5	80

续表

一级指标	二级指标	三级指标	指标解释	指标评价要点说明	指标权重（%）	指标标准值（%）
政策公平性（10%）	政策资金分配公平性（5%）	资金分配过程的公平性	资金分配合规程度	①反映资金分配程序、环节的公平性 ②资金分配的合规程度如何	2	100
		资金分配结果的公平性	资金分配合理程度	①反映和考察执行期间资金分配标准是否明确、公平 ②政策资金在各分解任务之间分配是否公平合理 ③政策资金分配是否充分考虑地域条件、经济条件等因素	3	100
	政策效果普惠性（5%）	政策实际受益群体大小	实际受益群体范围、人数	①反映政策实际受益群体的情况 ②可从实际受益群体范围、人数等方面进行分析	2	具体范围、数量
		公众满意度	公众满意程度	①反映政策在实施过程中是否具有公共性、非排他性 ②公共性考察政策实施能够满足社会大多数人享受政策效益的程度 ③无差异性考察政策受益群体所享受到的效益是否存在明显差异 ④非排他性考察政策实施是否损害特定群体利益或将其排除在受益范围之外	3	60

续表

一级指标	二级指标	三级指标	指标解释	指标评价要点说明	指标权重（%）	指标标准值（%）
政策示范性（10%）	政策积极因素及效果（3%）	政策积极因素	积极因素名称及具体情况	①反映政策执行过程中的积极方面 ②积极因素包括哪些？具体情况如何	1	具体因素
		政策积极效果	积极效果数量、质量	①反映积极因素产生的效果 ②积极因素体现在哪些方面 ③可从积极效果数量、质量等方面进行分析	2	具体效果
	政策存在问题的典型性（3%）	政策存在问题	问题名称及具体情况	①反映政策执行过程中的存在的问题 ②政策执行过程中的存在哪些问题，具体情况如何	1	具体问题
		问题的典型性	问题的普遍性及代表性	①反映存在的问题是否具有借鉴意义 ②存在的问题是否具有普遍性及代表性	2	依据具体情况确定
	政策示范效应	政策示范效应	政策示范性	①反映政策对后续类似政策的借鉴程度 ②政策示范效应如何	2	依据具体情况确定
	后续政策可持续性（4%）	后续政策可持续性	政策持续性	①反映与后期发展规划、方向的一致性 ②政策是否具有可持续性	2	依据具体情况确定

有效减少指标体系变动带来的工作量增加。

第三节　推进财政支出政策评价对策建议

从大国治理的角度来看，推进财政支出政策绩效评价有助于提高财政资金的运用效率，以财政支出的精准投放来推动社会经济全面发展，已经成为中国各级政府重点研究和践行的改革之路，我们需要设计切合实际的政策建议，为评价体系的落实和完善奠定制度基础，同时还要完善相关配套改革，助力评价体系的高效、有序、稳步推进。具体来看，应从政策、制度、组织、支持保障等层面进行支持和配套，以保证我国财政支出政策评价体系的稳健、高效运行。

一、我国财政支出政策绩效评价改革建议

在中国财政支出政策绩效评价过程中，需要形成以政府、中介机构、监督机构为一体的财政支出评价体系。具体来看，框架上应形成政府主导、中介机构提供技术支持和服务、以法律和制度保障为基础的完善的监督体系；在评价成果应用方面，应选择部分地区开展财政支出政策评价试点工作，并在此基础上推进评价结果公开机制，促进数据和信息共享，最终探索以更科学的评价制度来推进财政体制改革。

（一）构建政策、制度、组织、支持保障一体的财政支出评价体系

我国的财政支出绩效评价工作尚处于发展初期，还没有形成较为完整的评价工作机制，在当前新《预算法》已经实施的情况下，全口径预算迫切需要在预算决策和管理工作中积极发挥绩效评价的积极作用。但是，过去单纯依赖政府一方进行绩效评价的问题比较突出，即政府评价预算效果的客观性有待于提高，而且政府在评价过程中往往也抽不出大量的人力来进行专业性的评价，如果能够以政府为主导，以中介机构作为第三方，实施全面、专业的评价，再辅以相应的法律

法规作为制度保障,来监督评价的全过程,则有助于建立起一套科学、完整、客观的政府支出评价体系。

1. 推动事前评价的政策实施。我国财政支出政策绩效评价改革是一项功在当代、利在千秋的改革举措。这就需要政府制定相应的政策,来推动财政支出绩效评价的制度基础建设、组织体系完善、评价过程流畅,并保障相应的配套机制落地。

从政策主导来看,财政支出政策绩效评价的最终目的是提高政府运营效率,这就需要形成一整套支出政策的评价体系,在这个体系中不仅包含了参与评价的主客体、评价的方法和指标体系,还要有一套完整的事前评价程序,以保证在评价的过程中充分实现对财政支出政策的综合评价。在这个程序中还应包括比选实施方案,在自评模式、参与式评价模式和第三方评价模式中选择最适合的评价方案,以提高评价的效率和质量。这里的工作重点是逐步搭建起政府、中介机构、评价实施方的工作平台,理顺工作机制,促进各部门之间的协作沟通,以实现评价结果的公允性和可用性。

在政策制定中,还应明确财政支出政策绩效评价的组织体系,这也是财政支出政策绩效评价工作的组织和运行方式,包括确定评价主体、评价客体、评价内容、评价模式、评价环节、评价结果如何应用等。同时,还要逐步制定、完善财政支出政策绩效评价的制度体系,包括规范财政支出政策评价工作的各项法律和规章制度。

2. 形成政府主导的评价体系。随着我国社会经济的全面发展,财政体制的现代化进程加速,这就要求对公共支出有一个全面、客观的评价系统,在这个背景下绩效预算的概念开始被引入国家治理体系。所谓绩效预算,又称为预算绩效管理,指以绩效指标和事业成本为核心,以绩效目标、绩效拨款和绩效评价为基本环节而建立的以绩效目标为主的公共支出管理模式[①]。从国家治理的角度而言,财政支出的评价体系是政府实施绩效预算的重要方式,财政支出评价体系的建立有助于提高政府的运行效率,既可以帮助政府调整支出方向,向更有利于社会经济全面发展的方向支出,大大提高了财政资金的使用效率,又有助于在合理的区间内估算政府债务的来源和数量,帮助政府进行适度的赤字管理,缓解政府支出压力。

从程序上来看,政府的各部门首先应制定部门战略规划与发展计划,这个规划和计划不是简单的工作计划,而是以国家的发展战略与方针政策为基础导向,

---

① 马国贤、陈云鹏、李艳鹤:"论预算绩效管理",《行政事业资产与财务》,2011年第8期。

结合各部门的法定职责，以国家产业政策及政府战略规划为核心，研究制定的包括部门工作计划和重大项目在内的中长期工作计划。其中的绩效评价计划是指各部门在财政年度内各项绩效管理工作的具体说明，是战略规划的年度具体实施计划，这是后续进行财政支出绩效评价业务基础。

在实施过程中，财政支出绩效评价工作应以政府为主导，形成以财政部门为核心的多层次、多角度评价体系。政府主导一方面可以保证财政支出评价的方向与国家治理的方向一致，另一方面又能够将财政支出更好地服务于各级政府工作的落实。然而，只有财政部门进行评价又不现实，这不仅仅是因为专业人才不足的问题，而且还有可能出现财政部门对自己工作评价不客观、不彻底的现象，因此在政府主导下应形成以财政牵头，人民代表大会及其常务委员会参与、指导，各类中介机构具体实施，审计部门进行外部监督的综合评价体系。其中，各级人大有权审查监督各部门向财政部门提交的财政支出绩效评价报告，审计部门有权对各部门的支出配置效率和资金使用情况进行年度绩效审查。

3. 积极引进中介结构的技术支持和服务。单一政府主导的财政支出绩效评价势必引起争议，在逻辑上也不能保证评价效果的客观性和准确性，更不能有效地将不合理的支出予以调整和修正，因此在财政支出绩效评价过程中必须引进中介组织，以其作为专业的第三方机构进行绩效评价技术环节的操作。由于第三方既没有参与预算编制，也不参与预算执行，在评价过程中能够以更公正、客观的态度来实施评价。通过中介机构实施财政支出绩效评价的具体计算和统计，有助于政府自身了解财政支出是否合理，让社会公众了解财政支出是否满足了人民群众的根本利益，并进一步改善政府的支出行为。这个过程可以提高政府的决策水平，为建立廉洁高效的政府奠定基础。

中介机构作为第三方在实施财政支出绩效评价时要设立绩效评价指标体系和绩效评价标准。绩效评价指标应根据各部门各项支出的不同性质，建立定量指标与定性指标结合、个性指标与共性指标项结合的综合评价指标体系。绩效评价标准是衡量财政支出绩效目标完成程度的尺度，包括计划标准、行业标准、历史标准和经验标准。由于第三方往往是专业的审计、评估机构，他们有能力也有义务在评价中不断完善评价方法，做出公开、公正、公平的评价结果，之后财政部门再对各部门绩效计划的执行情况、完成结果、提交的年度绩效报告进行综合评价，针对评价结论及建议，提出改进财政支出管理的措施。评价结果也是安排下一年度预算拨款的重要依据。当然，财政部门的绩效评价报告应提交各级人大对其进行审查监督。

通过第三方具体实施财政支出的绩效评价，并把评价的结果作为预算安排的重要依据，能够从源头上规范财政资金的合理分配，为管理好财政支出建立起良性的循环体系，这将使国家的经济损失及浪费减少，各级政府财政资金使用中的低效甚至无效的现象将会得到一定程度的遏制。政府的各项经济决策将更加准确，公共资源配置效率不断提高，整个社会效益不断增大。可以说，财政支出绩效评价为建立廉洁高效的政府奠定了坚实的基础，在目前的供给侧改革中将会发挥更大的作用。

4. 以完善的监督体系为评价提供法律和制度保障。财政支出绩效评价作为财政监督工作的重点环节，其整个过程都应该在财政监督的大环境下实施。这里的财政监督就是指财政部门对国家机关、企事业单位、其他组织涉及财政收支事项及其他相关性事项，依照国家有关法规进行的审核与监督检查的财政管理活动。财政监督包括对预算、税务、国有资产、财务会计及预算外资金等多方面的监督。过去财政监督重点在于对财政资金的合规性和安全性的监督，而忽视了对财政资金使用效果的监督，今后应强化以财政绩效为中心的财政监督理念，这就需要有完善的法律保障体系。我们在实施财政支出绩效评价的过程中，应不断探索，争取早日在我国的预算法等相关法律规范中加入预算绩效管理的相关要求及规定，明确各部门的预算绩效管理职能，通过立法保障使我国财政支出绩效评价制度化、规范化、经常化。

（二）探索评价成果高效应用的路径

实施财政支出的绩效管理，并通过相应的法律程序使其合法化、规范化，又通过一系列的技术手段促进绩效评价工作顺利、高效、准确地展开，将会对财政体制改革起到巨大的推动作用。当然，这还不是最终目标，我们希望通过绩效评价以及评价成果的高效应用，最终实现财政治理的科学化、民主化、法制化，为我国实现国家治理的现代化进程做出重要贡献。

1. 选择部分地区和领域开展财政支出政策评价试点工作。在实施财政支出绩效评价改革的过程中，我们必须循序渐进，选取试点地区、试点行业，由点到面地推进改革。由于我国幅员辽阔，各地的经济社会发展状况不同，人文、地理、产业基础也不尽相同，如果一刀切地推行改革，不一定能够取得很好的效果，还有可能对部分地区的经济社会发展造成影响。因此，在这项改革的推进过程中，我们应该根据目前国家落实"一带一路""京津冀协同发展""长江经济带"等国家战略目标，选取相应的节点地区先行先试，逐步推进财政支出绩效评价的改革事项。同时，由于各行业、各领域的运行特点不同，我们也应在不同行业和领域选取试点推行改革。

实际上，此前由中国财政学会绩效管理研究专业委员会负责的《预算绩效指标体系建设》课题已经顺利进行并形成了第一轮研究成果。该课题在财政部主要领导的指示下，在财政部预算司的具体指导和帮助下，在农业部、林业部、水利部、科技部、教育部等国家五部委的大力协助下，以及此前在国家体育总局协助下已经完成的《国家体育总局绩效管理制度研究》，都为我们下一步实施财政支出绩效评价做出了宝贵的、先遣性的探索。

下一步该委员会还应选取一些试点地区推行改革，并将在各行业、各区域的试点经验分期、分批推广到全国各地、各行业，最终实现财政支出绩效评价的全覆盖。

2. 推进评价结果公开机制，促进数据和信息共享。在财政支出绩效评价改革的推进过程中，我们必须逐步形成评价结果的公开机制，将评价结果实实在在地用于预算管理工作的改善和改进，进而推进我国政府治理的改革和发展。我们应当理解，财政支出绩效评价的结果不仅仅是用于财政部门的工作开展和工作改善，更要实现国家治理中预算绩效管理的提升。这就需要不断完善、公开绩效评价的结果甚至过程，将评价活动做成一个政府运行的现行系统，还要让这个系统主动地接受包括人民代表大会及其常务委员会、审计机关，甚至普通公民的监督和有益建议，并进一步优化财政支出绩效评价的程序和工作方式。

另一方面，随着大数据、云计算等先进技术越来越广泛地在各行各业得到普遍的运用，我们也可以尝试以这些新的技术和方法来改革、完善财政支出绩效评价体系，把财政、金融、工商、税务、海关，以及公检法司等各部门相对碎片化的信息集合起来，用技术手段把这些表面上没有关联的数据做成巨大的信息库，再用这个信息库中的数据加总、计算、推演，来实现碎片信息集合后清晰、精准的利用，这也将大大提升财政支出绩效评价的工作效率和实施效果。

3. 探索以更科学的评价制度推进财政体制改革。推行财政支出绩效评价的工作，最终目的不仅是关注财政支出取得的成效，以及为管理及决策提供的信息，更为关键的是能够依据评价结论，通过采取适当和必要的措施，提高财政支出管理水平，有效地控制财政投资风险，而且评价结果也是合理安排下年度预算的重要依据。另外，通过将政府目标管理考核与绩效评价相结合，能够逐步建立起财政支出绩效激励与约束机制，并以此为基础探索建立绩效评价信息的公开制度，强化财政支出的透明度，提高依法行政水平，最终实现财税体制改革在更高层面上实现突破。

另一方面，在财税体制改革的进程中，也有助于财政支出绩效评价工作更好地开展，并有利于尽快将整个预算过程纳入科学的绩效评价体系中。长期以来，我国各级财政支出安排过程中，虽然逐步建立了项目前期论证、投资评审、招标采购等审批执行程序，调整支出结构、保障重点需要也取得了一定成效，但以资金使用绩效为导向的财政预算管理体制尚未完全建立起来，"重分配、轻管理，重支出、轻绩效"的问题没有得到根本性解决。随着公共财政改革的逐步深化，社会公众对政府提供公共服务的科学性、有效性和规范性要求越来越高，对绩效管理工作形成了新的压力。因此，我们应该把握住财政支出绩效评价改革这个契机，加快财税体制的全面改革，助力国家财政资金提质增效。

二、我国财政支出政策绩效评价相关配套改革

我国在推行财政支出政策绩效评价的积极尝试中，面临很多制约因素，但不论在理论研究还是在实施推广的过程中，一方面直接面临着人力不足的瓶颈，另一方面面临着各相关部门重视和支持程度不同的情况。因此，在推进财政支出政策绩效评价改革的过程中，不仅仅需要加快人才梯队的建设，以新技术的应用来替代基础的人力工作，进而不断提高绩效评价的效率，还要在党中央和国务院的号召下，各部分通力配合，把绩效预算管理工作落实到财政支出的全过程，进而提高公共财政的效力，提高政府的执政能力。

（一）加快人才梯队建设

财政支出政策绩效评价是一项技术性较强的工作，但目前我国在推行该项改革的过程中，明显感觉到专业技术人员不足、相关技术路径有待于完善等相关问题，因此有必要加快人才梯队的建设，目前看可以从以下三个方面着手。

1. 组织专家团队进行教练、辅导、培训工作。在推进财政支出政策绩效评价的过程中，可以通过三个层次的人力资源管理工作来培养应用型人才：在绩效评价过程中，通过专家指导操作人员、操作人员传帮带、各部门熟练的操作人员充当教练，快速带出一批可以即时进入绩效评价工作岗位的工作者；在绩效评价工作推进的过程中，还需要由财政部门专业的绩效管理人员对各单位、各部门的绩效评价负责人进行辅导，帮助其快速了解相关工作流程，思考相关工作的内涵，熟悉具体业务操

作程序；由管理部门的相关专家或操作部门的负责人员一起，定期进行相关培训工作，让更多的预算、财务管理工作者加入绩效评价改革的队伍中来。

2. 在科研院所开设财政绩效预算管理专业。财政支出政策绩效评价是一类新的改革任务，在改革中不仅仅需要操作者参与进来，也需要研究者进行深入的理论研究和探讨，但实际上理论研究力量不足也成为该项工作在推进过程中的障碍。如果能够在科研院所开设相关专业，或起码在已有的财政学、财务管理、政策性金融、会计学等学科中增设财政绩效预算管理的主干课程，则有助于在人才培养的过程中形成扎实的基础研究梯队与务实的实际操作团队，这对于该项改革工作的推进一定是大有裨益的。

3. 在相关领域培育一批领军人才。在人才梯队的建设过程中，仅有一般性的理论研究者和实际操作者还是不够的，应由财政部预算和研究部门牵头，用几年时间培育一批领军人才，这些人才熟悉财政支出政策绩效管理工作的全过程，他们不仅仅是理论方面的专家，也是实践操作方面的佼佼者，这批领军人才在推进该项改革的同时，有助于在该领域形成一个良性的人才生态空间。

（二）促进财政支出绩效评价信息化

在促进政策评价信息化方面还应积极探索和实践信息技术在评价体系中的推动作用，提高政策评价的信息化水平。在具体操作中，要提高工作效率，还应积极利用先进的技术手段，将这个评价体系纳入电子政务的管理系统，并支持、推动电子政务的发展，同时还要实现评价成果的信息共享，进而争取早日通过大数据、云计算等技术手段来促进财政支出绩效评价的方法革新，使评价方法更科学、评价结果更客观。

1. 政务管理信息化发展现状。随着互联网应用的范围越来越广，信息化已经深度嵌入社会各行各业的运行中，而政务管理信息化也已经成为整个社会的一种共识，许多城市都制定了自己的国民经济和社会信息化专项规划以及电子政务发展规划，并且已经取得了实际成效。在一些领域，电子政务已开始进入作为社会最基层的城市社区，成为政府与城市居民进行沟通联系的新桥梁。目前，各级政府也越来越重视政务管理信息化，电子政务受到中央政府的高度重视，已上升为国家发展战略。如今，中共中央网络安全和信息化领导小组的负责人由党的总书记、国家主席兼任，就表明了中央要保证国家信息网络安全和国家电子政务工程的顺利进行。

从政务管理信息化的角度来看，我国未来政府的理想目标之一应该是作为电子化的服务型政府，成为社会资源优化配置中心，形成所有资源的无缝集成、零成本运行、个性化服务和即时反应的管理体系。根据这种模式，电子政务的实施，除了要解决信息收集、过程建模、系统集成、安全保密技术等问题外，最主要的是政府职能要做相应的转变，要完善信息化，加快公共信息公正、公开、透明的进程，使目前尚处于沉睡状态的大量公共信息充分发挥作用。

2. 信息技术在评价体系中的运用展望。在财政支出绩效评价工作中，也应积极推动政务管理信息化，用新的方法、新的技术来实现财政绩效管理的流程再造和智能操作，这就要将预算绩效目标管理、绩效评价、结果应用三个关键环节都纳入信息化管理体系中，优化管理流程。在电子政务系统里建立以收入为源头，以支出为导向，以预算绩效为目标的财政管理模式，加快建设"预算编制有目标、预算执行有监控、预算完成有评价、评价结果有反馈、反馈结果有应用"的预算绩效管理信息系统，有效整合财政业务，梳理规范财政业务流程，理顺各部门业务关系，构建横向连接各级财政部门内部和本级预算单位，纵向连接市、县、乡级财政部门，实现上下级财政数据自由交换和业务自动上传下达。在政务管理信息化中还应建立市、县、乡级指标管理，实现国库集中支付、固定资产管理、政府购买服务、会计信息质量、银行信息交换等信息系统数据共享，使预算执行环节全面走上自动化、智能化管理轨道。在此基础上，提供财政支出绩效信息公开以及绩效反馈和绩效评价的出口平台，还可以起到财政绩效管理信息化监督的作用。

3. 探索以信息技术进行财政支出政策评价。基于财政绩效评价纳入政务管理信息化的可行性，我们下一步可以尝试将财政支出绩效评价体系先行实现信息化管理，并逐步建立完善财政支出绩效评价信息系统。财政支出绩效评价的顺利实施，需要强大的信息系统支持，但我国目前尚未建立绩效评价信息的共享平台，数据的收集处理、比较分析缺乏可比性，一定程度上影响了绩效评价的科学性和客观性。因此，我们首先可以尝试在全国范围内建立绩效评价信息基础数据库，将各部门的管理制度、绩效目标、绩效指标和绩效评价报告及其他相关资料等基础信息录入数据库进行管理，通过网络实现信息共享。

当然，每一项改革在全国范围内推进都具有一定的难度，因此可以从部分区域先进行尝试，比如辽宁省就已经在财政绩效管理信息化方面走在了前列。为积极推进全省县乡财政管理信息化，加强财政"两基"建设，提高财政资金监管工作水平，辽宁省基层财政规范化建设绩效评价工作，改变了以往的纸质申报材料方式，市、县、乡三级财政部门均按照统一的评定标准和规范的工作流程，通过基层财政管理信息化平台完成录入、申报、备案、评价等工作。同时，省、市两级财政部门在运用信息化管理平台进行绩效评价的基础上，有针对性地对部分乡镇进行了实地抽检，短时间内高效地完成了一年一度工作量很大的绩效评价工作，得到了基层财政人员的一致认可。同时，辽宁全省所有乡镇补助类资金和项目类资金有关信息已全部录入"乡镇财政资金监管台账管理系统"，实现了台账、档案管理的电子化和信息化。各级财政部门可通过信息化管理系统及时了解乡镇财政资金拨付进度和资金管理信息，使乡镇财政资金监管水平显著提高。

可见，基层财政管理信息化平台的应用，既提高了效率，降低了成本，又客观地反映各级财政规范化建设工作水平，也规范了绩效评价工作行为，确保了绩效评价结果的客观、公正。如果能够尽快实现部分地区财政支出绩效评价管理信息化，并且在全国范围内进行尝试、推广，将有助于财政绩效管理工作的跨越式发展。

（三）各部门通力合作，使改革落到实处

在推进财政支出绩效评价的改革中，有些部门将此项改革理解为财政部门的专项改革，这是一种片面而又短视的理解。财政支出效率的提高关乎整个政府执政能力的提升和执政效果的改善，必须各部门通力合作、协调配合，方可能将改革落到实处。因此，在党中央和国务院提升政府执政效率的要求下，需要建立改革的综合协调机制，把改革落到实处。

1. 建立财政支出政策绩效评价领导小组。作为改革的顶层设计者，可以尝试建立财政支出政策绩效评价领导小组，组成人员包括财政部及相关部委、地方各级领导，各级财政预算部门、研究部门，各预算单位的预算部门，以及相关科研院所和非营利组织。该领导小组作为该项改革的顶层设计者，为改革的方针制定、综合协调提供强力支撑。

2. 在各级财政部门及各一级预算单位设置相应的部门或岗位。可以尝试在各级财政部门设置相应的管理部门，效仿财政部预算司预算绩效管理处的模式，牵头组织各级财政部门的绩效评价管理工作。同时，还可以尝试在各一级预算单位设置绩效评价管理部门或设置相应的岗位，以配合财政预算绩效评价管理部门推进和实施财政支出的预算管理工作，促进改革落地。

总之，要通过对政策层面、制度层面、组织层面、支持保障层面等方面的推动，建立起一套较为完善的财政支出政策事前评价体系，从政策出台的必要性、科学性、预期效果、风险和未来财政承受能力等方面进行综合评价，最终实现财政资金在预算法框架内的高效运作，实现财政对政府运转的高质量支撑。

第四篇 趋势展望

第十一章
中国财政绩效评价制度趋势展望

《国务院关于深化预算管理制度改革的决定》要求健全预算绩效管理机制。目前,中国包括绩效目标管理、执行监控、绩效评价在内的预算绩效管理改革正在深入推进,但从目前的情况看,还存在诸多不足,表现在:绩效评价标准体系尚不够健全,评价指标不能覆盖全部预算资金,指标和内容存在脱节,亟须建立行业标准库,明确技术标准;评价工作固化于填报报表和报告,弱化了单位自我纠偏的功能,评价重过程和投入评价,轻绩效,成果难以有效满足预算绩效管理的要求。为此,我们亟须对预算绩效管理理论与实践进行系统的总结梳理,明确未来改革方向和措施路径。

第一节　中国财政绩效预算的法制环境建设分析[①]

绩效预算是一个需要采取强有力行动的领域。与传统投入预算相比,绩效预算不仅意味着以新的方式配置资源,也意味着发展出新的治理工具。两者都依赖于支持性的法治环境。实践证明,缺失法治环境的绩效预算不可能走得很远,也

[①] 张小炜、刘亚丽、刘恬:中国预算绩效管理论坛(2017)——"绩效预算与政府治理"专题研究会发言稿。

很难产生真正的和可持续的财政成果。

一、绩效预算依赖法治环境

1. 中国正进入绩效预算时代。西方国家政府绩效评价历经近半个世纪的发展，在节约政府开支、提高财政资金使用效率方面取得了显著成效。完善的绩效评价法律制度为这些国家成功推行绩效评价改革提供了稳定的制度支持和制度保障。尽管我国绩效预算改革比发达国家晚约半个世纪，却正在迎头追赶。绩效预算在我国财政体制中的定位是政府问责机制的重要组成部分，也是国家治理的一项重要工具，因此绩效预算一直受到各级政府的高度重视。财政部从2009年起，先后印发了《财政支出绩效评价管理暂行办法》《中央部门预算绩效目标管理办法》《中央对地方专项转移支付绩效目标管理暂行办法》等部门规章，全国各省、自治区和部分城市也陆续出台了绩效预算相关制度。

2. 只有法治才能提供最强有力的保障与最佳指引。采用行政手段推进绩效预算改革在改革前期确实卓有成效，可以将绩效评价制度快速融入中央和地方政府各部门预算编制和预算执行的过程中，并起到强调绩效评价重要性的作用。然而，随着改革的不断深入，从行政层面上的政府绩效管理上升到法律层面上已具备约束力的绩效预算，行政文件有其局限性，不足以为绩效预算提供最佳约束与引导。绩效预算只有建立在法治基础上才可能扎根，绩效预算也只有在健全稳定的法治环境下才能长期稳定存在。

3. 改变资源配置方式与改变行为都依赖立法。与传统的投入预算相比，绩效预算既要求资源配置方式与方法的系统转变，即确保资源配置与政策目标及结果（Results）相联，也要求官员行为与理念的根本改变，即从关注"多少"（内部福利意识）到关注"多好"（服务公众意识）。

二、立法时机逐步成熟

改革开放至今，财政体制改革取得了一系列成果：分税制改革初步厘清了中央和地方政府财政收入和支出责任，中央部门预算改革实现了一个部门一本预算，等等。这些改革成果给绩效预算提供了发展契机，也为绩效预算立法铺平了道路。

1. 全面的绩效评价正在全国稳步推进并逐步与预算相融合。2016年以来，财政部在推进预算绩效管理方面做了大量工作，实现了中央部门2024个一级项目绩效目标全覆盖，初步建立了比较全面规范的绩效指标体系。2017年，财政部进一步将绩效目标覆盖范围扩大到部分政府性基金和国有资本经营预算。全国各省、自治区、直辖市针对绩效预算相继出台了地方性法规，北京市、河北省、湖北省、广东省等省市正在积极推进绩效预算工作。

2. 新《预算法》在第三十二条明确规定了各级预算要"参考有关支出绩效评价结果"和"按照绩效目标管理等预算编制规定"编制本部门、本单位预算草案；第五十七条明确规定"各级政府、各部门、各单位应当对预算支出情况开展绩效评价"。但是，绩效预算仍需要范围更大的法律框架予以支持。推进绩效评价，既要在实践中探索行之有效的制度安排，也要推进国家层面的立法工作，将绩效评估的制度架构、评估机制、方式和程序以法律形式固定下来，形成制度化的绩效评价体系。

3. 立法的共识正在逐步凝聚。目前，虽然我国尚未对绩效预算专门立法，绩效评价相关工作由国务院、财政部和有关部门主导实施，但是中央和地方普遍认识到绩效预算立法的重要性和紧迫性，在评价主体、绩效预算结果反馈和应用等立法的关键问题上正在逐步凝聚共识。

4. 国外绩效预算立法的经验。国际上通过立法推进绩效预算的国家越来越多，如美国、英国、日本、韩国等国家先后为绩效预算专门立法：美国于1993年颁布了《政府绩效与结果法案》并于2010年颁布了《政府绩效与结果修正法案》；英国于1999年颁布了《地方政府法案》；日本于2001年颁布了《行政机关政策评价法》；韩国于2006年颁布了《政府绩效评估框架法案》等。这些国家通过法制化的方式将绩效评价的理念和内容融入政府管理体系中，形成了追求绩效，即注重产出或结果的新型管理方式。

从国际经验来看，各国绩效预算立法都不是一蹴而就的，而是通过长时间探索不断丰富和完善的。例如，美国从1970年开始全面推行绩效预算，1993年国会通过《政府绩效与结果法》，经过23年才为绩效预算正式立法。英国、日本、韩国从实践绩效预算到绩效预算立法也经历了十余年时间。

绩效预算在国家治理中的地位依赖本国的政治体制、法治环境和国家治理水平。例如，1973年尼克松成立"联邦生产力测量项目"，意图在美国联邦政府层面推行绩效预算，但结果不尽如人意，收效甚微。由于美国总统和联邦政府的权力受到选民、国会以及司法机构的制约，问责机制已经趋于完善，绩效预算的边际收益并不突出,而在加拿大、韩国等政府问责机制相对薄弱的国家,绩效预算取得了比较突出的成效。

在各国绩效预算的发展过程中,立法的时间节点、立法的内容和重点也有所不同。美国绩效预算立法是克林顿政府在吸取1970年联邦政府推行绩效预算失败的教训后进行的,《政府绩效与结果法》出台时,美国超过三分之二的州和地方政府已开展绩效预算。相反,日本在立法前则是首先通过少数中央部门和地方政府试点积累经验,再通过立法向全国推行。各国在立法的内容、重点和绩效评价流程方面也各不相同。例如:美国注重结果导向,即对部门公共项目活动的结果进行评估;英国注重实施全面绩效评价,审计委员会开发了地方政府绩效评估的综合指标体系,它界定了地方优先事项和绩效标准,审计委员会定期对地方政府进行全面绩效评价,发布评价结果和定级情况;日本既对公共项目的实施效果进行评价,也对部门决策进行政策评价;韩国在政府业务评价委员会的统一管理下,实行部门自我评估和特定事务评估相结合,自我评估由各部门自行实施,特定事务评估由政府业务评价委员会直接组织实施。

三、绩效预算的法律框架

1. 界定三个支柱:基本原则、权限与职责、运作流程。

2. 基本原则提供至关重要的方向感与目标感。结果导向的受托责任(区别于传统的合规性责任)、透明度(报告机制)、社会参与和回应性应得到特别强调以形成服务公民的意识与约束。绩效目标设置核心内容要求与组织任务和绩效战略计划一致。绩效目标设置是绩效管理中承上启下的关键环节,它将绩效战略与计划具体化,也为后期绩效测量等环节明确目标。例如:英国LGA中强调绩效目标体现组织目标和绩效计划一致;美国的GPRAMA中提出组织绩效目标设置的核心内容要与组织任务、绩效战略计划一致,将绩效战略与计划具体化为客观的、量化的和可测量的绩效目标,为后期绩效测量等环节明确目标。国外绩效评价立法详细规定了反馈绩效信息发布方式、公开程度、保证信息透明的措施。例如:美国、英国、日本、澳大利亚四个国家的绩效评价立法都明确要求绩效报告应提交绩效评估完成度,即比较绩效计划与实际绩效指标测量的结果;分析绩效目标完成的成功因素,指出实际完成中遇到的困难和挑战;明确绩效信息反馈中相关时间点。

3. 权限与职责界定应聚焦立法机关(全国人大)与行政部门。行政部门(预算单位）应被赋予有效的执行权，立法机关应被赋予强有力的代表、立法和监督权，充分体现"一府两院对人大负责"的问责制框架。国外绩效评价立法都明确赋予了行政部门制定绩效评价战略和计划的权力。美国的 GPRAMA 中确定了联邦预算管理局作为政府绩效战略和计划制订主体机构的职责及工作程序，每个联邦政府机构内组建绩效促进办公室来负责机构内绩效战略和计划具体事务，首席执行官员是主要负责人。英国的 LGA、澳大利亚的 PGPA 和日本的 GPEA 也都要求政府机构自身是机构绩效计划制订主体。规范绩效评价主体机构的目的在于赋予相应级别政府制定绩效评价战略和计划的自主权，同时明确其实现绩效目标的责任。

4. 运作流程应清晰界定：谁、在何时、就何事对谁负责。流程应包括绩效审计，覆盖绩效预算的全过程。国外绩效评价立法要求绩效评价主体如实反映绩效信息并详细说明未完成绩效目标的原因并承担相应责任。例如，美国的 GPRAMA 规定如果组织没有完成绩效目标，需要解释哪些目标没有完成及其原因，并提交完成此目标新的计划和日程表。如果连续 3 个财政年度都没有完成目标，联邦预算管理局需要提交报告给国会重新评定该项目。英国的 LGA 也要求说明和总结未完成绩效目标的内容。同时，国外绩效评价立法规定依据绩效信息对政府绩效管理系统进行调整。美国的 GPRAMA 提出至少每两年一次，政府机构和国会相关委员会协商绩效战略和绩效计划的调整；日本的 GPEA 要求行政机构使用政策评估结果信息来调整政策计划和发展规划。绩效评价立法中规定绩效信息还要用于绩效审查和机构预算编制。例如：美国的 GPRAMA 提出总审计长依据绩效信息向国会提交此法案实施报告；英国的 LGA 规定审计委员会对绩效报告的审计；澳大利亚的 PGPA 规定审计长检查并报告年度绩效报告。

四、绩效预算立法中需要明确的关键问题

1. 绩效预算责任主体。绩效预算立法需要明确回答绩效评价由谁主导、由谁完成这一问题，是由各级人大牵头负责，还是由财政系统组织开展，或是由第三方负责实施，这还需要通过实践不断探讨。从国际经验来看，绩效预算大多由行政部门主导，立法机构负责监督问责，如美国、英国等国家都成立了专门的行政机构负责绩效预算工作。

2. 绩效评价结果应用。绩效预算立法也需要明确回答绩效评价结果要不要与

下一年度预算相关以及如何相关的问题。目前我国《预算法》只规定编制预算时参考上一年绩效评价结果。从国际经验来看，各国绩效评价结果应用程度差别较大，美国、爱尔兰的绩效评价结果对下一年度预算影响较小，加拿大的绩效评价结果则直接与申请财政增量资金挂钩。

3. 绩效预算交互机制。绩效预算立法还需要明确回答上级政府要不要干预下级政府绩效预算的问题。由于我国政府间财政关系还需进一步梳理，各级政府之间转移支付规模较大，这一部分财政资金的绩效评价需不需要上级政府的干预也需要进一步讨论。

目前我国绩效预算改革有立法需求，绩效评价工作需要更具体更完善的法律制度规范和引导，并且绩效预算立法条件相对成熟，但是我们也应该认识到立法工作注定是一个长期的过程，一些关键问题需要反复研讨并通过实践的检验。"他山之石，可以攻玉"，我们还是需要不断学习和借鉴国外在绩效预算法制建设过程中的先进做法和经验，去伪存真、去粗取精，将其转化为适合我国国情的方法和措施，让我国的绩效预算法制建设之路可以走得更快更稳。

第二节 中国财政绩效评价制度改革发展趋势展望

一、财政绩效评价政策依据越来越明确，评价机制逐步完善

绩效评价在我国从概念提出到制定具体管理措施，经过近 20 年的发展，监管思路越来越清晰。根据党的十九大的战略部署和《预算法》的要求，我国将构建全方位绩效管理体系，打造事前、事中、事后"三位一体"的绩效管理闭环系统。由此，财政绩效评价将从顶层制度设计到运行管理不断完善，为推动国家治理能力和水平提升奠定坚实基础。

（一）预算编制的事前绩效导向将更加强化

预算的编制、监督等环节，绩效评价都将挺在前面，预算分配的过程和结果

都将与绩效评价深度融合。在预算编制阶段通过引入目标管理和事前评价，以绩效为纽带，由直接审核预算向评价其与国家战略、规划、年度计划的关联性和匹配性转变，由评价其合规性向合理性转变。坚决杜绝对偏离政府战略和部门职责、缺乏社会现实需求、绩效目标及指标不明确、绩效偏低的项目安排预算，使财政资金真正被用于"做正确的事"。

（二）预算绩效执行监控将更加完善

现行预算执行监控中主要以预算支出进度为主，未来将更多地引入绩效指标完成情况，利用信息系统定期采集分析项目实施的绩效进程，发现其与预期目标存在偏离时及时纠正。对于预期无效、低效项目暂缓或停止执行预算，对于突发事件、政策变化，要分析对绩效目标实现的影响，按照绩效目标管理的要求在项目调整预算时一并调整。

（三）预算评价机制进一步优化

目前，财政监督和审计检查等偏重于资金使用的合法与合规，绩效关注度不够。未来，将通过涵盖事前、事中、事后的绩效评价监管改革，强化部门和单位主体责任，部门自评、财政重点评价和第三方评价将有机结合。评价的结果将深度应用于预算管理工作：对绩效评价结果较好的将加大预算支持力度，还可以赋予更多的资金管理权限；对因目标设定不合理、管理不善、决策失误等原因造成评价结果较差的责令限期改正，并根据整改情况调整预算。重大财政支出绩效评价结果将作为政策管理的主要依据，对评价结果应用的监督、问责力度也将进一步强化。

（四）绩效评价信息的质量和透明度进一步提高

对于国家重大战略任务、涉及群众切身利益和社会关注度高的民生项目等的绩效评价信息将稳步推进结果公开，不断加强社会监督，建立绩效自评结果抽查机制，会同审计署对中央部门项目支出绩效自评结果的真实性和准确性进行抽查，倒逼预算资金绩效水平提升。

二、绩效评价的实践探索日益深入,预算管理效率不断提高

绩效评价是预算绩效管理的突破口,评价结果正在被财政预算管理部门广泛采用。随着绩效理念不断深化,绩效评价也从财政硬性要求逐渐转变为自我管理,越来越多的部门主动探索目标编制、绩效评价的方式方法。通过绩效评价,各层级主体的职责将进一步理顺。

1. 政府财政层面。在保障国家战略目标实现和优化政府事权划分的前提下,财政部门将以部门整体绩效审查和管理重点级项目的遴选为工作重点,充分总结绩效评价管理经验,研究构建涵盖政府预算、部门预算、政策和项目预算等的全方位绩效管理体系,以绩效为抓手,促进地区间财力协调和区域均衡发展,确保财政可持续和资源配置高效,推进基本公共服务均等化。

2. 部门层面。各部门侧重二级项目的绩效评价与管理,在确定预算资金大盘子的前提下,强化绩效激励和问责机制,对于评价结果良好的部门和单位,在不突破预算总额的前提下,可赋予更大的调剂权限,以充分调动部门提高财政资金使用绩效、消化结转结余的积极性和主动性,促进绩效目标的实现。

3. 单位层面。现行部分事业单位基本支出定额偏低,执行中存在挤占项目支出的问题,对比参照绩效评价结果,在符合国家和属地规定政策、预算总额不变的前提下,预算单位自主权将适度加大,根据项目特征,合理分类,从数量、质量、时效、成本、效益等方面,构建科学衡量政策和项目预算安排及使用效果的指标体系,提出可行的评价方法。大数据等技术对专项转移支付的全过程绩效监督评价将深度应用,预算评价结果将不仅与次年预算挂钩,还要跟产业政策、行业政策乃至个人升迁进行挂钩,通过责任追究和责任倒查形成权责对等、以评促效的预算管理新模式。

三、绩效评价试点范围不断扩大,"四本预算"全覆盖

国内外实践证明,财政评价都是从项目起步,逐步应用到部门和政府整体。近年来,我国已在财政评价领域取得实质性进展,未来将进一步"深耕细作",对于一般公共预算绩效评价,在总结经验教训的基础上,着重对投入大、成本高、

绩效不理想的领域开展深入评价，强化评价结果和预算分配的挂钩。同步统筹推进政府性基金、国有资本经营、社保基金预算绩效评价的路径模式，明确评价原则、规程、方法和管理重点。对中央部门整体支出绩效评价，目前已试点并积累了宝贵经验，绩效评价将在基本公共服务财政保障能力、政府投资基金、地方政府债务项目和PPP投资基金等方面深入应用，对农业农村、环保民生、"双创""升级""互联网＋"等领域重大改革和重点将进一步扩大支出绩效评价的范围。建立中央对地方转移支付绩效执行监控机制，实现中央部门项目绩效监控全覆盖，开展中央对地方专项转移支付绩效执行监控试点，并逐步推广至全国。绩效评价、审计、检查等工作成果也将得到有效整合。新时代全口径预算绩效管理体系将初步建成，以评价为抓手推动国家治理能力和水平提升。

四、绩效指标体系建设与管理方式研究力度加大，评价方法和技术手段进一步创新

财政绩效评价具有较强的专业性和技术性，目前在绩效评价指标体系开发与设计、数据挖掘、调查取证等方面仍然存在一些问题。随着财政、部门和单位对绩效评价的重视和"云大物移"等技术的深度应用，涉及绩效目标管理、评价结果应用等环节的瓶颈将得到突破，分行业绩效预算评价指标体系将逐步建立，财政评价将与预算互相结合、共同推进，成为国家治理的"利器"。此外，在操作规范性方面，实践中迫切需要对评价建立规范的操作指引，以规范包含会计事务所、审计事务所、咨询公司、大学研究中心社会在内的第三方的评价工作。成本效益分析法、比较法、因素分析法、最低成本法、公众评判法、标杆管理法等评价方法的成熟应用会进一步提高绩效评估评价结果的客观性和准确性，并且随着第三方评价体系和评价结果运用机制的逐步建立形成一套完整绩效管理闭环体系，促进绩效评价专业服务价值不断提升。

第三节 健全完善中国财政绩效评价制度建议

中国财政绩效改革是一项艰巨而复杂的系统工程，不仅涉及财政管理体系、

方法和技术的优化调整，更要突破体制、机制和部门的利益约束。改革的总体思路是：以习近平新时代中国特色社会主义思想为指导，全面贯彻党的十九大和十九届二中、三中全会精神，紧密围绕贯彻党中央决策部署和以人民为中心的发展思想，在"全方位、全过程、全覆盖"的预算管理体系下，以财政绩效为抓手，硬化绩效责任约束，提高收入质量，节约公共支出成本，优化财政支出结构，着力提高财政资源配置效率和使用效益，促进政府效能和公共服务质量水平的提升，为实现"两个一百年"奋斗目标提供有力保障。

一、强化绩效理念，明确顶层设计

各级政府、财政部门、预算单位从提高公共产品和服务的绩效入手，改变政府传统的"重投入、轻产出""重分配、轻管理""重数量、轻质量"的管理模式，把绩效理念贯穿预算编制、执行和监督的全过程，明确公共服务标准，以"结果与产出"为导向优化公共资源配置，将所属部门的财政支出绩效与事业发展挂钩，以节约财政资金、降低公共服务成本，加强绩效理念的社会宣传，让社会公众了解政府绩效目标的实现情况，在管好百姓钱袋子的同时，打造公众满意的"责任政府"和"阳光政府"。

（一）横向架构

根据我国财政改革发展目标，以财政运行体系的内容为基础，按照财政运行评价主客体差异，可以将财政运行评价体系内容分为五部分：财政收入评价、财政支出评价、财政管理体制评价、财政运行风险评价以及财政平衡评价，具体关系如图11-1所示。

1. 财政支出绩效评价与绩效预算。与财政支出绩效评价所密切联系的一个关键术语就是绩效预算了，西方国家自20世纪中叶起推行绩效预算以来，直至今日对绩效预算的理解仍然难以达成共识。按世界银行专家沙利文的理解，绩效预算是一种以目标为导向、以项目成本为衡量、以业绩评估（财政支出绩效评估）为核心的一种预算体制。绩效预算系统极为复杂，它主要包括政府绩效评价体系、财政支出评价体系和组织管理体系三部分内容。首先，政府绩效评价体系是绩效预算的基础部分。政府绩效评价体系的目标、结构、评价指标、评价标准确定后，

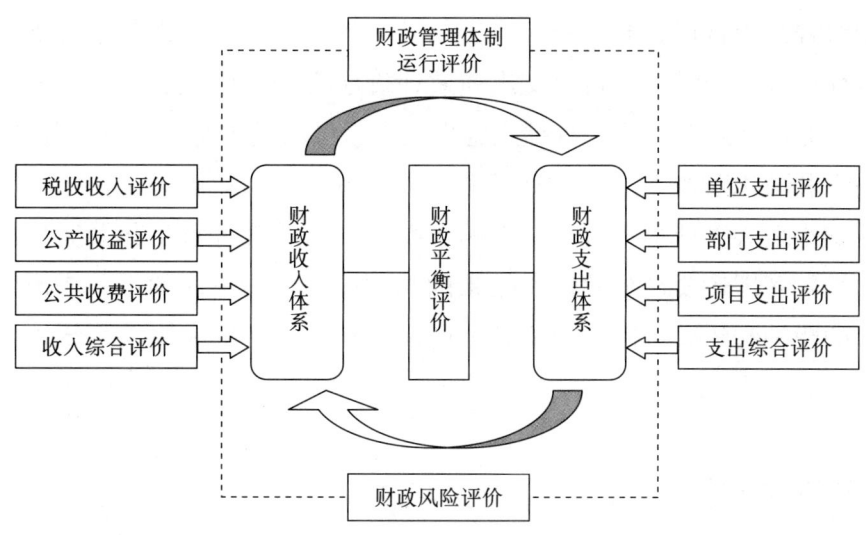

图 11-1 财政运行评价体系

财政支出绩效评价就有了测定依据。其次，财政支出绩效评价体系是绩效预算的核心内容。财政支出绩效评价从质和量两方面去描述财政资金支出的使用状况及效果，以考核政府的职能实现程度和财政效率。最后，组织管理体系是绩效预算实现的保障条件。与其他预算模式相比，绩效预算更需要严密、规范、强有力的组织体系作后盾，它将为绩效预算的编制、评价、实施提供人力资源、管理制度、思想方法、技术工具等一系列保障性资源。

绩效预算的核心和关键点在于财政资金支出绩效评价。财政支出绩效评价是绩效预算得以实施的主要工具和载体，而绩效预算又进一步为改善政府管理提供新视角，即基于投入产出角度来观察政府绩效、政府职能履行等情况。如果没有财政支出绩效评估，绩效预算则与传统预算无本质区别。在绩效预算体制下，要消减财政赤字，减轻财政支出压力，就必须要对大量各类政府财政支出项目进行绩效评估。在美国，财政支出绩效评估适用于预算过程的不同阶段和不同组织层级：（1）政府机构可以将财政支出绩效评估应用于项目管理，从界定项目绩效的测度，到收集数据，再到对项目绩效评估的整个过程；（2）政府机构可以将绩效信息作为他们向中央预算办公室要求拨款的依据之一；（3）中央预算办公室在向行政长官提出资金分配建议时参考绩效信息；（4）政府和国会在内的政策制定者，根据绩效信息决定给哪些机构和项目拨款。从上可见，财政支出绩效评价是实现绩效预算的关键手段和中心环节。

2. 财政支出绩效评价与财政支出绩效管理。财政支出绩效评价贯穿于财政支出预算安排和使用的全过程，既包括对财政资金投入的预算决策是否合理恰当、支出使用过程是否合理合规、投入产出是否有效率的评价，也包括对支出使用结果的有效性进行综合评价。财政支出绩效评价注重的是围绕支出绩效如何开展评价的技术和方法问题，作为一种绩效管理工具，虽然其本身不具有实际的约束力，但它是建立和强化财政支出绩效管理的核心环节，是绩效管理工作赖以开展的基础。财政支出绩效管理本身包含并有赖于财政支出绩效评价工作及其成果，因为财政支出绩效管理还要在绩效评价结果的基础上，根据不同的绩效支出水平设计出一整套的激励和约束机制，形成较强的制度约束力，影响决策系统以及相关制度的改进。

（二）纵向架构

为了有效地开展财政支出绩效评价工作，首先需要构建相关的理论框架，为实际评价工作奠定坚实的基础，包括提供必要的依据、阐述科学的方法、规划可行的方案等。财政支出种类繁多，实施主体、政策目标、执行过程、实际效果千差万别，因此对财政支出的绩效评价是一项复杂的系统工程，要建立一个科学合理、规范统一的评价框架体系离不开对财政支出共性的准确把握。本书结合中国的实际情况，首创性地提出了一个由指标体系、方法体系、标准体系、组织体系和制度体系五大子体系有机构成的较为系统的财政支出绩效评价框架体系（见图11-2），试图突破传统财政支出绩效评价的范畴，将财政绩效评价提升到政策层面的高度。

1. 财政支出绩效评价的指标体系。财政支出绩效评价的指标体系是指能够较好地体现财政支出共性的一套科学合理、层次分明、使用可行的绩效评价指标集；财政支出绩效评价的方法体系是指用来进行财政支出绩效评价的模型和方法；财政支出绩效评价的标准体系是指在应用指标体系对财政进行绩效评价时衡量支出绩效大小的标准值；财政支出绩效评价的组织体系是指财政支出绩效评价工作的组织和运行方式，包括确定评价主体、评价客体、评价内容、评价模式、评价环节、评价结果如何应用等。财政支出绩效评价的制度体系是指规范财政支出评价工作的各项法律和规章制度（见表11-1）。

2. 中国财政支出政策绩效评价的方法体系。

（1）定性评价方法。

第十一章 中国财政绩效评价制度趋势展望

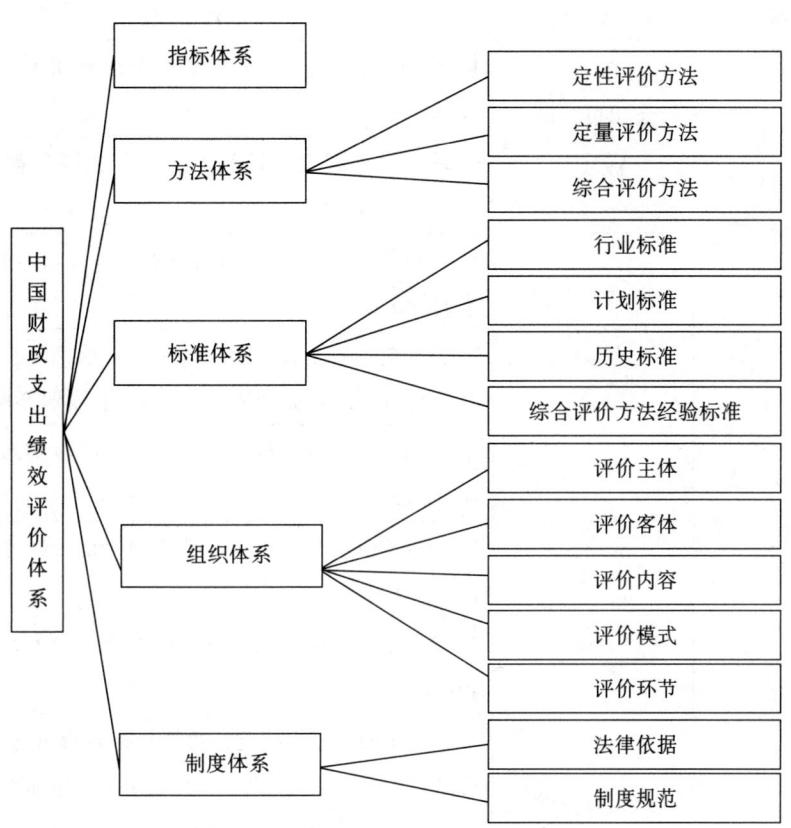

图 11-2　财政支出绩效评价框架体系

表 11-1　　　　　　　　　　　财政支出绩效评价指标框架

一级指标	二级指标	评价要点
支出指标（30%）	支出必要性（5%）	1. 适应形势程度：政策出台是否符合当前的政治、经济、文化、财政金融等的大趋势和大方向
		2. 满足需求程度：政策目标实现，是否能够切实满足现实存在的、正常的迫切需求
		3. 政策交叉程度：目前有无其他政策，和本政策存在财政目标、支持对象及支持方式等方面的交叉和雷同

续表

一级指标	二级指标	评价要点
支出指标（30%）	支出可行性（5%）	1. 条件具备程度：目前是否具备出台和实施该政策的内外部条件
		2. 环境允许程度：目前出台和实施该政策的环境是否具备
	支出合规性（5%）	1. 是否符合法律法规：政策的方向、具体内容是否符合当前的法律法规
		2. 方针规划符合程度：政策是否与国民经济与社会发展总体规划、行业发展规划、地区发展规划等相关且符合
		3. 部门职责符合程度：政策是否与政策实施主管部门的职责相关
	支出合理性（10%）	1. 依据充分程度：出台政策之前，是否经过充分的调研论证，基本依据是否充分、合理
		2. 定位准确程度：该政策的基本定位（方针、原则）是否准确
		3. 目标清晰、恰当程度：政策目标是否具体、是否明确，可量化程度是否高，政策目标设定是否与资源条件相匹配
		4. 路径方法合适程度：政策目标实现以及政策任务达成的实现路径、实现方法是否合适
		5. 实施主体得力程度：政策任务安排是否恰当，涉及的各个机构（组织）职责是否清晰，分工是否明确
		6. 财政投入额度恰当程度：政策涉及的财政投入金额依据是否充分，预算是否细化
	支出公平性（5%）	1. 资金分配公平性（无差异性和排他性）：预算支出在受益对象或者分解任务之间的分配是否体现公平性原则，是否将本应予以支持的对象排除在支持范围之外
		2. 政策预期效益的公平性（无差异性和排他性）：各受益对象在政策实施后预期的受益程度是否公平，是否存在应受益的群体被排除在受益范围之外

续表

一级指标	二级指标	评价要点
支出执行（25%）	计划方案合理性（5%）	1. 计划合理性：政策任务实施和政策任务达成是否拟定翔实、合理的实施计划
		2. 方案合理性：是否拟定翔实、合理的政策实施方案
	计划预算执行率（5%）	1. 计划执行率：政策有没有严格地按照计划实施，资金的拨付额度、进度是否严格遵循预算
		2. 预算执行率：资金拨付是否及时，预算执行是否到位
	保障充分性（5%）	1. 资金保障程度：政策实施是否有充分的资金保障
		2. 人员保障程度：政策实施是否有充分的组织和人员保障
		3. 技术保障程度：政策实施是否有充分的技术保障
		4. 其他保障程度：其他方面的保障是否充分
	过程管理严谨性（5%）	1. 管理制度的完备性：针对政策实施，有无拟定翔实、合理的资金等方面的管理制度
		2. 法规、制度的执行性：在政策实施和执行中，各方政策主体是否严格遵循国家法律法规及相关规章制度的要求
	政策动态调整性（5%）	1. 调整适时性：在政策执行中，如果外部环境等发生重大变化导致政策出现了不适应，有没有适时启动调整程序
		2. 调整合理性：针对政策的调整是否必要和合理，调整能否适应形势和环境的变化
		3. 调整程序合规性：政策调整是否遵循相应的论证、审批程序
支出的产出与效果（45%）	支出产出（15%）	1. 数量产出目标达成程度：政策原定的数量产出目标及完成情况如何
		2. 质量产出目标是否达成：政策原定的质量产出目标及完成情况如何
	支出效果（20%）	1. 经济效益：政策实施对经济发展所带来的直接或间接影响情况如何
		2. 社会效益：政策实施对社会发展、公共福利等所带来的直接或间接影响情况如何

续表

一级指标	二级指标	评价要点
支出的产出与效果（45%）	支出效果（20%）	3. 环保效益：政策实施对环境保护所带来的直接或间接影响情况如何
		4. 其他效益：政策实施对其他方面所带来的直接或间接影响情况如何
	产出与效果可持续性（10%）	1. 环境可持续性：政策持续发挥作用、产生效果的基本环境是否具有可持续性
		2. 条件可持续性：支持政策持续发挥作用、产生效果的基本条件是否具有可持续性

①目标与实施结果比较法。通过对财政支出政策所产生的实际效益同预定目标进行对比，分析目标完成情况以及未完成目标的原因，进而对比预定目标和实际效益、横向部门和地区同类投入实施效果，以及本部门和地区历史记录与当前状况，从而评价绩效目标实现程度。

②因素分析法。通过对所有影响政策实施结果、投入和产出的内外因素的列举分析，来评价绩效目标实现程度。这一评价方法侧重于内外因素的翔实列举和对这些因素的综合分析。

③专家评议法。通过专家对财政支出政策效果进行评价，汇总分析专家意见后得出绩效目标实现程度。对于大多数的定量评价指标，可以用准确的数字来描述，但对于许多定性指标的评价，则需要进行适当的变换。

④德尔菲法。德尔菲法是一种改进的专家评议法。应用德尔菲法评价财政支出政策绩效时，调查者先制定调查表，之后根据设定程序，用信件的方式向各位专家进行征询，各位专家再以匿名信件的方式反馈意见。经过反复几次征询与反馈，各位专家的意见逐渐统一，最终获得一个具有较高准确率的结果。德尔菲法最重要的特征是能够让各位专家充分发挥其学识和经验，保障最大可能的可靠性。每位专家都可以独立做出判断和评价，尽量减少其他因素的干扰。这种办法简单易行，具有科学性和实用性的操作特点，可以避免传统的专家评议法出现的追随权威现象。此外，由于评价过程的公平性和严谨性，评价结论也更为客观。

（2）定量评价方法。

①主成分分析法。在进行财政支出政策绩效评价分析时，往往会面临变量个

数和观测数据较多的情况，这些变量和数据有些不能直接利用，有些对绩效评价结果影响很小。在这种情况下，主成分分析法可以通过对变量和数据的处理，推导出更多的有用信息。它可以在众多变量中选出几个特别重要的变量进行统计分析，从而把多指标转化为少数的几个综合指标。

②层次分析法。一般情况下，财政支出政策绩效评价属于复杂的多目标决策问题，层次分析法是将其作为一个系统，将目标分解为多个目标或准则，进而分解为多指标（或准则、约束）的若干层次，通过定性指标模糊量化方法算出层次单排序（权数）和总排序，以作为目标（多指标）、多方案优化决策的系统方法。

③模糊综合评价法。在现实中进行财政支出政策绩效评价时，有很多情况不能用绝对的"对错"和"优劣"来评价，存在很多中间带的情况。语言往往能展示出这种模糊性的状态，模糊综合评价法就是解决这种"亦此亦彼"情况的有效方法。从诸多指标对评价客体的隶属关系进行综合性评价，对评价客体的变化区间进行划分，既可以照顾客体的层次性，使它的模糊性显现出来，也可以融入人的主观评价因素，从而使整个评价结果变得更立体与客观，从而能够解决财政支出政策绩效评价中复杂、不容易用精确数学描述的问题。模糊综合评价法以模糊数学为基础，利用模糊数学中的隶属度理论将定性分析变为定量分析，当面向一个受到多重因素影响的客体时，它做出的评价结果会更清晰。模糊综合评价方法在财政支出政策绩效评价财政支出政策绩效评价中的应用可分为两个步骤：首先是对各个评价指标因素进行隶属度评判；其次是根据各评价指标的权重综合所有评价指标隶属度对被评价对象做出综合评价结果。

④数据包络分析法（DEA）。DEA 的基本思想是使用数学规划模型比较多个输入和输出的决策单元间的相对效率。它作为一种非参数评价方法，仅依赖投入、产出指标数据就可以对决策单元进行评价。数据包络分析法的基本思路是将每个被评价对象都视为一个决策单元，多个决策单元就组合成被评价群体，将投入和产出比率进行综合分析，以各决策单元的投入和产出指标的权重为变量进行评价运算，计算有效生产前沿面，根据各决策单元与有效生产前沿面的距离状况，确定各个决策单元是否有效。DEA 不需要预先估计参数，在避免主观因素和简化运算、减少误差等方面有着不可低估的优越性。

⑤功效系数法。功效系数法可以解决财政支出政策绩效评价中各个指标之间量化标准不明确带来的不可比问题，将独立的指标数据变为统一的可比较的分值。该方法假设功效分值和各指标数值为线性相关关系，即功效函数为线性函数。如果采用百分制，则计算公式为：单项指标分数 = 60 +（该指标实际值 - 该指标不

允许值）/（该指标满意值－该指标不允许值）×40；如果采用5分制，则计算公式为：单项指标分数 = 3 +（该指标实际值－该指标不允许值）/（该指标满意值－该指标不允许值）×2。公式中指标的"不允许值"和"满意值"是该指标的评价基准，需要根据该指标的具体内容和性质确定。

3. 中国财政支出绩效评价的标准体系。

（1）行业标准。行业标准是以某一具体行业许多个体或某项财政经费的相关指标数据为样本，运用数理统计方法，计算和制定的该行业评价标准。行业标准可方便财政部门对各类支出的绩效情况进行纵向的或横向的比较分析；行业标准具有易取得性、权威性和客观性，广为评价工作者使用。然而，行业标准的充分应用需要强大的数据资料库做支撑，由于现阶段我国财政管理数据库还很不完善，绩效评价的行业标准值较难获得。

（2）计划标准。计划标准是指以预先制定的计划、目标、预算或定额等数据作为绩效评价标准。计划值作为评价的标准旨在通过将实际完成值与预定值对比，找出两者的差异，从而达到评价目的，但由于容易受主观因素影响，计划标准的制定要求较高。若制定得科学合理，就能产生较好的激励效果；若标准定得过高，就会完不成；若标准定得过低，又起不到激励作用。

（3）历史标准。历史标准是以绩效评价指标的历史数据作为样本，运用一定的统计学方法，计算出各类指标的平均历史水平。在运用历史标准进行评价时，要对其根据价格指数、统计口径或核算方法的变化对历史标准进行修订和完善。

（4）经验标准。经验标准是指根据长期的财经活动管理实践，由在该领域中具有丰富经验的专家学者，经过严密分析与研究，得到的相关指标标准。该标准适合用于缺乏同行业标准比较时用。即便行业标准与经验标准两者都可得到并使用，如果前者不如后者有权威性时，为保证评价结果的认可度，也应当选择经验标准，而不是选择行业标准。

在财政支出政策绩效评价的实际工作中，应根据评价的目的、环境和信息采集条件等来确定具体采用哪种标准进行评价。

4. 中国财政支出绩效评价的组织体系。

（1）评价主体。根据财政支出绩效评价的基本原则和国际经验借鉴，财政支出绩效评价最好由与财政支出实施主体与受益主体无关的第三方承担，但我国的现实情况决定了财政支出绩效评价难以游离于政府部门之外，因此，可开展财政支出绩效评价的一般评价主体，包括财政部门、各级人大、主管部门和社会中介机构等多类机构。在实际的绩效评价工作中，评价主体应根据评价类型确定。

①一般评价主体。一是财政部门,主要负责选择哪些支出进行绩效评价,以及具体组织实施绩效评价,包括建立本级政府绩效评价制度、制定绩效评价指南和技术规范、制定和发布相关评价政策、组织绩效评价、利用评价结果改进预算管理和提高政府决策水平等。二是各级人大。人大是最高权力机关,它有权利要求各级政府及相关职能部门定期提供财政支出的绩效评价报告,有责任对政府配置资源的效率性、效益性和有效性情况进行检查监督。人大的特殊地位可以保证综合绩效评价的独立性,各级人大及其专门委员会可以作为对应级次政府财政支出综合绩效评价的主体。三是主管部门,主要是协助财政部门、各级人大和审计部门开展财政支出绩效评价工作,根据财政部门制定的财政支出绩效评价的规章制度,具体组织实施和本部门相关的支出绩效评价工作,指导、监督、检查所属单位的绩效自评工作,向财政部门报送绩效评价报告。根据绩效评价结果提出完善相关政策和规章制度的政策建议。四是社会中介机构。为了实现绩效评价的公平公正,可以借助社会中介机构对财政支出进行绩效评价,成立评价工作小组和专家咨询小组,共同进行评价工作的组织协调、技术处理、绩效分析和验收评价等工作。其中,专家小组成员可以从财政部门组织成立的绩效评价专家库中选取。

②现实评价主体的选择。评价主体由评价类型决定。评价类型处于战略层面,决定着财政支出绩效评价的思路、方向、内容和价值,不同的评价类型选择直接导致不同的评价效果。我国的财政支出绩效评价可分为自评价、参与式评价和第三方独立评价三种类型,三种类型特点各异,有各自不同的适用范围,在开展财政支出绩效评价时应根据实际情况选择适当的评价类型,并据此确定相应的评价主体。

第一,自评价模式。财政支出的自评价是以政策制定或实施者为评价主体,自行实施的支出绩效评价。我国现有的财政支出制定及执行主体一般皆为各级政府部门,所以我国的政策自评价基本可视为各级政府部门对其所发布政策的必要性考量或是对政策执行效果的评价。自评价是目前我国的政策评价实践中应用最为广泛的一种评价模式。

理想化的情境下,绝大多数的财政支出都应当由政府部门实施自评价。这是因为:首先,政府部门处于政策活动的关键位置,对行政组织与政策过程有着更为详尽、透彻的了解,有效的自评价可以为管理者提供必不可少的支持,因而在持续性的长期方案评价中更具优势;其次,自评价更易获取有关政策效果、政策制定和执行过程的第一手资料,使评价更为真实、可靠;最后,政策制定者或执行者直接影响政策的形成与执行,对评价的政治因素有着较为深刻的感受,提出的政策建议更容易被有关部门所采纳。

在构建责任型政府的趋势下,财政支出绩效评价应当更贴近那些被政策直接影响的民众,只有不断增进政策回应性和扩大公民参与,才能真正增进行政官员与公共管理者公共责任的牢固确立,保证责任政府各项目标的落实。

第二,参与式评价模式。财政支出的参与式评价是以政策决策、执行部门的代表与利益相关者共同作为评价主体,一起设计和实施评价活动,并一起分析解释评价结果的政策评价模式。

政策参与式评价的基本理念是以政策目标受益群体为核心和主体,通过一系列正在发展和完善的参与式工作方法和工具使政策利益相关者一起对政策实施所产生的效果、效率、影响进行评价,并充分吸纳各方的意见,从而实现支出评价的科学性和民主性,促进支出绩效的提高。相比于支出自评价,支出参与式评价的本质区别是引进了外部压力机制,打破了政府机关自评价的封闭性,使支出评价真正走向客观和理性。

支出参与式评价常见的模式有"听证会""公民调查"等,但更具科学性和实用性的支出参与式评价模式应是:由政府部门发起组织(提出评价要求、提供经费和资料支持、并配合后续调研),独立的第三方评价机构具体执行(包括前期问卷设计、中期调研、后期的调研报告撰写),支出目标群体广泛受访。在这一过程中,政府工作是评价过程的开始和前提,政府部门是评价过程的发起者和组织者,由其来制定评价目标,组织第三方评价机构来实施评价,并在评价工作中提供经费和资料支持;第三方评价机构是评价的具体执行者,在政府部门的支持下,通过问卷调查了解支出的真正运行效果。问卷调查又分为两个方面:一方面访问支出目标群体,了解支出的实施效果如何;另一方面访问支出基层执行部门,了解支出在实施过程中是否规范和支出实施时的问题或不足。第三方评价机构在调查结束后,根据调查结果撰写政策评价报告,提交至政策主管部门;政策目标群体不再游离于政策评价过程之外,而是评价过程的参与者和建议者,由他们根据自身的感受对支出的实施效果进行评价,并可提交支出改进的建议。

第三,第三方独立评价模式。财政支出的第三方独立评价是以政策决策、执行部门以外的组织或个人独立进行的评价。从被评价政策的选取,到具体评价工作的实施,都由第三方来独立完成,而不受其他任何对象责任人的影响和控制。

一般意义上的第三方包括专业机构(大学院校和研究机构等)、社会组织和公众、舆论界、中介组织等,其非营利性、非强制性、民间性、独立性和组织性的特点，使第三方在政策评价的过程中天生具有超然地位，评价结论较为客观、公正。

和参与式评价一样，第三方独立评价在支出绩效评价具体执行上都由第三方机构来实施，但是两种评价方式有以下几个方面的区别：

首先，评价开始选择被评价的支出时。参与式评价是由政府部门发起组织，意即评价什么支出，评价支出的哪些方面都由发起政府部门规定；第三方独立评价则完全是自主选择被评价支出，一般是出于第三方机构的兴趣、学术目的，或是某些社会民意关注度较高的支出，所以第三方独立评价的评价范围往往更为广泛，开展方式更为灵活。

其次，在评价过程中。参与式评价由于受政府部门的委托，其各方面的工作中都有政府部门作为支撑，能够掌握公共支出运行的第一手资料，同时政府资金的支持也使评价工作没有后顾之忧，使评价更为详尽、具体。第三方独立评价则是自主选择被评价支出，所以其评价工作也只能独立完成。一般而言，政府部门对外来力量介入支出评价有着天然的抗拒心理，这样第三方如果试图去了解支出运行的第一手资料时，其从政府部门获取的帮助必然有限。另外，绩效评价工作的经费需要自筹，调查工作就不可能太细致。局限于有限的资料和资金，第三方机构往往只能对支出运行的大体效果进行评价，评价结果可能稍显空泛而不够具体和细致。

最后，在评价结果的运用上。参与式评价受政府部门委托，在花费了大量政府财政资金后，政府部门需要一个评价结果来向上级部门做出解释，同时参与式评价的评价结果较为详尽、具体，其对支出运行的效果、问题分析以及所提供的建议也比较贴近实际，所以往往更受支出主管部门的关注，对支出运行及改进的建议也更容易被采纳。出于自身兴趣或学术目的的第三方独立评价，最后的评价结果往往是只能作为学术研究成果发布，一般而言，政府部门对这样的评价本身就怀有一定的抗拒心理，所以其评价结果比较不容易被政府部门采纳，评价结果反馈需要一个说服决策者的过程，对支出实际运行改进的帮助有限。

（2）评价客体。

①一般评价客体。评价客体是指评价主体负责评价的对象，财政支出绩效评价客体是各类财政支出。根据财政支出分类的不同，财政支出绩效评价客体也各不相同，一般评价对象包括功能性支出、经济性支出、税式支出、不同政府层级支出等四大类（见图11-3）。

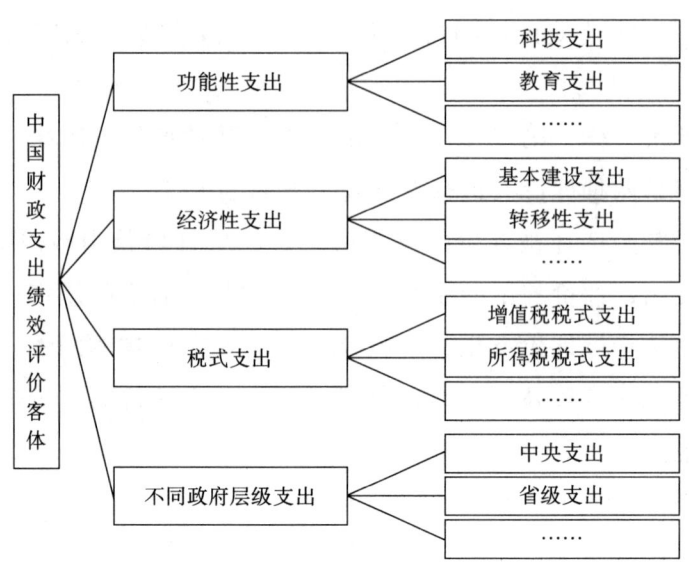

图 11－3　中国财政支出绩效评价对象

中国财政支出绩效评价客体还可根据不同的标准进行分类。

一是可以按政府主要职能活动分类，进一步细分还可分为类、款、项三级。以类级为例，财政支出绩效评价客体主要包括一般公共服务、外交、国防、公共安全、教育、科学技术、文化体育与传媒、社会保障和就业、社会保险基金支出、医疗卫生、环境保护、城乡社区事务、农林水事务、交通运输、采掘电力信息等事务、粮油物资储备及金融监管等事务、国债事务、转移性支出等各类支出。

二是可以按支出的经济性质和具体用途分类，进一步细分还可分为类、款两级。以类级为例，财政支出绩效评价客体主要包括工资福利支出、商品和服务支出、对个人和家庭的补助、对企事业单位的补贴、转移性支出、赠予、债务利息支出、债务还本支出、基本建设支出、其他资本性支出、贷款转贷及产权参股等各类支出。

三是国家为达到一定的支出目标，在税法中对正常的税制结构有目的有意识地规定一些背离条款，造成对一些特定纳税人或课税对象的税收优惠，以起到税收激励或税收照顾的作用，基于这些对正常税制结构的背离条款所导致的国家财政收入的减少、放弃或让与就构成财政上的税式支出。从科学和系统的角度，税式支出同样也应作为财政支出的一个重要方面加以评价，可根据税种的不同而进一步细分。

四是可以对不同政府层级实施的财政支出分别进行绩效评价，包括中央级、省级、市级等各级政府的支出等。除此之外，还可以和前三类支出交叉进行，如以省级政府的教育支出作为绩效评价的客体。

②现实评价客体的选择。理论上而言，所有的财政支出都可以而且应该进行绩效评价，但是在实际的操作过程中，并不是所有的财政支出都适合被科学地评价，那么在对一项财政支出实施绩效评价，即将其作为评价客体时，首先要确定该财政支出的"确定可评价性"（Evaluability Assessment），或称"评价能力确定"，即分析、明确能否或应否对一项财政支出进行评价。

在确定财政支出的可评价性上，可以借鉴著名公共支出分析家波兹曼和马瑟提出的十一项指导原则：一是选择支出执行与社会变化存在明显因果关系的支出；二是选择支出直接影响比间接影响更为主要也更为显著的支出；三是选择短期效益具有价值的支出，长期项目受多种因素的影响，难以精确衡量；四是选择具有代表性的支出，这样评价结果可以推广；五是选择运作充分，执行信息资料丰富的支出；六是选择高成本，高效益的支出；七是选择支出绩效产生的原因明显且易说明的支出；八是支出执行中所做的工作不能明确判定时，要避免进行绩效评价；九是选择有关人员支持的评价，主要是政府决策者和支出执行者的支持与配合；十是选择由经费资助的评价；十一是借助社会力量进行评价，这样一来可以节省评价费用，还能促进理论研究与社会实践的沟通。

波兹曼和马瑟提出的指导原则虽然有一定的价值，但是在实际应用上却存在一定偏差，只能从微观层面上提供支出评价的策略指导。结合我国的实际情况，应该遵循有效性、必要性和可行性相结合的原则来确定支出可评价性。有效性即是指所选择的评价对象必须确实有价值，能够通过评价，达到一定的目的；必要性是指有没有必要对支出进行绩效评价；可行性是指所选择的评价对象必须是可以进行评价的，即评价的时机，评价所需的人力、物力、财力均能满足评价的需要。

具体说来，确定财政支出的可评价性时应主要考虑以下几种情况：一是法定评价项目，制度或法律规定某项支出应进行评价，则必须将其确定为评价项目，而无须考虑支出评价的难度；二是问题较大的支出，如果支出在执行过程中出现了较大问题，则应该及时进行评价，以求尽快修正或终结，避免更大损失；三是效果显著的支出，如果一项支出效果明显，则应通过评价总结经验，以便推广和借鉴；四是应要求评价，如果社会各界均对某项支出提出评价的要求，则应进行评价，一方面满足需求，另一方面也对支出进行系统检验；五是长期项目的阶段评价，长期项目虽然在总体上难以把握，但阶段性评价可通过对支出效能、效率、执行过程、综合影响及阶段性目标的实际情况进行衡量和评判，以达到对总体目标实现的保障作用。因此，长期项目应根据阶段性要求确定是否进行评价。

二、加快"绩效"立法进程，完善管理制度体系[①][②]

（一）预算绩效管理相关的法律、法规

2014年修订的《预算法》中已经明确了加强预算绩效管理、讲求预算绩效方面的内容。相应地，在《预算法实施条例》中也应对预算绩效管理的责任主体、评价对象、评价方式、指标体系、管理程序等进行明确，提高绩效管理法律层级。同时，财政部进一步建立和完善全国统一的预算绩效管理相关法规，指导和推动各地财政部门的工作，形成全国上下一盘棋，也有利于各省市间相互比较和借鉴。

各地财政部门也应结合自身实际，提请本级政府出台预算绩效管理办法的地方法规，明确预算绩效管理的概念、适用范围、指导思想和原则，以及建立全过程预算绩效管理体系的目标；明确绩效目标管理、绩效预算编制、绩效运行监控、支出绩效评价、结果的反馈和应用等预算绩效管理中的具体工作、流程和要求；明确政府及其财政部门和预算部门在预算绩效管理方面的职责等。

（二）建立事前、事中、事后通盘连接的闭环管理系统

《中共中央国务院关于全面实施预算绩效管理的意见》明确要求通过全方位、全过程、全覆盖实施预算绩效管理，实现预算和绩效管理一体化。因此，全过程预算绩效管理模式必须构建贯穿始终的流程，形成一套以绩效为核心首尾衔接的财政预算编制、执行、评价、监督体系，这样的管理模式有利于克服传统预算模式的拨款与效果脱节的致命缺陷。目前，国内大多地方的绩效评价都侧重于事后，对于事前和事中的监管措施较少。今后应稳步推进绩效目标管理，所有项目资金全部实行绩效目标申报，编制明细预算，重点项目需进行可行性分析。本着总量控制和绩效优先原则，通过专家论证，在财力范围内统筹优先安排绩效高的项目，

---

① 李海南：“我国预算绩效管理问题研究”，东北财经大学博士论文，2014年。
② 程瑜：《中国预算绩效管理制度创新研究》，中国财政经济出版社2014年版。

为政府资金分配提供参考依据。

（三）夯实基础，完善预算绩效管理的技术支撑

财政基础工作是进项有效财政管理的基石。根据绩效管理的制度框架，应进一步做好"三库"完善工作，即不断完善指标库、扩大专家库、建立项目库等。同时，逐步建立绩效管理信息系统，并逐步实现全国联网。该系统应由两个部分构成：一是与预算编制系统融合的绩效目标管理系统。主要思路是：在预算编制系统中融入绩效目标管理相关内容，建立一个可以进行流程审核，实时跟踪、动态管理的项目库或预算编制系统。二是在"金财工程"即政府财政管理信息系统（简称 GFMIS）中开发绩效评价管理信息系统。主要思路是：在 GFMIS 系统中建设绩效评价指标库、专家库、绩效评价操作平台、绩效结果反馈等相关模块，并与资产管理信息、预算单位财务核算、财政决算、预算编制等系统互联互通，信息共享，建立一个覆盖全省各市县、省本级各部门，集中进行绩效评价及其信息管理的网络平台。

（四）完善指标，尽快形成统一的覆盖全行业的绩效评价指标体系

由于缺乏理论上的有力指导，加之各自还处于实践探索阶段，目前财政部仅建立了项目、部门、财政的共性指标体系，尚未建立统一、科学、合理的包含所有行业的预算绩效管理指标体系、标准体系和相关案例信息数据库，导致各地绩效评价缺乏统一的指导，也缺乏可靠的历史和行业资料。大部分地方只是对少数行业、部门、项目建立了相应的评价指标，且指标设置较为粗放，指标权重的确定、定性指标的计分等也缺乏科学的方法，评价结果可比性不强，不能满足从不同层面、不同行业、不同支出性质等方面进行综合、立体评价的要求，必然影响财政支出绩效评价结果的公正合理性。因此，尽快构建一整套包括各行业的共性和个性相结合的评价指标体系至关重要。

三、硬化预算绩效责任约束，倒逼预算质量提升

（一）创新预算编制方法，建立评价结果与预算编制紧密结合的激励约束机制

建立这种新的预算分配和考评机制，一是建立起体现部门战略规划的滚动预算制度，增强预算的前瞻性和连续性，为编制部门年度预算和实施绩效考评创造条件。二是建立体现部门年度绩效计划的部门年度预算制度，提出明确的绩效目标，并将年度预算置于滚动预算的约束之下，真正形成滚动预算计划的分年度实施预算。三是运用绩效指标对年度预算进行绩效评价，并根据考评结果，安排、调整下一年度预算，强化绩效评价结果对预算的约束，避免为评价而评价。四是探索建立绩效评价信息公开发布制度，加强人大、审计和社会公众对各部门支出的激励和监督，增加政府公共支出的透明度，提高依法行政水平。

（二）建立"谁用款、谁负责"的绩效问责机制

绩效问责是提高政府绩效的动力机制，如果没有相应的责任追究奖惩机制，公共部门及其工作人员也就没有约束预算提高成效的动力。为此，应以重点支出或重点项目为抓手，本着"谁用款、谁负责"的原则，建立政府领衔、社会广泛参与的绩效问责机制，对在预算编制和执行过程中未能达到绩效管理目标或规定标准的各级预算部门（单位）及其责任人员实行绩效问责，形成预算绩效管理强大的威慑力。

四、规范绩效管理机构设置，形成有力组织保障

统一、合理的机构设置是预算绩效管理得以顺利实施的基本保障，有利于理顺财政内部的职能关系，加强各级财政部门之间的沟通和协调；高素质的财政干部队伍，预算部门的积极参与，是提高绩效管理水平的关键；引入中介机构，有

利于工作效率的提高，但必须加强管理，保持中介机构的公正性。

（一）强化机构预算绩效管理职能

要对政府间绩效管理的权责进行明确，避免管人、管财、管事的部门各自唱"独角戏"，最终实现预算绩效一体化。各级人大对财政预算绩效工作实施有效的审查监督，以政府和部门的绩效目标为依据，审查批准政府预算及绩效目标，组织人大代表和专家结合中长期规划的中期评估和审查，以及年度决算的审查，对政府及其部门预算绩效目标和重大项目绩效目标的监督，对于绩效执行较差的应当建议政府严格问责，并对项目和预算做出适当调整。

各级财政部门联合审计、法制等行政部门，负责预算绩效管理的具体事务：把关各部门的规划与中期财政规划、年度工作计划与年度预算的衔接，确定中长期绩效目标和年度绩效目标，督促并协调各部门重大决策及日常事务安排与预算对接；组织实施预算绩效评估与管理工作，对照公共服务标准，协同各部门检查监督被评估单位绩效管理情况；向人大报告预算绩效管理总体情况，受理绩效管理的投诉建议；搭建和维护绩效管理信息平台，审定和对外发布预算绩效信息。

（二）开展预算绩效管理干部培训

人是推动预算绩效管理工作的原动力。要加强绩效理念的宣传，统一预算绩效管理的认识，让提高财政支出绩效成为干部的自觉行为；要加强绩效管理业务培训，重点培养一线工作人员分析、运用绩效信息的能力；要加强对基层财政部门的管理，将绩效管理的触角延伸到基层每个角落，真正实现绩效管理对财政性资金的全覆盖。

1. 统一思想认识，强化绩效理念。推进预算绩效管理，是财政部门进行的一次自我革命。预算管理的理念、方式和方法的转变，会让一些干部感到无所适从，由此产生抵触情绪，消极对待。要加大宣传和培训，让各级财政部门的干部充分认识到加强预算绩效管理是势不可挡的必然趋势，财政部门的职责不仅是按规定程序分配资金，更要专注资金使用的绩效。要让绩效的理念深入人心，让财政干部自觉地从绩效的角度反思以往的财政工作，积极思考，主动创新，一步一步推动绩效管理工作。

推进预算绩效管理，更要增强预算部门的责任意识，得到部门的支持和配合。

若部门采取应付的方式，甚至以各种理由和方式设置障碍，则预算绩效管理工作难以得到真正落实。财政部门应加强与预算部门的沟通和协调，耐心听取部门的意见，多做解释工作，消除部门的疑虑。要运用预算绩效管理工作，帮助预算部门提高工作效率，提升工作业绩，让部门从绩效管理中获益，形成财政与部门双赢的局面，从而调动部门的主动性，变"要我评价"为"我要评价"。

2. 加强业务培训，培养管理人才。绩效管理是一项专业性较强的工作，尽管可以多招募一些专业人才，或者聘用专家或中介机构参与管理，但是都不能代替一线工作人员的作用。多年累积的工作经验，是新招聘干部和专家或中介机构缺乏的，不是一朝一夕能培养的。财政干部、财务人员的绩效意识和业务素质影响了绩效管理功能的发挥。要对各级财政部门、预算主管部门、预算单位进行多层次辅导和培训，通过反复的教育、培训和指导，让工作人员在干中学、学中干，实现技术与实践的有机融合，最大程度发挥绩效管理的功效。

在开展预算绩效管理基础理论和实务操作统一培训的同时，应重点培训分析绩效运行信息、选择绩效评价方法、制定预算绩效计划的能力。（1）收集绩效数据的能力。要培养跟踪记录绩效相关数据的习惯，且能依据工作经验及时判断出有效的、关键的绩效信息，能熟练使用绩效管理信息系统，及时将数据进行整理。（2）分析绩效数据能力。收集的大量绩效数据，必须经过系统的分析，才能转变为有利于决策的信息。是否能及时发现绩效运行偏离目标，是否能找出绩效管理中的问题等，都以分析绩效数据的能力为基础。（3）选择评价方法能力。绩效评价方法可以由专业人士进行研究开发，且通过编程的方式让非专业人士予以运用，但必须让工作人员了解各类方法的基本原理和优劣势，以便依据具体评价项目的特性选择合适的绩效评价方法，从而提高绩效评价结果的质量。（4）制订绩效计划能力。要培养工作人员拟定、比较、选择不同行动方案的能力，以便依据实际情况的变化，及时调整绩效计划，寻找出实现绩效目标的更优路径，不断提高财政支出效率。

3. 加强基层建设，夯实管理基础。基层财政部门的管理基础条件，地区之间存在较大差异，参差不齐。有些基层部门的财政管理意识较强，认真落实上级布置的各项改革措施，还积极结合自身实际进行创新。有些基层财政部门则将精力放在抓收入、分资金上，财政支出管理的意识相当薄弱，财政改革落实尚不到位，科学化精细化管理更无从谈起，绩效管理缺乏实施的土壤。

要全面推进预算绩效管理，就必须将管理的触角延伸到基层的每个角落，一方面发挥基层就近监管的优势，将一线原始数据及时收集汇总；一方面发挥基层贴近群众的优势，让人民群众真实感受绩效管理的成效。要提高基层财政管理水平，完善县乡财政机构的运行机制，进一步加强乡镇财政建设，规范财政部门内部基层单位管理，确保基层财政部门严格按照管理标准和工作规范，优质高效地完成本职工作。在夯实基层财政管理的基础之上，逐步推进预算绩效管理，增强基层绩效管理意识。

（三）规范中介机构的管理

中介机构的参与，有利于提高绩效评价工作的效率和质量，但必须规范中介机构的管理，努力保持中介机构的中立、客观，从而保证绩效评价工作的公正性。加大对中介机构的培育，形成一个有效的竞争市场。尝试建立中介机构资质评定体系，形成了一个信誉激励机制。纳入政府采购程序，加大财政部门的监管力度。

1. 培育中介机构竞争市场。要设定一个准入门槛，对欲从事财政支出绩效评价的中介机构建立一个考核标准，如专业人才的比重、结构，中介机构的规模、信誉等内容，确保中介机构的质量，避免鱼龙混杂，浑水摸鱼。在这个考核标准的指引下，鼓励高校、研究机构、会计师事务所、社会调查公司组建机构参与到财政支出绩效评价的工作中，并让财政支出绩效评价成为一个品牌，一个证明中介机构实力的标志。

2. 建立中介机构资质评定制度。对纳入中介机构库的机构，依据其拥有的专业技术人员、规模、以往信誉记录等可能影响绩效评价工作质量的因素，划分等级评定资质，资质等级与其能承担项目的资金规模挂钩，且提高信誉在等级评定中的影响，激励中介机构重视信誉的培育。同时，一旦发现不诚信的行为，应当予以降级或者取消入库资格。且实行终身责任制，日后无论何时何地，只要发现中介机构存在造假行为，预算部门和财政部门都可以进行追诉。通过激励奖惩机制，让重视信誉的中介机构获得额外的收益，让缺乏信誉的机构付出高昂的代价。

五、鼓励全社会参与绩效监督，促进绩效信息公开

预算绩效信息应当向社会公开，接受社会监督。在预算安排、公共资源配置、重大建设项目批准和实施、公共服务等领域，公示相关部门的职责权限、法律依据、预算绩效评价实施机构、评价流程、指标体系、绩效数据、监督方式、结果

应用等事项,保证公众能够有效获取相关绩效信息。各级人大、政府财政部门对规划纲要、预算、决算的审查和政府绩效的审查,也应当向社会民众公开相关信息,引导民众参与,并就绩效信息公开情况广泛听取各方面的意见和建议,公开审查、询问和质询情况和绩效评估结果,及时回应广大人民群众的关切。

参考文献

［1］毛太田：《财政支出绩效评价研究》，中国财政经济出版社2003年版。

［2］朱志刚：《地方政府公共财政支出绩效评价研究》，光明日报出版社2013年版。

［3］王泽彩：《绩效：政府预算的起点与终点》，立信会计出版社2016年版。

［4］财政部预算评审中心：《中国财政支出政策绩效评价体系研究》，经济科学出版社2017年版。

［5］财政部经济建设司：《政府公共部门绩效考评理论与实务》，中国财政经济出版社2005年版。

［6］财政部预算司：《绩效预算和支出绩效考评研究》，中国财政经济出版社2007年版。

［7］财政部预算司：《中央部门预算编制指南（2019年）》，中国财政经济出版社2018年版。

［8］基层财政干部培训教材编审委员会：《全过程预算绩效管理基本知识问答》，中国财政经济出版社2013年版。

［9］梁新潮：《地方财政绩效管理理论与实践》，经济科学出版社2017年版。

［10］袁星侯：《广州市财政支出绩效评价指标体系研究》，格致出版社2015年版。

［11］程瑜：《中国预算绩效管理制度创新研究》，中国财政经济出版社2014年版。

［12］张志超：《美国政府绩效预算的理论与实践》，中国财政经济出版社2006年版。

［13］王桂娟：《绩效预算的经济学分析——兼论财政职能与政府效率》，立信会计出版社2013年版。

［14］马国贤：《政府绩效管理》，复旦大学出版社2005年版。

[15] 王海涛：《推进我国预算绩效管理的思考与研究》，中国财政经济出版社 2014 年版。

[16] 让·雅克·拉丰、大卫·马赫蒂摩著，陈志俊、李艳、单萍萍译：《激励理论：委托代理模型》，中国人民大学出版社 2002 年版。

[17] 艾伦·希克著，王卫星译：《公共支出管理方法》，经济管理出版社 2001 年版。

[18] 马克·布劳格著，黎明星、陈一民、季勇译：《经济学方法论》，北京大学出版社 1990 年版。

[19] 科斯、哈特、斯蒂格利茨等著，李风圣主译：《契约经济学》，经济科学出版社 2003 年版。

[20] C. V 布朗、P. M. 杰克逊著，张馨主译：《公共部门经济学》，中国人民大学出版社 2000 年版。

[21] 菲利普·乔伊斯著，苟燕楠、董静译：《基于绩效的预算：公共预算经典—面向绩效的新发展》，上海财经大学出版社 2005 年版。

[22] 方福前：《公共选择理论》，中国人民大学出版社 2000 年版。

[23] 詹姆斯·费斯勒、唐纳德·凯特尔著，陈振明、朱芳芳等译：《行政过程的政治——公共行政学新论》，中国人民大学出版社 2002 年版。

[24] V. 奥斯特罗姆等著，王诚等译：《制度分析与发展的反思》，商务印书馆 1996 年版。

[25] 威廉姆·A. 尼斯坎南著，王浦劬等译：《官僚制与公共经济学》，中国青年出版社 2004 年版。

[26] 郑方辉、廖逸儿、卢扬帆："财政绩效评价：理念、体系与实践"，《中国社会科学》，2017 年第 4 期。

[27] 张磊、闻燕："我国财政支出绩效评价发展趋势探讨"，《中国科技纵横》，2014 年第 9 期。

[28] 白景明："如何构建政府绩效评价体系"，《财经论丛》，2005 年第 3 期。

[29] 马志远："我国财政支出绩效评价发展趋势探讨"，《山东财政学院学报》，2012 年第 9 期。

[30] 张雯倩："我国地方财政绩效管理体制研究"，《中国管理信息化》，2018 年第 3 期。

[31] 马国贤："推进我国财政绩效评价之路径研究"，《行政事业资产与财务》，2010 年第 2 期。

[32] 晁毓欣：" 我国对财政绩效评价的认识深化、现存问题与完善思路"，《地方财政研究》，2013 年第 6 期。

[33] 孔琳："浅析财政绩效评价的现状及推进路径"，《中国经贸》，2015 年第 18 期。

[34] 李文彬、李雅婷："省级财政绩效评价改革的动因分析——以 G 省为例"，《华南理工大学学报（社会科学版）》，2017 年第 3 期。

[35] 梁劲："财政支出绩效评价及其改革路径探索"，《社会科学家》，2007 年第 6 期。

[36] 姚立岩："财政支出绩效评价研究"，《合作经济与科技》，2017 年第 2 期。

[37] 纪海彬："地方财政支出绩效管理优化"，《现代商业》，2009 年第 21 期。

[38] 闫钰、高国云："构建现代农业财政支出绩效评价指标体系"，《农业经济》，2014 年第 5 期。

[39] 郑海宁、李彤："农业财政支出绩效评价指标体系初探"，《商业会计》，2013 年第 3 期。

[40] 崔风梅、张海红："完善地方财政支出绩效评价指标体系探析"，《金融经济》，2010 年第 14 期。

[41] 马蔡琛、赵笛："公共支出政策绩效评价的国际经验与改革建议"，《地方财政研究》，2018 年第 1 期。

[42] 关欣、汪学怡、倪城玲："部门整体支出绩效评价工作思路初探"，《中国水利》，2016 年第 6 期。

[43] 苏孜、宋爱军："试论财政转移支付绩效评价指标体系设计"，《财会研究》，2015 年第 8 期。

[44] 汪戎、常斌："政府间均衡性转移支付绩效评价体系构建"，《学术探索》，2015 年第 7 期。

[45] 郑方辉、廖逸儿："财政专项资金绩效评价的基本问题"，《中国行政管理》，2015 年第 6 期。

[46] 何晴、张斌："中国财政支出绩效评价：制度框架与地方实践"，《理论学刊》，2012 第 10 期。

[47] 白文杰："财政支出绩效评价的内涵解析"，《财务与金融》，2010 年第 6 期。

［48］刘小梅："财政支出绩效评价的内涵、功能及国际比较"，《财会研究》，2013年第10期。

［49］马俊、周超、於莉："尼斯坎南模型：理论争论与经验研究"，《武汉大学学报（哲学社会科学版）》，2005年第5期。

［50］刘瑞乾："部门整体支出绩效评价中存在的问题及对策"，《预算管理与会计》，2017年第1期。

［51］刘桂兰、肖田、陈丹华："地方财政专项资金支出绩效评价分析和研究"，《公共行政》，2017年第2期。

［52］张青："地方政府财政支出绩效评价"，青岛大学硕士论文，2017年。

［53］杨颂："第三方参与财政专项资金绩效评价研究"，中国财政科学研究院硕士论文，2016年。

［54］张君："部门预算绩效管理研究"，东北财经大学博士论文，2014年。

［55］朱钟涛："我国中央对地方转移支付绩效评价"，河北大学硕士论文，2014年。

［56］魏华明："财政支出领域寻租现象及对策分析"，华中科技大学博士论文，2014年。

［57］李海南："我国预算绩效管理问题研究"，东北财经大学博士论文，2014年。

［58］本报记者贺丽娟："财政政策绩效评价框架基本搭就（上）"，《中国财经报》，2017年9月12日。

［59］本报记者贺丽娟："财政政策绩效评价框架基本搭就（下）"，《中国财经报》，2017年9月26日。

［60］本报记者徐丽红："构建财政支出政策绩效评价框架体系"，《中国财经报》，2015年12月17日。

［61］Bernardin H J, Kane J S, Ross S, Spina J D, Johnson D L. Performance Appraisal Design, Development, and Implementation [J]. Handbook of Human Resource Management, 1995.

［62］Jensen M C, Murphy K J. Performance pay and top-management incentives [J]. Journal of political economy, 1990, 98 (2).

［63］Campbell J P, McCloy R A, Oppler S H, et al. A theory of performance [C]. Schmitt N&Boman W C. (Eds.), Personnel selection in organizations, San Francisco: JosseyBass, 1993.

[64] Mwita J I. Performance management model: a systems – based approach to public service quality [J]. International Journal of Public Sector Management, 2000, 13 (1).

[65] Development Assistance Committee of OECD. Glossary of Key Terms in Evaluation and Results Bases Management, 12 – 14.

[66] Sandra Cohen, Sotiris Karatzimas. The Role of the Human Resources Department in Budgeting: Evidence from Greece [J]. Journal of Human Resource Costing & Accounting, 2011 (2).

[67] Lynette H. Fiscal Federalism and Soft Budget Constraints. The Case of China [J]. International Political Science Review, 2012 (33).

[68] Lewis Hawke. Australian Public Sector Performance Management: Success or Stagnation [J]. International Journal of Productivity and Performance Management, 2012 (3).

[69] Michael C. Jensen, Organization Theory and Methodology, Accounting Review 58 (No. 2. April). 10. Mary Lee Rhodes, Lucia Biondi, Ricardo Gomes. Current State of Public Sector Performance Management in Seven Selected Countries [J]. International Journal of Productivity and Performance Management, 2012 (3).

[70] Philip Joyce. Using Performance Measures in the Federal Budget Process [M]. Washington D. C: DIANE Publishing, 1993.

后 记

自 2014 年 6 月 6 日中国财政学会绩效管理研究专业委员会成立以来，在财政部预算司的正确指导下，财政部预算评审中心的大力支持和贾康主任委员的具体领导下，我们牢牢把握"理论研究、制度设计、决策咨询和专业培训"的学术定位，通过专委会各位专家的共同努力，先后完成了财政部、世界银行等部门委托的 8 个课题，主办和协办了 13 届国际、国内绩效管理论坛，应邀参与年度国家重大项目和民生支出的绩效评价与再评价，初步形成了"中国预算绩效管理论坛"的品牌效应，在学术界和实践界的影响力进一步提升。此次呈现的《中国财政绩效报告——理论与实践（2018）》是对专委会研究成果的一次梳理，预期为贯彻落实《中共中央 国务院关于全面实施预算绩效管理的意见》（中发〔2018〕34 号）提供智力支持。感谢财政部预算司王克冰副司长、郑涌处长，感谢财政部预算评审中心李方旺主任、宋文玉副主任、许留庆副主任对本书的出版给予关注，感谢中政智信（北京）经济咨询有限公司对本书的出版发行提供鼎力支持。

中国财政科学研究院、中国财政学会绩效管理研究专业委员会、中政智信（北京）经济咨询有限公司专家学者们的初次尝试，难免有缺点和不足，敬请广大读者批评指正！

2018 年 9 月 26 日